T0300977

Printed in the United States
By Bookmasters

بسم الله الرحمن الرحيم

الأساس في العلوم
السياسية

الأساس في

العلوم السياسية

الدكتور

قحطان أحمد سليمان الحمداني

الأستاذ المساعد في كلية العلوم السياسية - جامعة بغداد
والأستاذ المشارك في كلية التجارة والاقتصاد
جامعة الحديدة - اليمن

عمان - الأردن

الطبعة الأولى

1425 هـ - 2004 م

رقم الإجازة المتسلسل لدى دائرة المطبوعات والنشر (56 / 1 / 2004)
رقم الإيداع لدى دائرة المكتبة الوطنية (90 / 1 / 2004)

321

الحمداني ، قحطان

الأساس في العلوم السياسية / قحطان احمد الحمداني.-

عمان: دار مجدلاوي للنشر، 2004

( ) ص

ر. إ. : 90 / 1 / 2004

الواصفات:/ العلوم السياسية /

* - تم اعداد بيانات الفهرسة الأولية من قبل دائرة المكتبة الوطنية

ISBN 9957 - 02 - 137 - 0 **(ردمك)**

دار مجدلاوي للنشر والتوزيع
عمان - الرمز البريدي: 11118 - الأردن
ص.ب: 184257
تلفاكس: 4622884-4611606

Dar Majdalawi Pub. & Dis
Amman 11118 - Jordan
P.O.Box: 184257
Tel & Fax: 4611606-4622884

WWW.majdalawibooks.com

E-mail: customer@ majdalawibooks.com

الإهـــــداء

إلـى الأخ العـزيز

شعيـب أحمـد سليمـان الحمـدانـي

حبـاً

وتقـديـراً

ووفـــاءً

قحطان

المحتويات

المقدمة

الحمد لله رب العالمين ، والصلاة والسلام على سيد المرسلين محمد صلى الله عليه وسلم وآله وأصحابه أجمعين ، وبعد ، فإن العلوم السياسية من أرقى العلوم الإنسانية ، لأنها تبحث في علاقات الأفراد والسلطة ، وعلاقات الدول والمنظمات بعضها مع البعض الآخر ، مستهدفة خير الأفراد والجماعات والحكومات، بل خير البشرية كلها وأمنها ورفاهيتها ، وفقاً لإدراك الأطراف المعنية المساهمة في تلك العلاقات. والسياسة كما وصفها أرسطو (سيدة العلوم) وليست كما يقول البعض (شراً لا بد منه)، وهي أيضاً: حسب قول الطهطاوي "عليها مدار انتظام العالم" ، بمعنى أن العالم يسعد ويشقى وفقاً للسياسة التي يتبعها أولو الأمر في الداخل والخارج ، والسياسة هي القمة في تسلسل العلوم العامة والمعرفة ، لأنها هي التي تقرر ، وتخطط وتنفذ ، والقرار السياسي هو القرار الأعلى الذي يتخذه صناع القرار ، ومن هنا فإن فهم السياسة بمعناها الواسع التي تخص المجتمع كله ، وفهمها بالمعنى الضيق أي الحكم والسلطة يتطلب معرفة الأفراد والمجتمعات والدول ، بمبادئها الأساسية ، وميادينها التطبيقية ، ومواضيعها المختلفة ، من أجل السعي لحل مشكلاتها ومعوقاتها ، والتي تعرض سبل العمل المتشعبة ، وفي كل المجالات لاتمام الفائدة منها ، وإزاحة الضرر الذي ينتج عنها .

لقد أُلفت كتب كثيرة عن العلوم السياسية في الوطن العربي والعالم ، وعبرت عن وجهات نظر عديدة في ماهيتها ومواضيعها ومناهجها ، وعلاقاتها بغيرها من العلوم الإنسانية والعلمية وأهدافها ، وبحثت عن (الدولة) كمؤسسة سياسية ، وكيفية نشأتها ، ونظريات قيامها ووجودها ، ووظائفها وأشكالها ، كما تناولت الفكر السياسي المصاحب لها ، وحالة المجتمع المدني المتمثلة بالأحزاب والهيئات وجماعات الضغط والرأي العام ، ولكن كثيراً مما كتب لم

يكن وافياً شافياً ، فالسياسة بحر واسع تتطلب المزيد من الإسهامات الفكرية والميدانية ، ومعظم الكتابات عنها تعبر عن الفهم الغربي للعلوم السياسية ، وللممارسات القائمة في الدول الليبرالية ، رغم أهميتها، فالحاجة مستمرة للعلوم السياسية في عالم الجنوب، توصيفاً وتحليلاً ، فكراً وسلوكاً بغية وضع اليد على المفاتيح الأساسية المتحكمة بدوله وشعوبه . فالعدالة والديمقراطية والتضحية والمساواة ليست صيغة واحدة جامدة ، بل هي صيغ تحتاج إلى الدراسة والتمعن وصولاً إلى الأفضل ، والاستفادة من كل تراث الإنسانية ، والأديان السماوية ، والابداع من ثنايا التجربة ، والابتكار من خلال العقل المستنير والاجتهاد ، واستقراء الواقع والمعالجة المستمرة لها في الزمان والمكان .

إن العلوم السياسية كمادة تدريسية أخذت موقعها للتدريس في المرحلة الأولى للطلبة في كليات العلوم السياسية والاقتصاد والتجارة والقانون والإدارة وغيرها ، وفي المعاهد والجامعات المتخصصة بذلك . وهذا الكتاب الذي يحمل عنوان (الأساس في العلوم السياسية) ليس بالموجز المقل ، ولا بالمفصل الممل ، وقد ارتأينا أن تجمع مواضيعه أربعة أبواب هي (العلوم السياسية) و(الدولة) و(النظم السياسية) و(الشؤون السياسية الخارجية) مقسمة إلى فصول ومباحث تغطي معظم مواضيع العلوم السياسية ، وكان لا بد من تضمينها ظواهر السياسية الدولية التي نعيشها كي يعبر هذا الكتاب عن روح العصر الحالي بكل تداعياته الإيجابية والسلبية .

ومـن اللـه العـون والتوفيـق ،،،

د. قحطان الحمداني
الحديدة - اليمن
30 / 9 / 2003م

الباب الأول

العلوم السياسية

الفصل الأول

مفهوم العلوم السياسية

يتناول هذا الفصل مفهوم العلوم السياسية في ثلاثة مباحث ، أولها المفهوم اللغوي عربياً وأجنبياً ، والثاني تعريف السياسة والعلوم السياسية وفقاً لما أورده مجموعة كبيرة من علماء السياسة ، ومن ثم المفهوم الجامع لها ، والثالث تطور المفهوم في العصور المختلفة ، وصولاً إلى العصر الحديث أو المفهوم المعاصر .

المبحث الأول

المعنى اللغوي لكلمة السياسة

أولاً :- في اللغة العربية :

إن أصل كلمة (السياسة) عند العرب هو من (السوس) ، بمعنى (الرئاسة) فقول العرب : ساس القوم سياسة ، بمعنى قام به ، وسوسه القوم، أي جعلوه يسوسهم ، ويقال سوس فلان أمراً بين فلان ، أي كلف سياستهم ، والسياسة هي القيام على شيء بما يصلحه ، والأمر هنا هو أمر الناس ، وكلمة (أمر) شائعة الاستعمال بمعنى حكم ودولة[1] .

وفي قاموس المحيط : سست الرعية سياسة ، أي أمرتها ونهيتها ، وفلان مجرب قد ساس وسيس عليه ، بمعنى أدَّب وأُدِب[2] وأمَر وأُمر .

والسياسة ، فعل السائس الذي يسوس الدواب سياسة ، أي يقوم عليها ويروضها ، والوالي يسوس الرعية أي يأمرهم[3] .

1- ابن منظور. لسان العرب ، ج6 . بيروت ، دار إحياء التراث العربي 1996 ص 429 .

2- محمد الفيروز أبادي . قاموس المحيط ، ج2 . القاهرة 1913 ص 222 .

3- الخليل بن أحمد الفراهيدي . كتاب العين ، ج 7 ، نحقيق د.مهدي المخزومي ود. إبراهيم السامرائي . بغداد ، دار الشؤون الثاقفية العامة ، 1984 ص 336 .

والسياسة تعني أيضاً، تدبير مشاكل القوم، وتولى أمرهم، والقيام به[1].

وفي الشعر العربي وردت إشارة إلى كلمة (السياسة) في شعر الخنساء ، فقالت :

ومعاصـــــــم للهالكيـــــــــــن وساســـــة قـــــوم محاشـــــد[2]

وقد قصدت بعبارة (ساسة قوم) حكام قومها ، ورؤساءهم ، الذين قادوا قـومهم الحاشد ، وجموعهم المتأهبين دفاعاً عن فقرائهم منعاً للبؤس والضيم ، بحكمة ودرايـة ، وليس كما ذكر د. لؤي بحري بمعنى (الدفاع) عنهم[3] .

وقال الحطيئـة :

يسوســـــون أحلامـــــاً بعيـــداً أناتهـــا وإن غضـــبوا جـــاء الحفيظـــة والجـــد[4]

بمعنى التحكم بعقولهم بأناة وحكمة ورفق ، وإذا غضبوا فمن أجل الحمية والبـأس في موضع الجـد.

وقال ثعـلب :

ســـادةٌ قـــادةٌ لكـــل جميـــع ساســـة للرجـــال يـــوم القتـــال[5]

وفي قصيدة لابن يزيد بن ضبة يقـول :

ولينـــا النـــاس أزمانـــاً نـــوالاً وسسناهـــم وسُـــدناهم وقُدنـــا[6]

1- المنجد في اللغة والأدب ، إعداد لويس معلوف ط17 . بيروت 1969 ص 36.

2- الخنساء . ديوان الخنساء ، ج1 . بيروت دار صادر 1996 ص 37 .

3- د. لؤي بحري . مبادئ العلوم السياسية . بغداد ، مطبعة شفيـق 1967 ، ص32 .

4- الحطيئـة . ديوان الحطيئة ، بيروت . شركة الأرقم بن أبي الأرقم 1996 ص 65 .

5- مرتضى الزبيدي . تاج العروس م8 ، بيروت . دار الفكر 1994 ص 321 .

6- أحمد الشايب. تاريخ الشعر السياسي . القاهرة ، مكتبة النهضة المصرية 1967 ص 10 ، أنظر أيضاً :

د. عبد المجيد عرسان العزام ، ود. محمود ساري الزعبي . دراسات في علم السياسة . عمان ، مكتبة الحامد 1988 ص 13 .

وأنشد رؤبة بن العجاج التميمي :

وأمـــة تحزبـــت مـــن أحزابهـــا   مـــن ساســـة النـــاس وأربابهـــا[1]

وقال السيد الحميري في قصيدة له :

قـــد ساسهـــا قـــبلكم ساســـة   لم يتركـــوا رطبـــاً ولا يابســـاً [2]

و(ساسها) بمعنى حكمها وقام بأمرها ، و(ساسة) هم الحكام .

وقال كعب بن جعيل مادحاً سعد بن العاص :

تسـوس الـذي مـا سـاس بتلـك واحـداً   ثمانين ألف دار عين وجسراً[3]

وقال حسان بن ثابت يهجو بني أمية :

بمـــرضي السياســـة هاشـــمياً   يكـــون حيـــاً لأمتـــه ربيعـــاً[4]

وقال أبو هلال العسكري أن معنى السياسة هو النظر في الدقيق من أمور السوس مشتقة من السوس هذا الحيوان المعروف ، ولهذا لا يوصف الله تعالى بالسياسة لأن الأمور لا تدق عنه[5] ، بينما التدبير مشتق من الدبر، ودبر كل شيء آخره، وأدبار الأمور عواقبها، فالتدبير آخر الأمور ، وسوقها إلى ما يصلح به أدبارها - أي عواقبها - ولهذا قيل للتدبير المستمر سياسة ، فيكون معنى السياسة عنده مزدوجاً هو النظر في دقيق الأمور، وتدبير عواقبها باستمرار[6] .

ولم يرد لفظ السياسة في القرآن الكريم ، ولكن معناها وردت في آيات كثيرة ، ولكن بمعان مختلفة ، منها الحكم والسلطان والشورى والمرونة ، ومن ذلك : ﴿ **قالت يا أيها الملأ أفتوني في أمري ، ما كنت قاطعة أمرا حتى**

1- أحمد الشايب . المصدر السابق ص 404 .

2- المصدر السابق ، ص 344 .

3- المصدر السابق ص 161 .

4- المصدر السابق ص 238 .

5- أبو هلال العسكري. الفروق في اللغة ، تحقق عادل نويهض . بيروت ، دار الآفاق الحديثة 1973 ص 28.

6- المصدر السابق .

تشهدون ﴾[1] فقد **﴿ آتينا آل إبراهيم الكتاب والحكمة وآتيناهم ملكاً عظيماً ﴾**[2]، **﴿ وقد أرسلنا موسى بآياتنا وسلطان مبين ﴾**[3] **﴿ ولو كنت فظاً غليظ القلب لا نفضوا من حولك ، فاعف عنهم، واستغفر لهم وشاورهم في الآمر ﴾**[4].

ونسب إلى الرسول محمد ﷺ حديثاً يقول : "كان بنو إسرائيل يسوسهم أنبياؤهم"[5].

ويقصد به الحكم والإدارة وتولى الأمور .

وورد عن الخليفة عمر بن الخطاب رضي الله عنه أنه قال : "رحم الله أمرءاً عرف قدر نفسه فساسها" أي ضبط نفسه ، وتصرف بروية[6].

وقال الأمام علي بن أبي طالب (كرم الله وجهه) : "سوسوا إيمانكم بالصدقة"[7].

وقد شرح الأمام محمد عبده قوله بأن "السياسة حفظ الشيء بما يحوطه من غيره ، فسياسة الرعية حفظ نظامها بقوة الرأي والأخذ بالحدود"[8].

وروى عن معاوية بن أبي سفيان انه قال لزياد بن أبيه (والي البصرة) : "لا ينبغي أن تسوس الناس سياسة واحدة" بمعنى يجب معاملة الناس بالعدل والإحسان[9].

1- القرآن الكريم سورة النحل – الآية 32.

2- القرآن الكريم سورة النساء – الآية 54.

3- القرآن الكريم سورة هود – الآية 96.

4- القرآن الكريم سورة آل عمران – الآية 159.

5- ابن منظور. المصدر السابق ص429.

6- د.حافظ علوان حمادي الدليمي . المدخل إلى علم السياسة . بغداد ، جامعة بغداد ، وزارة التعليم العالي و البحث العلمي 1999ص14.

7- علي بن أبي طالب . نهج البلاغة ، ج4 ، ط 10 ، وهو ما جمعه السيد الشريف الرضي من كلام سيدنا أمير المؤمنين علي بن ابي طالب عليه السلام ، شرح الأستاذ الكبير الشيخ محمد عبده ، بيروت ، دار البلاغة للطباعة و النشر و التوزيع 2000 ص695.

8- المصدر السابق.

9- د. حافظ علوان حمادي الدليمي . المصدر السابق ص14.

وقول عبدالملك بن مروان لابنه الوليد: "السياسة هي اقتياد قلوب العامة وبالأنصاف لها"[1].

وقد شاع استعمال كلمة (السياسة) عند العلماء والمفكرين العرب ، فقد الف أبو نصر الفارابي مجموعة من الكتب منها (رسالة في السياسة)[2] و(السياسة المدنية)[3] وعنون ابن سينا أحد كتبه باسم (كتاب السياسة)[4] وكتب ابن حزم كتاب (الإمامة والسياسة)[5] والف الماوردي كتابه المشهور (قوانين الوزارة وسياسة الملك)[6] .

وذكر ابن النديم في كتابه (الفهرست) أسماء كتب عديدة مفقودة ، ولكنها كانت موجودة في القرن الرابع الهجري وهي تحمل أسم (السياسة) منها كتاب (تدبير الملك والسياسة) لسهل بن هارون (170-218هـ) وكتاب(السياسة) للسرخسي، وكتاب (السياسة والخلفاء والامراء) للمفرج المتوفي 309هـ، وكتاب (السياسة) الذي اهداه الى الحسين بن حمدان, وكتاب (الكتاب وسياسة المملكة وسيرة الخلفاء) لعلي بن علس (334هـ)[7] , وكتاب (السياسة) لقدامة بن جعفر (337 هـ)[8] وهنالك كتب ذات مضمون سياسي ولكنها لم تستخدم عبارة (السياسة) مثل كتاب (الإمامة على مذهب الشيعة للجاحظ (255هـ) وكتاب ابن تيمية (السياسة الشرعية في إصلاح الراعي

1- المصدر السابق .

2- أبو نصر الفارابي . رسالة السياسة .في كتاب (مجموع في السياسة) تحقيق ودراسة, د. فؤاد عبد المنعم احمد. الاسكندرية ,مؤسسة شباب الجامعة 1982ا ص 1- 34 .

3- أبو نصر الفارابي . السياسة المدنية . بيروت 2000.

4- ابن سينا . رسالة السياسة . في كتاب (مجموع في السياسة) , المصدر السابق ص 61- 115.

5- ابن حزم . الإمامة و السياسة . بيروت ، دار المعرفة 1975.

6- أبو الحسن الماوردي . قوانين الوزارة وسياسة الملك . بيروت ، دار الطليعة 1979.

7-ابن النديم . الفهرست . بيروت ، دار المعرفة 1978 ص 174, 213 , 272 .

8 قدامة بن جعفر . السياسة من كتاب الخراج , وصناعة الكتابة , تحقيق د. مصطفى الحياري . عمّان , شركة المطابع النموذجية.

والرعية)[1] وابـن خلـدون الـذي قسـم السياسـة إلى أنـواع مختلفـة في كتابـه (مقدمة ابن خلدون)[2] والدينوري في كتابة (الإمامة والسياسة)[3] أما ما قاله ابن كثير كثير بان كلمة (السياسة) هي كلمة أجنبية معربة مـن الفارسـية وأصـلها (السياسـا) مركبة مـن (سي) بمعنـى ثلاثـة و(سا) بمعنـى الترتيـب ، وان العـرب حرفوها فقالوا (سياسة)[4] فقد تكون صحيحة ، ولكن الذي يضعفها هو أن الكلمة مصرفة إلى الفعل الفعل الماضي والمضارع والأمر ، بينما الكلمة الدخيلة لا تصرف ، كما أن المعاجم اللغوية العربية لم تشر إلى رواية ابن كثير المنفردة، أما أن جنكيز خان وضع دستوراً للتتر سماه (السياسا)[5] فهو على الأغلب قد اقتبس الكلمـة مـن العـرب ، لأن العـرب استخدموا هذه العبارة (السياسة) قبل التتر بعدة قرون .

ولا بد من القول بان للسياسة معنى آخر يستخدم في الأدبيات الاجتماعية والثقافية والعلمية وهو بمعنى (الخطة) أو المشروع القائم أو المستقبلي فيقال: (السياسة الزراعية) بمعنى الخطة الزراعية ، ويقال : السياسة الصناعية بنفس المعنى ، وسياسة الدولة أو الوزارة أو المؤسسة أو الجمعية تجاه قضية معينة، كالقول سياسة التعليم العالي والبحث العلمي ، وسياسة وزارة الصحة ، والسياسـة الأمنيـة وسياسـة القبول في الجامعات ، وسياسة الاستيراد ، وسياسة الـدار الثقافيـة ، ومـا إلى ذلك مـن التسميات .

وقد أشار جان مينو إلى هذا المعنى الذي هو "خطط سلوك اتبع في ميدان مـا" كالحديث عن سياسة توظيف الأموال أو عن سياسة بيع أو سياسـة توظيف يتبعها شخص ما في تخيلاته.. وهذا الأسلوب لا علاقة له بالسياسة بمعناها

1- ابن تيمية . السياسة الشرعية في إصلاح الراعي والرعية ، القاهرة . كتاب الهلال 1981.

2- ابن خلدون . مقدمة ابن خلدون . بيروت، دار أحياء التراث العربي 1970ص540.

3- ابن قتيبة . الإمامة والسياسة ، تحقيق طه محمد الزيني . القاهرة ، مؤسسة الحلبي 1960

4- ابن كثير . البداية و النهاية ، جـ13 . القاهرة ، مطبعة البابي الحلبي 1956ص117.

5-المصدر السابق.

الضيق[1] إلا إذا أريد بها ممارسة السياسة في مراجعة تلك الخطط، ومناقشتها من أجل تطبيق أفضل.

ثانياً : في اللغـات الأجنبيـة :

أن كلمة (Policy) في اللغة الإنكليزية هي (السياسة) والأصل مشتق من كلمة (بولطيقي) وهو الاسم الذي أطلقه ارسطو عـلى كتابه ، وتـرجم إلى العربيـة باسـم (السياسة) والكلمة تتكون من مقطعين هما :

أ- Polis أي الحاضرة أو البلدة أو المنطقة .

ب-City أي اجتماع المواطنين الذين يكونون المدينة .

وترجمتها المدينة - الدولة، وقد عبرت الكلمة عن معان متعددة منها : البلدة ، المقاطعة، الدولة، الدستور، النظام، السياسي، الجمهورية، المواطنة، الأمور السياسية، الأمور المدنية، السيادة والعلم السياسي[2] .

واستخدمت كلمات عديدة مشتقة منها ، مثل بوليتايا (Politeia) أي الدولـة ، الدستور، النظام ، السياسي، الجمهورية ، المواطنـة ، وكلمـة (بوليتكيـا) بمعنى الأمـور السياسية ، والأمور المدنية ، وكل ما يتعلق بالدولة وبالدستور ، وبالنظـام السياسي وبالسيادة وكلمة بوليتكه (Politike) بمعنى (العلـم السـياسي) ، واستخدمت كلمـة (Policien) لرجل الدولة والمواطن وكلمـة بـوليس (Police) بمعنى شكل الحكومـة القائمة.

وقد استخدمت كلمة (Politics) على السياسات وكل ما يتعلق بحكم الدولة وإدارة علاقاتها الخارجية، وأيضاً على الشؤون العامة والإحداث السياسية والسياسـة الداخلية ، وكذلك الحقوق السياسية[3] .

1- جان مينو . مدخل إلى علم السياسة ، ترجمة جورج يونس. بيروت ، مكتبة الفكر الجامعي 1967 ص 107.

2- مارسيل بريلو. علم السياسة ، ترجمة محمد برجاوي . بيروت ، منشورات عويدات 1974ص6.

3- المصدر السابق ص 7- 11 أنظر أيضاً :

د. عصام سليمان . مدخل إلى علم السياسة . بيروت ، 1986 ص 7- 9 .

واقترح بعض الكتاب الغربيين كلمة بوليتولوجي (Politology) أي (علم السياسة)، منهم جوليان فروند من المانيا ، وأوجين فيشر بالينغ،وجرت فون أينرن ، وهنالك مجلة المانية تحمل اسم (Politology)[1] .

ثالثاً : تحديد المصطلحات

من المهم جداً قبل البحث والدراسة أن نحدد مسبقاً معنى المصطلحات السياسية فهل المطلوب معنى (السياسة) أم معنى (علم السياسة) أم (العلوم سياسية) ؟

إذا استعرضنا المؤلفات في هذا المجال سوف نرى اختلافاً كبيراً ، فقد عنون البعض مدوناتهم باسم "السياسة" ، بينما استخدم آخرون كلمة "علم السياسة"، ولجأ آخرون إلى استخدام كلمة "العلوم السياسية" ، وفي كل ذلك معانٍ مختلفة ، لا بد من الانتباه إليها، فالسياسة مفهوم عام تحتوي على كل المعاني والممارسات السياسية في المجتمع ، بينما مفهوم "علم السياسة" يحصر السياسة في الجانب العلمي فقط، أما معنى "العلوم السياسية" فهو لا يحصر السياسة في الجانب العلمي فحسب ، وانما يعطي العلمية لأكثر من علم في السياسة، وهذه العلوم تتحدد في تاريخ الفكر السياسي، وعلم الدولة وعلم العلاقات الدولية ، النظرية السياسية والنظم السياسية[2] ، ويرى البعض الآخر أن عبارة (العلوم السياسية) تشمل التاريخ السياسي والجغرافية السياسية والاقتصاد السياسي، وعلم الاجتماع السياسي، وعلم النفس السياسي، وهذا يعني أن جميع هذه العلوم هي فروع من علوم اجتماعية أوسع ، والقاسم المشترك بينها هو أن هذه الفروع تتناول الموضوع العام لكل علم من العلوم الخاصة بالتاريخ والجغرافية والاقتصاد وغيرها من حيث علاقته بالسياسة[3] .

1- مارسيل بريلو . المصدر السابق ص 11- 18 .

2- د.أحمد إبراهيم الجبير . مبادئ العلوم السياسية . طرابلس ، الجامعة المفتوحة 1995 ص 28-29

3- د. حسن صعب . علم السياسة ، بيروت ، دار العلم للملايين 1977 ص30 أنظر أيضاً :

د. أحمد إبراهيم الجبير . المصدر السابق ص32.

ويؤيد نظرية العلوم السياسية الفرنسي (جان دابان) في كتابة (مقدمة في علم السياسة) من منطلق الطبيعة الخاصة التي تتميز بها الدولة ، والتي هي واقع معقد، وبسبب ذلك فان علماً واحداً سيكون عاجزاً للإلمام بكل جوانبها . أما (جورج بوردو) فيعتقد بان كل هذه العلوم السياسية تهتم بما له علاقة بالمجتمع السياسي والعلاقات السياسية التي تنشأ بين المخلوقات الإنسانية ، وان هذه العلوم السياسية تمثل طبقاً لمناهجها الخاصة والتكتيك المتبع في معالجة موضوعاتها نحو تجاوز المرحلة التجريبية لتقوم باستخلاص نظرة متناسقة عن الوقائع التي تنطوي تحت ألويتها ، وربما لتقوم بالتالي باستخلاص القوانين التي تحكم هذا الواقع[1] . ويؤيد هذا الاتجاه كل من رايموند كيتيل[2] ، والهندي (أبادوريا)[3] ووواضح أن حصر السياسة بعلم واحد (علم السياسة) هو الاتجاه الضيق في مقابل ربطها بمجموعة علوم سياسية وهو الاتجاه الأوسع الذي يشمل العلوم الأخلاقية كجزء من العلوم الاجتماعية ، وقد أيد هذا الاتجاه بعض علماء السياسة في فرنسا أمثال جورج لوكارنتيه ، وجورج بيكو ، ولويس لمبارد وآخرين ، وكانت المدرسة الخاصة بالعلوم السياسية في باريس تدرس مواضيع الجوانب الإدارية والاقتصادية والمالية والاجتماعية والدبلوماسية والقانون العام والتاريخ[4] .

وقد أعطي (جاكوبسن وليبمان) لمؤلفيهما عنوان (العلوم السياسية) من منطلق ارتباطها بمجموعة من العلوم المرتبطة بها، كالنظريات السياسية

1-حول أراء كل من (جان دابان) و(جورج بوردو) انظر :

د.احمد إبراهيم الجبير . المصدر السابق ص35-36.

د.عبدالرضا الطعان ، وصادق الأسود . مدخل إلى علم السياسة . الموصل ، مؤسسة دار الكتب 1970ص18-19.

2-رايموند كارفيلد كيتيل . العلوم السياسية ، ترجمة د.محمد فاضل زكي . بغداد، مكتبة النهضة 1963 ص3.

3- أبدوريا . المدخل إلى العلوم السياسية ، ترجمة نوري محمد حسين. بغداد، مطبعة الديوان 1988

4-بيير فافر، وجان لوكان . دراسات في علم السياسة ، ترجمة د.ناظم عبدالواحد الجاسور .عمان مكتبة دار الثقافة 2000ص 25- 29 .

والقوانين العامة والإدارة العامة ، فضلاً عن التاريخ السياسي والسياسة الجغرافية ، وعلم الاجتماع والاقتصاد السياسي ، والرأي العام ، وضغط الجماعة والدعاية ، والأخلاق [1].

ومن المؤلفين العرب ، فقد عنون د. غالب الداوودي مؤلفه بـ(مذكرات في مبادئ العلوم السياسية) [2] ود.احمد محمد الكبسي وزملاؤه د.حسن سيد سليمان ، ود.منصور عزيز الزنداني ود.حكيم عبدالوهاب السماوي الذين أعطوا لمؤلفهم عنوان (مبادئ العلوم السياسية) مبررين ذلك بأن (علم السياسة) يتفرع منه علوم النظرية والفكر السياسي والنظم السياسية المقارنة، وعلم العلاقات الدولية والتنظيم والاندماج الدولي [3] ونحا نحوهم كل من د.محمد فتح الله الخطيب [4] ، ومحمد علي العويني [5] ود.أحمد إبراهيم الجبير [6] ود.محمد محمود ربيع ، ود.إسماعيل صبري مقلد في مساهمتهما وتحريرهما لـ(موسوعة العلوم السياسية) [7] ود. محمد طه بدوي وليلى أمين موسى [8] ، ود.علي محمد شمبش [9] ود.محمود إسماعيل محمد [10] غير أن

1- جاكوبسن وليبمان . العلوم السياسية ، ترجمة مهيبة مالكي الدسوقي . بيروت ، دار الثقافة 1968 ص3-10.

2- غالب الداوودي .مذكرات في مبادئ العلوم السياسية . البصرة دار الطباعة الحديثة 1966.

3- د.أحمد محمد الكبسي وآخرون . مبادئ العلوم السياسية . صنعاء ، الوكالة اليمنية للدعاية و الاعلان 1998 ص 11.

4- د.محمد فتح الله الخطيب . دروس مبادئ العلوم السياسية . القاهرة ، دار النهضة العربية 1968.

5- د.محمد علي العويني . أصول العلوم السياسيه. القاهرة ، عالم الكتب 1981.

6- د.أحمد إبراهيم الجبير . مبادئ العلوم السياسية ، المصدر السابق.

7- د.محمد محمود ربيع و د.إسماعيل صبري مقلد (محرران) موسوعة العلوم السياسية (الكويت) جامعة الكويت 1993-1994.

8- د.محمد طه بدوي ، د.ليلى أمين موسى ، مبادئ العلوم السياسية. الإسكندرية ، الدار الجامعية 1998.

9- د.علي محمد شمبش. العلوم السياسية . طرابلس ، المنشاة العامة للنشر و التوزيع و الإعلان 1982

10- د.محمود إسماعيل محمد . دراسات في العلوم السياسية . القاهرة ، مكتبة القاهرة الحديثة.

عدداً كبيراً استخدموا (علم السياسة) بصيغة المفرد مبررين ذلك بأن (علم السياسة) علم مستقل ومنفصل عن العلوم السياسية الآخرى رغم أنهم ذكروا وربطوا علاقاتها بالعلوم الأخرى[1].

ورأينا في هذا الموضوع هو أن (السياسة) مفهوم شامل وواسع ولا ينبغي حصرها بعلم واحد هو علم السياسة وإنما ربطها بمجموعة العلوم التي تجمعها السياسة ، وان منظمة اليونسكو أفردت لها عناوين عديدة والتي تشمل فروعاً لها أو علوماً مرتبطة بها ارتباطاً وثيقاً[2].

المبحث الثاني

المفاهيم والتعريفات

تناول عدد كبير من الباحثين وعلماء السياسة مفهوم السياسة ، وقد اتفقوا في بعض طروحاتهم ، واختلفوا في البعض الآخر ، باختلاف رؤاهم النابعة من التصورات الذاتية والعوامل الموضوعية المحيطة بهم ، وسوف نقسم هذه التعريفات إلى مايلي :

أولاً: السياسة بشكل عام

أكد أنصار هذا الاتجاه أن السياسة سلوك يمارسه الأفراد فرادى وجماعات لتحقيق غايات معينة ، تنصب على خدمة مصالحهم المختلفة ، وبهذا المعنى فإن السياسة نشاط بشري يمتاز به الإنسان عن سائر الكائنات الحية ، وإطار هذا النشاط هو المجتمع ، فهو نشاط اجتماعي ، وهي ليست حكراً على الحكام وإنما تتعدى هؤلاء إلى فئات أخرى من الشعب[3] وقد أكد هذا المعنى

1-د.حسن صعب . المصدر السابق ص30.

2- مارسيل بريلو . المصدر السابق ص 100- 102 .

3-د.عصام سليمان . المصدر السابق ص11-12.

المفكر اليوناني ارسطو حين قال بان الإنسان كائن سياسي بطبعه[1] ويطرح د.محمد طه بدوي بأن كل إنسان يحمل في ذاته ما يسميه بـ(جوهر السياسة) ويشمل حالتين متناقضتين هما :

1- الأمر : بمعنى كل إنسان سوي لديه درجة من السيطرة على الآخرين .

2- الطاعة : بمعنى لديه درجة من الاستعداد لطاعة الآخرين.

فالسياسة جوهر في الإنسان ، وهي ظاهرة اجتماعية ، وكل ظاهرة اجتماعية تأتي تعبيراً عن ذلك الجوهر فهي سياسية أي ظاهرة سياسية[2] .

وبما أن الإنسان كائن اجتماعي بطبعه ، فهو لا يستطيع تحقيق تكامله واستمراره إلا من خلال الحياة مع أنداده ، بمعنى لا بد من العيش في مجتمع ، كي يعمل جوهر السياسة فيه ، أو تنبعث منه الظواهر السياسية ، ومنها ظاهرة التميز السياسي في السيطرة على الآخرين ، والاستعداد في نفس الوقت للطاعة، ومن ثم ينقسم المجتمع إلى حكام ومحكومين ، وهي ظاهرة خالدة معبرة عن ذلك الجوهر ، ثم تظهر ظاهرة السلطة السياسية وظاهرة المجتمع السياسي، والتي تعني وجود تجمع بشري غريزي، وقيم وارتباط جماعي بإقليم معين وهو مفهوم (الوطن) ، ووجود احتكار فعلي للعنف من أجل تحقيق المجتمع الهادئ ، ولا يتوقف جوهر السياسة في الإنسان على الإقليم (الوطن) وإنما يتعدى ذلك إلى وجود مجتمعات سياسية أخرى ، ينظر إليها على أساس علاقة العدو والصديق بسبب نظرة الريبة التي تنظر من خلالها افراد كل مجتمع سياسي إلى الأخر خشية من تصدي كل واحد للأخر ، فتنشأ علاقات عدوانية ، أو تتوافق تلك المجتمعات لتكون علاقاتها علاقات صداقة[3].

1-ارسطو . السياسة ، ترجمة أحمد لطفي السيد . الرياض ، منشورات الفاخرية (بلا) ص 103.

2-د.محمد طه بدوي . النظرية السياسية . الاسكندرية ، المكتب المصري الحديث 1986 ص24- 25.

3- المصدر السابق ص 24 – 25 .

إن السياسة بهذا المعنى تتسع وتضيق، فقد اعتبرها أرسطو واسعة تشمل الفرد والجماعة والسلطة، وكل المؤسسات المدنية، بدءاً من تركيب العائلة والدولة والكيانات الوطنية والإقليمية والدولية، محتوية لبنية الاتحادات العمالية والمنظمات النقابية[1].

وجاء الإسلام والفكر السياسي الإسلامي ليضع السياسة في منظور شمولي واسع يبدأ من الفرد ، ويتدرج إلى السلطة والدولة والدول ، فالقرآن الكريم يناشد الفرد والحاكم والمجتمع لتحقيق العدالة ، واعتماد الشورى ، فالآية الكريمة ﴿**وأمرهم شورى بينهم**﴾ يشمل كل الأفراد والمجتمعات والسلطة والدول ﴿**وكذلك الأمر بالمعروف والنهي عن المنكر**﴾ ومن هنا أوضح المفكرون السياسيون المسلمون أن السياسة عامة وليست خاصة ، ومنهم الفارابي ، وابن أبي الربيع[2] ، وابن سينا الذي قال بتدرج السياسة على النحو التالي:

1-سياسة الرجل نفسه

2-سياسة الرجل دخله وخرجه

3-سياسة الرجل أهله .

4-سياسة الرجل ولده .

5-سياسة الرجل خدمه[3].

واعتبر (إخوان الصفا)علم السياسة بأنه من العلوم الإلهية ، وفي عرضهم لانواعها توسعوا في مفهومه كمايلي:

1- د.محمد نصر مهنا ، عبدالرحمن الصالحي . علم السياسة بين النظرية و المعاصرة . الاسكندرية ، منشأة معارف الإسكندرية 1985 ص13- 14.

2- د.بطرس بطرس غالي و د.محمود خيري عيسى . المدخل في علم السياسة ، ط5 . القاهرة ، مكتبة الأنجلو مصرية 1976 ص73-74.

3- ابن سينا . المصدر السابق ص 87 – 113 .

1- السياسة النبوية : وهي السياسة القائمة على تهذيب النفوس، ونقلها من الغي إلى الرشاد، رغبة في النجاة من العقاب، والظفر بالثواب يوم القيامة ، ويختص بها الأنبياء والرسل .

2- السياسة الملوكية:وهي السياسة القائمة على إنفاذ الإحكام التي رسمها صاحب الشريعة ، أمراً ونهياً ، ويختص بها خلفاء الأنبياء والأئمة المهديون ، الذين قضوا بالحق ، وبه كانوا يعدلون .

3- السياسة العامة: والتي هي الرياسة على الجماعات كرياسة الأمراء على البلدان ، والمدن ، ورياسة الدهاقين على أهل القرى ، ورياسة قادة الجيوش على العساكر ، وما شاكلها ، فهي معرفة بطبقة المرؤوسين وحالاتهم، وأنسابهم وصناعاتهم.

4- السياسة الخاصة: وهي المتصلة بتدبير أمور الأسر الداخلية والخارجية، والصحية ، والأخوان والأقارب.

5- السياسة الذاتية: ومردها معرفة الإنسان نفسه وأخلاقه وسلوكه ، والنظر في جميع أموره [1] .

وجاء ابن خلدون بتقسيمات أخرى للسياسة وهي :

1- السياسة العقلية : وهي الأحكام والقوانين السياسية المفروضة من العقلاء وأكابر الدولة وبصرائها والتي ينقاد إليها الكافة ، كما كان لدى الفرس وغيرهم من الأمم ، وهذا هو (الملك السياسي) القائم على مقتضى الحكمة السياسية ، بمعنى حمل الكافة على مقتضى النظر العقلي في جلب المصالح الدنيوية ودفع المضار ، أما (الملك الطبيعي) فهو ما كان بمقتضى- القهر والتغلب ، وحمل الناس أو حمل الكافة على الغرض والشهوة . وكلاهما مذمومان لأنهما نظرا بغير نور الله.

1- أخوان الصفا. رسائل اخوان الصفا، وخلان الوفا , ج2 .بيروت ، دارصادر 1957 ص 273 - 274 .

2- السياسة الدينية: وهي الأحكام المفروضة من الله بشارع يقررها ويشرعها، نافعة في الدنيا والآخرة ، فوجب حمل الكافة على الأحكام الشرعية ، وقد كان هذا الحكم لأهل الشريعة ، وهم الأنبياء ، ومن قام فيه مقامهم ، وهم الخلفاء ، فالخلافة هي حمل الكافة على مقتضى النظر الشرعي في مصالحهم الأخروية والدنيوية الراجعة إليها ، فهي في الحقيقة خلافة عن صاحب الشرع في حراسة الدين وسياسة الدنيا.

3- السياسة المدنية: وهي السياسة التي قالها الحكماء بما يجب أن يكون عليه كل واحد من اهل المجتمع في نفسه وفي خلقه ، حتى يستغنوا عن الحكام رأساً ، وأرادوا بها (المدينة الفاضلة) وليست المصالح العامة ، وهذه السياسة تكون نادرة ، أو بعيدة الوقوع ، ويتكلمون عنها على جهة الفرض والتقدير[1].

وقسم رافع رفاعة الطهطاوي السياسة وفقاً لتقسيم إخوان الصفا ، ولكنه أوضحها كما يلي:

1- السياسة النبوية : وهي السياسة التي يختص الله بها من يشاء من عبادة ، كما قال الله تعالى ﴿ **الله اعلم حيث يضع رسالته** ﴾ وهو الذي يهدي لاتباعهم من يشاء من فضله بسابق العادة ، ولا معقب لحكمه، لا يسأل عما يفعل وهم يسألون ، ولا يمكن للأشخاص تقمص هؤلاء الأنبياء لصنع ما اختصهم الله به .

2- السياسة الملوكية : وتتضمن حفظ الشريعة على الأمة ، وأحياء السنة، والأمر بالمعروف والنهي عن المنكر، ويمكن اعتبارها السياسة العليا للدولة.

3-السياسة العامة: وتعنى الرياسة على الجماعات كرياسة الأمراء على البلدان أو على الجيوش ، وترتيب أحدهم على ما يجب من إصلاح الأمور وإتقان التدبير، والنظر في الضبط والربط والحسبة، وهذا النوع

1-ابن خلدون. مقدمة العلامة ابن خلدون . بيروت ، مكتبة الهلال للطباعة و النشر 1996 ص195.

من السياسة أنما هو التطبيق للسياسة على المصالح المختلفة والأقاليم المتعددة للدولة .

4- السياسة الخاصة : وهي (السياسة المنزلية) وتتضمن معرفة كل إنسان حال نفسه وتدبير أمر بيته وما يتعلق به ، وقضاء حقوق أخوانه شرعاً وعرفا، وهي صورة مصغرة للسياسة الملوكية والسياسة العامة ، عندما يكون المنزل والأسرة ميدان تطبيقها.

5- السياسة الذاتية : وتعني تفقد الإنسان أفعاله واحواله وأقواله وأخلاقه وشهواته ، وزمها بزمام عقله ، فإن المرء حكيم نفسه ، وبعضهم يسميها بالسياسة البدنية[1] .

ويعتبر (أوران يونك) السياسة نشاطاً ، ويحددها بالمعنى الشمولي ، فهي ظاهرة سياسية في الأسرة ، في النقابة ، في دور العبادة وهكذا[2] .

ويتفق معه أحمد سويلم العمري في قوله ((فالسياسة هي مجموعة الظواهر والحركات التي تتناول صلات الأفراد بالجماعات ، وصلة الجماعات ببعضها ، وفي قمتها الدولة ، وهي تبدأ من الفرد ، فالأسرة ، فالقبيلة ، فالعشيرة[3] ، فالدولة ، فالمنظمات الدولية ، فأسرة الدول[4] . ويقول العالم الأمريكي (دافيد ايستون) بأن "السياسة عبارة عن تلك

1- رفاعة رافع الطهطاوي . الاعمال الكاملة لرفاعة رافع الطهطاوي، تحقيق د.محمد عمارة ، جـ1، بيروت ، المؤسسة العربية للدراسات والنشر 1973 ، ص511-512. أنظر أيضاً :

د. جهاد تقي الحسني . الفكر السياسي العربي الإسلامي . بغداد ، جامعة بغداد , كلية العلوم السياسية , 1993 ص- 213 - 214

2- Oran Young. R. Systems of Political Science. NewJersy Prentice Hall, Englewood Cliffs 1968 P 1-4.

أنظر أيضاً :

د. بطرس بطرس غالي ، ود. محمود خيري عيسى . المصدر السابق ص 7 .

3- تبدا العشيرة قبل القبيلة .

4-د.أحمد سويلم العمري . بحوث في السياسة . القاهرة ، جامعة القاهرة 1953 ص4 .

المعاملات التي تتم بين المنشآت الاجتماعية في إطار وجود سلطة عليا تشرف على توفير روح التعاون والتزام الأفراد والمنظمات بالعادات والتقاليد المرعية والمحافظة على الأمن والعدالة في كافة أنحاء البلاد"[1].

وينحى هشام آل شاوي نفس المنحى بقوله "السياسة هي القيام على الجماعة بما يصلها في حدود مفاهيمها الأخلاقية ، أنها الممارسة الفعلية لمسؤولية عامة ، رسمية أو غير رسمية ، تنبثق من صميم الجماعة ككل ، وتهتم بشؤونها المتجسدة في الدولة والحكومة والقانون"[2].

ووسع (روبرت دال) مفهومه للسياسة لتشمل أعمال الحكومة وجميع النشاطات وصنع القرارات التي تحدث في الشركات الخاصة والمؤسسات الدينية وغيرها, وبذلك يقول : فالسياسة هي حقيقة من حقائق الوجود الانساني , لا يمكن تجنبها , فكل فرد يجد نفسه مشتركاً بطريقة ما , في لحظة ما , في شكل من اشكال النظم السياسية[3].

أما المعنى الضيق للسياسة فهو حصرها في ممارسة السلطة في الدولة ومؤسساتها والعلاقات بين الدول والمنظمات السياسية ، من منطلق كون الدولة صاحبة السيادة بخلاف سلطة الفرد والأسرة والقبيلة والقرية والنقابة وهذا هو الاتجاه الذي يتبعه معظم العاملين في حقل السياسة والعلوم السياسية ، ويقول واضعو معجم اللغة الفرنسية " أن السياسة هي كل ما يتعلق بحكومات الدول "[4].

وقول (روجر سولتو Roger Soltaa) بأن السياسة هي الدراسة الخاصة بالدولة وأهدافها ومؤسساتها التي تسمح بتحقيق وجودها الفعلي والعلاقات

1- David Easton. The Political System. An Inquiry into State of Political Science. Colcotta , Scientific book Agency 1953 P 11-17

2-هشام آل شاوي . مقدمة في علم السياسة . الموصل ، مؤسسة دار الكتب 1970ص7.

3 روبرت دال . التحليل السياسي الحديث ط5 , ترجمة د. علا ابو زيد . الإسكندرية 1993 ص7.

4-د.لؤي بحري . المصدر السابق ص36.

التي تنشأ بينها وبين الأفراد الـذين ينتسـبون إلى دول أخـرى ، والأفكـار التـي يصوغونها بصددها[1] .

ويصفها (اوستن رني) بأنها " طريقة صنع السياسات الحكومية وتحديدها"[2] .

ويقول معجم اللغة الفرنسية (Larousse): "أن السياسـة هـي كـل مـا يتعلـق بحكومات الدول"[3] . ومثله قاموس الأكاديمية الفرنسـية "السياسـة هـي تلـك الصـفة التي لها علاقة بالمسائل السياسية ، وبحكومة الدولة أو العلاقات المتبادلة بـين الـدول مختلفة"[4] وكذلك القاموس العام للغة الفرنسية عـام 1988: "السياسـة هـي الكلمـة المتعلقة بحكومة الدولة". وبنفس المعنى ما أورده القاموس الأدبي 1877 في تحديدها بالشؤون السياسية (شؤون الدولة) والشؤون العامة وحكومة الدول . وذكر القـاموس الجديد للاقتصاد والسياسة الذي أصدره الفرنسيان (ليـون سـاي) و(جوزيـف شـابيه) بأن السياسة هي تلك الظـواهر الاجتماعيـة التـي تعلقـت مبـاشرة بتكـوين وتركيـب الدولة وفي تحديد اختصاصاها[5] .

ثانيـاً :السياسـة كعلم

تنطلق التعريفات بهذا الوصف على أساس أن السياسة كظاهرة اجتماعيـة لهـا قوانينها العلمية ، وأن لم تكن ترقى لظواهر العلـوم الطبيعيـة ، ومـن هـذه القـوانين والنظريات السياسية على سبيل المثال أن كـثرة وتعـدد الأحـزاب السياسـية في الدولـة تؤدي إلى صعوبة الاستقرار السياسي ، وان السلطة التي لا توضع لها ضـوابط محـددة يساء استعمالها ، وان عضو البرلمان

1-د.عبدالرضا الطعان و د.صادق الأسود . المصدر السابق ص25.

2-أوستن رني . سياسة الحكم، جـ 1 , ترجمة د.حسن علي الذنون . بغداد، مطبعة أسعد 1964 ص14.

3-د.لؤي بحري . المصدر السابق ص36.

4- Dictionnaire de L'Academie Francaise .

نقلاً عن بييرفافر وجان لوكان. المصدر السابق ص15.

5-بيير فافر وجان لوكان. المصدر السابق.

المعترض دائماً يصبح معروفاً ويعاد انتخابه[1] . أما الذين ينكرون علمية السياسة فيستندون إلى القول بأن الظواهر السياسية تتوقف قبل كل شئ على إرادات البشر ، ولما كانت هذه الإرادات حرة ، فإنه من الصعب تقييدها بسبب كون التصرفات الخاصة غير منضبطة بقانون ولها دوافع مختلفة[2] .

ويشكك الإخوان د.محمد ود.منذر سليمان الدجاني بعلمية السياسة ، ويعتبرانها أوهاماً، لأن العلم يشترط ثلاثة شروط هي :

1- التحقيق والإثبات والاختبار للتأكد من صحة الأدلة الكفيلة بالعلمية.

2- التصنيف والتبويب، لأن المعرفة منظومة مرتبة حسب نظام مفهوم ، فالعلماء يصنفون الأشياء المتشابهة أو المترابطة سوية ، والاشياء المختلفة وحدها ، ويحاولون معرفة المترابط منها.

3- العمومية والشمولية، بمعنى أن يكون الهدف الرئيسي للعمل العلمي التفسير والتنبؤ عبر تصنيفه للأشياء المشتركة ، ومن الضروري وجود عمومية وشمولية وتطويرهما لغرض التفسير والتنبؤ عن الأحداث[3] .

وينكر علمية السياسة (غاستون بوتول) إذ يرى أن البشرية ، لا تزال بعيدة عن السياسة القائمة على أصول العلم، فكل ما تراه من سياسة ليس سوى ضرب من ضروب الفن بما فيه من حدس ونجاح وحظ وفشل[4] .

واعتبر ابن سينا السياسة علماً واصفاً إياها بالعلم الذي يتناول بالبحث السياسات والرئاسات والاجتماعات المدنية الفاضلة وغير الفاضلة[5] .

1-د.بطرس بطرس غالي ود. محمود خيري عيسى . المصدر السابق ص11-12 . أنظر أيضاً :

د.حافظ علوان حمادي الدليمي .المصدر السابق ص4.

2- المصدر السابق .

3-د.محمد سليمان الدجاني ، ود. منذر سليمان الدجاني . السياسة ، نظريات ومفاهيم . عمان ، دار بالمينو برس 1986 ص 32 – 33 .

4- غاستون بوتول . علم الاجتماع السياسي . بيروت، المنشورات العربية 1976 ص10.

5- ابن سينا . المصدر السابق ص82 – 86 . انظر ايضاً :

د. فاضل زكي محمد . الفكر السياسي العربي الاسلامي بين ماضيه وحاضره , ط 2 . بغداد منشورات وزارة الاعلام 1976 ص 280 .

وفي الحقيقة أن (السياسة) علم، ويمكن إخضاع الظاهرة السياسية إلى أساليب البحث العلمي ومناهجه كالاستقراء والتجربة والتحليل ، واستخدام المتغيرات، وبالتالي التنبؤ بما سيكون، كنتائج الانتخابات، وإمكانية قيام الثورات والانقلابات العسكرية ، ومدى الاستقرار السياسي ، وتطور الأحداث ، ولذلك كما يقول د.عبدالمجيد عرسان فإن علم السياسة هو علم بكل ما في هذه الكلمة من معنى، حيث يمكن بواسطته استنتاج قواعد سياسية عامة، يمكن استخدامها في توضيح الكثير من الظواهر السياسية ووضع الحلول المناسبة لها[1].

وبناء على ذلك فقد أكد الكثيرون على علمية السياسة ، وارتباطها بالسلطة والدولة، مثل الفقيه الفرنسي (ليتريه Littre) الذي قال بأن علم السياسة هو علم إدارة الدولة[2] ، رغم أنه يحصر علم السياسة بالدولة ولا يتعداه إلى العلاقات الدولية أو النظرية السياسية أو التنظيم الدولي . وكذلك د.إبراهيم درويش الذي يقول: بـ "أن علم السياسة هو علم الدولة لأن الدولة هي الجهاز الرئيسي والأساسي الذي يدير التفاعلات السياسية ، لذلك فالدولة جوهر السياسة"[3].

وأوضح (جان مينو) أيضاً علمية (السياسة) وعلاقتها بالعلوم الأخرى ، وإمكانية إخضاعها للتحليل العلمي والتجربة الموضوعية لغرض التنبؤ بالمستقبل[4]. ونقل عن (جان دابان) تعريفه لعلم السياسة بأنه علم الدولة ، وعن (روجيه سالتو) بأنه "دراسة الدولة وأهدافها والمؤسسات التي تسمح بتحقيق هذه الأهداف ، والعلاقات القائمة بينها وين أفرادها الأعضاء ، والعلاقات القائمة بينها وبين بقية الدول .. "[5].

1- د.عبدالمجيد عرسان العزام و د.محمود ساري الزعبي . المصدر السابق، ص24-25.

2- د.لؤي بحري . المصدر السابق ص36.

3- د.إبراهيم درويش . علم السياسة . القاهرة ، دار النهضة العربية 1975 ص25.

4- جان مينو. المصدر السابق ص291-293.

5-المصدر السابق ص83.

وأعطى مؤتمر العلوم السياسية في باريس عام 1900 ثلاثة معاني للسياسة هي :-

1- علم الحكومة التي يزاولها العدد الكبير من رجالات الدولة وهو الفن الذي كبح جماحه(رشليو ونابليون).

2- العلم الذي يتناول طبيعة ومبادئ وأشكال الدولة .

3- (العلوم السياسية) وهي المؤسسات السياسية للشعب، والقوانين التي تدار من خلالها الحكومة، وإدارتها الداخلية وماليتها، علاقاتها مع الشعوب الأخرى، وكذلك القوانين التي تهتم بحياتهم المادية ، أي إنتاج وإعادة إنتاج الثروة[1] .

ويعرفها (ريمون آرون) بقوله : "علم السياسة هو دراسة كل ما يتصل بحكومة الجماعات أي العلاقة القائمة بين الحكام والمحكومين ، ودراسة كل ما يتصل بتدرج السلطة داخل الجماعة"[2] . غير أنه أغفل كل ما يتصل بعلاقات الحكومة الخارجية .

ويرى بطرس بطرس غالي بأن علم السياسة يتحدد بموضوعه الذي هو علم الدولة ، وبمظهر موضوعه الذي هو السلطة ، فعلم السياسة هو دراسة الدولة ودراسة السلطة[3] ، ويعرفها بتعريف مشابه رايموند كيتيل "علوم السياسة هي علوم الدولة ، فهي تبحث التنظيمات البشرية التي تكون وحدات سياسية ، وتنظيم حكوماتها ، وفعاليات هذه الحكومات التي لها صلة بتشريع القوانين وتنفيذها ، وفي علاقاتها بالدول الأخرى"[4] وهذا تعريف جيد.

1- بييرفافر وجان لوكان . المصدر السابق ص20-21.

2- د.لؤي بحري . المصدر السابق ص36.

3- د.بطرس بطرس غالي . مبادئ العلوم السياسية . القاهرة ، جامعة القاهرة 1962-1963 ص27.

4- رايموند كارفيلد كيتيل . المصدر السابق جـ1 ص42.

وكذلك قاموس اكسفورد الإنكليزي : "علـم السياسـة يبحـث في شـكل وتنظيـم وإدارة الدولة وعلاقاتها مع الدول الأخرى" [1].

ويربط د. محمد نصر مهنا تعريف علم السياسة بالقانون الدستوري ، ويشمل الشكل الذي يقوم عليه نظام الحكم، وكيفية تنظيم العلاقة بين الحاكمين والمحكومين في داخل مجتمع ما ، ويعنى بمفهومه الضيق كيـان الحكومـة في مجتمـع خـاص هـو شعب الدولة[2].

وجاء في الموسوعة العلمية الصادرة عن جامعة كولومبيا بـأن "علـم السياسـة علم دراسة الحكومة ، ودراسة عملية ممارسة السلطة السياسية ، ودراسة المؤسسـات السياسية والسلوك السياسي" [3].

وجاء في معجم ليتريه الفرنسي بأنها "علم حكم الدول" [4] وهي عنـد د.محمـد توفيق رمزي "علم الدولـة"، والعلـم الاجتماعـي الـذي يتحـدث في الصلـة بـين النـاس وبعضهم في ظل الهيئة الكبرى التي ينتظمون تحتها والتي تسمى الدولة[5].

وقال سليم عبد الاحد : "انه علم يبحث في شؤون الحكومات"[6].

ثالثـاً : السياسة كـفـن

ويقصد بها أن السياسة هي ممارسة للسلطة ، وهذه الممارسـة تتطلـب كفـاءة وبراعة في السلوك السياسي ، فهي بذلك فن الاستخدام ، وكيفيـة الممارسـة ، ودرجـات النجاح والفشل ، ولذلك جاء في قاموس الأكاديمية بأن

1- د.عبدالرضا الطعان ود.صادق الأسود . المصدر السابق ص45.

2- د.محمد نصر مهنا ود. عبد الرحمن الصالحي . علم السياسة بين التنظير والمعاصرة ص7.

3- The New Colombia Encyclopedia. New York, Colombia University Press 1975 Vol.1 P 218.

4- موريس دفرجيه . مدخل إلى علم السياسة ، ترجمـة سـامي الـدروبي وجـمال الأتـاسي .دمشـق ، دار دمشـق 1964 ص7.

5-د.محمد توفيق رمزي . علم السياسة أو مقدمة في أصول الحكم . القاهرة 1961 ص5 .

6- سليم عبد الاحد. مبادئ علم السياسة . القاهرة , مطبعة الهلال 1915 ص 9.

السياسة هي معرفة كل ما يتعلق بفن حكم دولة وإدارة علاقاتها الخارجية ، ويقال أيضاً ، الشؤون العامة ، الأحداث السياسية ، تكلم بالسياسة ، السياسة الداخلية ، وكل ما يتعلق بالشؤون العامة ، وبحكومة دولة ما، والعلاقات المتقابلة لمختلف الدول ، والحقوق السياسية ، والقوانين التي تحدد أشكال الحكومة ، وتنظم العلاقات بين السلطات والمواطنين أو المحكومين[1]. ويعرفها (هاتزفلد Hatzfeld) و(دارمستتر Darmesteter) بأنها "فن أداره، طريقة إدارة كل ما يعود للشؤون العامة"[2].

ويقول أركان عبادي : "فالسياسة إذن هي فن السلطة وطريقة اكتسابها ،واستعمالها في صالح المجموع ، ولا ينكر بأن عنصر القوة أو السلطة أمر أساسي تبنى عليه السياسة، وأما طريقة استعمالها في صالح المجموع فهو الأمر الثاني"[3].

أن السياسة كفن تعني أن هناك مجموعة مهارات سياسية لابد أن تتحقق عند كل من يضطلع بمهمة ممارسة الحكم ، وهذه المهارات تكتسب من خلال الخبرة العملية ، لكن الخبرة وحدها ليست كافية ، إذ يتعين أن تتوافر عند هؤلاء الأشخاص مميزات أو خصائص فريدة كالقدرة على الخيال الخصب الخلاق، وبعد النظر والإلهام ، والقدرة على بلوغ الغاية ، وتحقيق الهدف بنجاح ، من خلال اختيار أدق وانسب الوسائل ، ومعنى ذلك كله أن السياسة تحتاج إلى نوع من الحكمة العملية ، بمعنى أن تعلم السياسة ومعرفة دروسها لا يتم عن طريق المنطق فحسب ، ولكنه يحتاج إلى تطبيق الإلهام والاستدلال الحدسي ، ومن ثم يجب على عالم السياسة أن يوجه عناية خاصة إلى فن ممارسة الحكم[4].

1-مارسيل بريلو . المصدر السابق ص11.

2-المصدر السابق ص12.

3-أركان عبادي . مقدمة في السياسة . بغداد ، مطبعة العاني 1952 ص18.

4- د. محمد علي محمد و د.علي عبدالمعطي محمد . السياسة بين النظرية و التطبيق ، بيروت، دار النهضة العربية 1985 ص21.

وقد جاء في الانسكلوبيديا الكبرى: "أن السياسة فن حكم دولة ما"،[1] وبالتأكيد فإن السياسة ليست مقتصرة على حكم دولة معينة ، وأنما فن إدارة علاقات الدولة مع غيرها ، وعلاقة السلطة مع مواطنيها ومؤسساتها.

وقال الرئيس الأمريكي الأسبق لندون جونسون بأن "السياسة هي فن الممكن"[2]. وهو تعبير صحيح لأن السياسة لا تعني الربح المطلق ولا الخسارة المطلقة وانما تحقيق ما يمكن تحقيقه من مصالح ، وتحمل أقل الخسائر.

وأوضح معجم(روبير) بأن السياسة فن حكم المجتمعات الإنسانية[3].

ويقول هشام آل شاوي: "أن السياسة فن مرتبط ارتباطاً وثيقاً بالسياسة من ناحية، وبعلم السياسة من ناحية أخرى ، انه مجموعة القواعد العامة والأساليب في السلوك السياسي التي تضمن حين تطبق الكفاءة الضرورية في عمل الأفراد والمسؤولين والمؤسسات السياسية"[4].

ويقول (كينيث هدسون): "أن علم السياسة هو فن الحكم الذي يبحث بشكل وتنظيم وإدارة الدولة وعلاقاتها مع دول أخرى"[5].

رابعا : السياسة كقدرة وقوة وعلاقات صراع :

يتم التركيز هنا على علاقات القدرة والقوة والصراع بين المتنافسين على السلطة باختلاف مستوياتها في الدولة أو الحزب أو الهيئة الاجتماعية ، فالصراعات بين الجماعات والأفراد هي من أجل الحصول على القدرة والنفوذ والوصول إلى السلطة.

1- مارسيل بريلو . المصدر السابق ص12 . أنظر أيضاً:

د.لؤي بحري . المصدر السابق ص36.

2- محمد سليمان الدجاني و د.منذر سليمان الدجاني . المصدر السابق ص29.

3- موريس دفرجيه . المصدر السابق ص7.

4- هشام آل شاوي . المصدر السابق ص13.

5- Hudson, Kenneth. The Language Of Modern Politics. London, The Macmillan Press Ltd. 1978 P1..

وفي الحقيقة أن القدرة تشمل القوة لأنها أشمل من كل أنواع التأثير ، فالقدرة هي الإمكانية القائمة على كل الجوانب السياسية والاقتصادية والعسكرية والثقافية والعلمية والتكنولوجية ، وحتى القدرة الشخصية للحاكم، وبالتأكيد فإن القدرة على ممارسة التأثير والضغط داخل الدولة هي قدرة اكراهية ملزمة للمحكومين، وهي على الصعيد الخارجي إمكانية التأثير والردع، والتهديد باستخدام القوة والعنف في حالة عدم الانصياع لإرادة طرف مقتدر على طرف أقل اقتداراً . وإلى جانب القدرة المادية هنالك القدرة المعنوية ، أي قدرة الفرد على التأثير بحكم شخصيته، وتمكنه من إقناع الآخرين، أو تحييد أعمالهم، كرجال الدين والقادة والحكام ، وتكون المكونات الشخصية مزيجاً من العلم والمعرفة والتماسك ، والقدرة على فرض الحب والاحترام، والانتماء إلى أصول وانساب مقدرة ومحترمة ، وامتلاك صفات شخصية جيدة معتبرة عند الآخرين ، وقد أحصى (روبرت دال) (1400) شكل من أشكال التأثير المرتكز على عوامل متعددة منها القوى المادية والغنى والامتيازات[1].

أن القدرة السياسية قد تكون هدفاً بذاتها ، ولكنها في معظم الحالات هي القدرة على تحقيق مصالح الدولة العليا من منظور القيادة السياسية والأيديولوجية التي تسيرها ، وهذه المصالح تختلف باختلاف الدول والمجتمعات السياسية ، ولا تكون القدرة إيجابية بشكل دائم، فالقدرة المتفوقة قد تشكل خطراً على جميع القدرات الأخرى، وتهديداً للحرية والديمقراطية[2].

أما السياسة كقوة فقد أشار إليها (جورج كاتلين) بقوله: "إن السياسة هي مجموعة من علاقات القوة"[3].

ويقول (هارولد لاسويل) بأنها: "من يحصل على ماذا ، متى ، وكيف" (Politics: Who Gets What, When ,How) وهذا التعريف ينطبق على جميع أنواع السياسة (سياسة الدولة ، سياسة المكتب ، سياسة الجامعة ، سياسة

1- روبرت دال . المصدر السابق ص60.

2- د.حسن صعب . المصدر السابق ص140.

3- George Catlin. A Study of Principles of Politics. New York macmillan 1930 P79.

النقابة ألخ) ويحصر (لا سويل) مفهومه للسياسة بالقرارات السياسية للدولة والمؤسسات الرسمية ، ويركز اهتمامه على من يشارك في السياسة (الذين يصوتون ، جماعات المصالح الأحزاب السياسية ، الخ) وكيف يشاركون في العمل السياسي باستخدام نفوذهم ، أو بالتأثير على السلطات المختصة كي تستجيب لمطالبهم ، وماذا تفعل الدولة ، وما لا تفعل ، ويحدد (لاسويل) علم السياسة بدراسة النفوذ، وأصحاب النفوذ، ويعتبر أصحاب النفوذ أولئك الذين يحصلون على أغلب ما يمكن الحصول عليه في المجتمع من احترام ومراعاة ودخل وأمن، ويطلق عليهم لقب (النخبة) ويسمى البقية من المجتمع (العامة) Mass [1] ، وفي كتابة (القوة والمجتمع) (Power and Society) يعرف علم السياسة بأنها دراسة تجريبية تشمل صياغة القدرة وتحديد أقسامها ، وكل عمل ينفذ من خلال القوة[2] .

ويقول هانز مورغانثو: "أن السياسة صراع من أجل القوة ، ويعرفها بسيطرة الرجل على عقول الآخرين وأفعالهم" [3] ، ويوسع هذا التعريف حدود السياسة إلى ما بعد مؤسسات الدولة وأجهزتها وأساليبها .

ويقول (جورج جالينيك George Jellinek): "أنها تعالج العلاقات الشاملة للدولة كمؤسسة قوة، وتبحث في نشأتها وتركيبتها وأهدافها وتطورها ومغزاها الأخلاقي ومشكلاتها الاقتصادية وأحوالها الحياتية وغاياتها" [4] .

ويعرفها (روبرت دال) بأنها "التوزيع السلطوي للمقدرات في المجتمع ، وهي العلاقات الإنسانية في المجتمع التي يكون طابعها القوة والسيطرة والنفوذ"[5].

Harold.O. Lasswell. Power and Society. New York, Yale University Press 1950 P2-4. - 1

2- د.محمد سليمان الدجاني و د. منذر سليمان الدجاني . المصدر السابق ص27.

3- هانز مورغانثو . السياسة بين الأمم . ترجمة خيري حماد. القاهرة ، الدار القومية 1964 ص51.

4- د.محمد سليمان الدجاني ،و د. منذر سليمان الدجاني . المصدر السابق ص28 .

Robert Dahle .A Preface to Democratic Theory. Chicago, The University of Chicago - 5
Press 1956 P.10 .

ويقول (ستوكلي كار مايكل): "أنها الحرب دون عنف" [1].

ويعرفها (مارسيل بريلو) بأنها: "النـزاع حـول السـلطة أنها الظاهـرة بحـد ذاتها" [2].

أمـا الفقيه الفرنسي- (مـوريس دفرجيـه) فيقول: "السياسـة عبـارة عـن صراع متواصل بين فئة اجتماعية تسعى لبسط نفوذهـا، والتحكم في مصير المجتمع كلـه، والتمتع لجميع الأفراد، وتحويل أجهزة الدولة إلى إدارة فعالة لتحقيق الوئام الـوطني ، وتجميع الخيرات ، وبين فئة مناهضة لها تحرص على توفير الأمـن والعدالـة ، ودمج الأفراد في مجتمع تسوده العدالة" [3]. ويقول (ايستون): "أن علـم السياسـة يهـتم بدراسة التوزيع السلطوي الالزامـي للقيم في المجتمع" [4]. وفي نفـس الاتجاه يعرفهـا قاموس العلوم السياسية تحت إشراف اليونسكو في القول: "ممارسة الأعمال الإنسانية التي تسوي أو تدعم أو تتابع الصراع بين الصالح العام وبين مصالح الجماعـة الخاصـة والتي تشتمل دائماً على استخدام القوة أو السعي إليها" [5].

ويعرفهـا (جيرالـد هيغـر) بأنهـا إدارة التغيـير الاجتماعـي الـذي يطـرأ في المجتمعـات ، ومعالجة التغير الذي يطرأ علـى القيم الاجتماعية للإنسان، ويعتبرهـا وسيلة لفض النزاعـات التي تنشـأ في المجتمعـات ، مـن أجل الحفـاظ علـى الأمـن والاستقرار [6].

1- د.محمد سليمان الدجاني ود.منذر سليمان الدجاني. المصدر السابق.

2- مارسيل بريلو . المصدر السابق ص 13 .

3- موريس دفرجيه . المصدر السابق ص12-13.

4 - David Easton. A frame work for Political Analysis.New Jercy , Englewood Cliffs , Prentice Hall P.50.

5 - A Dictionary of the Social Science by the Julius Gould, and William Koid. Eds New York, UNSCO P. 515.

6 - Heeger, Gerald A. The Politics Under Development. N.Y. st, Martins Press 1974 P.30.

ويرى (فيرونا فان دايك) بأنها التفاعلات بين المجموعات التي تقوم على أساس الرغبات المتناقضة للمجموعات ، وتبني هذه التفاعلات على أساس الصراع بين المجموعات ، لأن كل واحدة منها تحاول تحقيق رغباتها ومصالحها على حساب الأخرى[1] ، ويوافقه في الرأي (لي راون) في القول بأن "السياسة تفاعلات ونشاطات الإنسان التي تحدث عندما يحاول وضع نظام لضبط شؤون وأموره ، وهي عادة حصيلة للصراع الاجتماعي"[2] .

ويرى كاتلين أن موضوع علم السياسة هو مجموعة الظواهر التي تؤلف جوهر الصراع لبلوغ السلطة بين المجموعات البشرية سواء باللجوء إلى العنف أو الاقناع أو الاستنجاد بالتقاليد أو القاعدة القانونية[3] .

ويعرف (جان مينو) السياسة من زاوية الوظيفة التي تؤديها كاحتكار الإكراه وإسهام المواطنين في إدارة الجماعات الإقليمية الصغيرة ، وحتى المشاريع الأكثر طموحاً كانشاء الاتحاد الأوروبي أو الاعداد لعناصر قيام حكومة عالمية[4] .

ويحددها قاموس (الاقتصاد السياسي والدبلوماسية) بضبط الصراعات، ويظهر بأن الموضوع الرئيسي ، للسياسة هو "اتخاذ الإجراءات الأكثر فعالية ، بهدف كبح جماح العواطف ، وبأن لا تخرج منفلتة العقال من الصراع وضد المنطق ، مما يتطلب ضبطها ومراقبتها ، ولفت الانتباه الخاص للفضائل الأكثر ضرورة في المجتمع"[5]. وهي حسب (القاموس الشامل للعلوم الأخلاقية

---

1 - Verona Van Dyke. Political Science: A philosophical Analysis . Stanford, Stanford University Press 1930 P134.

أنظر أيضاً: د. عبالمجيد عرسان العزام و د. محمود ساري الزعبي . المصدر السابق ص19.

2 - Brown, A. Lee. Jr. Rules and Conflict. New Jersy, Prentice Hall, Inc. 1981 P222.

أنظر أيضاً : د. عبد المجيد عرسان العزام ود. محمود ساري الزعبي .المصدر السابق ص 19 .

3- جان مينو . المصدر السابق ص 89 .

4- المصدر السابق. ص 97 .

5- بيير فافر ، وجان لو كان ص 17 نقلاً عن :

Encyclopedie of Methodique dictionnaire de economie Politque et diplomatique.

والاقتصادية والسياسية والدبلوماسية أو مكتبة رجل الدولة والمواطن)؟ "السياسة العامة ما هي إلا الحذر المشترك خلال الحياة ، وفن القيادة ، وإدارة أفعالها ، بأسلوب تنتج منه منفعة عادلة ، وحظيت بمصادقة الحكماء"[1].

خامساً: السياسة كعقيدة

هذا الاتجاه تبناه الماركسيون ومنهم (شاف وارليخ) فقالا : "إن علم السياسة هو دراسة مذهب الدولة ومذهب القانون ، وإنه جزء من النظرية العامة لتطور المجتمعات ، وعلم السياسة يدرس هذا التطور من زاوية خاصة هي العلاقات القائمة بين الطبقات ، فالدولة وسيلة لتسلط طبقة على سائر الطبقات والقانون تعبير عن إرادة الطبقة الحاكمة"[2].

وواضح أن هذا التعريف يختلف عن التعريفات السابقة شكلاً ومضموناً ، لأنه يركز على مذهب وعقيدة الدولة أي كونه رأسمالي ، ماركسي ، .. ودراسة الطبقات.

ومن الذي كتبوا في هذا الجانب (موريس دسلاندرس) من منطلق كون السياسة جزءاً من القوانين الطبيعية المقدسة ، والمستنبطة منها لتنظيم العلاقات السياسية والاجتماعية ، وأشار إلى أن المنهج الدوغمائي في الوفاء للحقائق الأولى المستقرة المطلقة التي يجب أن تكون القاعدة لتنظيم المجتمعات (وتضيء عقولنا والذي نحمله في داخلنا) .

وكتب أيضاً (بارثيلومي) مصوراً علم السياسة بأنه تاريخ بسيط للمذاهب السياسية ، وأيد ذلك (شارل بودان) في كتابه (الحق الفردي) حيث عرج على كل المذاهب منذ القدم[3] غير ان البعض يرفض هذا الاتجاه من منطلق ان السياسة نشاط لا يمكن تحويلها الى نظام عقائد , او الى مجموعة من

1- المصدر السابق .

2- د. بطرس بطرس غالي ود. محمود خيري عيسى ، المصدر السابق ص 8 .

3- بيير فافر وجان لوكان . المصدر السابق ص 32- 39 .

الاهـداف الثابتـة , ولا يمكـن للسياسـة ان تؤمن لنا العقيـدة , فالعقيـدة نهايـة السياسـة . بينما السياسـة نشـاط فعّال وتكيف مـرن وعامـل على التوفيق[1].

المبحـث الثالـث

الطبيعـة والخصائـص

إن السياسة مصطلح يحمل معان واسعة ، وعلـم السياسـة والعلـوم السياسـية يحملان نفـس المعنـى الواسـع ، سـواء عـلى صعيد التطـور التـاريخي ، أم في الوقـت الحاضر ، وسواء اتصلت هذه المعاني بالدولـة ، أو السـلطة ، أو كـل فئـات المجتمـع ، ولذلك فإن طبيعة السياسة هي طبيعة واسعة تحمل دلالات عديدة ، وبناءً على ذلك فقد وجدت مرتبطة بالأخلاق والمجتمع والاقتصاد والجغرافية وكـل العلـوم الإنسـانية والطبيعية بشكل أو بآخر .

ورغم محاولات فصل السياسة عن العلوم الأخـرى وإعـلان اسـتقلاليتها عنهـا ، فإنها لا تزال متشابكة ومتداخلة في كل شؤون الحياة والعلم والمعرفة .

أما خصائصها فهي معبرة عن هذه الحالة والتي يمكن إجمالها بما يلي:

1- إن السياسـة وعلـم السياسـة يمتـازان بالمرونـة ، بسـبب الآفـاق الواسـعة التـي يعالجـان فيهـا القضـايا الإنسـانية الشـائكة ، فليسـت المعالجـة مقتصـرة عـلى الجوانب القانونية والمؤسسية ، وإنما على الجوانب المتغيرة في الحياة الاجتماعية ، ولذلك فإن الحاجة لها قائمة في كل زمان ومكان ، سـواء في حـل النزاعـات ، أو البحث عن البدائل المرغوبة لدى صناع القرار ، أو التسوية والتحكيم والوساطة .

2- أنه علم حديث يتطلب دراسـات عديـدة لسـبر أغـواره ، والتعامـل معـه أسـوة بالعلوم الأخرى المحددة ، أو المعارف الإنسانية المختلفة .

1- بيرنارد كريك . السياسة بين اصدقائها واعدائها , تعريب خيري حماد . القاهرة , الدار القومية 1963 ص 63

3- أنه علم لا يمتد إلى الماضي والحاضر فحسب ، بل إلى المستقبل من أجل وضع فرضيات علمية تتوقع ما يحدث في المستقبل استناداً إلى القوانين والنظريات السياسية التاريخية والمعاصرة ، وإلى معطيات الحاضر [1] .

4- أنه يجمع بين العلم والفن ، والقوة والقدرة والنفوذ والعقيدة ، ومن هنا فإن التعويل على صفة واحدة غير صحيح ، ولا بد من ملاحظة كل الصفات وفقاً للحالة التي تدرس فيها .

5- إن الاختلاف في تحديده لا زال قائماً كالقول بـ (علم السياسة) وقصره على الدولة أو السلطة ، أو القول بـ (العلوم السياسية) لتنصرف إلى النظرية السياسية والعلاقات الدولية .

6- أنها متغيرة وليست ثابتة ، لأنها مرتبطة بالظروف المتغيرة ، والأفكار المستجدة والتأثير المتبادل بينها وبين الإنسان الذي يستمر في البحث عن الأفضل ، لذلك تتغير القناعات ، وتتبدل الآراء السياسية بفعل الاحتكاك بين الأفراد والجماعات والدول .

7- أنها تصارعية وتعاونية، سواء على صعيد الفكر السياسي ، أو الممارسة السياسية للأفراد والجماعات ، وأسباب الصراع والتعاون كثيرة ومختلفة، وهي مادية ومعنوية ، ومرتبطة بالقدرة والقوة والنفوذ ، والسعي إلى الحكم والسيطرة ، وتحقيق المصالح المتنافرة ، والمكاسب المختلفة لكل طرف من أطراف الصراع .

8- أنها سلمية لا تلجأ إلى استخدام القوة والعنف ، فإذا ما لجأت إليها فسوف تخرج عن نطاق السياسة لتدخل في نطاق الحرب ، ولكن السياسة تلجأ إلى التهديد باستخدام القوة ، وإلى التأثير على الآخرين لتحقيق المصالح الوطنية .

1- د. أحمد إبراهيم الجبير . المصدر السابق ، ص 73- 74 .

الفصل الثاني

نشأة وتطور السياسة وأهدافها ومواضيعها

المبحث الأول
نشأة وتطور السياسة

لا شك أن السياسة كانت ولازالت جوهراً في الإنسان السوي، وقد مارسها واهتم بها في حياته حماية لنفسه ، وبني جنسه ، خاصة في الأمر والطاعة ، ثم تطور المفهوم لديه عبر العصور وصولاً إلى الوقت الحاضر ، الأمر الذي يتطلب مواكبة النشأة والتطور لمعرفة وأدراك مفهومها .

المطلب الأول
العصور القديمة

ارتبطت السياسة في المجتمعات القديمة بتطور المجتمعات من حالاتها البدائية إلى قيام السلطة السياسية في الجماعات الصغيرة كالأسرة والعشيرة والقرية ، ومن ثم في دولة المدينة التي نشأت في بلاد سومر جنوب العراق ، وفي وادي النيل، واليمن والهند والصين ، والتي أدت إلى قيام الدول والإمبراطوريات، وتطور العلم والمعرفة والثقافة، وقيام المدنيات والحضارات وتطور أشكال الحكم والسلطة ، والحاجة إلى مجالس استشارية وقوانين وأنظمة تحقق مصالح المجتمعات ، وبذلك أيضاً أصبحت السياسة مرتبطة بكل العلاقات الاجتماعية، ومفاهيم الحرية والعدالة والفضيلة والحوار ومضاداتها[1] .

1- طه باقر . مقدمة في تاريخ الحضارات القديمة ، بغداد ، شركة التجارة والطباعة 1955 ص29 ومابعدها , القسم الاول, تاريخ العراق القديم , والجزء الثاني حضارة وادي النيل. بغداد 1956 ص28 وما بعدها.

أولاً : وادي الرافدين :

تميزت الحضارة الأولى في سومر واكد في بلاد ما بين النهرين بكونها مهد نشأة السياسة منذ عصر فجر السلالات ، ونشوء دويلات المدن السومرية، ثم قيام نظم سياسة كبيرة بفضل التعايش بين الأسر المختلفة ، وتنازلها عن بعض سيادتها السياسية ، ووجود هيئات تشريعية إلى جانب الحكام الذين اعتبروا انفسهم وكلاء الآلهة ، وكانت المعابد مراكز للحكم مع نفوذ كبير للكهنة . وكانت السلطة مركزية ، ولكنها لم تكن استبدادية لوجود مجلسين تشريعيين يؤخذ رأي اعضائها في المصالح الكبرى للدولة ، وخاصة في قضايا السلم والحرب ، وتطورت الدولة لتصبح امبراطورية على يد سرجون الأكدي. ورغم الحروب المدمرة فقد استطاع الملك البابلي حمورابي توحيد العراق ، وتنظيم السلطة بمساعدة مجلس الكبار والجمعيات الوطنية ، ووضع القوانين التي شملت كل نواحي الحياة سعياً لتحقيق العدالة ، والتي بلغت (282) مادة[1]، تضم جوانب سياسية هامة كالحقوق والواجبات ، وطبيعة سلطة الحاكم والمجالس التشريعية والقضائية . واشتهرت الدولة الأشورية بحروبها، ولكنها أيضاً عرفت بقوانينها ، وكانت الدولة الكلدانية في بابل وريثة سابقاتها معروفة بتقدمها العلمي والسياسي [2] .

ثانياً : وادي النيل :

وفي مصر أقيمت حكومات محلية ، ثم توحدت بعد ذلك في دولتين في الشمال والجنوب ، واللتين توحدتا أيضاً في دولة واحدة على يد الملك مينا ، وتمت السيطرة على كل أنحاء البلاد ، وهي الإمبراطورية القديمة[3] . وأصبح

1- شعيب أحمد الحمداني. قانون حمورابي. بغداد , جامعة بغداد , بيت الحكمة 1989 ص 36 وما بعدها.

2- د. عبدالرضا الطعان . الفكر السياسي في العراق القديم . بغداد ، دار الرشيد 1981 ص10 ومابعدها.

3-د.عبدالعزيز صالح . الشرق الأدني القديم ن جـ1 القاهرة بغداد ، مكتبة الانكلو مصرية 1990 ص34

الملك هو الآله وبذلك أصبح الحكم ملكياً مطلقاً [1] ولكن السلطة المركزية انحلت بعد ذلك، وظهر نظام اللامركزية ، فكان لحكام الاقاليم سلطات واسعة ، وأدى الوعي الاجتماعي إلى ظهور أفكار جديدة عن المساواة والعدالة، وبروز فكرة "الراعي الصالح" بدلاً من "الملك الآله".

وبعد غزو الهكسوس لمصر حلت فكرة الوحدة الوطنية محل العدل الاجتماعي للانتقام من الهكسوس وطردهم من البلاد ، ونشأت الإمبراطورية المصرية التي امتدت إلى أفريقيا وآسيا ، واحتكت بالشعوب الاخرى ، فظهرت افكار سياسية جديدة متأثرة بالثقافات الأجنبية ، ولكن ضعف الإمبراطورية جعلها هدفاً للأشوريين والبابليين والفرس وإسقاطها مرات عديدة وكان آخرها على يد الاسكندر المقدوني عام 332 ق.م. وكانت السلطة مطلقة في يد الفراعنه رغم وجود مجالس ومستشارين ، ونشأت طبقة (الاشراف) وهو مجتمع اقطاعي نتيجة لذلك .

أن السياسة في مصر الفراعنة انحصرت بيد الملك ، ولم يكن للأنسان أي حق في تقرير قواعد السلوك السياسي لأن هذا الحق كان يعود للآلهة ، ورغم ذلك عرف المصريون نظام الوزارة والمسؤولية الوزارية ونظام الإدارة اللامركزيه [2].

ثالثاً : اليمن :

و في اليمن نشأت الدولة المعينية التي عرفت السياسة بكل معانيها، وكان النظام فيها ملكياً وراثياً ، ولكن السلطة كانت مقيدة بوجود مجلس استشاري يحيط بالملك ، ويساعده في إدارة شؤون البلاد ، وبوجود استقلال ذاتي للمدن ، وإدارتها من قبل رؤساء منتخبين ، يساعدهم مجلس من المشايخ، وسجلات تدون فيها اسماؤهم ، وكانت لهذه الدولة علاقات خارجية مع الدول الأخرى [3]

1-د.بطرس بطرس غالي و د.محمود خيري عبس المصدر السابق ص15

2-د.أحمد إبراهيم الجبير . المصدر السابق ص86-91 .

3-د.صالح أحمد العلي . محاضرات في تاريخ العرب ،ج1 بغداد ، مطبعة المعارف 1950 ص12

كما ازدهرت دولة قتبان التي كان ملوكها كهنة في بداية الأمر، ويجمعون بين السلطتين الدينية والسياسية، ثم انصرفوا إلى الممارسة السياسية فقط، ولم تكن سلطاتهم مطلقة، فقد كان التنظيم السياسي متقدماً، وكان الحكام والشيوخ يعينون من قبل الملك لإدارة شؤون كافة المناطق، ومنح السكان حق المناقشة والنظر في شؤونهم الخاصة في كل مدينة أو قرية أو قبيلة، وأعطوا صلاحيات النظر في المنازعات وأقاموا دوراً خاصة للتشاور في الشؤون العامة والخاصة كالحرب والسلم أطلقت عليها اسم (المشود) كما عرفت هذه الدولة القوانين التي تنظم الحياة المدنية، والعقوبات التي تفرض على المخالفين، وأصدرت النقود لتنظيم علاقات الأفراد المالية [1].

وكانت الدولة السبئية أكثر تقدماً من سابقاتها اقتصادياً وسياسياً، وكان النظام الملكي هو السائد مع جمع السلطات الدينية والدنيوية، ولكنها في الأخير فصلت بينهما لتمارس السلطة السياسية فقط، وكانت لها تحالفات واتفاقيات حربية مؤقتة، وسفارات مع الدول الأخرى، ومع رؤساء القبائل، وقد أعلنت الاتحاد مع معين ثم ضمتها إليها نهائياً [2].

رابعاً: الصيـــن:

وفي الصين مورست السياسة وفقاً لتعاليم (كونفو شيوس) التي أرست تقاليد سياسية رشيدة في الحكم مؤكداً على فضيلة الاقناع والحوار بالدرجة الأولى ورفض الحكم المطلق، وأعطى الفرد قيمة اجتماعية غير قائمة على الفئوية، وتبعه (منشيوس) الذي أكد على سعادة ورفاهية الإنسان المادية وتعليمه أخلاقيات الأسرة والمجتمع [3]، وتميز الفكر السياسي الصيني بسمات العلمانية والاكتفاء الذاتي والصفة العملية بدل المجردة.

---

1 - د. جواد علي. تاريخ العرب قبل الإسلام، جـ1. بغداد، مطبعة المجمع العلمي العراقي 1952 ص 50.

2- د. عبد الواحد عزيز الزنداني. السير والقانون الدولي، صنعاء، الآفاق للطباعة والنشر ـ (بلا) ص 13 –14.

3- د. بطرس بطرس غالي، ود. محمود خيري عيسى. المصدر السابق ص 24، 26.

وقد تم توحيد الصين في دولة واحدة ووضع حد للمنازعات ، والانتقال لبناء الحضارة الصينية بفضل آراء كونفو شيوس ومنشيوس ، الـذين كانـا ضـد الاستبداد ، ومع حق الثورة على الحاكم المستبد ، والتأكيد على احترام الملوك لحقوق الأفراد .

ومن أهم الأفكار السياسية التي نادوا بها هي الدعوة لإقامة جمهورية عالمية واحدة تشرف عليها حكومة تضم الكفاءات والمواهب الفاضلة مـن أهـل العلم والمعرفة، الذين يفهمون ويطبقون مبادئ الخير والعدل والسلام، لتسود المحبة والتضامن بين الناس جميعاً ، فتزول العداوات وتمنع الحروب ويتخلص العالـم مـن الشر والأنانية[1].

خامساً : الهنـد :

وقدمت الحضارة الهندية فكراً سياسياً متقدماً في العقد الاجتماعي ، استند إلى اعتبار حالة الطبيعة السابقة له حالة صراع أدت إلى ظهور السلطة السياسية في عقد ثنائي بين الشعب والحاكم ، يلتزم فيه الحاكم بحماية الشعب والنظام الاجتماعي ، مقابل فرض الضرائب عليهم ، وأصبحت السلطة مقدسة مستمدة من الإله الأعظم ، وضرورة طاعتها ، ولكن الفكر السياسي الهندي لم يغفل عن الحاكم الشريـر ونصحه ومقاومة الطاغية وخلعه وقتله .

وهنالك علاقة بين الدين والأخلاق والسياسة ، فالبوذية دعت إلى تطبيق الدين على أسس مبادئ الإرشاد الأخلاقي أو المعنوي للحكام والرعايا، ولكن الدين لم يسيطر على السياسة ، بل ظهر من دعا إلى فصل الأخلاق عن السياسة مثل (كوتيليا)[2].

1- ول ديورانت . قصة الحضارة ، ج 1 ، ترجمة محمد بدران . القاهرة 1970 ص 59 ، أنظر أيضاً :
د.أحمد إبراهيم الجبير . المصدر السابق ص 94 - 95 .

2- د. إبراهيم أحمد شلبي. أديان الهند الكبرى، ط6، القاهرة، مكتبة النهضة المصرية1981 ص56-58.

سادسا: اليونان

وتطورت السياسة تطوراً حقيقياً في العهد الإغريقي ، حيث نشأت دولة المدينة في المدن والجزر والسواحل اليونانية بمساحات صغيرة ، وعرفت الطبقات الاجتماعية ، والنظام السياسي الذي تميز بوجود الديمقراطية المباشرة ، والهيئات التمثيلية ، والمجالس والمنظمات المحلية المنتخبة والمحاكم والقوانين والدساتير ، وشهدت البلاد بروز فلاسفة كبار في كل العلوم والمعارف، كسقراط وأفلاطون وأرسطو ، وقد ألف أفلاطون كتب (الجمهورية)، و(السياسة)، و(القوانين)، أكد من خلالها على الفضيلة والدولة المثالية التي يحكمها الفيلسوف العالم ، وأوضح أن الدولة نشأت نتيجة للحاجات البشرية التي لا يمكن إشباعها إلا بتعاون الأفراد مع بعضهم . وأكد على تقسيم العمل والتخصص الاقتصادي وفقاً للمواهب، واكتساب المهارات، وجاءت فكرته عن العدالة الاجتماعية على أساس وحدة الأفراد والمجتمع وأداء كل فرد في الحياة على أسس خبرته ومرانه ، ودعا إلى التعليم والتدريب لتحقيق افكاره[1] .

ورغم أن أفلاطون كان مثالياً في تصوراته للدولة والمجتمع والحاكم في كتابه (الجمهورية) إلا أنه عدل عن ذلك جزئياً في كتابه (القوانين) حيث وجد الصعوبات التي تمنع ذلك، فأقر بوجود القوانين التي يجب أن يخضع لها الملك[2] .

وفي كتابه (السياسة) أو (السياسي) يصف السياسي بأنه صاحب المعرفة الحقيقي، ويقارن بينه وبين رب الأسرة ، مؤكداً وجود تشابه بينهما، لأن كل منهما يعمل لصالح الجماعة ، ولكن رب الأسرة يعمل لصالح أسرته ، بينما يعمل السياسي لصالح المجتمع ، وهو ما يؤكد أيضاً التسليم بالحكم المطلق ، ولا يرى جدوى من قيام السياسي باسترضاء المحكومين لأنه لا ينظر إلا إلى

1- أفلاطون . الجمهورية ، ترجمة حنا خباز ، بيروت دار القلم 1980 ص 32 وما بعدها .

2- د. محمد علي محمود ، ود. علي عبد المعطي محمد . المصدر السابق ص 76 - 77 نقلاً عن كتاب أفلاطون (القوانين) .

المصلحة العامة ، ورفاهية المجتمع ، ولذلك قد يتجاهل القوانين ويتجاوز التقاليد ويقيد الحريات لأنه ملك مستنير وسياسي حقيقي له من الحكمة ما يجعل حكمه مقبولاً لدى شعبه ولو استخدم القوة لفرض حكمه ، وهو يختلف عن الحاكم الطاغية[1].

وفي تحليله لنظم الحكم أشار إلى الدورات السياسية التي تعقب بعضها بعضاً في كتابه (الجمهورية) فالدولة المثالية التي يحكمها الفرد (الملك) حكماً مطلقاً وفقاً للفضيلة والعلم والمعرفة يمكن أن تتحول إلى دولة تيومقراطية (عسكرية) حين فسادها، والدولة الاوليغارشية (حكم القلة الغنية) صاحب الخبرة والمعرفة ، يمكن أن تتحول إلى (الديمقراطية) حكم الشعب أو الغوغاء في حالة فسادها، ثم الحكومة الاستبدادية(الطغيان) بعد فساد الديمقراطية[2].

وفي كتابه (السياسي) وضع تقسيماً جديداً لأنظمة الحكم يتلخص فيما يأتي :

1- الدولة المثالية : ويرأسها الحاكم الفيلسوف ، وتتميز بالمعرفة الكاملة ، وهي دولة آلهية ، لا تتقيد بالقوانين ، ولا يتيسر وجودها في هذه الدنيا .

2- الدولة الزمنية : وهي ستة أنواع ،ثلاث منها تتقيد بالقوانين ، وثلاث أخرى لا تتقيد بها وهي :

1. حكم الفرد الذي يتمثل في الملك المستنير ، أي الملكية المستنيرة .

2. حكم الأقلية (الأرستقراطية) صاحبة الخبرة والفضيلة .

3. حكم الأكثرية (الديمقراطية المعتدلة) .

أما مضاداتها السلبية فهي :

1- د. بطرس بطرس غالي ، ود. محمود خيري عيسى . المصدر السابق نقلاً عن كتاب أفلاطون (السياسي) ص 36

2- أفلاطون . المصدر السابق . أنظر أيضاً :

د. مصطفى غالب .(في سبيل موسوعة فلسفية). بيروت ، منشورات دار ومكتبة الهلال 1979 ، ص 72 – 96 .

1. حكم الفرد الاستبدادي (الطاغية) حين فساد حكم الفرد (الملكية المستنيرة) .

2. حكم الأقلية (الأوليغارشية) حين فساد حكم الأقلية الأرستقراطية المستنيرة .

3. حكم الأكثرية المتطرفة (الديمقراطية الغوغائية) حين فساد حكم الأكثرية الديمقراطية المعتدلة .

وأخيراً توصل أفلاطون إلى فكرة (الدولة المختلطة) التي تجمع بين مبدأ الحكمة في النظام الملكي ، ومبدأ الحرية في النظام الديمقراطي [1].

أما أرسطو الذي كان تلميذاً لأفلاطون فقد رفض الدولة المثالية ، ودعا إلى الدولة الواقعية وحكم القانون ، وقسم الحكومات إلى صالحة وفاسدة كما يلي :

1- الحكومات الصالحة وهي :

أ- الحكومة الملكية : حكومة الفرد الفاضل العادل .

ب- الحكومة الأرستقراطية : وهي حكومة الأقلية الفاضلة العادلة ,

ج- الحكومة الديمقراطية : وهي حكومة الأغلبية الفقيرة وتمتاز بالحرية .

2- الحكومة الفاسدة :

أ- الحكومة الطاغية : وهي حكومة الفرد الظالم .

ب- الحكومة الأوليغارشية: وهي حكومة القلة الموسرة ، حكومة الأغنياء.

ج- الحكومة الديماغوجية : وهي حكومة العامة المتبعين أهواءهم أو حكومة الغوغاء [2].

1- د.بطرس بطرس غالي و د. محمد خيري عيسى .المصدر السابق ص 36-37 نقلاً عن كتاب (السياسي) لأفلاطون

2- د. مصطفى غالب . أرسطو. (في سبيل موسوعة فلسفية) بيروت ، دار مكتبة الهلال 1985 ص 153 .

وأشار إلى أن أفضل أنواع الحكم هو الحكم الذي يجمع بين العناصر الصالحة في الديمقراطية والعناصر الصالحة في الأوليغارشية ، وأن الدولة الفاضلة تتكون من سلطات ثلاث هي :

1- السلطة التشريعية .

2- السلطة التنفيذية .

3- السلطة القضائية [1] .

واعتقد أرسطو أن الدولة تنشأ نتيجة التطور التاريخي للمجتمعات ، بدءاً بالأسرة ثم القرية ثم الدولة، نتيجة الحاجات الضرورية للإنسان ، خاصة أن الإنسان كائن اجتماعي – سياسي بطبيعته ، والدولة التي تنشأ نتيجة للنمو، توفر الظروف اللازمة للحياة المدنية المتقدمة المتعددة الحاجات ، وإذا كانت الدولة جماعة يتحد أفرادها المختلفين بحكم ما بينهم من فوارق لسد حاجاتهم عن طريق تبادل السلع والخدمات وتقسيم العمل ، فإن الدولة ليست إلا نوعاً من هذه الجماعات التي تختلف طبيعتها عن العائلة ، إذ أن سلطة رب العائلة هي لمصلحة أفراد الأسرة ، بينما السلطة السياسية هي سلطة الأحرار على الأحرار وتستعمل لصالح الحكام والمحكومين على السواء [2] .

كتب أرسطو (كتاب الدساتير) وهو دراسة لدساتير (158) دولة قائمة في المدن اليونانية ، أو خارجها للبحث عن الأفضل [3] .

وكتاب (السياسة) الذي عالج فيه نظرية أصل الدولة ، ونظام الرق، والملكية الخاصة، والسيادة، وتقسيم الحكومات، والتربية، وفصل السلطات ، والنظرية العامة للثورات، والنظرية العامة للجمهورية الفاضلة [4] .

1- د. أحمد إبراهيم الجبير . المصدر السابق ص 118 – 120 .

2 - د. بطرس بطرس غالي و د. محمود خيري عيسى . المصدر السابق ص 38-39 .

3- د. عبد المجيد عرسان العزام ود. محمود سامي الزعبي . المصدر السابق ص 9 .

4- أرسطو . السياسة . المصدر السابق ص 98 – 272 .

لقد خدم أرسطو السياسة من خلال اتباع المنهج الاستقرائي ، ودراسة الواقع مع عدم إهمال المنهج الاستنباطي [1] ، ولذلك يعتبر أباً لعلم السياسة [2] .

واستخدم أرسطو مصطلح (السياسة) بمعنى واسع للغاية وأراد بها أن يغطي بيئة أو تركيب العائلة ، إلى جانب معنى الدولة ، والسيطرة على العبيد ، ومفهوم الثورات والديمقراطية ، كما أن (السياسة) عنده تشتمل على كيانات وطنية أو إقليمية أو دولية ، وتشمل أيضاً بنية الاتحادات العمالية والمنظمات النقابية ، وكان يتطلع وينشد من (علم السياسة) أن يقدم المعرفة والفهم إلى أولئك الذين يديرون شؤون الدولة ، وعلى تنسيق جميع النشاطات الأخرى بحيث تنتج حياة طيبة لمن يحيون بها ، ولذلك أصبح (علم السياسة) هو (علم الدولة)[3] .

ولم تكن (السياسة) منعزلة عن غيرها من العلوم ، بل كانت مرتبطة بالمنطق ، والأخلاق والاقتصاد وعلم النفس والدين والتاريخ ، ولم يكن علماً مستقلاً ، أي أنها كانت جزءاً من الفلسفة العامة في البحث عن المدينة الفاضلة [4] .

سابعا: الرومان

ورث الرومان كثيراً من المفاهيم السياسية اليونانية ، وأضافوا إليها ، ولكنهم كانو عمليين في السياسة أكثر مما كانوا نظريين ، فقد أقاموا دولة كبيرة وامبراطورية بدلاً من دولة المدينة ، والتي ضمت شعوباً عديدة ، وفرضت عليها ما سمي بـ (السلام الروماني)، وشرعت قانون الشعوب أو قانون

1- د. محمد محمود ربيع . المصدر السابق ص 39 .

2 - د. عبد المجيد عرسان العزام ود. محمود سامي الزعبي . المصدر السابق ص 30 .

3- د. محمد نصر مهنا، ود. عبد الرحمن الصالحي . المصدر السابق ص 13-14 .

4- د. أحمد عباس عبد البديع . أصول علم السياسة ، ط2 . القاهرة ، مكتبة عين شمس 1977 ص 11 .

الغرباء، والتي تنظم سلوك الأفراد وتصرفاتهم في الدولة ، وعرفت الحصانة الدبلوماسية للمبعوثين ، وأنواع المعاهدات، وميزت بين الحرب العادلة وغير العادلة [1] .

وعرف الرومان العصر الملكي ، فكانت السلطة بيد الملك ومجلس الشيوخ ومجلس الشعب، ولكن الاستبداد حدا بهم إلى إقامة النظام الجمهوري ، حيث كان مجلس الشعب ينتخب حاكمين (قنصلين) لهما سلطات مقيدة ، وكانت السلطة الدينية بيد الكهنة . وفي العهد الامبراطوري تركزت معظم السلطات بيد الامبراطور رغم وجود مجلسي الشيوخ والشعب ، وقد انقسمت الامبراطورية إلى دولتين هي الغربية في روما ، والتي سقطت عام 476م ، والامبراطورية البيزنطية الشرقية في القسطنطينية التي بقيت حتى عام 1453م وسقطت على يد السلطان محمد الفاتح العثماني [2] .

ومن أهم رواد الفكر السياسي الروماني (شيشرون) الذي ألف كتاب (الجمهورية) وكتاب (القوانين) . وقد أكد على النشأة الطبيعية للدولة نتيجة لرغبة الإنسان الاجتماعية، وتبنى أفكار أرسطو في أشكال الحكومات التي قسمها إلى ملكية وارستقراطية وديمقراطية، وآمن بتعرضها للفساد من الملكية إلى الاستبدادية ، ومن الأرستقراطية إلى الأوليغارشية، ومن الديمقراطية إلى الرعاع .

وقد آمن أيضاً بالقانون الطبيعي الذي أخذه من الرواقيين، لكنه أوضحه وعرضه عرضاً أكسبها شهرة، فأكد أن الكون ليس له سوى خالق واحد، هو الإله ، وليس لهذا الإله سوى قانون واحد يسري على جميع الأفراد على السواء، وكل تشريع يخالفه ليس قانوناً ، ومنها القانون الوضعي ، فالقانون الطبيعي هو دستور العالم أجمع .

1- د. عبد الواحد عزيز الزنداني . المصدر السابق ص 18 .
2- د. لؤي بحري . المصدر السابق ص 23 - 27 .

وأهم فكرة سياسية جديدة للرومان هي فكرة السيادة والسلطة الآمرة غير المحدودة، فأصبحت الدولة مصدر جميع الحقوق القانونية، والسلطة العليا للشعب، وأصبح الامبراطور وكيل الشعب، يستمد سلطته منه[1].

ومنهم (بوليب) الذي ألف كتاب (تاريخ العالم) إذ يعتقد أن نجاح أو فشل الدول مرتبط بنظامها السياسي الذي يمكن تفسيره تاريخياً، وأومأ إلى أن النظام المختلط هو أفضلها، وآمن بوجود دورة تاريخية للنظم السياسية تبدأ من ولادتها إلى قوتها وتدهورها، وأن الدستور المختلط أفضل الدساتير، وأن نجاح وتقدم روما كان بسبب دستورها، ووصف ديمقراطية أثينا (بالسفينة بدون ربان) حيث الديمقراطية لا حدود لها، وآمن بالواقعية والتجربة في استلهام أحداث التاريخ[2].

المطلب الثاني

العصور الوسطى

أولاً : الفكر السياسي المسيحي

إن الديانة المسيحية آمنت بالمساواة بين البشر، وخضوع العالم كله لقانون واحد هو القانون الإلهي، وأكدت على الطاعة التي يقول عنها الرسول بولس: "فلتخضع كل نفس للسلطات العليا، فما السلطات إلا لله، والسلطات القائمة في الأرض إنما هي من أمره، فمن يعص السلطات الشرعية إنما يعص الرب، ومن يعصها حلت عليه اللعنة، فالحكام ما وجدوا لمحاربة العمل الصالح، بل لمحاربة الشر، فلا تتوجس من الحكام خشية، بل اعمل الخير تنل رضاءه، فالحاكم ليس إلا رسول الله للناس ليعملوا الخير، أما من عمل شراً فليتوجس خيفة من جزائه، فإن عقابه لن يكون عبثاً، بل قصاصاً يوقع عليه بأمر الله جزاءً للآثمين، فلا تخضعن لسلطة الحاكم فحسب بل لحكم

1- د. بطرس بطرس غالي ود. محمود خيري عيسى . المصدر السابق ص 50 - 51 .

2- د. أحمد إبراهيم الجبير . المصدر السابق ص 131 - 132 .

ضميرك كذلك ، إن السلطان ظل اللـه يرعى كل شيء بأمره ، فاعطه ما لـه ، وادفع له الجزية التي هي حقه ، مالاً لصاحب الحق في المال ، وخشية لمن له الخشية ، وتشريفاً لمن له التشريف"[1] .

وطاعة الحكم القائم مستمد من قول المسيح (ع) : "اعط ما لقيصر لقيصر وما لله لله"، ولـذلك فـإن الطاعـة والـولاء تكونـان للسـلطة الدينيـة وتعاليمهـا المتمثلـة بالكنيسة ، والسلطة الزمنية المتمثلة بالملوك[2] .

وأكد القديس أوغسطين في كتابـه (مدينـة اللــه) عـلى وجـود مملكتـين هـما (مملكة السماء) وتضم الملائكة والصـالحين ، وهـي خالـدة، و(مملكـة الأرض) وتضـم المجتمع الدنيوي الذي تسيطر عليه قـوى الشر وحـب التملـك والجشـع ، كـما وقـد أطلق على الأولى مملكة المسيح ، وعلى الثانيـة مملكـة الشـيطان ، ورأى بـأن الصراع ينتهي بانتصار مدينة اللـه لأنها هي الدائمة، ولا يوجد سلام إلا في ظلها ، وبهذا علـل سبب سقوط الامبراطورية الرومانية في رومـا، أمـا الكنيسـة فهـي مـن أجـل تحقيـق الوحدة بين جميع المؤمنين في هذا العالم ، فهي لذلك تتمثل في مدينة اللـه ، ويجـب أن تتحد البشرية في إمبراطورية واحدة تعمل على الخير والسـلام ، وأن الدولـة يجـب أن تخضـع للكنيسـة وتعـترف بالديانـة المسـيحية رسـمياً ، لأن العدالـة والسـلام لا يتحققان إلا في ظـل هـذه الديانـة ، وقـال أن الحكومـة شر لا بـد منـه ، وأن الحـاكم يستمد سلطته من اللـه، فطاعته واجبة على الجميـع ، وأن الـرق عقـاب مـن اللــه ،يجب أن يتقبله الأفراد راضين ، وهو ليس إلا رقاً للجسد ، أما الروح فهي حرة طليقة دائماً[3] .

وظهرت نظرية السيفين في مسألة العلاقة بين البابا والامبراطور ، وخلاصـتها أن اللــه خلـق سـيفين لقيـادة العـالم ، أحـدهما روحـي، وهـي للبابـا، وثـانيهما زمنـي للامبراطور ، وقال البابا (يونيفاس الثامن) أن الامبراطور تسلم

1- الكتاب المقدس . كتاب المعارف،. القاهرة G.C. Conter ط 4 ، ص 120 (الانجيل كما دونه لوقا) .

2- المصدر السابق . ص 142.

3- د. بطرس بطرس غالي ، ود. محمود خيري عيسى. المصدر السابق ص 58 .

سيفه من البابا، لما كان للبابا من ولاية عامة على خلق الله ، استناداً إلى الإنجيل ، واختلف بعد ذلك في صراع السلطتين الدينية والدنيوية ، فظهرت أفكار ترى أن السلطة الزمنية مستمدة من الشعب من خلال عقد بين الأمير والشعب[1] ، ومن هؤلاء ، توماس الأكويني الذي أكد أن النظام في الجماعات الإنسانية يصدر عن العقل والإرادة ، فهو يقوم على ضرب من التعاقد ، وأن الطبيعة أو القانون الطبيعي جعلت كل شيء مبدءاً واحداً فالجسم تديره النفس، والأسرة يديرها الأب، والعالم يديره الله ، وكذلك فإن الدولة يجب أن يديرها فرد واحد ، ويكون فاضلاً ، فالملكية أفضل من الارستقراطية والارستقراطية أفضل من الديمقراطية ، ويجب أن ينتخب الملك من قبل الشعب ويساعده مجلس أرستقراطي منتخب ، وحدد وظائف الدولة في أمور أربعة هي :

1- تحقيق الأمن والطمأنينة، وضمان العدالة بواسطة التشريعات القانونية .

2- ترويج الحد الأدنى من الاخلاق بمساعدة الكنيسة .

3- حماية الدين ومساعدة الكنيسة .

وعنده أن الحكم أمانة في عنق المجتمع كله ما دام أنه يقوم على الانتخاب الحر، وسلطة الحاكم مستمدة من الله بقصد تنظيم حياة سعيدة للبشر ، إلا أنها يجب ألا تكون مطلقة عمياء ، بل محدودة بالقانون، والقانون عنده أربعة أنواع هي :

1- القانون الأزلي : ويطابق التدبير الإلهي للعالم ، وهو القانون الذي يحكم به الله العالم، والحكمة الإلهية المنتظمة للخليقة ، فهو يسمو على الطبيعة البشرية ، ومع ذلك فهو ليس غريباً عن الإدراك الإنساني .

2- القانون الطبيعي : وهو انعكاس الحكمة الإلهية على المخلوقات، وتتجلى في رغبة الإنسان لفعل الخير ، وهو القانون الذي يحكم العقل السليم والنفس الطبيعية الفاضلة .

1- أحمد رفيق . علم الدولة ، ج1 . القاهرة ، مطبعة النهضة 1934 ص 260-265 .

3- القانون الإلهي : أو القانون المقدس ، ويتمثل في الشرائع والأحكام عن طريق الوحي للرسل والأنبياء .

4- القانون الإنساني : وهو قانون إنساني خالص ، يلائم البشر ـ بسبب تعذر تطبيق القوانين الثلاثة السابقة ويسمى أيضاً بالقانون الوضعي ,

ويرى توماس الأكويني أن طاعة القانون واجبة طالما كان عادلاً ، أما القانون الظالم المعارض للقوانين الثلاثة السابقة فلا تجوز طاعته بأي حال من الأحوال ، ولكنه يطاع إذا كان معارضاً لحق ثانوي فرعي [1] ، وعموماً فإن هذا القانون هو ما اهتدى إليه الإنسان بعقله للعيش في المجتمع ، وتحقيق الصالح العام ، وفقاً للقوانين السابقة فهو نتاج الشعب كله لتنظيم حياته ، وقد رفض (مارسيل ذي بادو) خضوع السلطة الزمنية للسلطة الدينية ، لأن السلطة البابوية كانت سبباً في إنهيار الامبراطورية الرومانية ، وانقسامها إلى شرقية وغربية، ولذلك طالب بالقضاء على الاستبداد البابوي ، وتقييد سلطة الكنيسة، وإخضاعها لسلطة الدولة [2] .

ثانياً : الفكر السياسي الإسلامي

جاء الدين الإسلامي هداية للبشرية من الضلال والضعف والطغيان ، ومن أجل التوحيد والعدل والإحسان ، ولذلك فإن القرآن الكريم الذي نزل على النبي محمد ﷺ هو الأساس الأول للشريعة الإسلامية والذي احتوى على نصوص مقدسة عالجت كل جوانب الحياة ، جامعاً بين الدين والدولة ، وجاءت السنة النبوية مكملة للقرآن الكريم ، وأجاز الإسلام الاجتهاد لعلماء وفقهاء المسلمين ، في حالة عدم كفاية النصوص القرآنية ، وأكد الإسلام على قيام السلطة شرعاً في آيات عديدة منها : ﴿يا أيها الذين آمنوا أطيعوا الله وأطيعوا الرسول وأولي الأمر منكم﴾ [3] ، ﴿ والسارق والسارقة فاقطعوا

1- د. محمد علي محمد ، ود. علي عبد المعطي محمد . المصدر السابق ص 106 – 110 .

2- د. بطرس بطرس غالي ،و د.محمود خيري عيسى . المصدر السابق ص 69 .

3- القرآن الكريم – سورة النساء الآية 59 .

أيديهما جزاءً بما كسبا ﴾(1) وقد أقام النبي محمد ﷺ السلطة منذ أول يوم من نبوته على المسلمين من أهل بيته والمؤمنين به ، ولكن هذه السلطة التي وضحت في مكة المكرمة ، أصبحت قائمة على الأرض في المدينة المنورة ، وأصبح المسلمون مجتمعها ، بل امتدت هذه السلطة لتشمل كل الموجودين في المدينة عبر معاهدات تؤكد السيادة والأهلية ، وبذلك أصبحت دولة يرأسها الرسول ﷺ ويساعده الصحابة الكرام ، وأصبح لها جيش يدافع عنها ، وحكام وقضاة، وحماة للأمن الداخلي ، ودعاة لنشر العلم ، ورجال لجباية الأموال من زكاة وصدقات ، وإقامة العدل ، وإرسال السفارات وعقد المعاهدات .

ويستدل من الآيات القرآنية الكريمة أن الحكم الحقيقي للعالم هو لله سبحانه وتعالى ﴿ تبارك الذي بيده الملك وهو على كل شيء قدير ﴾(2) وهو الذي اختار النبي محمد ﷺ ليكون نبياً ورسولاً وسائر الأنبياء والمرسلين في قولـــه تعالـــى ﴿ إنـا أنزلنا إليك الكتاب بالحق لتحكم بين الناس بما أراك اللـه ﴾(3) ، ﴿ لقد أرسلنا رسلنا بالبينات وأنزلنا معهم الكتاب والميزان ﴾(4) فالحاكمية لله ﴿ وقل اللهم مالك الملك تؤتي الملك من تشاء وتنزع الملك ممن تشاء ، وتعز من تشاء وتذل من تشاء بيدك الخير ، إنك على كل شيء قدير ﴾(5) و الله سبحانه وتعالى مصدر كل خير ﴿ ومـا أصابك من خير فمن اللـه ﴾(6) سواء أكان حكماً أو ملكاً للمال والأولاد والنساء ، وقد أكد القرآن الكريم على المبادئ العامة في الحكم والسياسة كالشورى ﴿ وأمرهم

1- القرآن الكريم ، سورة المائدة ، الآية 38 .

2- القرآن الكريم ، سورة الملك ، الآية 1 .

3- القرآن الكريم ، سورة النساء، الآية 105 .

4- القرآن الكريم ، سورة الحديد، الآية 25 .

5- القرآن الكريم ، سورة آل عمران، الآية 26.

6- القرآن الكريم ، سورة النساء، الآية 79.

شورى بينهم﴾[1] والعدالة ﴿**وإذا حكمتم بين الناس أن تحكموا بالعدل**﴾[2] والمساواة ﴿ **إنا خلقناكم من ذكرٍ وأنثى وجعلناكم شعوباً وقبائل لتعارفوا إن أكرمكم عند الله أتقاكم**﴾[3] والأخوة ﴿ **إنما المؤمنون أخوة** ﴾[4] والسلام ﴿ **يا أيها الذين آمنوا ادخلوا في السلم كافة** ﴾[5] والحرية ﴿ **لا إكراه في الدين**﴾[6] فضلاً عن التعاون والاتحاد والتكافل والإحسان والأمر بالمعروف والنهي عن المنكر ، والاستقامة والإصلاح والجهاد ، ومن حكمة الله تعالى عدم الخوض في التفاصيل وتركها للمسلمين في الزمن اللاحق من منطلق عدم ثبات الظواهر السياسية والاجتماعية ، واختلاف النظرة السياسية من زمان إلى آخر ، ومن مكان إلى آخر ، بحكم المتغيرات المستجدة المرتبطة بحركة البشر وآرائهم واجتهاداتهم ، فضلاً عن كون الألفاظ الواردة في القرآن الكريم ذات دلالات متعددة ، ومعانٍ مستجدة في كل زمان ومكان ، وهذه هي معجزة القرآن التي لا يمكن للبشر أن يأتوا بتلك الكلمات والألفاظ التي تنطوي على معان وتفسيرات صالحة لكل زمان ومكان ، ولذلك فإن الاجتهاد أصبح ضرورياً لمن يمتلك ناصية المعرفة بالشريعة الإسلامية من العلماء والفقهاء في كل الأمور التي لم ترد فيها نصوص وأحكام قطعية ، وقد اختلف المسلمون في مسألة الخليفة -الإمام- بعد الرسول ﷺ نصاً أو اختياراً ، واختلفت صيغة الاختيار لكل خليفة عن سابقتها ، فقد أختير أبوبكر الصديق انتخاباً من قبل المهاجرين والأنصار بعد مناقشات حامية ، واختير عمر بن الخطاب رضي الله عنه بتوصية من الصديق بعد استشارته للصحابة خاصة، والمسلمين عامة ، وانتخب عثمان

1- القرآن الكريم ، سورة الشورى، الآية36.

2- القرآن الكريم ، سورة النساء، الآية 58 .

3- القرآن الكريم ، سورة الحجرات الآية 13 .

4- القرآن الكريم ، سورة الحجرات الآية 10.

5- القرآن الكريم – سورة البقرة الآية 208 .

6- القرآن الكريم – سورة البقرة الآية 256.

عثمان بن عفان رضي الله عنه من قبل الستة الشورى من الصحابة الذين اختارهم الفاروق قبل وفاته ، واختير علي بن أبي طالب رضي الله عنه من قبل الثوار الذين قتلوا الخليفة الثالث،وقد رفض الخلافة إلا أن تكون بيعة من الصحابة ، فكان كذلك، وانتخب الحسن بن علي بن أبي طالب رضي الله عنه حين ترك الإمام علي للمسلمين حرية انتخابه بقوله: "لا آمركم ولا أنهاكم". وهذا يعني أن الإسلام ليس ضد النظام الوراثي إذا كان الوريث مستحقاً للخلافة بشروطها التي وضعها فقهاء المسلمين ، وانتخب معاوية بن أبي سفيان بصيغة أخرى هي إجماع المسلمين في عام الجماعة بعد تنازل الإمام الحسن رضي الله عنه، غير أن اختيار يزيد بن معاوية لولاية العهد بعد والده كان اختياراً وراثياً دون أن تكون له الصفات الضرورية المطلوبة، ودون أن يكون صحابياً ، ثم توالت الاختيارات ومعظمها وراثية إما من الأب إلى الابن ، أو من أسرة واحدة ، فكانت غير مستوفية للشروط الإسلامية[1].

لقد وضع الفقهاء والعلماء والفلاسفة شروط اختيار الخليفة ، فقد ذكر الفارابي مجموعة كبيرة من الخصال التي يجب أن تتوفر في الإمام الفاضل وهي :

1- أن يكون حافظاً للشرائع والسنن والسير والعلم بها .

2- الاستنباط الجيد لما يرى ويسمع .

3- صحيح الاعتقاد لآراء الملة التي نشأ عليها، متمسكاً بالأفعال الفاضلة في ملته غير مخل بها .

4- جيد الفهم والتصور للشيء الذاتي .

5- أن يكون حفوظاً صبوراً على الكد في التعليم .

1- للتفاصيل أنظر :

الطبري . تاريخ الطبري ج 3- 5 ، تحقيق محمد أبو الفضل إبراهيم . القاهرة ، دار المعارف 1989 ص 167 وما بعدها .

6- أن يكون محباً للصدق وأهله، والعدل وأهله .

7- أن يكون غير جموح، ولا لجوج فيما يهواه .

8- أن يكون غير شره على المأكول والمشروب .

9- تهون عليه الشهوات، والدرهم والدينار .

10- كبير النفس عما يشين عند الناس .

11- ورعاً سهل الانقياد للحق والعدل ، عسير الانقياد للشر .

12- أن يكون قوي العزيمة على الشيء الصواب .

13- محباً للتعليم والإفادة والاستفادة .

14- جيد الفطنة والذكاء، وحسن العبارة .

15- أن يكون حكيماً

16- جودة الإرشاد بالقول [1] .

وقال الماوردي: "أن الملك هبة من الله"، وبالتالي فإن الملك مسؤول أمام الله فقط ، وليس للأفراد حقوق في مواجهته سوى حق الطاعة المطلقة ، وأن العلاقة بين الحاكم والرعية علاقة تبعية ، ولكنه آمن باختيار الخليفة من قبل أهل الحل والعقد المعروفين بالعلم في الشريعة ، وسداد الرأي والعدل والاستقامة ، وحدد الشروط الواجب توفرها لدى الإمام – الخليفة، كالمعرفة بالشريعة، واستنباط الأحكام ، والعدالة، والرأي، والشجاعة، وسلامة الجسم والحواس، وأن يكون قريشياً [2]. وزاد الإمام الجويني على ذلك الذكورة، والحرية، والعقل، والبلوغ، والشجاعة، والشهامة، وأكد على النسب القريشي [3]،

1- الفارابي . المصدر السابق ، ص 15- 18 .

2- ابو الحسن الماوردي. الاحكام السلطانية والولايات الدينية . بيروت , دار الكتب العلمية . ص 5 – 25.

3- ابو المعالي الجويني . غياث الأمم في التياث الظلم ، تحقيق د. مصطفى حلمي ، ود. فؤاد عبد المنعم . الاسكندرية ، دار الدعوة 1979 ص 57 – 58 .

وقد أكد معظمهم على أن يكون الخليفة أفضل الناس ، وحددوا وظائفه بحفظ الدين على أصوله ، وتنفيذ الأحكام، وقطع الخصام ، وإقامة الحدود، والجهاد ، وتحصين الثغور، وجباية الفيء والصدقات ، وتقدير العطاءات، والاستعانة بالأمناء ، وتقليد النصحاء ، ومباشرة الأمور بنفسه ، وتصفح الأحوال[1] وحماية الشعب وإعانته لتحقيق السعادة في تطبيق الشريعة[2].

واختلف الفقهاء ، وتباينت المذاهب في بعض الشروط الواجبة للخلافة ، فقد اشترط البعض أن تكون الخلافة في قريش ، ومنهم من حصرها بآل البيت[3] ومنهم من اعتقد بان تكون حرة بين المسلمين كالخوارج ، ومنهم من أكد على نيل رضا الأمة ، واختلفوا أيضاً في كيفية التعامل مع الخليفة في حالة استبداده وخروجه على شروط الخلافة ، فمنهم من أباح الثورة عليه ، ومنهم من دعا إلى إرشاده ونصحه ، ومنهم من رفض الخروج عليه بالسيف خشية الفتنة ، وفضل طاعته حفاظاً على أمن واستقرار المجتمع ، ولكنهم جميعاً أيدوا خلعه إذا خالف الشريعة وعدم طاعته ، لأنه لا طاعة لمخلوق في معصية الخالق[4].

وطرح المفكرون المسلمون آراء قيمة في أهمية السياسة ومعناها فقد توصل ابن خلدون إلى أن أحكام السياسة إنما تطلع على مصالح الدنيا[5] ، فالسياسة هي المصالح العامة وقال : "إن السياسة والملك هي كفالة للخلق، وخلافة الله في العباد لتنفيذ أحكامه فيهم، وأحكام الله في خلقه وعباده إنما

1- ابو محمد علي بن حزم . الفصل في الملل والأهواء والنحل ، تحقيق أحمد محمد شاكر . القاهرة ، مكتبة السلام العالمية (بلا) ص 70-72 .

2- ابو الوليد احمد ابن رشد . مناهج الأدلة في عقائد الملة ، تحقيق محمود قاسم . القاهرة ، مكتبة الانكلو مصرية 1955ص 44 .

3- د. جهاد الحسني . المصدر السابق ص 75- 123 .

4- المصدر السابق ص 75- 123 .

5- عبد الرحمن بن محمد ابن خلدون . المقدمة . بيروت ، دار مكتبة الهلال 1996 ص 131 .

هي بالخير ومراعاة المصالح"[1]، وأشار بوضوح إلى أنواع السياسة العقلية والدينية والملك الطبيعي والملك السياسي والخلافة[2].

وفي العصر الحديث أعلن جمال الدين الأفغاني أن القابض على زمام الحكم لا بد أن يكون من أشد الناس خضوعاً للديانة الإسلامية ، لا ينالها بوراثة، ولا امتياز من جنس أو قبيلة أو قوة بدنية وثروة مالية ، وإنما ينالها بالوقوف عند أحكام الشريعة والقدرة على تنفيذها ورضا الأمة[3].

ورغم أن الصراع قائم بين الفكر الإسلامي ودعاته ، والفكر الغربي العلماني ، إلا أن بعض المفكرين حاولوا الجمع بين حسنات الفكر السياسي الغربي ، والشريعة الإسلامية، كالكواكبي ومحمد عبده الذين اغترفا من الفكر الغربي ، وآمنا بالديمقراطية والحرية والدستور والقانون ، وأكدا عدم تعارضها مع الإسلام[4].

إن الفكر السياسي الإسلامي أثبت جدارته وأصالته إزاء التحدي السياسي الغربي فكراً وتطبيقاً ، ولا زال يطرح نظرة سياسية معاصرة ، ويظهر تميزه عن الأفكار السياسية الوضعية ، ولا زالت الحركات الإسلامية تطرح أفكاراً ورؤى سياسية متجددة تعبر عن روح وجوهر الشريعة الإسلامية كنظرية الشورى ، وتتغذى بكل الأفكار السياسية في الساحة الدولية التي لا تتناقض مع الإسلام وبما يعزز ديمومتها وقوتها .

1- المصدر السابق ص 99 .

2- المصدر السابق ص 13 .

3- جمال الدين الأفغاني ومحمد عبده . العروة الوثقى . القاهرة ، المركز العربي للبحث والنشر 1984 ص 49 – 52

4- عزت قرني . عبد الرحمن الكواكبي . في موسوعة العلوم السياسية ص 248 – 249 أنظر أيضاً : إحسان عبد العظيم . محمد عبده . في موسوعة العلوم السياسية ص 248 – 249 .

المطلب الثالث

العصـور الحديثـة

وتبـدأ مـن القـرن الخامـس عشـر وحتـى الوقـت الحـاضر ، وقـد ازدهـرت
السياسة خلالهـا عبـر طروحـات الواقعيـة والسيادة ، وفصل السـلطات ، وصـولاً إلى
المفاهيم الحديثة لها .

أولاً : عصر النهضة

امتـازت هـذه الفـترة بـالحروب، واحتكـاك أوروبـا بالشـرق ، خاصـة العـرب
المسلمون في الأندلس ، وظهور حركة التجديد وإحياء العلوم القديمة ، سيما في إيطاليا
، وانتعاش التجارة الدولية ، بفضل الاستكشافات الجغرافية ، واكتشاف العالم الجديـد
(أميركا)، والرغبة في إقامة دولة أوروبية مسيحية واحدة ، ولكن الصراع بين الكنيسـة
والسلطة الزمنية اتسع ، وأدى إلى ضعف النظام البابوي وزيادة قوة الملوك وحكمهـم
المطلق ، مع تراجع عهد الاقطاع ، وبداية ظهور الدول المستقلة الوطنية في أوروبا [1] ،
وفي هذا الخضم ظهر (مكيافيلي) في إيطاليا داعياً إلى الوحدة الإيطالية والتخلص من
نفوذ الدول المجاورة والكنيسة ، وبحث في وسائل قوة الدولة ، وكـان يـرى ضرورة
الفصل بين الأخلاق والسياسـة ، وبـين الـدين والسياسـة ، ورغـم أنـه امتـدح الأخلاق
وأهمية التدين، إلا أنه اعتبر أن توحيد إيطاليا في دولة واحدة يتطلب اتباع كل
الوسائل الممكنة والتضحية بغيرها ، ومن هنا قال : "الغاية تبرر الوسيلة"، وكان يعتقد
أن طبيعة البشر هي طبيعة أنانية ، والتي تبدو واضحة في رغبة الفـرد لتأمين حياتـه
وممتلكاته ، ورغبة الحكام في زيادة قوتهم وسلطانهم ، ومن هنا أيضاً برر نشأة

1- د. بطرس بطرس غالي ود. محمود خيري عيسى . المصدر السابق ص 76-82 .

الدولة بعجز الفرد عن حماية نفسه ، وحاجته إلى الدولة التي لا بد لها من قوانين وقوة إلزامية لردع المخالفين ومنع الفوضى .

ورغم إيمانه بالديمقراطية فقد كان واقعياً في تشخيصه لحالة إيطاليا المجزأة والضعيفة ، لذلك دعا إلى الحكم الملكي المستبد للقضاء على الفساد ، وتوحيد البلاد ، وإقامة حكم شعبي ، وتشريع القوانين التي تولد أخلاق الشعب وفضائله ، وإلى إقامة جيوش وطنية لحماية الوطن من العدوان الخارجي وعدم الاعتماد على المرتزقة بسبب عدم إخلاصهم ، ودعا إلى تعميم الخدمة العسكرية الإلزامية لجميع المواطنين وقال : "إن واجب المرء نحو وطنه فوق جميع الواجبات في الحياة"، وقدم مجموعة نصائح للأمير من أجل استمرار حكمه ، وطلب أن يكون مموهاً عظيماً ، وأن يظهر من الصفات الخيرة حتى ولو لم يكن مؤمناً بها، ولذلك تقترن مقترحاته بالخدع والازدواجية[1] .

لقد ساهم مكيافلي في تطوير دراسة الظاهرة السياسية ، وفي تحصيل المعرفة السياسية الواقعية معتمداً على التاريخ ، وسعى لاكتشاف قوانين السياسة ، واقترح أسلوباً جديداً في فهم كيفية سير المجتمعات السياسية من خلال المراقبة للظواهر المطردة التي يكشفها التاريخ[2]، ويعتبر مكيافلي أيضاً أول من دعا إلى استقلالية علم السياسة عن العلوم الأخرى .

وفي هذه المرحلة ظهر الإصلاح الديني الذي قاده مارتن لوثر في ألمانيا ضد الكنيسة في روما، بسبب قيامها ببيع صكوك الغفران للمسيحيين ، فنادى ، بتنقية المسيحية من الانحرافات، ورأى أن السلطة ضرورية لردع المخالفين، وأن الله خلقها لصيانة الأمن وحفظ السلام لينعموا بالسعادة في الحياة الدنيوية والآخرة ، وأكد على فكرة (المساواة)، ولكنه لم يؤمن يالديمقراطية، ودعا إلى

1-نيقولا مكيافلي . الأمير ، تعريب خيري حماد ، بيروت ، منشورات المكتب التجاري 1962 ص 23 وما بعدها .

2- د.عصام سليمان ، المصدر السابق ص 42-43 .

تركيز السلطة في يد الحاكم ، وإلى فصل الدين عن الدولة ، وإلى خضوع رجال الدين للسلطة ومحاسبتهم على أعمالهم ، ودعا إلى الطاعة ، وعدم مقاومة سلطة الحاكم إلا إذا أتى بسلوك يخالف كلمة الله [1] .

أما كالفن 1509-1564 فقد قال أن السلطة والسيادة لله ، وأن أهمية الدولة تكمن في تمجيد الخالق وتعظيمه وتحرير الإنسان وعتقه ، والسلوك العادل والمحافظة على الأمن والسلام والتجانس بين الناس ، واعتقد بإيجاد رابطة قوية بين السلطتين الدينية والدنيوية لدرء سوء استخدام السلطة ، وأن الطبيعة الشريرة للبشر استوجبت أن يمنح الله الحكومة أداة لكبحه وصيانة حياة المواطنين ، ودعا إلى الطاعة ، لأن الحكومة آلهية ، ولا يحق للإنسان أن يسأل الخالق عن أفعاله ، وإنما طاعة الحكومة واحترام شكلها [2] .

وجاء جان بودان (1530-1596) بنظرية السيادة ، ونظرية الأسرة في تفسير نشأة الدولة ، حيث تطورت الأسرة إلى قرى ومدن ودولة ، وعرف السيادة بأنها السلطة المطلقة والدائمة على المواطنين ، والأمير هو صاحب السلطة يباشرها مدى الحياة ، وهو يقع تحت التزام أخلاقي أمام الله والمجتمع، وليس له سلطة خرق أي من القانونين الإلهي والطبيعي ، وإذا اقترف ذلك ارتكب الخيانة العظمى في حق الله .

واهتم بودان بالتفسير العلمي للظواهر السياسية بدلاً من التفسيرات الميتافيزيقية، وإلى إقامة نسق سياسي قائم على المعرفة العلمية ومبادئها ، كما دعا إلى أن تكون الوحدة الوطنية فوق جميع المذاهب الدينية والأحزاب السياسية ، واهتم بفكرة التسامح الديني ، وهو من القلائل الذين ميزوا بين

1- حسن الظاهر . دراسات في تطور الفكر السياسي ، القاهرة ، مكتبة الأنكلو مصرية 1992 ص 220-223 .

أنظر أيضاً :

محمد فؤاد شبل ، الفكر السياسي ج1 . القاهرة ، الهيئة المصرية العامة للكتاب 1974 ص 163-165 .

2- المصدر السابق ص 223-224 .

الدولة والحكومة (السلطة)، ولم يجد ضرورة لتطابق شكل الدولة مع شكل الحكومة ، وأشار إلى نظم الحكم الملكية والارستقراطية والديمقراطية وحبذ النظام الملكي ، وخضوعه للقانون ، وكانت لأفكاره في السيادة أثراً على قيام الدولة الوطنية ، كما أنه آمن بنشوء الدول ونموها وازدهارها وموتها،[1] متأثراً بنظرية ابن خلدون في ذلك ، ولكنه منح للسياسة أهمية قانونية أكثر من غيرها[2] .

ثانياً : العصر الحديث :

ظهر في هذا العصر العديد من المفكرين الاصلاحيين والثوريين منهم (توماس هوبز) و(جون لوك) الذين جاءا بفكرة (العقد الاجتماعي) في نشأة الدول والتي سوف نبحثها في فصل (الدولة) وعناصرها ونظريات نشأتها .

ومن أبرز هؤلاء (مونتسكيو) مؤلف كتاب (روح القوانين) الذي أيد خضوع الملكية للقوانين منعاً لاستبدادها ، ودعا إلى فصل السلطات التنفيذية والتشريعية والقضائية ، وميز بين علم السياسة والأخلاق ، واعتبر أنه لا يمكن لعلم السياسة أن يبنى إلا على موضوعه الذاتي ، أي الاستقلال التام للسياسة من حيث هي ،وقد حاول استخراج نظرة متماسكة ومتناسقة للواقع مبنية على استقراء الوقائع والأحداث ، واكتشاف القوانين والنظريات التي تحكم الظواهر السياسية معتمداً على الملاحظة ، واستعرض اشكال الدولة (الجمهورية والملكية والاستبدادية) واعتبر كل شيء ملائماً لنوع من الدول المختلفة في أحجامها[3] .

وجاء (توماس هوبز) ليبرر السلطة المطلقة للملكية، لأنها تحمي الناس من الفوضى ، وعارض اقحام الدين في السياسة ، وأوجب خضوع الكنيسة للسلطة السياسية ، بينما رفض (جون لوك) الحكم المطلق وأوجب الثورة عليه ،

1- د. محمد علي محمد ود. علي عبد المعطي محمد. المصدر السابق ، ص 118-125 .

2- د. أحمد عباس عبد البديع . المصدر السابق ص 13 .

3- د.عصام سليمان . المصدر السابق ص 43- 44.

وأكد على حقوق الأفراد ، ودعا إلى فصل السلطات ، أما (جـان جـاك روسـو) فقد دافع عن الحرية بقوله : "يولد الإنسان حراً ولكنه مقيد بالأغلال في كل مكان"، ودعا إلى حق الثورة ضد الحكم الاستبدادي وإقامة الديمقراطية المباشرة على غرار ما كان لدى الإغريق[1].

وجاء (جيرمي بنتام) بنظرية المنفعة خـلال القـرن الثامن عشـر، نابـذاً مبـدأ الحقوق الطبيعية لكونها مبهمة ، ومنطلقاً من فكرة حق الإنسان في التمتع بالسعادة ، فقد وجد أن الألم والمنفعة هما اللذان يتحكمان في سـلوك الإنسـان ، وأن المطلوب تجنب الألم والبحث عن السعادة ، ومن هنا فإن الدولـة يجب أن تسـعى لتحقيق سعادة الشعب عبر الثواب والعقاب ، وآمن بارتباط الفرد بسـعادة المجمـوع ، فكلـما اتسعت مساحة السعادة لتشمل عدداً أكبر من الأفراد، فإن قيمتها تـزداد ، وحـاول التوفيـق بـين مصـلحة الطبقـة الحاكمـة والطبقـة المحكومـة ، واقتـرح تعمـيم حـق الانتخاب كي يضمن تمثيل الأغلبية في البرلمان الذي يجب أن يكـون مندوباً عن الشعب لا ممثلاً عنه، وأن الحكم المثالي هو الجمهورية التي لها مجلس واحد .

أما (جون سيتوارت ميل) فقد أكـد عـلى أن طبيعـة المنفعـة يجـب أن تكـون نوعية وليسـت كميـة ، لأن تقـدير السـعادة تقـدير نسـبي ، وعـلى ضرورة الحريـات العامة للشعب ، وأن لا تعطى الحكومات صفة تمثيل كـل الشـعب وإنما الأغلبية ، لأنها من المحتمل أن تقضي على الحريات العامة التي ناضل مـن أجلهـا الشـعب، ولا يجوز اطلاق يد السلطة للحد من حرية الآخرين والتـدخل في شـؤونهم ، وإنما الفرد هو خير حكم على الأعمال التي تجلب السعادة، وأن التـدخل يجب أن ينصب عـلى منع اعتداء الأفراد على حريات الآخرين ، وتحدث عـن هـذه الحريـات وهي حريـة الضمير وتشمل العقيـدة والتفكـير وإبـداء الشـعور ، وحريـة إبـداء الـرأي في كـل الموضوعات المختلفة ، ثم حرية الذوق،وحرية العمل ، ثم

1- د. أميرة حلمي مطر .الفلسفة السياسية مـن أفلاطون إلى ماركس ، القاهرة ، دار غريب 1999 ص81-101

حرية التجمع بين الأفراد ، وتكوين الاتحادات ، أما نظام الحكم الـذي أراده فهو الذي ينمي قدرات الأفراد الثقافية، ومساعدة المحكومين ،وتنظيـم الدسـتور، وأن تتكون السلطة من المثقفين وذوي الكفاءات، وأن يحصر حق التصويت على المتعلمين ، وتكون وظيفة البرلمان مراقبة الحكومة والإشراف عليها، وإيقاف السلطة الجائرة عند حدها ، وأن يكون البرلمان مجمعاً للآراء والتظلمات ، وتجد فيه الأقليات فرصـة لإبداء رأيها . لقد أراد أن لا تطغى الدولة على حرية الفرد والتوفيق بينهما [1] .

وجاء (هيغل) بالفلسفة المثالية في السياسة ، مؤكداً على أن الأفكار السياسية المتناقضة تتبلور من خلال الحـوار والجدل والتلاقح إلى طريحـة ثالثة جديـدة أكـثر تقدماً منها ، وهكذا كان تقدم الفكر الإنساني عبر التاريخ ، وأن الدولة تعبر عن الروح الجماعية للأفراد ، وهي الامة التي تملك الإرادة الواعية، وتحقيق الابداع في القـانون والأخلاق والفن ، وأن هذه الروح القومية أوجدت الدولة القومية الحديثة في أوروبا، ولا بد لها من تحقيق الدولة القومية في ألمانيا ، أما الحرية فهي ليسـت حريـة الفرد المطلقة ، وإنما حريته في الإطار الاجتماعي ، والفكر السـياسي مرتبط كـل الارتباط بالظروف الاجتماعية ، وبناءً على ذلك أعطى أهميـة كـبيرة للدولة التـي تتولى كـل المهمات المدنية والدينية ، وكما أن لها سلطة مطلقة في الداخل فإن لها سيادة مطلقة في المجال الدولي ، فالدولة توجه المجتمع أخلاقياً وروحياً ، وبناءً على ذلك فهـي غايـة وليست واسطة ، وأن خير النظم هي الملكية الدستورية [2] .

ومـن المسـاهمين في تطوير (السياسـة) المفكر (توكفيـل) 1805-1859 الـذي استطاع اكتشاف حقيقـة الظواهر السياسية عبر التحقيقـات العلميـة ، واسـتخدام أسلوب المقابلات الشخصية لأكثر الناس علماً وثقافة ، ومقاربة الآراء بعضها

1- د. بطرس بطرس غالي ود. محمود خيري عيسى . المصدر السابق ص 115-118 .

2- د. أميرة حلمي مطر . المصدر السابق ص 113 – 132 .

بالبعض الآخر ، وهذا يعني القدرة على تطبيق المنهج العلمي التجريبي المنطلق من فرضيات وتصورات، وإخضاعها للتجربة للتأكد من صحتها [1] .

أما (كارل ماركس) 1818-1883 فقد آمن بجدلية هيغل للفكر ، وأن حصيلة التناقضين هي الطريحة الثالثة ، ولكن على أساس مادي وليس فكري، معتبراً أن التاريخ الإنساني هو تاريخ الصراع المادي الاقتصادي بين من يملكون ومن لا يملكون، لأن المادة أساس كل شيء، ووافقه في ذلك صديقه (انجلز)، وأن هذا الصراع سوف يؤدي إلى سيطرة الطبقة الكادحة التي لا تملك ، وفرض سلطتها لتحقيق الاشتراكية ، ومن ثم الشيوعية التي تختفي فيها الصراعات بعد القضاء على أسبابها، وهي التفاوت الطبقي ، ومن ثم ينتهي وجود الدولة بسبب عدم حاجة الناس لها ، أما حقوق وحريات الأفراد فإنها متصلة بالمجتمع ، فالاشتراكية حالة اجتماعية مضادة للنظرية الفردية التي تقدس الفرد ، وآمنت الماركسية بدكتاتورية البرولتاريا لفرض سيطرتها على الطبقات الرأسمالية المالكة لوسائل الإنتاج ، وأكدت أن الاستعمار أعلى مراحل الرأسمالية ، وأن الرأسمالية في تطورها تبلغ درجة عالية من الاحتكار، والتي تولد التناقضات ، وتمهد لإنهائها لصالح الاشتراكية عبر نضال الجماهير ، أما علاقة السياسة بالأخلاق فقد اعتبر (لينين) أن الماركسية لا تؤمن بالأخلاق البرجوازية والدينية ، وإنما بالأخلاق البروليتارية في النضال الطبقي لإقامة المجتمع الشيوعي [2] .

أما (أوغست كانت) (1798- 1857) فقد ذكر بأن المجتمعات البشرية مرت بثلاث مراحل هي الدينية والميتافيزيقية والوضعية ، ولذلك يعتقد بإمكانية التحليل العلمي للظواهر الاجتماعية - السياسية ، ودراستها موضوعياً، وأكدا أهمية العلوم الاجتماعية ، ومن ضمنها علم السياسة فاعتبرها الأهم لمستقبل البشرية ، ولكنه لم يحبذ نشوء علم السياسة كعلم قائم بذاته ومستقل عن العلوم

1- د. عصام سليمان . المصدر السابق ص 45-46

2- محمد علي محمد ، د.علي عبد المعطي محمد . المصدر السابق ص 205-231 .

الاجتماعية ، ومع ذلك فقد أسهم في تطور علم السياسة نظرياً بإخضاعه للتحليل العلمي السياسي[1] ، وظهر إلى جانب المدرسة القانونية اتجاه آخر هو الاتجاه الواقعي في علم السياسة حيث برز الاهتمام بالعملية السياسية التي تشير إلى التفاعل المتبادل بين الوحدات الاجتماعية المختلفة المكونة للمجتمع أو النظام السياسي ، فالحياة السياسية ليست نتيجة لقوة واحدة ، سواء كانت طبقة أو بنية سياسية أو جماعة اجتماعية معينة ،وإنما محصلة قوى متعددة متفاعلة ، فتجاوز التركيب القانوني إلى التفاعل الذي يبعث على الحركة والنشاط ، خاصة نظرية الديناميكية الاجتماعية لاوغست كانت ، والنظرية الجدلية لهيغل ، والنظرية التطورية لداروين وغيرها ، ومن رواد هذا الاتجاه (ولتر بيجوت) و(ودرو ولسن)، ولذلك أصبح علم السياسة في تطور مستمر لتأكيد استقلاليته عن العلوم الأخرى ، خاصة علم الاجتماع السياسي، والتوجه لدراسة الرأي العام وجماعات المصالح والهيئات التشريعية والجماهير لتفسير الظاهرة السياسية[2].

ولعل أول إشارة إلى السياسة، ظهرت بشكل مستقل في الغرب عام 1874 حين تم نشر (السنوية السياسية) في باريس، وفي عام 1901م ظهرت نشرة (القرن العشرون السياسي) من قبل (رينيه واليير) والتي استمرت إلى عام 1907 و(نشرة أوروبا السياسية) التي صدرت بين 1893-1895، ثم ظهرت النشرة الوقتية، (الحياة السياسية في الخارج) عام 1890[3] .

وفي عام 1872 أنشأت المدرسة الخاصة للعلوم السياسية في فرنسا ، وقد نظم طلبة هذه المدرسة مؤتمراً باسم (مؤتمر العلوم السياسية عام 1900) في باريس[4] .

1- د. عصام سليمان المصدر السابق ص 45- 46 .

2- د. أحمد عباس عبد البديع. المصدر السابق ص 13- 14 .

3- بيير فافر ، وجاك لوكان. المصدر السابق ص 18-19 .

4- المصدر السابق . ص 21 .

ثالثاً : العصر المعاصر

إن التطور الكبير الذي حصل لعلم السياسة كان من خلال الاعتراف به كعلم مستقل رسمياً منذ نهاية القرن التاسع عشر ، خاصة بعد التقدم الذي حصل على صعيد مفهوم علم السياسة، ومنهجية البحث السياسي ، وذلك بفضل الأنظمة الديمقراطية الأكثر ملاءمة لنمو علم السياسة ، والحريات التي توفرها في القول والعمل، عكس النظم الاستبدادية التي اعتبرت ما يصدر عنها فوق كل الشكوك ، وعدم إمكانية إعادة النظر أو المراجعة [1] ، كما أن الرغبة في إعداد الموظفين الإداريين والسياسيين إعداداً علمياً جيداً لتحقيق فاعلية المؤسسات الإدارية والسياسية أدت إلى إنشاء فروع لعلم السياسة في الجامعات، خاصة في أمريكا وفرنسا حيث أنشأت المدرسة الحرة للعلوم السياسية في باريس سنة 1872 على يد (أميل بوتمي) . أما بعد الحرب العالمية الثانية فقد انتشرت الجامعات والكليات والمعاهد ومراكز البحوث السياسية في العالم ، وأسهمت منظمة الأمم المتحدة للثقافة والتربية والعلوم (اليونسكو) في إنشاء (الجمعية العمومية الدولية لعلم السياسة) والتي أقامت ندوات دولية مختلفة لمعالجة القضايا السياسية [2] .

وفي بداية الستينات بدأ تطور آخر لمفهوم علم السياسة وهو يبشر ـ بعلم سياسة التنمية ، حيث أخذ عدد هائل من البلدان النامية التي حصلت على استقلالها تتخلى عن مفاهيم البلدان المتقدمة وأدواتها المستخدمة في تحليل النظم الغربية ، فقد نشر (الموند كولمان) عام 1960 كتاباً باسم (علم سياسة المناطق النامية) مقترحاً علم سياسة التنمية لتحليل المراحل ، والعمليات اللازمة لبلوغ هدف التنمية السياسية وبناء الأمة ، وذلك بالتركيز على مجموعة من الوظائف أو الأنشطة التي تقوم بها جميع النظم السياسية ، وعلى

1- المصدر السابق . ص 53- 55 .

2- المصدر السابق ص 53 .

عمليات التغيير التي تؤدي إلى ظهور أبنية جديدة في النظام السياسي ، كاستجابة للاحتياجات المجتمعية المتغيرة ، ونتيجة للتحولات الاجتماعية والاقتصادية في العالم[1] .

وظهرت دراسات سياسية جادة اهتمت بالتحليل السياسي وأدواته ومناهجه ، كالمدارس التجريبية والسلوكية وما بعد السلوكية ، وقدمت نماذج بنيوية ووظيفية ونسقية واتصالية لتفسير عالم السياسة الوطني ، كما قدمت نماذج التوازن الدولي التلقائي والنمطي ، وسلوك صناع القرار ، وظهرت أسماء علمية بارزة في هذا المجال أمثال ألموند ، وكارل دويتش ، وهانز مورغانثو ، وريمون آرون ، وكابلان ، وسنايدر ، وتجري محاولات حثيثة لبناء أسس النظرية السياسية على ركائز واقعية وعلمية وتجريبية من أجل توقع الأحداث السياسية وتحديد مساراتها[2] .

المبحث الثاني

أهداف السياسة ووظائفها

أولاً : الخير العام :

أن هذا الهدف من أهم أهداف السياسة، إذ يشمل تحقيق أمن وسلامة الفرد والجماعة والدولة وسعادتهم ورفاهيتهم ، وكان هذا الهدف سبباً مهماً من أسباب البحث في كل العلوم والمعرفة ، أي البحث عن السعادة، وقد جهد الفلاسفة الاغريق أنفسهم في البحث عن الدولة المثالية ، خاصة أفلاطون الذي اعتقد أن الحاكم يجب أن يكون عالماً وفاضلاً وفيلسوفاً لكي يقود الناس إلى الفضيلة والكمال والسعادة[3] ، ودعا إلى تربية الأحداث

1- أحمد عباس عبد البديع . المصدر السابق ص 13-14 .

2- د. عادل فتحي ثابت عبد الحافظ . النظرية السياسية المعاصرة . الاسكندرية ، الدار الجامعية 2000 ص 21 ومابعدها .

3- أفلاطون . المصدر السابق ص 114 أنظر أيضاً :

عزت قرني . أفلاطون . في موسوعة العلوم السياسية ، ص 322-323

المعدين للحكم على حب المعرفة والوجود والصدق ، وهجرة اللذات الجسدية ، وإلى حب العفة والقناعة، ونبذ الجبن والشر ، والزهد في الحياة ، وحب الإنسان والجمال[1] .

وجاء أرسطو على نهج أستاذه أفلاطون في البحث عن السلطة العادلة والحاكم العالم ، ولكن بطريقة واقعية من خلال أفضل الممكن ، وتوفير الحياة الفضلى للجميع ، ودعا إلى تقييد الحاكم بالقانون منعاً للاستبداد ، واعلن صراحةً أن هدف التنظيم السياسي هو تحقيق الخير ، ونشر الفضيلة ،وإتاحة الفرصة أمام الأفراد لكي يبلغوا أفضل حياة ممكنة[2] فالسياسة (سيدة العلوم)[3] .

وأكد العلماء والفلاسفة المسلمون أن الغاية من السياسة هي تحقيق الخير ، ولذلك طرح الكثير منهم تصوراتهم للدولة والحاكم ، وفي مقدمتهم الفارابي الذي دعا إلى المدينة الفاضلة ، والحاكم العالم الذي يتصف بمواصفات عالية ومتميزة عن الآخرين، كالمعرفة بأحكام الدين والعلم والرأي والأخلاق والشجاعة[4]، وتابعه في ذلك ابن سينا[5] .

ويقول الإمام الشافعي: "لا سياسة إلا ما نطق الشرع " ، وتبنى الإمام ابن قيم الجوزية تعريف ابن عقيل للسياسة بأنها: "ما كان فعلاً يكون معه الناس أقرب إلى الصلاح وأبعد عن الفساد" ولكنه يستدرك ليقول بأن لا يفهم من

1- المصدر السابق ص 213. أنظر أيضاً :

د. محمد علي محمد ود.علي عبد المعطي محمد . المصدر السابق ص 70 .

2- أرسطو . السياسة . المصدر السابق ص 235- 260

3 بيرنارد كريك . المصدر السابق

4- الفارابي . آراء اهل المدينة الفاضلة . بيروت ، المكتب التجاري 1970 ص 23 .

5- ابن سينا . السياسة . المصدر السابق ص 81- 87 .

ذلك "أن لا سياسة إلا ما نطق بـه الشرع" فهـذا غلـط وتغليـط للصحابـة[1]، وأفاض الجـويني والمـاوردي في ذكـر أهـداف الحكـم وصـفات الحـاكم ووظائفـه [2]، ويقول الإمام الغزالي : "إن أمر الدنبا لا ينتظم إلا بأعمال الآدميين ، وهناك صناعات عديدة ، إلا أن أشرفها السياسة لما يقوم عليها من التأليف والاستصلاح ، ولذلك تستدعي هذه الصناعة من الكمال ما لا يستدعيه غيرها، وبهذا المعنى فإن السياسة هي "استصلاح الخلق بإرشادهم إلى الطريق المستقيم في الدنيا والآخرة وهي على أربعة مراتب :

1- السياسة العليا وهي سياسة الأنبياء وحكمهم على الخاصة والعامة جميعاً في ظاهرهم وباطنهم .

2- سياسة الخلفاء والملوك والسلاطين ، وحكمهم على الخاصة والعامة جميعاً لكن على ظاهرهم لا باطنهم .

3- سياسة العلماء بالله وبدينه الذين هم ورثة الأنبياء ، وحكمهم على باطن الخاصة فقط".

ومن وظائف الدولة حسب رأيه "تحقيق العدل ورفع الظلم عن الأفراد ، وتحقيق حياة فاضلة للأفراد في الدنيا والآخرة"[3].

ويمنحها ابن خلدون صفة إيجابية بقوله: "إن السياسة هي صناعة الخير العام ، وقد رجح خيرها على شرها ، واصفاً الإنسان بأنه إلى الخير أقرب"[4].

1- هبة رؤوف عزت . ابن القيم الجوزية . في موسوعة العلوم السياسية ص 186 .

2- د. أحمد البغدادي . الماوردي . في موسوعة العلوم السياسية ، ص 207- 208 – أنظر أيضاً :
هبة رؤوف عزت . أبو المعالي الجويني . في موسوعة العلوم السياسية ص 190

3- أبو حامد الغزالي . إحياء علوم الدين ، 4 ج1 . بيروت ، دار المعرفة للطباعة والنشر ج1 ، ص 201-202 أنظر أيضاً :
هبة رؤوف عزت . أبو حامد الغزالي . في (موسوعة العلوم السياسية) ص 203 ، 204 .

4- ابن خلدون . المصدر السابق ص 98 .

وقال الطهطاوي أن السياسة من اشرف العلوم ، وعليها مدار انتظام العالم [1].

وهناك العديد ممن أيدوا هذه الصفة الإيجابية للسياسة كالقول : "فالسياسة أوجدت للضرب على حب الأثرة والأنانية ، ومحافظة المجموع من جهة ، وتوجيه المجتمع بالتعاون ، نحو الفضيلة والعدالة والاستقرار من جهة أخرى"[2].

ويعتبرها هشام آل شاوي بأنها: "القيام على الجماعة بما يصلحها في حدود مفاهيمها الأخلاقية" ويضيف: "هي الممارسة الملتزمة لمسؤولية عامة تستهدف الحياة الأفضل للجماعة"[3]

ويقول التهانوني : (السياسة نوعان : النوع الأول سياسة عادلة تخرج الحق من الظالم الفاجر وهي في الشريعة ، والنوع الآخر سياسة ظالمة ، والشريعة تحرمها)[4].

أما السياسة بالمعنى السلبي ، فقد أشار إليها العديد من الكتاب ، ففي الولايات المتحدة ينظر إلى (السياسي) (Polician) بمعنى المخادع ، وتقترن السياسة في اللغة العامية العراقية بمعنى الحيل والمخادعة ، فيقال للشخص صاحب (بلطيقات) مأخوذة من (Politics) بمعنى مخادعات ومناورات ، ويرى البعض بأن السياسة هي الجانب السيء ، وهي لعبة قذرة تحمل في طياتها خطر الصراع المستمر ، وأنه عمل قذر، وأن السياسي جامع نفايات[5] ، وقد عبر الرئيس العراقي السابق صدام حسين عن هذا المعنى السلبي فقال عام 1979 : (ما هو علم السياسة ؟ السياسة هي قولك بأنك ستعمل شيئاً ما ، بينما تنوي

1- رفاعة رافع الطهطاوي. المصدر السابق، ص 102 .

2- أركان عبادي . المصدر السابق . ص 10 – 11 .

3- هشام آل شاوي . المصدر السابق ص 10- 11 .

4- أحمد عبد السلام . دراسات مصطلح السياسة عند العرب . تونس ، الشركة التونسية ، 1978ص 22. نقلاً عن كتاب (اكتشاف اصطلاحات الفنون) للتهانوني

5- د. حافظ علوان حمادي الدليمي . المصدر السابق ص 17 .

عمل شيء آخر ، ثم لا تعمل ما قلته ، ولا ما نويت عمله ، بهذه الطريقة لا أحد يمكنه أن يتنبأ بما كنت ستفعله)[1].

ويشير د. محمد سليمان ومنذر سليمان الدجاني إلى مجموعة اقوال مأثورة حول الصفة السلبية منها قول نيكيتا خروشوف (الرئيس السوفيتي الأسبق) : "أن السياسيين يتشابهون في كل مكان ، فهم يعدون ببناء جسر ، ولو لم يكن هنالك نهر" وقول جيسي آنرو: "المال هو حليب الأم للسياسة". وقول اسحق دزرائيلي" : "السياسة أسيء فهمها فعرفت على أنها فن حكم الإنسان عن طريق خداعه" وقال فيدل كاسترو (الرئيس الكوبي): "نحن لسنا سياسيين، لقد قمنا بثورتنا من أجل طرد السياسيين". ويقصد بذلك بأنهم ثوريون وليسوا هواة ولاعبي السياسة. ووصف ماوتسي تونغ (الزعيم الصيني الأسبق) السياسة بأنها "حرب بدون إراقة دماء،والحرب هي سياسة مع إراقة دماء"[2]. وهو قول حكيم، وقيل أيضاً: "إن السياسة كافرة" أو: "السياسة ليس لها دين" أو "لا أؤمن بالسياسة"[3]. ووصفها الهزلي الامريكي (ويل روجرز) بانها مملوحة من التفاح . وفي استفتاء جرى في الولايات المتحدة عام 1944 قال 48% من المواطنين انه يكاد يكون من المستحيل على الانسان ان يبقى صادقاً اميناً اذا انغمر في ميدان السياسة[4].

إن هذا المعنى السلبي قائم في ممارسة بعض السياسيين والموظفين من خلال ترتيب صفقات مشبوهة وتجاوزات كثيرة يرافقها عامل الرشوة ، وهو يعبر عن تعميم فظ لتصرفات فردية منعزلة ، وله من القوة ما يكفي لتكوين عامل من عوامل تخريب الأنظمة الديمقراطية[5].

1- أندرو كوكبورن و باتريك كوكبورن ، صدام الخارج من تحت الرماد ، ترجمة أنور البغدادي .(بلا) 1999 ص 24.

2- د. محمد سليمان ود.منذر سليمان الدجاني . المصدر السابق ص 234- 235 .

3- - د. عبد المجيد عرسان العزام ،و د. محمود سامي الزعبي . المصدر السابق ص 14 .

4- اوستن رني . المصدر السابق . جـ1 ص 11- 12.

5- جان مينو . المصدر السابق ص 107 .

ولعل مكيافلي هـو أول مـن أسبغ عـلى السياسـة صفة اللاأخلاقيـة في كتابـه (الأمير)، ودعا إلى فكرة: (الغاية تبرر الوسيلة) وألصق بها معاني التمويه والخداع ⁽¹⁾.

غير أن للسياسة معنى ثالثاً هو الدهاء والحنكة والاقناع، أو المرونة، فيقال (فلان رجل سياسي)، و(خليك سياسي)، و(خذها بالسياسة)، بمعنى استخدام وسائل مختلفة تتراوح بين الشدة والمرونة، وتحقيق الفرص وعدم الاستعجال، والخروج من التفاوض باقل خسارة عندما ينقطع رجاء الربح⁽²⁾، ويقال للشخص بأنه سياسي بمعنى داهية، قادر على المطاولة وانتزاع حقه دون استخدام العنف.

وقد عبر عن هذا المعنى معاوية بن أبي سفيان حـين قال: "و الله لو كانـت بيني وبين الناس شعرة لما انقطعت، إذا أرخوها شددت، وإذا شدوها أرخيت"⁽³⁾.

إن السياسة بهذا المعنى ليس مستهجناً، بل تدل على البراعة والقدرة على قهر الخصم، أو تحقيق مكاسب، ويمكن استخدام (المناورة) في السياسـة بشرط أن لا تكون خدعة، والتي هي الكذب، ولنا في رسول اللـه صلى اللـه عليـه وسلم أسوةٌ حسنة، فقد خرج في أحد الأيام منفرداً، وبعد عن المدينة، فإذا بـه أمام جمع مـن البدو غير مسلمين، فسألوه عن اسمه وعشيرته، فـأدرك أنه لـو أعلمهم بأنه نبي اللـه لربما أرادوا بـه شراً، لذلك أجابهم على تساؤلاتهم بمنتهى الفطنة فقال أنه أحـد العرب، وحـين سألوه: مم أنت، قال من طين وماء، فكان صادقاً، ولكنه كان بارعاً في اخفاء اسمه وصفته، والتخلص منهم. وقيل أنه خـرج مـع أبو بكر الصديق لاستطلاع أخبار قريش قبيل معركة بـدر، فلقيا شـيخاً قال لهـما: لا أخبركما حتى تخبراني من أنتما؟ فقال له

1- نيقولا مكيافلي. المصدر السابق ص 27.

2- د. عبد المجيد عرسان العزام ود. محمود سامي الزعبي. المصدر السابق ص 14.

3- د. علي عبد القوي الغفاري. الدبلوماسية القديمة والحديثة. دمشق، دار الأوائل 2003، ص 58.

الرسول (صلى الله عليه وسلم) إذا أخبرتنا أخبرناك. فلما أخبرهم بتحركات قريش، قال من أنتما، فقال له الرسول (صلى الله عليه وسلم): نحن من ماء ثم انصرف عنه[1].

ثانياً : الوصول إلى السلطة والنفوذ :

وهو أمر لا شك فيه فالأفراد والأحزاب السياسية تسعى للسلطة عبر الوسائل الديمقراطية وصناديق الاقتراع ، أو بالوسائل غير المشروعة كالانقلابات العسكرية ، واستخدام القوة والثورة والتزوير والخداع والخيانة ، وغالباً ما تكون المبادئ السياسية قائمة على أسس الرغبة في خدمة الشعب وتحقيق مصالحه ، والحفاظ على أمنه وسلامته، وحماية البلاد من الأعداء ولكن شهوة الحكم تغلب على تلك المبادئ لتصبح هي الهدف الأساسي ليس إلا. وبهذا الصدد يقول برتراند راسل بان الغاية الأولى والهدف في دوافع الأفراد والمجتمعات هو السعي نحو السلطة أو النفوذ ، فحب السلطة أو شهوة الحكم في نظره هي العامل الأول والأخير في تفسير الفعاليات في تاريخ المجتمعات، وسير الحروب وتطاحن الأمم[2].

ثالثاً : تحقيق المصالح المشتركة :

وهذه المصالح تتضمن مصالح الشعب والأحزاب السياسية ، والحكومات المتنافسة والمتصارعة وعلاقات التعاون بينها ، فاتفاق حزبين على الائتلاف وخوض الانتخابات سوية على قائمة مشتركة هو اتفاق المصالح المشتركة ، وتعاون دولتين أو مجموعة دول على إقامة علاقات صداقة وتعاون وتحالف ،

---

1 - ابن هشام، السيرة النبوية، جـ2، تحقيق عمر محمد عبد الخالق، القاهرة، دار الفجر للتراث 1999 ص207،

أنظر أيضاً: ابن كثير البداية والنهاية، م2، جـ3، بيروت، دار الكتب العلمية 1994، ص208.

2- Bertrand Russell . Power , A New Social Analysis. London , George Allen and Unwin LTD 1938 p. 12 - 43

وقد نقل إلى العربية بعنوان (القوة) من قبل عبد الكريم احمد . القاهرة ، مكتبة الانكلومصرية

واحترام السيادة والاستقلال ، وعدم التدخل في الشؤون الداخلية هو اتفاق على المصالح المشتركة ، حتى القرارات الداخلية التي تصدرها السلطات الرسمية لصالح شريحة من شرائح المجتمع ، أو كلها هي من أجل تحسين صورتها وكسب النفوذ ، والتطلع إلى الفوز في الانتخابات .

ولا يكفي إدراك أعضاء المجتمع الداخلي أو الخارجي للمصلحة المشتركة، بل إيجاد ضمان موضوعي لها عبر الوظيفة السياسية ، وإيجاد علاقات متداخلة مع بعضها وعدم تعريضها للتفكك ، وذلك من خلال القيم المشتركة التي تحافظ على وحدة المجتمع وتماسكه[1] .

رابعاً : تحقيق السلام والوئام والوفاق :

يحتاج أفراد المجتمع إلى السلام والأمان في حياتهم الداخلية ، ومنع الصراعات والنزاعات التي تخرق نسيجهم الداخلي ، وتعرض وجودهم إلى الخطر ، ولذلك فإن السياسة تهدف إلى الوفاق ، والنظام وضبط سلوك الأفراد من أجل استمرار واستقرار الجماعة ، والتركيز على مقومات السلام والتآلف والتآخي المادية والمعنوية ، كاللغة والدين والتقاليد والأرض والتاريخ المشترك[2] ، والإرادة المشتركة والمصالح المعيشية ، واحترام العلاقة بين السلطة السياسية والمحكومين بشكل متوازن حفاظاً على المجتمع القائم[3] .

أما على الصعيد الدولي والإقليمي فإن السياسة تتطلب إقامة علاقات ودية ومسالمة بين الكيانات والدول ، وزيادة روابط التعاون ، ومنع التوترات والحروب، وبناء الثقة بينها ، ولذلك فإن الاتفاقيات الثنائية والجماعية ،

1- د. عصام سليمان . المصدر السابق ص 12 .

2- المصدر السابق ص 13 .

3- د. حافظ علوان الدليمي . المصدر السابق ص 36 .

ومواثيق المنظمات الدولية تؤكد على هذا الهدف خاصة ميثاق الأمم المتحدة[1].

إن السياسة أيضاً تبغي تحقيق التعايش بين الأفراد والجماعات والدول المختلفة في أفكارها ومبادئها وممارساتها ، واحترام كل طرف لقناعات الطرف الآخر وتوجهاته ، سيما أن كل طرف لا يستطيع إزاحة الطرف الآخر ، أو تغيير قناعاته ، ولكن في جميع الحالات فإن التعايش يتطلب عدم اتباع سلوك معادي للطرف الآخر ، أو ممارسة ضارة بمصالحه .

خامساً : تحقيق الازدهار والرفاهية والسعادة والحضارة :

إن استمرارية الحياة تتطلب تقدمها وازدهار حياة الأفراد والمجتمعات وسعادتهم ورفاهيتهم من خلال الخدمات المقدمة والتسهيلات المادية والمعنوية، وتحسين أداء الأفراد والمؤسسات ، واعتماد التنظيم الاجتماعي الملائم لهم كالديمقرطية، والاشتراكية، والرأسمالية، أو اعتماد أية مذاهب سياسية أو اجتماعية أو اقتصادية تتيح للأغلبية فرص العمل والتعليم والتقدم ورفع مستوى المعيشة ، وكل ذلك يتطلب تنفيذ برامج وطنية وتنموية ، ومساهمة المواطنين فيها .

وعلى الصعيد الخارجي فإن التعاون المطرد بين الدول صغيرها وكبيرها، غنيها وفقيرها يساعد على تحقيق خطوات متقدمة لوصول الدول النامية إلى مستويات أعلى لتجاوز الفقر والمرض والجهل والتخلف .

إن السياسة الناجحة قادرة على توفير كل مستلزمات النجاح لتحقيق التنمية الاقتصادية والسياسية والاجتماعية ، وتوجيه الأفراد والجماعات وتنظيمهم ، وتشريع القوانين والأنظمة لتحقيق المساواة وتكافؤ الفرص أمام الجميع كي يتحقق التقدم والابداع والبناء الحضاري في ظل استقرار المجتمع ،

---

1 - الأمم المتحدة . ميثاق الأمم المتحدة والمبادئ الأساسية لمحكمة العدل الدولية ، نيويورك ، الأمم المتحدة 1975 (الديباجة والمواد اللاحقة) .

وتضامن أفراده ووعيهم لمستقبلهم، وزرع بـذور الاحـترام والثقـة بـين الحكـام والمحكومين، وتشجيع علاقات التعاون والتكافل ، وتلبيـة كـل الحاجات الأساسية للمواطنين وصولاً إلى الأمن والسلام والسعادة والرفاهية[1].

سادساً : حل الخلافات بالطرق السلمية :

إن السياسة كفيلة بجمع المتخاصمين في إطار واحد مـن أجـل الحـوار لإزالـة الخلافات وتنمية روح التسامح ، والاتفاق على حلول وسطية تضمن مصلحة الجميع ، ومنع تسلط فئة على غيرها بالقوة ، أو لجوء السلطات إلى استخدام العنف بـدل الاقناع ضد مواطنيها .

إن السياسة حاجة أولى من حاجات المجتمع البشري وضرورة بديهيـة للتـأليف والتوفيق بين المصالح المتنازعـة في المجتمع وصولاً إلى حالـة سـليمة ومستقرة بـين الأفراد[2]، أما الحرب فهي الاستثناء رغم انتشارها ، والتهديد باستخدامها ، خاصة مـن قبل القوى الكبرى في العالم، ويتطلب الحل السلمي للخلافات اجتماع أطراف النـزاع للتحدث مباشرة عن تلك المنازعات ، أو عبر الوسطاء ، أو لجـان المسـاعي الحميـدة والتحكيم ، كما يتطلب حداً أدنى من الاعتراف المتبادل بحق الطرف الآخر ، والصبر والتحمل إن لم يكن موضوع النزاع متعلقاً بالمصالح العليا المباشرة .

أما على الصعيد الداخلي ، فإن معظم المجتمعات الداخلية تعاني مـن نزاعـات وصراعات قبلية أو دينيـة أو مذهبيـة أو عرقيـة، أو متعلقـة بالسـلطة ومناوئيهـا ، أوالانتخابات ونتائجها ، والاتهامات المتبادلة بانتهاك القوانين والأنظمة ، ولـذلك فـإن السياسة تلعب دوراً مهماً في التسويات وإنهاء المنازعـات أو تجميـدها أو تخفيفهـا ، والتركيز على علاقات التعاون والإنسجام خدمة لمصالح الوطن والشعب والدولة .

1- د. حسن صعب . المصدر السابق ص 24 .
2- د. حسن صعب . المصدر السابق ، ص23- 24.

وبهذا المعنى فان السياسة هي الحل المطاع للمنازعـات ، او هـي التسـويات المسموعة للخصومات[1]

سابعاً : البحث عن الحقيقة السياسية:

إن الحقيقة السياسية غاية في حد ذاتها، ويجهد الإنسان نفسه بحثاً عنهـا، لأن الحقيقـة هـي غايـة الإنسـان منـذ القـدم ، حـين كـان يتأمـل الظـواهر الطبيعيـة والاجتماعية التي تكيف حياته ، والسياسة هي وسيلة أيضاً لتحقيق هـدف تحسـين المصير الإنساني، لأن الإنسان يتطلع بغريزته لتحسين حاله ، وهنالك ارتباط وثيـق بـين معرفة الحقيقة السياسية ، وتوظيفها لتحسين أحواله المعيشية ، والتطلع إلى الأفضل، وهذا أمر واضح في علم السياسة أكثر من غيره، لأن الظاهرة السياسية تتأثر بجميـع الظواهر الأخرى ، وتؤثر فيها، فالسياسة تقبل بجميع الظواهر الأخرى وتـؤثر فيهـا، وتقبل بجميع المعارف ، وتؤثر فيها نتيجة الحاجة والمصلحة والإرادة والعقل[2] ، كـما أن المعرفة السياسية تفيد الإنسان في معرفة ما يدور حوله، سواء في بيئتـه ووطنـه أو في الساحة الدولية ، خاصة وأنها متعلقة بحياته وأسرته وحركته ، ومأكله ومشربه[3] .

ثامناً : المراجعـة المستمرة للمسلمـات :

إن علم السياسة يستهدف المراجعـة المستمرة للمسلمـات والأحـوال والأنظمـة السياسية بنظرة نقدية منطلقة من الواقع المحسـوس ، والبحـث عـن أفكار جديـدة تلائم المستجدات الحياتية[4]، وهذا الأمر لا يتحقق من خلال

1- ملحم قربان، المنهجية والسياسة ، بيروت ،المؤسسة الجامعية للدراسات والنشر 1986 ص 50، 195-198.

2- حسن صعب . المصدر السابق ص 23 . انظر ايضاً :

د. ملحم قربان . المصدر السابق ص 194

3- د. محمد سليمان الدجاني ، ود. منذر سليمان الدجاني . المصدر السابق ص 12-13 .

4- د. عصام سليمان . المصدر السابق ص 53 .

تبني آراء أحادية ، وإنما من خلال التعددية السياسية ، وحرية الأحزاب ، وحرية القول والفعل ، ومواكبة التقدم العلمي والفكري ، والاصدارات الجديدة ، والآراء السياسية المعبرة عن حالات مختلفة ، خاصة وأن كثيراً من المسلمات في فترات ماضية لم تعد صالحة كالإيمان بالطريق الوحيد للتقدم الإنساني عبر الاشتراكية أو الرأسمالية ، وإنما ظهرت أفكار جديدة تعبر عن الأفضل في كل منهما ، وتنبذ الأسوأ ، في نظام مختلط أو نظام وسط .

تاسعاً : تحقيق إنسانية الإنسان :

إن الإنسان هو محور علم السياسة ، من خلال نشاطه العقلي ، ولذلك فإن علم السياسة يتناول العلاقة بين الحكام والمحكومين لتحقيق إنسانيتهما ، سواء كان الفرد حاكماً أو محكوماً ، والإنسان كما يقول ابن خلدون رئيس بطبعه ، أي له قابلية لأن يكون رئيساً أو مرؤوساً ، حاكماً أو محكوماً ، قائداً أو منقاداً لتحقيق مايريده[1] ، وما يتمناه دون تمييز بين إنسان وآخر وفقاً لقدرته المادية ، أونسبه ، أو ثروته أو سلاحه ، أو لغته ، أو طبقته ، أو طائفته ، وإنما يميز بطاقته الروحية ، وأهليته لتحمل المسؤولية[2] وخبرته وكفاءته في عمله الذهني والبدني .

عاشراً : تكوين روح المواطنة :

تساهم السياسة في تكوين روح المواطنة وتعزيزها، بالتأكيد على قيم الدفاع عن الوطن والتضحية في سبيله ، والمشاركة في خدمة الشعب وظيفياً واجتماعياً واقتصادياً ، وفي كل المجالات ، وأداء الواجبات ، والتمتع بالحقوق ، والمساهمة الفاعلة في كافة النشاطات السياسية ، والالتزام الأخلاقي بقضايا الوطن والأمة .

1- ابن خلدون . المصدر السابق ص 140 .

2- د. حسن صعب . المصدر السابق ، ص 18.

ويمكن تعزيز روح المواطنة في تقوية الديمقراطية ، والثقافة اللازمة لها حسب قول (حافظ الدليمي) من أجل تعليم المجتمعات لتحكم نفسها بنفسها ، وأن روح المواطنة سلوك واعٍ وفعل خاص بالشخص باعتباره كائناً يملك العقل ، ومساهماً في الدولة ، ولكن هذه المساهمة لا تتم بشكل سلبي كما هو الحال بالنسبة للانتماء عن طريق الإكراه ، كما لا يتم على أساس الطلب إلى الشخص بالانتماء، لأن روح المواطنة تتضمن المساهمة الإرادية المقصودة التي تتضمن المساهمة في مؤسسات الدولة وحياتها ، والتي من شأنها أن تجعل المواطن العضو في المجتمع عنصراً ملتحماً بالسلطة ، ولكنه يبقى فضلاً عن هذا شخصاً خاصاً ، ومن أشكال هذه المساهمة الاستفتاء الشعبي ، والمساهمة بطريق التمثيل النيابي ، والتي تجسد جوهر وروح المواطنة [1] .

وفي الحقيقة فإن روح المواطنة تتطلب أن يكون المواطن عنصراً صالحاً في مجتمعه ، وإيجابياً في مشاركته في الحياة العامة بغض النظر عن اختلاف الأيديولوجيات أو النظم السياسية

الحادي عشر : الإعداد للوظائف :

وهو الإعداد للوظائف العامة الداخلية والخارجية والتدريب عليها [2] ، ولذلك فإن معاهد الخدمة الخارجية ، والدبلوماسية ، ومراكز البحوث والكليات والجامعات هي المناخات السليمة لتخريج طلبة العلوم والمعرفة السياسية ، فضلاً عن الكليات والمعاهد التي تدرس القانون الدولي والاقتصاد السياسي والجغرافية السياسية والتاريخ السياسي ، وعلم النفس السياسي، وما يماثل ذلك ،واختيار الأفضل من خلال الاختبارات المختلفة .

1- د. حافظ علوان حمادي الدليمي . المصدر السابق ص 38 – 39 . انظر ايضاً :
د.ملحم قربان. المصدر السابق ص 193 – 194
2- د. حسن صعب . المصدر السابق ص 33 - أنظر أيضاً :
د. أحمد عباس عبد البديع . المصدر السابق ، ص 53 .

الثاني عشر : إعداد الكادر الوطني :

بمعنى إعداد كادر وطني من علماء السياسة يكون قادرا على التحليل السياسي ، ورفد القيادات السياسية بالأفكار والآراء الصائبة من أجل اتخاذ القرارات السياسية الصحيحة على الصعيدين الداخلي والخارجي ، ويمكن التوسع في تدريس العلوم السياسية ، وإقامة المراكز السياسية والاستراتيجية والمعاهد والنوادي ، وزج الخبرات السياسية النظرية بالممارسة السياسية في أجهزة الدولة ، والمؤتمرات الدولية من أجل توسيع آفاق المعرفة والخبرة واكتسابها، والاستفادة من كل الطاقات والإمكانات ، وتوظيفها لخدمة العمل السياسي .

وبالمقابل يمكن إلحاق الموظفين الدبلوماسيين بالمعاهد والكليات التي تدرس العلوم السياسية ، ومواضيع القانون الدولي العام من أجل الجمع بين النظرية والتطبيق .

ان الاستعانة بعلماء السياسة ومفكريها أمر منطقي وحضاري ، خاصة في وقت الأزمات السياسية ، وعلى هؤلاء أن يقولوا الحق ، وأن يتحروا عن الصدق، وأن يسوغوا آراءهم بشكل مقنع خدمة للحقيقة ومصلحة البلاد .

الثالث عشر : اقرار نوع من النظام الاجتماعي :

بمعنى الاتفاق على قيام نظام اجتماعي، وتأمين نوع من تكامل الافراد في الجماعة لمصلحة المجموع . ومن خلال التنافس والصراع والسيطرة، وصولاً الى تولي افضل الناس واكثرهم كفاءة للحكم [1] .

1- موريس دفرجيه . المصدر السابق ص 12- 13

المبحث الثالث

مواضيع العلوم السياسية

من البديهي حين نقول (العلوم السياسية) فإن المواضيع المتعلقة بها كثيرة وواسعة ، ولا شك أيضاً أن المواضيع المتعلقة بعلم السياسة كعلم السلطة والدولة هي أقل من مواضيع (العلوم السياسية) ، ولذلك طرحت مواضيع متشابهة أو متباينة لتلك المواضيع ، وإذا أردنا تناول المواضيع من زاوية استقلالية علم السياسة سوف نجد في المفردات التي أقرها نخبة من علماء السياسة في منظمة اليونسكو عام 1948 تجسيداً لها وهي :

1- النظرية السياسية : وتشتمل على دراسة النظريات التي وضعت في تحديد علاقة الفرد بالدولة ، ومدى خضوعه لها ، ودراسة تاريخ الأفكار السياسية التي تحتوي على دراسة تاريخية للنظريات السياسية المذكورة وتطورها على مر الزمن .

2- المؤسسات السياسية : وتضم :

1. الدستور .

2. الحكومة المركزية .

ج- الحكومة الإقليمية والمحلية .

د- الإدارة العامة .

هـ- وظائف الحكومة الاقتصادية والاجتماعية .

و- المؤسسات السياسية المقارنة .

3- الأحزاب والفئات والرأي العام : وتضم :

أ- الاحزاب السياسية ، ودراستها وكيفية تكوينها، ومدى قوتها في الحياة العامة .

ب- الفئات أو الجمعيات .

ج- مشاركة المواطن في الحكومة أو الإدارة .

د- الرأي العام ، أي دراسة الرأي العام وكيفية تكوينه، وطرق قراءته، وقياسه، وتوجيهه .

4- العلاقات الدولية : وتضم :

أ- السياسة الدولية .

ب- التنظيمات والإدارات الدولية .

ج- القانون الدولي [1] .

وفي الواقع أن هذه القائمة ، تعتمد في معظم جامعات العالم ، مع توسع وتضييق ، وهي تشير على وجود إجماع شبه كلي عليها من قبل علماء السياسة، ورغم أنها أشارت إلى الشخصية المنفردة لعلم السياسة ، إلا أنها أبقت الباب مفتوحاً للعلوم السياسية المساعدة ، بل تضمنها أحياناً في الإشارة إلى الإدارة العامة والقانون الدولي والجماعات والجمعيات ـ إذ لا يمكن فصل علم السياسة عن غيرها، ورغم مرونة هذه القائمة فإن هناك من انتقدها لأنها تفتقر إلى الدقة ، ولكنها في جميع الحالات تسمح بالإضافة والتعديل [2] .

وطرحت (موسوعة العلوم السياسية) مواضيع أكثر من القائمة هي :

1- الفلسفة السياسية : وهي انشغال أساسي منذ أفلاطون وحتى اليوم ، وتركز على القيم ، 'وعلى ما يجب أن يكون ، وهي أقل الموضوعات علمية ، لكن العلم بدون الفلسفة ليس خادم الإنسان وإنما سيده .

2- العملية القانونية والقضائية: وهي انشغال صاحب الفلسفة السياسية مركزاً على القوانين والدساتير ، ولم تعد الدراسة تقتصر على الوثائق ، بل اتجهت إلى فحص سن القوانين وعمليات التقاضي .

1- حسن صعب . المصدر السابق ص 131 – 132 ، أنظر أيضاً :

لؤي بحري . المصدر السابق ، ص 49 – 5 .

2- جان مينو . المصدر السابق ص 73-74 .

3- العملية التنفيذية : كان الانشغال برئيس الدولة أساسياً سواء كحاكم فيلسـوف، أو رجل دولة، واليوم تعقدت بنية الهيئة التنفيذية وما تقوم به ، وعلاقة كل ذلك بالمواطنين ، وتنصب الدراسة على البيروقراطية ، تنظيمها ووظائفها .

4- التنظيم الإداري والسلوك الإداري : انشغال حديث أدى إلى ميلاد فـرع أكاديمي ، هو الإدارة العامة .

5- السياسـة التشـريعية : اهتمام حـديث ينصب عـلى صنع القوانين والسياسـات والقرارات ، وعلاقة ذلك بالحكومة الديمقراطية والتمثيل السياسي .

6- الأحزاب السياسية وجماعات المصلحة : اهتمام معاصر بالمصالح والقوي الفاعلـة وراء القوانين والسياسات والقرارات ، واستراتيجيات عمل ، وتأثير تلك المصـالح والقوى ، وأدوات عملها .

7- التصويت والرأي العام :صاحب هذا الاهتمام ظهور الحكومة النيابية ، ويركز عـلى آثار الآراء والاتجاهات والمعتقدات على السياسات العامة ، ودوافع المواطنين في التصويت ، وتبلور هذا الاهتمام عملياً مع المدرسة السلوكية .

8- التنشئة السياسية والثقافة السياسية : اهتمام بدأ منذ اهـتمام أفلاطون بـالتعليم وتبلور مع استخدام البحوث المسحية ، ووظف في التلقين المـذهبي، وفي تـأمين الاستقرار السياسي .

9- السياسة المقارنة : اهتمام بدأه أرسطو بمقارنة الدساتير لدول المدينة ، وتبلور حالياً تحت مسـميات (الحكومـات المقارنـة) ، النـظم السياسـية المقارنة ، السياسـة المقارنة,

10- التنمية السياسية : انشغال بدأ بعد الحرب العالمية الثانية ، ومع استقلال دول العالم الثالث ، مركزاً على دراسة سياسات الدول المتنامية ، ونظمها وتشـغيلها ، وما تجربه من تغيرات عملية .

11- السياسـة الدوليـة والمنظمات الدولية : بـدأ كاهتمام بـالحرب ووحـدة العـالم ، وتبلور كاهتمام بالقوة وممارستها ، والسياسات الخارجية ، والمنظمات الدوليـة المختلفة .

12- النظرية السياسية والمنهاجية : انشغال يدل على نضج علم السياسة ، ويثير جدلاً مترامي الأطراف مع الفلاسفة [1] .

وقد استدركت (موسوعة العلوم السياسية) في القول أنها غير شاملة ، وحسناً فعلت ، لأن كل الفقرات الموجودة لم تشر ـ إلى النظم السياسية إلا عرضاً رغـم أنها إحدى المواضيع الأساسية لعلم السياسة ، ولم تشر ـ إلى التاريخ السياسي والجغرافيـة السياسية وعلم النفس السياسي .

وقد توسعت الجمعيـة الأمريكيـة لعلـم السياسـة في تحديـد مواضيع علـم السياسة عام 1973 وكما يلي :

أولاً: المؤسسات السياسية والسلوك السياسي الخارجيان وعبر القوميات وهي :

1- تحليلات نظم بعينها ، ونظم فرعية .

2- عمليات صنع القرار .

3- الصفوات والصفوات المعارضة .

4- المشاركة الجماهيرية والاتصالات .

5- الأحزاب ، الحركات الجماهيرية ، الاتحادات الثانوية .

6- التنمية السياسية والتحديث السياسي .

7- سياسة التخطيط .

8- القيم ، والأيديولوجيات ، نظم الاعتقاد ، الثقافة السياسية .

1- السيد عبد المطلب غانم . علم السياسة (تعريف) في موسوعة العلوم السياسية ص 40

ثانياً: القانون الدولي ، المنظمات الدولية والسياسة الدولية

1- القانون الدولي .

2 المنظمة الدولية والإدارة الدولية .

3- السياسة الدولية .

ثالثاً: المنهاجية :

1- أساليب الحاسب الآلي .

2- تحليل المضمون .

3- نظرية المعرفة وفلسفة العلم .

4- التعميم التجريبي .

5- جمع البيانات الحقلية .

6- القياس وبناء المقاييس .

7- بناء النماذج .

8- التحليل الاحصائي .

9- نظم وتحليل المسح .

رابعاً: الاستقرار وعدم الاستقرار والتغير السياسي :

1- التعديل والانتشار الثقافي .

2- الشخصية والدافعية .

3-القيادة والتجنيد السياسي .

4- التنشئة السياسية .

5- الثورة والعنف .

6- المدارس والتعليم السياسي .

7- التدرج الاجتماعي والاقتصادي .

خامساً : النظرية السياسية :

1-   نظم الأفكار السياسية في التاريخ .

2-   نظم الأيديولوجية .

3-   الفلسفة السياسية (عام) .

4-   النظم المنهاجية والتحليلية .

سادساً : السياسة العامة ، الصياغة والمحتوى :

1- نظرية السياسة العامة .

2- قياس السياسة العامة .

3- السياسة الاقتصادية والتنظيم الاقتصادي .

4- العلم والتكنولوجيا .

5-   الموارد الطبيعية والبيئة .

6-   التعليم .

7-   الفقر والرفاهية .

8- السياسة الخارجية والسياسة العسكرية .

سابعاً : الإدارة العامة :

1- البيروقراطية .

2- الإدارة المقارنة .

3- المنظمة والتحليل الإداري .

4- نظرية التنظيم والسلوك التنظيمي .

5- إدارة العاملين (الأفراد) .

6- التخطيط ، البرمجة ، الموازنة .

7- السياسة والإدارة .

8- تحليل النظم .

ثامناً : المؤسسات، العمليات والسلوكيات السياسية للولايات المتحدة:

1- المحاكم والسلوك القضائي .

2- الانتخابات والسلوك التصويتي .

3- السياسة الاثنية .

4- الهيئات التنفيذية .

5- جماعات المصلحة .

6- العلاقة بين المؤسسات الحكومية .

7- الهيئات النشريعية .

8- التاريخ السياسي والدستوري .

9- الأحزاب السياسية .

10-القانون العام .

11-الرأي العام .

12-حكومات الولاية ، المحلية ، والمتروبوليتان.

13- السياسة الحضرية [1] .

إن هذه القائمة طويلة وكثير منها تفصيلات لمواضيع أساسية ، أما (المنهاجية) المتكونة من (9) فقرات فهي تصح لكل العلوم وليس لعلم السياسة فقط ، لأنها لا تحمل خصوصية محددة لاعتمادها ، والغريب إن ماورد في (المؤسسات ن والعمليات والسلوكيات الخاصة بالولايات المتحدة) لم ترد في القائمة

1- المصدر السابق ص 40 - 41 .

عدا الأحزاب السياسية ، كما أن هذه القائمة الطويلة لم تتضمن السياسات الجغرافية (Geopolitics) وعلم الاجتماع السياسي وعلم النفس السياسي .

واختصرها البعض لتضم السياسة والقوانين العامة (وهي الدستورية والإدارية والدولية) والإدارة العامة لإدارة شؤون الدولة [1] .

وهناك من قسم علم السياسة إلى (8) فقرات موجزة هي :

النظرية السياسية ، الاحزاب السياسية ، الإدارة العامة ، العلاقات الدولية ، التنظيم الدولي ، الرأي العام والاعلام ، الحكومات المقارنة ، الدولة والحكم المحلي، وهي قائمة مختصرة ليس فيها جديد سوى الإشارة إلى الإعلام والحكم المحلي [2] .

وإذا كان لنا أن نقترح مواضيع العلوم السياسية فسوف نقترحها كما يلي:

أولاً: المواضيع السياسية البحتة:

1- الفكر السياسي : ويتضمن تاريخ الفكر السياسي القديم والوسيط والحديث والمعاصر ، والنظرية السياسية ، ومبادئ العلوم السياسية ، مناهج البحث ، ويضاف إليه الفكر السياسي الإسلامي ، والفكر السياسي لكل إقليم ودولة ، كالفكر السياسي الأوروبي ، والفكر السياسي المصري ، والفكر السياسي الصيني وهكذا.

2- النظم السياسية : وتشمل نظم الحكم الليبرالية والعالم النامي ، والاشتراكية ، والشمولية ، والنظم السياسية المقارنة وأشكال الحكومات، والحياة السياسية والانتخابات ، والأحزاب السياسية وجماعات المصلحة والرأي العام.

3- الشؤون الدولية : وتشمل العلاقات الدولية والسياسة الخارجية ، والدبلوماسية والتنظيم الدولي ، والقانون الدولي ، والمشاكل الدولية والأزمات السياسية .

1- جاكوبسن وليبمان . المصدر السابق ص 7-8 .
2- محمد علي العويني . المصدر السابق ص 16 .

ثانياً: مواضيع العلوم السياسية المتصلة بغيرها:

1- الاقتصاد السياسي.

2- الجغرافية السياسية.

3- علم النفس السياسي.

4- التاريخ السياسي.

5- الفلسفة السياسية.

6- الاجتماع السياسي.

7- التربية والتوجيه السياسي.

8- التنمية السياسية.

9- الإعلام السياسي.

10- الإدارة السياسية.

11- القانون الدستوري

ويمكن تفريع أية فقرات من هذه الفقرات إلى تفصيلات واسعة ، وهذه المواضيع أخذت بعين الاعتبار قائمة اليونسكو لعام 1948، ويمكن إضافة أية مواضيع أخرى كدراسات تخصصية في الدراسات العليا، أو في اطروحات الماجستير والدكتوراه ، كالقضية الفلسطينية ، أو أية قضية وطنية أو إقليمية أو دولية كقضية الإرهاب ، والعولمة ، وقضايا التنمية والتخلف ،والأزمات الدولية، والاتحادات الوطنية والقومية وأشكالها ،والصراعات الدولية والتعاون الدولي ، والحرب الباردة.

وبناء على ذلك فإن مواضيع العلوم السياسية لا تكاد تتحدد لكثرتها وتشعباتها داخلياً وخارجياً ، زماناً ومكاناً ،فكراً وممارسة ، محلية أو دولية ، شأنها شأن كل أنواع العلم والمعرفة.

الفصل الثالث

أسس وخطوات ومناهج البحث السياسي

المبحث الأول

أسس البحث السياسي

أولاً : الأساس العلمي :

يتعلق هـذا الأسـاس بعلمية السياسـة مـن منطلـق كونهـا ظاهرة كالظواهر الطبيعية، فالمعرفة السياسية هـي معرفة علمية، فلكل نتيجة سبب، ولابد مـن ملاحظة هذه الظواهر كما هي في الواقع، وليس كما يجب أن تكون، والتعـرف عـلى أسبابها، وعلى العلاقات القائمة بينهـا، والتحقـق مـن صحة هـذه المعرفة بالتجربـة المنضبطة، فالمعرفة العلمية تعتمد عـلى الوصف والتحليـل الموضوعي والدراسـة الشمولية، من أجل اكتشاف القوانين التي تخضع لها الظواهر، ومعرفة هذه القـوانين تساعد عـلى التنبـؤ بمـا سـيحدث في المستقبل، وإمكانيـة التـحكم بـبعض العوامـل الأساسية التي تسـبب ظاهرة معينة، أو تمنع وقوعهـا، فدراسـة أسباب الثورات السياسية كظاهرة واقعية وتاريخية تسمح بتوقع قيام ثورات في دول مختلفة بسبب تشابه العوامل والظروف .

أن الأساس العلمي يعتمد على العمليات التالية :

1-الملاحظة:

وهي عملية التعرف على الأحداث والظواهر كما هـي في الواقع، مـن خـلال الملاحظة المباشرة، ومقارنتها بالظواهر المشابهة لها، ومحاولة استنتاج مـا يميزهـا عـن غيرها من الظواهر، أو ما يقربها لها بمعرفة أوجـه الشبه والاختلاف بينهما، غـير أن الملاحظة لا تكون دقيقة دائماً، أو أنها تعبر عن

حقيقة الواقع بسبب كون الظاهرة سياسية - اجتماعية مرتبطة بعقل الإنسان وإحساسه وخبراته، ولذلك تختلف الملاحظة من باحث إلى أخر، بل أن قدرة العقل محدودة في تدخله لترتيب عناصر الملاحظة.[1]

2-الفرض العلمي :

وهو عملية وضع فرضية أو افتراضات والتي هي التصورات الذهنية لتفسير واقعة أو مجموعة من الوقائع التي سبق وان تمت ملاحظتها، بمعنى تصور لعلاقات تربط بين مختلف عناصر الظاهرة، والفرضية لا يمكن وصفها إلا من خلال الأبحاث السابقة وملاحظتها بدقة، وليس من الضروري أن تكون الفرضية صحيحة أو خاطئة، وانما يتم التأكد من ذلك من خلال التجربة، وعلى ضوء ذلك يمكن تثبيت الفرضية أو تعديلها أو تبديلها .

3-التجربة العلمية :

وهي التجربة العلمية المصطنعة أو الموجهة، وذلك بإدخال عنصر أو أكثر في مسار الظاهرة، ثم إجراء مقارنة بين النتائج المتحققة، والنتائج السابقة في غياب العنصر المقحم بالتجربة[2]، ويميز (أوغست كانت) بين نوعين من التجارب هي التجارب المباشرة، وغير المباشرة، والأولى هي المقارنة بين ظاهرتين متشابهتين في كل الظروف، ومختلفتين في حالة واحدة، واختلافها يرجع إلى هذه الحالة فقط، أما التجارب غير المباشرة فتتمثل في الانحرافات والأمراض الاجتماعية والسياسية والاتجاهات غير السوية التي تنتاب الظاهرة السياسية بسبب تأثير القوانين الساكنة أو الحيوية في المجتمع بعوامل طارئة أو تيارات وقتية[3].

وقد نادى بالأساس العلمي للبحث السياسي كل من (هوبز) و(فيكو) و(هيوم) و(بولوك) و(سبلي) وكذلك الاتجاه السلوكي، ولكن الصعوبات

1-د.عصام سليمان . المصدر السابق ص111-112

2-المصدر السابق . ص 113-114

3-د.محمد فايز عبد أسعيد . قضايا علم السياسة العام . بيروت، دار الطليعة 1986 ص 36- 37.

الكثيرة، بسبب عدم تماثل السياسة كظاهرة اجتماعية مع الطبيعة والظواهر الطبيعية، أدت بالبعض إلى القول : إنه من العسير أن تصبح السياسة علماً موازياً تماماً للميكانيكا أو الكيمياء[1].

ومن هذه الصعوبات عدم إمكانية الحصول على المعلومات والبيانات الكاملة، وصعوبة اصطناع ظروف تجريبية ملائمة للدراسات السياسية، وتعذر استخدام الناس كأدوات، وعدم وجود قياسات كمية محكمة، إلا في حالات محددة كالمنظمات السياسية،و الآراء في الأحزاب السياسية وأعضائها، وأصوات الناخبين، وصعوبة استيعاب جميع الأشخاص الذين كان لهم تأثير على العملية السياسية، وصعوبة الإلمام بكل القرارات التي اتخذوها في جلسات مغلقة داخل أو خارج نطاق الحكومة ولم يتم تسجيلها.

ثانياً : الأساس الاجتماعي

إن هذا الأساس ينطلق من كون الظاهرة السياسية ظاهرة اجتماعية مرتبطة بالسلوك الإنساني المتغير، والقائم على دوافع ظاهرة أو كامنة، ولذلك فإن اعتماد هذا الأساس يتطلب جهداً في معرفة الأحداث السياسية، وملاحظة الأسباب الموضوعية والذاتية لكل حدث.

أن الملاحظة وتقديم الفروض والتجربة تتطلب دراسة اتجاهات الرأي العام، والعوامل المختلفة المؤثرة عليها، وقياسها استناداً إلى الحالات السابقة وعواملها، وإجراء المقارنة بين الحالات المختلفة عبر معايير اجتماعية معتمدة، ومن هنا فإن نتائج البحث السياسي لا تكون قطعية، إنما احتمالية، ولا تتحدد في احتمال واحد، وإنما في مجموعة احتمالات متوقعة، مع تسويغ أكثرها قرباً للواقع.

وبما أن العقل الإنساني والنوازع الذاتية للباحث لا يمكن تجاهلها فإن الحديث عن الحيادية والموضوعية في البحث السياسي لا يمكن أن يتحقق الا

_____

1-د.محمد علي محمد ود.علي عبدالمعطي محمد . المصدر السابق ص42

بشكل نسبي، بسبب اختلاف الباحثين في تميزاتهم الشخصية، رغم إمكانية تقليل درجة التدخل الشخصي ـ والفكري لهم، والقدرة على طرح أفكار ونتائج موضوعية وحيادية إلى حد كبير. والمطلوب التحرر قدر الإمكان من الأفكار السابقة والشخصية، وعدم التسليم بصحة أية قضية، وأنما استخدام الشك في كل حالة، وأجراء المزيد من البحوث والتدقيقات في كل مرة من أجل التوصل إلى نتائج محددة.

كما يجب الجمع بين المنطق والمشاهدات الواقعية للباحث والملاحظة المباشرة وغير المباشرة، وتفعيل العقل والخبرة والمعرفة الشخصية، بمعنى آخر الجمع بين الأساس العلمي والأساس الاجتماعي [1].

المبحث الثاني

خطوات البحث السياسي

أن خطوات البحث السياسي يجب أن تبدأ من تصور واضح للمشكلة أو الحالة السياسية، ورغبة في معالجتها، وانسجام مع موضوعها، ولهفة لمتابعتها، فإذا لم يكن الباحث متعلقاً بالبحث السياسي، أو كان مفروضاً عليه، فإنه لن يتمكن من التواصل معه بسبب فقدان الرغبة الشخصية في ذلك، ويمكن متابعة خطوات البحث السياسي كما يلي:

أولاً:المرحلة الأولى :

1- تحديد موضوع البحث بشكل واضح، سواء من ناحية المفردات أو المكان أو الزمان منعاً للغموض أو التأويل، على أن لا يكون ضيقاً للغاية بحيث يصبح البحث عديم الجدوى، وان لا يكون شديد الاتساع بحيث يتعذر تناوله بشكل معمق .

1-سيد عبدالمطلب غانم. علم السياسة (تعريف). في موسوعة العلوم السياسية ص41-42أنظر أيضاً : ودودة بدران . مناهج ومداخل البحث السياسي . في موسوعة العلوم السياسية ص12.

2- الاطلاع على موضوع البحث من خلال الأبحاث السابقة المتعلقـة بـه، أو الأبحاث القريبة منها، والمصادر المتوفرة بكل أشكالها من اجل التثبت من الموضوع، والقدرة على دراسته، وإمكانية التوصل إلى نتائج أخرى على ضوء الحقائق والمعلومات القائمة أو الجديدة.

3- وضع خطة أولية تتضمن العناصر الأساسية للموضوع وفقاً للأبواب والفصول وتفريعاتها، مع ذكر أسباب اختيار الموضوع،وهدف البحث، على أن تكون هذه الخطة خاضعة للتوسع أو التضييق حسب المصادر التي يمكن أن تتوفر في المستقبل.

ثانياً: المرحلة الثانية

1- تحديد الإطار النظري لموضوع الدراسة بشكل واضح، وتحديد المفاهيم المستخدمة، وعلاقتها بالمفاهيم الأخرى القريبة منها، ومن الأفضل وضع (نموذج) [1] ممكن مستخلص من الدراسات السابقة، ونتائجها، واعتماده قياساً للدراسة، والنموذج المعتمد يكون دليلاً للباحث، ولكن ليس بشكل مطلق، بسبب احتمالات الخطأ فيه كأية ظاهرة سياسية .

2- اعتماد منهجية معينة قادرة على إعطاء أفضل النتائج، على أن تكون ملائمة مع موضوع البحث.

3- البحث عن المصادر الأصلية والثانوية، والبحث عن الوثائق وتدقيقها، والصحف والدوريات بمختلف اللغات قدر الإمكان، وإجراء الاستقصاءات الشخصية، والمقابلات مع الأشخاص الذين كان لهم دور في العملية السياسية، أو كانوا شهود عيان عليها، وعدم الركون إلى المصادر الضعيفة أو الدعائية التي تقود للخطأ [2]، وعدم الاعتماد على مصادر أحادية، وانما على المصادر التي تعبر عن وجهات نظر مختلفة،

1-د.وليد عبدالحي . النمذجة. في (موسوعة العلوم السياسية) ص49.
2-د.محمد فايز عبد اسعيد. المصدر السابق ص29.

وبالتالي كي يتمكن الباحث استخدام قدراته العقلية للتوصل إلى الحقائق والنتائج المطلوبة.

4- صياغة الفروض البحثية لغرض البرهنة عليها من خلال استقراء الواقع السياسي، أو الملاحظة أو التماس المباشر به.

5- تحليل المعلومات والبيانات على أساس كمي أو نوعي حسب الموضوع، أو الاثنين معاً، والتوصل إلى العوامل أو الأسباب الحقيقية التي أثرت على الحدث السياسي، أو المؤثرة فيه فعلاً.

ثالثاً:المرحلة الثالثة

1- البرهنة على صحة الفروض المطروحة أو عدمها سلباً أو إيجاباً من خلال الأدلة والقرائن.

2- استخلاص النتائج التي توصل إليها الباحث، من خلال البحث والتحليل وفقاً للمنهج الذي اختاره، وتسجيلها بشكل واضح ودقيق.

3- تأكيد الرأي الشخصي للباحث حول الأحداث والنتائج، وبما يؤكد قدرته التحليلية في البحث، قبولاً أو رفضاً أو تعديلاً لكل حالة ولكل فكرة سياسية مطروحة .

4- وضع مشاهد (سيناريوهات) للحالة السياسية المبحوثة، توضح احتمالات المستقبل، وفقاً للمبررات التي يسوقها، والتي توصل إليها في البحث، أو التي حصل عليها من خلال الواقع، ومن ثم اختيار المشهد الأكثر احتمالاً، مع تسبيبها بشكل منطقي وواقعي بعيداً عن المثالية والخيالية .

5- التوصل إلى تعميمات ومبادئ وأفكار جديدة وغير مطروحة وقد تكون مبتكرة كي يستفيد منها الآخرون سواء كانوا باحثين أو رجال سياسة، بمعنى طرح نظرية سياسية أو نظريات سياسية بعد معرفة حالة الانتظام والتكرار للظواهر السياسية .

المبحث الثالث

مناهج البحث السياسي

أعتمد الباحثون على مناهج عديدة في البحث السياسي، وحاولوا محاكاة المناهج العلمية في العلوم الطبيعية، ولكن البعض الأخر رأى صعوبة تطبيقها، فآثر اتباع مناهج واقعية مستمدة من حقيقة كون البحوث السياسية بحوثاً اجتماعية تتسع لأفكار ومتغيرات عديدة، وبالتالي فإن النتائج لا تكون مطلقة، وإنما نسبية واحتمالية وليست حتمية، ومن هذه المناهج ما يلي :

أولاً : المناهج الاستنباطية المثالية

وهي المناهج التي تنطلق من أفكار ومبادئ عامة مستندة إلى المنطق، أو إلى رؤى مثالية دينية أو فلسفية في دراسة الواقع، وصولاً إلى نتائج عامة، بمعنى الانتقال من العام إلى الخاص، وهذه المناهج بدورها تصنف إلى مناهج عديدة هي :

1-المنهج التقليدي (الكلاسيكي):

إن هذا المنهج يستند إلى تصورات مثالية يطرحها العقل الإنساني استناداً إلى العقل والمنطق، وإلى عالم الروح بحثاً عن الأفضل والأمثل، ولذلك طرح أفلاطون أفكاره المثالية في تفضيل حكومة الفلاسفة على كل أشكال الحكومات، فالأولوية للعقل على المادة، لأنه قادر على الكشف عن الحقيقة، وبالتالي فإن الأفكار والنظريات السياسية المثالية هي نظريات عامة تصلح للبشر في كل زمان ومكان[1].

وقد ارتبط بهذا المنهج الكثير من الفلاسفة الذين بدأوا بطرح التأملات الفلسفية العامة في البحث عن السياسة الفاضلة، وانتهوا إلى ما يجب أن تكون[2]. خاصة الدولة والمجتمع الدولي من أجل تحقيق السلام.

1-د.محمد طه بدوي . المصدر السابق ص262- 264.

2-د.عبدالرحمن بدوي . المثالية الألمانية . القاهرة، دار النهضة العربية 1965 ص91-100.

وتبنى هذا المنهج التقليدي بعض المفكرين الذين رأوا في النظريات السياسية التاريخية مفتاحاً لفهم كيفية انتظام الناس في الماضي، وكيفية تطورها نحو الأحسن[1].

2- المنهج التاريخي:

وهو المنهج الذي يستند إلى الأحداث التاريخية في فهم الحاضر والمستقبل، إذ لا يمكن فهم وإدراك أية حالة سياسية إلا بالعودة إلى جذورها التاريخية وتطورها سواء كانت حالات سلبية أو إيجابية، ومن ثم استنتاج أفكار جديدة أو بناء تصورات، وتقديم تعميمات يمكن استخدامها بشكل صحيح، ويقول (هارولد لاسكي): "أن دراسة السياسة هي جهد نبذله لتقنين نتائج الخبرة التي يشهدها تاريخ الدول"[2] ومن أهم وراد هذا المنهج أرسطو وابن خلدون[3].

وينتقد هذا المنهج من زاوية كون الأحداث التاريخية ومعالجاتها لمشاكلها أنما هي مغايرة للوقت الحاضر، وان لكل جيل أو عصر مشكلات نوعية خاصة به، وان الدول في العصر الراهن لا تهتم بالعمليات التاريخية قدر اهتمامها بالقيم والأهداف الواقعية التي تتخطى حدود مقولة الزمان[4]. ورغم ذلك فإن الدراسات الحديثة المتعلقة بالنظم السياسية، وعلاقات الدول، ووسائل تسوية الخلافات، والدبلوماسية تستعين بالتجارب التاريخية لاستخلاص الدروس والعبر، والمطلوب من الباحثين التثبت من الوقائع التاريخية، والدقة والموضوعية في عرضها.

1-د.محمد نصر مهنا. النظرية السياسية و العالم الثالث، ط3. الإسكندرية، المكتب المصري الحديث 1998 ط49.

2-د.محمود إسماعيل . المدخل إلى العلوم السياسية. الكويت،مكتبة الفلاح 1986 ص41 .

أنظر أيضاً :-

د.محمد علي محمود و د.علي عبدالمعطي محمد . المصدر السابق ص47 .

3-د.حسن صعب . المصدر السابق ص251.

4-د.محمد علي محمد ود.علي عبدالمعطي محمد . المصدر السابق .

3-المنهج القياسي:

ويقصد به قياس الحالات السياسية في الدول ومن خلال صورة الفرد، فالعدالة في الدولة هي صورة مكبرة للعدالة لدى الفرد، وعدالة الاثنين واحدة، ولكن العدالة في الدولة أوسع مدى واكثر وضوحاً. وإذا كان أفلاطون قد طرح هذا المنهج فإن (غروشيوس) المفكر الهولندي في العصر الحديث طرح فكرة قياس معايير العدالة والفضيلة والمكر والخداع بدءاً من الفرد وانتهاءً بالدولة، وهذا القياس هو حكم ذهني ومنطقي، بمعنى يتخذ من العقل أساساً للقياس والتفاضل، ويحاول تعميم الصفات الخيرة لدى الأفراد ومع بعضهم إلى صفات للعلاقات الدولية المثالية الخيرة[1].

4-المنهج الفلسفي:

أن هذا المنهج يستند إلى الفلسفة السياسية القائمة على دراسة الواقع في ما هو كائن، وصولاً إلى ما يجب أن يكون من قيم وصفات مثالية، ولذلك فإن الطروحات الفلسفية السابقة والحالية هي مبادئ وقيم إيجابية اتفق عليها، ويمكن الاستعانة بها في البحوث السياسية لتقويم الحالات السياسية رغبة في تطوير ما هو قائم منها، وطرح المقترحات المؤدية إليه، ويعتبر أفلاطون والفارابي أمثلة حية للفلاسفة المثاليين. إن الأخلاق وهو جزء من الفلسفة من أهم القيم التي تحدد أنماط السلوك المرغوبة لدى أشخاص المجتمع السياسي، سواء في حل المشكلات والصراعات الداخلية والدولية أو في البحث عن صياغات جديدة للسلوك الاجتماعي والسياسي[2].

وإذا كانت الأوضاع السياسية بعيدة عن المثالية والقيم الأخلاقية، فإن الصورة المنشودة لها ينبغي أن تكون مرشداً لها على الدوام، خاصة وان كثيراً

1-د.سيد عبدالمطلب غانم. التنظير في علم السياسة، الثورة والموضع والمستقبل. في كتاب (اتجاهات حديثة في علم السياسة). القاهرة، جامعة القاهرة، مركز البحوث و الدراسات السياسية 1987 ص3.

2-د.محمد علي محمد و د.علي عبدالمعطي محمد. المصدر السابق ص 44.

من الممارسات تستظل بها، وتدعو لها، وان كانت لا تلتزم بها التزاماً كـاملاً، ولا ريب أن المواثيق الدولية والمعاهـدات تسـتعين بهـا الـدول للدلالـة عـلى إيمانهـا بهـا، وتطبيقها.

و النقد الذي يوجه إلى هذا المنهج هـو الاعـتماد عـلى الأمـور المجـردة التـي لا صلة لها بالواقع، ولكن فائدته هو السعي للارتقاء إلى مستوى الطموح الأعلى.

5-المنهـج السوسيولوجـي (الاجتماعي):

أن المجتمع هو وعاء السياسة، والبحث السياسي هو بالضرورة بحث اجتماعي، لذلك فإن هذا المنهج يرمي إلى دراسة القضايا السياسية مـن منظـور اجتماعـي يأخـذ بعين الاعتبار علاقات التفاعل والانسجام، وعلاقـات الصـراع والتكيـف في المجتمعـات، وملاحظة كافة الظواهر الاجتماعية السائدة في علاقتهـا بالبحـث السـياسي، كعلاقـات السيطرة والأمر والطاعة، والعادات والتقاليد التي تـنعكس عـلى الممارسـة السياسـية. فضلاً عن أنماط السلوك في الجماعات المهنية والقبلية، والدينية واللغوية.

وتحاول الدول والحكومات تحقيـق التسـييس الاجتماعـي للأفـراد والجماعـات كسباً لولائها، وتسخير وسائل الإعلام والتربية لتوجيه المجتمع عبر التنشـئة السياسـية، إما من أجل تنمية الروح الوطنية[1]، أو مـن اجـل الفـوز في الانتخابـات، ولـذلك فـأن الباحث السياسي يوظف كل الحالات المستقرة أو المتغيرة في المجتمع لمعرفة اتجاهات السياسة في كل الجوانب المرتبطة بالدراسة والبحـث، وتكـون النتـائج مـرآة للحـالات الاجتماعية في كل ايجابياتها وسلبياتها، وحافزة للتغيير والتعـديل، أو الـرفض والقبـول بشكل عام لكل الحالات، وبشكل خاص لحالة معينة، مع إدراك إمكانات عدم الثبات والاستقرار تبعاً للمؤثرات الداخلية والخارجية، والحاجة لاسـتمرار المراجعـة والبحـث وصولاً إلى نتائج جديدة وتوقعات محتملة.

1-د.محمد سليمان الدجاني و د.منذر سليمان الدجاني . المصدر السابق ص 91

ثانياً: المناهج الاستقرائية – الواقعية

وهي التي تبدأ من استقراء الواقع السياسي ودراسته على ضوء الحقائق القائمة فيه، من أجل الحصول على نتائج علمية يمكن أن تشكل تعميمات فكرية سياسية يستفاد منها في تقويم الأداء، وتصحيح الخطأ، وتقديم مبادئ وأراء مستخلصه من ذلك الواقع، أي الانتقال من الخاص إلى العام. وهذه المناهج في معظمها مناهج تحليلية تهتم بتحليل الظواهر السياسية لمعرفة القوانين التي تحكمها والتي تشكل نظريات سياسية وأفكار قابلة للتطبيق والدراسة. ومن هذه المناهج:

1-المنهج الاختباري (الامبريقي)

وهو اعتماد المادة أساساً للدراسة والبحث باعتبارها معيار الحقيقة، أما الفكر فهو وليد المادة، وأن المعرفة لا تدور في عقل الإنسان، وإنما في الواقع، بينما ينحصر دور العقل في وصفه فقط.

أن هذا المنهج يهتم بالملاحظة والمشاهدة الميدانية، خاصة في دراسة المؤسسات السياسية كالأحزاب السياسية، أو الشخصيات السياسية، أو الدراسات الإقليمية وبيان خصائصها المختلفة، واستخدام أدوات جديدة في الاختبار، كالإحصاءات والبيانات، والمعلومات، والاستبيانات والاستفتاءات الشعبية على الحالات السياسية المعروضة[1].

2-المنهج العلمي التجريبي:

وهو المنهج الذي يعتمد على إجراء التجارب المحدودة في المجال السياسي اعتماداً على تجارب الزمن العديدة، فالدولة تنطوي على كثير من الظواهر والنظم التي يمكن ملاحظتها أكثر من أي شئ آخر، فكل التنظيمات الحكومية والعسكرية والإدارية تخضع لإدارة الدولة، وبالتالي يمكن إجراء التجارب

1-د. محمد طه بدوي. المصدر السابق ص 248

بالصورة التي يرغب بها الباحث السياسي[1]. وبما أن تاريخ النظم السياسية والتشريعات والتطورات السياسية والقانونية والثورات والحروب حافلة بتجارب سياسية كبيرة، فإن القيام بتجارب محدودة النطاق عبر اختيار عينات في مجموعة من الأحياء والقرى والطبقات قد تنجح لتطبيقها على نطاق واسع إذا كانت هنالك تشريعات منظمة لها[2].

ويستفاد من هذا المنهج أيضاً في أثبات صحة الفرض ومطابقتها للواقع، وذلك بتجريبها، بعد أن تكون تلك الفرض قد اختيرت وفق المناهج الاستنباطية المعتمدة على التدليل العقلي المنطقي، وتكون النتيجة اعتماد صحة تلك الفرض بعد تطابقها مع الواقع، أو اعتماد خطئها في حالة مخالفتها للواقع، وفي الحالتين يمكن التعميم بصحتها، أو خطئها[3].

ومن خصائص هذا المنهج:

1-الموضوعية التي تستبعد وجهات النظر الذاتية للباحثين في شأن حقيقة الواقع، وبذلك تكون الاحكام التي يصل إليها الباحث أحكاماً موضوعية وواقعية وليست قيمية .

2-النسبية، إذ أن التعميم الذي ينتهي إليه الباحث هو تعميم نسبي في مواجهة التعميم المطلق لأصحاب المناهج المثالية، من منطلق التغيرات الزمانية والمكانية[4].

ونظراً لصعوبة الموضوعية والحيادية فقد أتجه بعض دعاة المنهج التجريبي إلى إدخال القيم في عملية التقييم من منطلق كونها مسألة واقعية لا يمكن التغاضي عنها . إذ لا بد من معرفة التصرف السليم واختيار الاصلح، واتخاذ القرارات حول كيفية العيش مع الآخرين بأحسن وسيلة[5].

1- د.محمد علي محمد ود.علي عبدالعاطي محمد . المصدر السابق ص50.

2- د.محمد فايز عبد اسعيد . المصدر السابق ص 42.

3- د.محمد طه بدوي . المصدر السابق ص 88-90.

4- د.عادل فتحي ثابت عبدالحافظ . المصدر السابق ص 90--94.

5- د. محمد نصر مهنا . المصدر السابق ص 59-62.

3-المنهج السلوكي:

يعتمد هذا المنهج على السلوك الإنساني واختلافه، ودراسة القيم كجزء من الواقع، وإمكانية تحليل السلوك القابل للملاحظة، وعلى أسس كمية كأداة للملاحظة، والاستمرار على المنهج التجريبي القائم على الملاحظة والفرض، وتجريبها، ومن ثم فهم الواقع السياسي وتفسيره والتنبؤ بشأنه .

وقد أتفق أصحاب هذا المنهج على أمور خمسة هي :

1-التوسع في دراسة تأثير النشاطات الاجتماعية على النشاطات السياسية كجزء من النشاطات الإنسانية، وهو ما يعبر عنه بـ(التكامل) لأنه لا توجد حدود فاصلة بين مختلف النشاطات السياسية والاجتماعية والاقتصادية والثقافية، ولذلك لا يمكن فهم النشاط السياسي بصورة اعمق إلا من خلال النشاط الإنساني المتداخل ككل، والمتكامل مع بعضه.

2-أن النشاطات السياسية للأفراد والجماعات تسير على انتظام من شاكلة الظواهر الطبيعية، وهنالك تشابه ملحوظ لتلك النشاطات والذي يعبر عنه بـ(الانتظام)، وهذا الانتظام يعبر عنه بصورة قوانين علمية قادرة على تفسير الواقع السياسي، بل والتوقع بشأنه، سيما في النشاط الانتخابي (التصويت) إذ يجري بانتظام وبنفس الطريقة لنفس الشخص أو الحزب السياسي خلال انتخابات متتالية،ومن ثم تظهر أنماط متشابهة للنشاط السياسي يمكن رصدها وملاحظتها.

3-الفصل بين القيم والأحداث السياسية، لأن القيم تقع في إطار ما يجب أن يكون عليه عالم السياسة، بينما الأحداث تقع في إطار ما هو كائن بالفعل، ويجب التمييز بينهما، وتحرر الباحث من القيم الذاتية قدر الإمكان وصولاً إلى حالة متقدمة من الموضوعية .

4- التمسك بالعلم البحت في دراسة النشاطات السياسية، والابتعاد عن مشكلات المجتمع، وذلك بالكشف عن الحقائق دون السعي لوضع سياسة لحل المشاكل المجتمعية على ضوئها.

5- الاتفاق على أن الفرد والجماعة يمثلان معاً وحدة التحليل السلوكي المعاصر بافتراض أن جوهر السياسة هو في الإنسان، والذي هو جوهر النشاطات السياسية، وليس الاقتصار على الجماعة[1].

ونادى السلوكيون باستخدام أدوات بحثية متطورة كالأدوات التقنية، واستخدام الأساليب الإحصائية في ملاحظة الواقع وتجريبه، واستخدام الرياضيات كأداة للتعميم وصولاً إلى تفسير دقيق وواضح، كما أكدوا على الاستفادة من النظرية ونتائج البحوث من اجل تطويرها، وان التحليل السياسي المعاصر يتطلب وجود الانساق بين أجزاء البحث فتكون مترابطة ومتجانسة، كما يتطلب التحليل الكمي لتفادي الأحكام الذاتية. وأكدوا على ضرورة تجديد المعلومات وتصحيحها وصولاً إلى نتائج أفضل[2].

ويلاحظ أن بعض السلوكيين اتبعوا منهجاً جديداً هو (المنهج ما بعد السلوكي) في اعطاء القيم دوراً اكبر، والحد من غلواء التركيز الشديد على المنهج التجريبي، فاصبح الاتجاه هو التحول من العلم البحت إلى العلم النفعي، بمعنى تطويع الحقائق التي ينتهي إليها العلم لخدمة المجتمع، ومواجهة مشاكله[3].

ووجد بعض السلوكيين أن دراسة سلوك صناع القرار السياسي تقدم خدمة لفهم وتفسير سياسات الدول الداخلية والخارجية، والتنبؤ بالمستقبل، اعتماداً على سلوكهم وقراراتهم السابقة[4].

1- د. عادل فتحي ثابت عبدالحافظ، المصدر السابق ص 125-134 .

2- المصدر السابق ص 134-137.

3- علا أبو زيد . السلوكية (مابعد) في (موسوعة العلوم السياسية) ص 396 .

4-د.مازن اسماعيل الرمضاني . السياسة الخارجية، دراسة نظرية. بغداد، كلية العلوم السياسية - جامعة بغداد 1991 ص 118-129 أنظر أيضاً :
د.محمود إسماعيل. المصدر السابق ص 45

ثالثاً : المناهـج التحليلية

هنالك مجموعة من المناهج المستخدمة في التحليل السياسي، تصلح في أغلبها لتحليل الظاهرة السياسية الخارجية، وهي مترابطة مع بعضها، بحيث يمكن استخدام أكثر من منهج لفهم مختلف أوجه المشاكل التي تواجه الباحثين:

1-المنهج المؤسسي   Institutional Approach:

وهو من أقدم المنـاهج المستخدمة في التحليـل السياسي، ويقصـد بـه دراسـة المؤسسات السياسية من حيث تشكيلها واختصاصاتها، فالدولة هـي وحـدة التحليل الأساسي، ولكل مؤسسة حجم ودور وأداء وقوة وضعف، وأداؤها يتـأثر بالتشريعات التي تحكمها ودور منتسبيها في التطبيق، ومدى التكيف مـع الظروف والمستجدات، ومدى التطور نحو الأفضل .

ويمكن قياس الأداء من خلال درجة تعدد وتنوع وحدات المؤسسة ووظائفهـا، ومدى حريتها في العمل واستقلاليتها، وتماسك أعضائها واختلافهم، ولعـل أحـد أفضـل المعايير لتقسيمها هو مدى إنجازها لأهدافها، وفاعليتها في الاستمرارية والتطور، وفي كونها مؤسسات مستقرة غير خاضعة للأهواء الشخصية.[1]

2-منهج الجماعـة   Group Theory:

يتركز على تحليل أنشطة الجماعات بدلاً من دراسة المؤسسات، مع الابتعاد عن الأفكار المجردة وغير الواقعية والقوى غير المرئيـة كالسيادة والدولة، ومـادام العمـل السياسي عمل الجماعة وليس الفرد، فإنه يؤثر على الحياة السياسية.

1- د.كمال المنوفي . مقدمة في مناهج وطرق البحث في علم السياسة . الكويت، وكالة المطبوعات 1999 ص26-28.

أن الجماعة في داخل النظام السياسي تتفاعل مع بعضها باستمرار، وتتصارع بالضغوط التي توجهها، وتتلقى ضغوطاً مضادة، وعلى ضوء ذلك تتحدد حالة النظام السياسي في وقت معين، فالجماعة الأقوى تأثيراً تحسم الصراع لصالحها في الوصول الحكم، وتنفيذ أهدافها وأحداث التغيرات في النظام السياسي، وهذه الجماعة تؤثر على اتجاهات سلوك أعضائها في كل المجالات المتاحة، وتنشئة الأجيال في الأسرة والمدرسة والحزب، وتغرس في عقولهم أفكار سياسية اجتماعية .

وكلما قويت الجماعة وتماسكت أزداد تأثيرها، وتمارس الجماعات تأثيراً على النظام السياسي، ومنها تأثير جماعات المصلحة المباشرة ووصولها إلى جهاز صنع السياسة (الحكومة) وخصائصها الذاتية في تحقيق ذلك وأساليبهاكالدعاية والمساومة، والمساندة الانتخابية لبعض المرشحين، وعلاقتها مع الأحزاب، واستخدامها العنف، ويبدو أن أكثر الأساليب فاعلية هو خلق علاقات شخصية وثيقة مع أعضاء البرلمان ورجال الإدارة، فالجماعات التي تعبر عن مصالحها تؤدي وظائف أخرى من قبيل زيادة مشاركة وفاعلية الإفراد كجماعة، والمساهمة في الاستقرار السياسي. غير أن هذا المنهج يفتقر إلى صياغة نظرية عامة للسياسة تنهض على مفهوم الجماعة، وإلى اختبار أطرها النظرية المطروحة[1] .

3-تحليل النظم Systems Analysis:

ومن رواده (ايستون)، ويستخدم هذا التحليل لدراسة النشاط السياسي الداخلي والخارجي للدولة من منطلق مفهوم النظام كوحدة تحليل، والنظام هو التفاعل بين وحدات معينة، أي مجموعة العناصر المترابطة والمتفاعلة،الذي له تطبيقات كثيرة سياسية وغير سياسية، والتفاعل يحدث على أصعدة عديدة، ولذلك تتعدد النظم السياسية داخل نفس الدولة .

1- المصدر السابق . ص 29

والنظام السياسي على المستوى الوطني والمستوى المحلي يضم العديد من النظم الفرعية كالبرلمان والوزارة والقضاء، وكل نظام فرعي قد يضم نظماً فرعية أخرى كالبرلمان الذي يشتمل على عدة لجان، والنظام السياسي الدولي الذي يضم نظماً إقليمية (النظام الإقليمي العربي) ويمكن أن يحدث التفاعل بين النظم ذات المستوى الواحد أفقياً، وبين الوحدات على اكثر من مستوى رأسياً. والتفاعل يتحقق في محيط مادي أو غير مادي يؤثر فيه أو يتأثر به أخذاً وعطاءاً، ويصل إلى درجة الاعتماد المتبادل بين وحداته. وبما أن غاية كل نظام سياسي هو البقاء والاستمرار فان التفاعل على أي مستوى يضمن له ذلك، مع عدم إغفال التغير بمعنى التكيف والأقلمة للتغيرات الجزئية في السياسات وهياكلها أو كليهما.

وقدم (ايستون) نموذج النظام السياسي في إطار المدخلات (مطالب البيئة من النظام في سبيل الحفاظ على وجوده)، والنظام الذي يتفاعل معها ويستجيب للمطالب عبر (المخرجات التي هي القرارات والسياسات)، أي تأثيرات النظام على البيئة، ومن ثم تتحول المخرجات (النتائج) إلى مدخلات جديدة بالتغذية العكسية لها بالمعلومات أي مطالب جديدة تتفاعل في النظام السياسي بشكل حيوي للحصول على مخرجات (نتائج أفضل) وتستمر الدورة.

ورغم أهمية هذا المنهج في جمع المعلومات وعرض نتائج البحث، فإنه عاجز عن وضع مؤشرات للمفاهيم تقبل الملاحظة والقياس، وصعوبة وضع فروض تقبل الاختبار. كما انه يصلح للوضع القائم للنظم واستقرارها وبقائها كمثل أعلى، ولا يصلح للنظم السياسية في فترات التغيير الثوري [1].

4-المنهج البنائي – الوظيفي:

أن جوهر هذا المنهج هو أن النظام السياسي له وظائف يسعى لتحقيقها، ولكنه يضم انساقاً فرعية لكل منها وظيفة أو اكثر، وهي تتكامل وتتساند

1-د.المصدر السابق ص 29-34

وظيفياً مـن اجـل الحفـاظ عـلى التـوازن سـواء بتعـديل نمـط الأداء أو بآليتـه
التنظيمية، والتغير من طبيعة تدريجية، ويعتمـد بقـاء النظـام السيـاسي عـلى تمسـك
وقبول غالبية أعضائه بمجموعة مبادئ وقيم (رضا قيمي) .

ومن رواد هذا المنهج (بارسونـز) الذي استعار منهجه من الكائنات الحية التي
تملك القدرة على إعادة إنتاج ذواتها بالتكيف والتوازن الذاتي مـع المتغيـرات[1].وطرح
(جبرائيل الموند) أن النظام السياسي الذي له وظيفة التكامل والتكيـف انمـا تسـتخدم
القوة أو تهدد بها لتحقيق وظائفه التي هي وظائف مدخلات ووظائف مخرجات أما
المدخلات فهي :

1- التنشـئة السيـاسية (عمليـة الـتعلم السيـاسي) وهـي القـدرة
الاستخراجيه .

2- التجنيد السياسي (اختيار وتدريب القيادات السياسية) وهي القدرة التنظيمية
.

3- التعبير عن المصالح (نقل المطالب مـن البيئـة إلى صناع القـرار) وهـي القـدرة
التوزيعية العادلة للمواد والخدمات .

4- تجميع المصالح (تنقية وبلورة المطالب حتى يسهل على النظام أن يستجيب له)
وهي القدرة الرمزية .

5- الاتصال السياسي (نقل الرسائل سواء داخل النظام أو بينـه وبين البيئـة) وهـي
القدرة الاستجابية.

6- القدرة الدولية، وهي قـدرة النظـام السيـاسي لتوظيـف القـدرات السـابقة لأداء
وظيفتها في المجال الدولي.

أما وظائف المخرجات فهي التشريع والتنفيذ والقضاء .

ويساعد هذا المنهج في الدراسة المقارنة للنظم السياسية على أساس الوظائف،
ويركز على دور التكوينات المدنية كالأسرة والمدرسة،وعلى الفعل

ـــــــــــــــــــــــــــــــــــــ

1-د.كمال المنوفي . مدخل الوظيفية في ((موسوعة العلوم السياسية)) ص 62 أنظر أيضاً :

د. عادل فتحي ثابت عبدالكريم . النظرية السياسية المعاصرة . المصدر السابق ص 223-324

والنشاط كأساس للتحليل السياسي على أساس الموضوعية والحياد في البحث،والوصول إلى النتائج . والنقد الذي يوجه إليه أنه غائي نحو هدف أساسي هو استمرار الأمر الواقع، وهو منهج متحيز لصالح الاستقرار وليس حراً من القيم، أما الاتفاق بين أعضائه على مجموعة من القيم فلا يتحقق باستمرار، سيما في البلدان النامية حيث التباين بين القلة الغنية والكثرة الفقيرة[1].

5-الوظيفية التقليدية والوظيفية الجديدة:

إن هذا المنهج طرح على أساس التكامل الوظيفي في العلاقات والسياسة الدولية. فالوظيفية التقليدية تدعو للتكامل على أساس الوظيفية في مجالات غير سياسية وصولاً إلى التكامل السياسي، ومن دعاته (ميتراني)، ومنطق هذه الوظيفية هو أن التدرج في التكامل سوف يقود إلى التكامل في قطاعات اكبر، وهذا يعني تشجيع المؤسسات الاقتصادية والتجارية والفنية لبناء التكامل الوظيفي، وهو ما يحدث في تجربة الاتحاد الأوربي. ثم تطورت الوظيفية إلى وظيفية جديدة هي أن تداخل المصالح ومتطلبات الرفاهية تدفع بالنخب في المجتمعات الصناعية المتطورة إلى ترتيب ظروف تساعد هذه الجماعات على التعاون الوظيفي وخلق الظروف التي تساعد على بزوغ مجموعات سياسية جديدة مؤمنة بضرورتها، وبالتالي تعمل على التكامل السياسي بين الدول استناداً إلى التكاملات الاقتصادية والثقافية والاجتماعية . غير أن هذه الطروحات الوظيفية لا تصلح إلا للمجتمعات المتطورة، والنخب السياسية الحاكمة الواعية[2].

1-د. علي الدين هلال. العامل السياسي واثره على التكامل الاقتصادي العربي في إطار النظرة العامة للتكامل الإقليمي . في كتاب د.محمد لبيب شقير (الوحدة الاقتصادية العربية). بيروت، مركز دراسات الوحدة العربية 1986 ص 844 – 845 أنظر أيضاً :

كارل دويتش . تحليل العلاقات الدولية، ترجمة شعبان محمد محمود شعبان . القاهرة، الهيئة المصرية للكتاب 1983 ص 26 .

-1 Lindberg, Leow N. Regional Integration. Harverd, Harverd Press 1971 P23-24

6-منهج الاتصالات:

وهو منهج قائم على أن الدولة في وجودها وتكاملها ترتكز على شبكة المعلومات منها وإليها عبر اتصال الحكام بالمحكومين والعكس، ومن خلال المدخلات (المطالب) والمخرجات (النتائج) السياسية يمكن أن تدرس عبر نقل المعلومات بين الفاعلين الأساسيين، فإذا كانت المعلومات المتوفرة دقيقة فالنتائج تكون جيدة، وإذا كانت مشوهة أو ناقصة فإن القرارات لا تكون مستجيبة للحقيقة العقلية، وتتضح كفاءة النظام السياسي من سرعة استقباله للمعلومات واستجابته لها، وتفاعله . ويصلح هذا المنهج للمقارنة بين النظم السياسية في جوانب تجانس المعلومات وحجمها واتجاه تدفقها .

وطرح كارل دويتش منظوراً أخر قائم على المدخلات (المعلومات والمطالب) التي تتلقاها أجهزة الاستقبال، وتقوم بتحويلها إلى مركز القرار الذي يعتمد على المعلومات المختزنة المتوفرة عنده، وعلى قيمه في التوصل إلى القرارات التي يرسلها إلى أجهزة التنفيذ التي تقوم بما يكفل تنفيذها، وبعد ذلك تتلقى ردود الفعل التي تستقبلها أجهزة الاستقبال كمدخلات جديدة عبر ما يسمى بـ (التغذية الاسترجاعية أو العكسية) لتحولها إلى مركز القرار، ومن ثم اتخاذ القرار (كمخرجات) ترسل للتنفيذ مرة أخرى .

وهذا المنهج يسد نقص منهج تحليل النظم لأنه يقبل التحديد والقياس للمعلومات.[1] .

7-منهج صنع القرار:

أن عملية صنع القرار هي أهم جوانب الدراسات السياسية، وتمثل الجانب المحوري فيها، ويقوم على أساس التفاعل بين صانعي القرار من المسؤولين الذين يشغلون المناصب الرسمية، واستعداداتهم في إدراك كيفية الاستجابة للمؤثرات البيئية الداخلية (السياسية والاقتصادية والاجتماعية) والبيئة الخارجية،والإلمام بكافة جوانب المشكلة التي يراد اتخاذ قرار بشأنها،

1-د.كمال المنوفي . مقدمة في مناهج وطرق البحث في علم السياسة . ص 38-39.

لذلك يتم تقديم مجموعة بدائل لحل المشكلة مع بيان كلفها وعوائدها المحتملة، ومن ثم يتم اتخاذ القرار من قبل المركز أو القيادة المعنية بعد تقييم البدائل المقدمة وصحة معلوماتها أو نقصها، ومدى إلحاح القرار، ودرجة المشورة في اتخاذه، وآثاره، بمعنى هل تحقق الغرض المطلوب منه وبأي درجة ؟ وهذا المنهج في الحقيقة ينبه إلى دور الشخصية والاستعداد النفسي في توجيه أمور الدولة داخلياً وخارجياً، سيما أن إدراك المؤثرات البيئية ليس واحداً عند صناع القرار، وانما يختلف من شخص إلى أخر[1].

المبحث الرابع

طرق ووسائل البحث السياسي

ان المناهج السابقة الذكر تحتاج الى وسائل وادوات وطرق بحث لاستخدامها في كل حالة سياسية معينة، تبعاً لاهمية كل حالة بحيثيته سواء كان المنهج المتبع استنباطياً او استقرائياً، ومن اهم هذه الطرق والوسائل :

1- طريقة المشاهدة والمقابلة والملاحظة :

وهي دراسة الظاهرة السياسية من خلال مشاهدتها او معايشتها او التماس المباشر مع العاملين في مؤسسة سياسية خاضعة للبحث بشكل ميداني، ومن ثم التوصل الى الحقائق التي يمكن اعتمادها او الوصول اليها، ونقد الحالة السياسية بتبيان الخطأ والصواب . ويمكن اجراء المقابلات مع المسؤولين المعنيين مباشرة والاستفادة من معلوماتهم[2] .

2- الطريقة القانونية :

أي دراسة الظواهر السياسية من خلال القوانين والتشريعات الصادرة ولا سيما الدولة باعتبارها شخصية قانونية قادرة على سن القوانين وتنفيذها،

1- المصدر السابق ص 38-41

2- د. كمال المنوفي. المصدر السابق ص 99 – 109

وتناول المجتمع السياسي باعتباره مجتمعاً يضم مجموعة من الحقوق والواجبات للافراد، والالتزامات القانونية التي يتحملونها تجاه السلطة السياسية . ويمكن دراسة دساتير الدول وقوانينها، والنظام الداخلي للجمعيات والاحزاب ودراسة مدى الالتزام بها[1] .

غير ان هذه الطريقة تتجاهل علاقات القوى السياسية بعضها مع البعض الآخر، والتي لا تحكمها صفة قانونية، بمعنى ان هذه الطريقة تصلح لدراسات الحالات السياسية المستقرة (الاستاتيكية) .

3- طريقة المقارنة :

وهي الطريقة التي ترتبط بالمنهج التاريخي اكثر من غيرها، لأنها تقدم على إجراء المقارنة بين الظواهر السياسية في الماضي مع مثيلاتها في الحاضر، أو مقارنة سياسات الدول، معالجتها للمشاكل في حالة تماثل ظروفها، أو مقاومة الثورات وعوامل نجاحها وفشلها، ودراسة النتائج التي تم الوصول إليها .

إن المقارنة بين حالتين أو عدة حالات تتناول اوجه الشبه والاختلاف، ولا تصح المقارنة بين حالات مختلفة تماماً . كما لا تصح المقارنة السطحية، ومن الضروري ان يمنح الظرف والمكان ما يستحقانه من اهتمام . ويمكن التمييز بين نوعين من المقارنة وهي المقارنة المؤسسية الخاصة بمؤسسات الدولة، والمقارنة الوظائفية التي تتناول وظائف الدولة وعملية اتخاذ القرارات[2] .

4- الطريقة الاحصائية :

وهي عملية جمع الحقائق والمعلومات الاساسية والبيانات التي يمكن حسابها وقياسها كمياً، ووفقاً للاحصاءات الرسمية وغير الرسمية، ومعدلات

1- محمد طه بدوي. اصول علم السياسة . المصدر السابق ص 216 . انظر ايضاً:

د. احمد ابراهيم الجبير. ص 69

2- د. محمد فايز اسعد . المصدر السابق ص 133 – 134

التقدم والتنمية والاستفتاءات الشعبية والاستبيانات حول نتائج التصويت مقدماً، فضلا عن الاحوال السكانية، والاقتصادية والتي لها علاقة بالظواهر السياسية[1] .

5- طريقة تحليل المضمون

وهي القيام بتحليل الحالة السياسية او الظاهرة او الوثيقة او الخطاب السياسي من خلال معايير محددة بتم اختيارها، كملاحظة تكرار عبارة سياسية أكثر من غيرها في برنامج لسلطة او حزب سياسي، سواء بشكل كمي وعددي او بشكل نوعي، مما يؤدي بالنتيجة الى الحكم اوالتنبؤ للحالات القادمة[2] وهناك تحليل المضمون الكيفي (تحليل النصوص) وتحليل المضمون الكمي[3] .

6- الطريقة العضوية (البايولوجية) :

وهي الطريقة التي تبين اوجه الشبه بين الدولة كمؤسسة اجتماعية والكائن الحي، ولذلك فان مقومات الدولة وتحليل واجباتها مشابهة للتكوين التشريحي والفسلجي للانسان، وتطور الدولة كما يقول ابن خلدون يشبه تطور الكائنات الحية[4]. ولكن هذه الطريقة تحتاج إلى الحذر بسبب صعوبة تطبيق قوانين النمو والتطور في الكائنات الحية على المبادئ السياسية[5] .

1- د. احمد الكبسي واخرون . المصدر السابق ص 28

2- د. ذوقان عبيدات ود. عبد الرحمن عدس، ود. كايد عبد الحق . البحث العلمي، مفهومه وادواته واساليبه . عمّان، دار الفكر 1996 ص 169 – 187

3- د. غازي فيصل . منهجيات وطرق البحث في علم السياسة . جامعة بغداد، كلية العلوم السياسية . 1990 ص 33 – 62

4- ابن خلدون . المصدر السابق ص 132

5- رايموند كارفيلد كيتيل . المصدر السابق جـ1 ص 8

7- الطريقة النفسية :

وهي دراسة الظواهر السياسية عن طريق القوانين النفسية، سـيما بواعـث التصرفات الانسانية، وعمل العقول في الجماعات والمنظمات السياسية، ووسائل التأثير على الرأي العام، وهذه الطريقة تساعد على تغيير القضايا التي تتعامل بها الاحـزاب السياسية، والخلافات الداخلية والخارجية التي تنشأ بسببها، فضلاً عـن فهـم وادراك اسباب السلوك السياسي والعوامل السياسية والعوامل النفسية المؤثرة فيه لدى افـراد الظاهرة السياسية[1] .

_____

1- المصدر السابق .

الفصل الرابع

علاقة السياسة بالعلوم والمواضيع الأخرى

يتناول هـذا الفصـل علاقـة السياسـة والعلـوم السياسـية بـالعلوم الإنسانية، والعلوم الطبيعية، والعلوم والمواضيع الأخرى، إذ أن صلاتها قوية ومترابطة معهـا، وفي الحقيقة إن تلك العلاقات لا تقتصر على مـا سـوف نـذكره، بـل إنهـا تشـمل كـل مـن جوانب وعلوم ومواضيع الحياة الإنسانية بشكل أوبآخر، ولكن درجة الترابط ليسـت واحدة، ومن هنـا حاولنـا الإشـارة إليهـا وفـق سياقاتهـا، مـع الإدراك بـأن شـجرة المعرفة واحدة، وكل فروعها مترابطة مع بعضها، سواء بالهدف أو الفكـر أو الممارسـة.

المبحث الأول

السياسـة والعلـوم الإنسانيـة الأساسـية

1- السياسـة والديـن :

إن العلاقـة بين السياسة والدين علاقـة وثيقة، فقد جمع الحكـام بيـن السـلطة الدينية والسلطة الدنيوية منذ أقدم الأزمنة من أجل كسب طاعة المحكومين، كمـا أن الأديان السماوية أكدت على أن السلطة من اللـه وليس من صنع البشر [1].

إن الدين يمثل الجانب الروحي في العلاقة بين الفرد و اللـه، ولكنه أيضاً ينظم الجانب الدنيوي في علاقة الأفراد بعضهم بالبعض الآخر، وعلاقتهم

1- د. عبد المجيد عرسان العزام، ود. محمود سامي الزعبي . المصدر السابق ص 101 – 103 .

بالسلطة الحاكمة، ومن هنا لا يمكن الفصل بين الدين والسياسة، سيما في الدين الإسلامي الذي هو دين ودولة، دنيا وآخرة، وقد أوجب الله سبحانه وتعالى السلطة لحكم المجتمع، من أجل تنفيذ الواجبات الدينية والدنيوية كالأمر بالمعروف والنهي عن المنكر، والجهاد في سبيل الله، وتكون السلطة شرعية إذا التزمت بأحكام الشريعة الإسلامية استناداً إلى الآية الكريمة ﴿وأطيعوا الله وأطيعوا الرسول وأولي الأمر منكم﴾ [1] أي لا طاعة لمخلوق في معصية الخالق .

ويحتوي القرآن الكريم على مبادئ أساسية متصلة بكل جوانب الحياة كالشورى، والمساواة والحرية والعدالة والسلام والتكافل والتضامن، ورفض الظلم والطغيان والعدوان [2]، وترك تطبيقها للمسلمين وفقاً لظروفهم دون الدخول في التفاصيل، ولذلك مارس المسلمون الانتخاب والبيعة والاختيار والعهد في تولي أمور المسلمين، وأوجدوا الخلافة والإمارة والوزارة وفقاً لحاجاتهم إليها، واجتهادهم فيها، ورتبوا علاقاتهم الخارجية، وعقدوا المعاهدات وأرسلوا السفراء والمبعوثين، ومارسوا السياسة في كل ميادينها .

إن الاديان بشكل عام والشريعة الإسلامية بشكل خاص تدعو إلى قيم أخلاقية سامية، كالاستقامة والصدق، والتمسك بالحق، وتنهى عن السوء والكذب والقتل والسرقة والزنا وكل الفواحش والمنكرات، وذلك من منطلق الإيمان بالله تعالى، ولذلك فإن التخلق بهذه السجايا الحميدة يوفر للجميع حياة اجتماعية هادئة، وعلاقات سلمية، وهذه تلتقي مع أهداف الدولة في تحقيق الأمن والاستقرار والسعادة والتمتع بالحقوق والواجبات العامة، بمعنى

1- القرآن الكريم. سورة النساء، الآية 59 .

2- القرآن الكريم. سورة الشورى الآيات (13، 15، 36) سورة آل عمران الآيات (103، 104، 159) وسورة النساء الآية (58) وسورة البقرة (208، 256) وسورة الحجرات الآيات (10، 13) وسورة الأنفال الآية (61) وسورة المائدة الآية (2) وسورة الروم الآية (26) وسورة النحل الآية (91) .

أن الالتزام الذاتي للأفراد والمجتمعات بتلك الصفات والمزايا يقلل من الجريمة والفوضى، وهذا الالتزام أقوى من ردع القوانين الوصفية وعقوباتها للمخالفين، وبهذا المعنى يشكل الدين معيناً لا ينضب من الفضائل والأخلاق على مستوى الحياة الداخلية وعلى مستوى العلاقات الدولية، سيما الدفاع عن البلاد والعباد والشرف والكرامة، إذن فإن العلاقة بين السياسة والدين هي علاقة ترابط لا ينفصم، لأنهما جزءان من الحياة العامة، وأمران حيويان مطلوبان لإقامة مجتمع فاضل ودولة عادلة، وعلاقات ودية سليمة مع الأصدقاء، وردع للأعداء، وعلى الصعيد الوطني هنالك أحزاب تتسمى باسم الدين كحزب الله في لبنان، والجهاد الإسلامي في فلسطين، والحزب الجمهوري في إيران، والحزب الديمقراطي المسيحي في ألمانيا، وعلى الصعيد الإقليمي هنالك منظمة المؤتمر الإسلامي الذي يضم أكثر من (50) دولة إسلامية[1].

2-علم السياسة والفلسفة :

الفلسفة بشكل عام هي الرؤية المتعمقة والشاملة التي تحاول تفسير العالم والطبيعة والمجتمع والإنسان[2]، وتركز على القيم والأخلاق والمنطق والدين ومفاهيم متعددة أخرى، وتعالج الفلسفة موضوعات جوهرية كالحرية والعدالة والتي تعتبر من مواضيع العلوم السياسية[3]، ولذلك فإن الفلسفة تزود السياسة باستبصارات حول العلاقة بين الإنسان والكون، وتوجيهاً محدداً حول مواضيعها، خاصة القيم الأخلاقية لتحقيق حياة أفضل للمجتمع الإنساني[4]، فالفلسفة هي التعمق في معرفة الواقع الاجتماعي من خلال تجاربه من أجل كشف القوانين والعوامل المتحكمة في الظواهر الاجتماعية وصولاً إلى تغيير ذلك

1- عبد الله الأشعل . منظمة المؤتمر الإسلامي . في (موسوعة العلوم السياسية) ص 1037-1039 .

2- د. محمد محمود ربيع . الفلسفة السياسية . في (موسوعة العلوم السياسية) ص 302 .

3- د. أحمد إبراهيم الجبير . المصدر السابق ص 67 .

4- د. محمد علي محمد ود. علي عبد المعطي محمد . المصدر السابق ص 44 .

الواقع المعاش إلى واقع أفضل، أما الفلسفة السياسية فهي دراسة الواقع السياسي والكشف عما ينبغي أن يكون عليه المجتمع السياسي كي يصبح مجتمعاً فاضلاً ومزدهراً، أي الانتقال مما هو كائن إلى ما سوف يكون .

وقد فسر الفلاسفة الظاهرة السياسية وفقاً للأفكار والمثاليات المشتقة من الاستدلال المجرد، أي من خلال التصورات الفكرية العامة الفاضلة للحياة السياسية التي تكونت لديهم، خاصة الدولة وتطويرها نحو الأفضل[1]، وإذا كانت الفلسفة السياسية هي عالم القيم والمبادئ والغايات، فإن السياسة هي عالم الوقائع والظواهر والحركات السياسية التي تهتدي بهدى الفلسفة من أجل تحقيق علاقات سياسية، أو واقع سياسي منشود[2] .

وفي الواقع لا يمكن للسياسة وعلم السياسة إلا أن يتضمن بعداً مثالياً فلسفياً، طالما أن السياسة تعالج السلطة والدولة في أفضل الحالات المرغوبة، فلا زالت الدولة المثالية والفاضلة هي الهدف في كل الحالات[3] .

وظل علم السياسة مرتبطاً بالفلسفة لفترة طويلة، فكان يدرس ضمن نطاقها منذ عهد أفلاطون وأرسطو، ولكن الاتجاهات الجديدة تنزع إلى استقلالية علم السياسة عنها وعن غيرها[4]، كما تطورت الفلسفة والفلسفة السياسية، فلم تعد تمثل المثالية فقط، بل أصبحت هنالك فلسفات سياسية مادية وليبرالية واشتراكية وتوفيقية، إذ أن كل واحدة منها أو غيرها، إنما تعبر عن أفكار مستمدة من الواقع وفق للاجتهادات في تفسيره، والتوجه إلى تغيير الواقع نحو واقع أفضل[5] .

1- د. أحمد إبراهيم الجبير . المصدر السابق ص 67-68 .

2- د. حسن صعب . المصدر السابق ص 48 .

3- د. محمد علي محمد ود. علي عبد المعطي محمد ص 46 .

4- د. لؤي بحري . المصدر السابق، ص 51- 52 .

5- محمد محمود ربيع . المصدر السابق ص 302 .

3- علم السياسة والأخلاق :

علم الأخلاق هو العلم الذي يبحث في تقدير ما هو خطأ وما هو صحيح مـن الأعمال وما هو خير أو شر، وهذه المفاهيم الأخلاقية تلتقـي مـع السياسـة والعلـوم السياسية في جوانب عديدة، سيما وأن أصولهما مرتبطتان ارتباطاً وثيقاً بنشأة الدولة، فالدولة في نشأتها كانت من أجل الخير والصواب في حياة المجتمعات الأولى، ولم يكن هنالك فرق بـين الأخلاق والأفكـار السياسـية، ومـن خـلال التقـدم الإنسـاني وظهـور المصالح والنزاعات بين الأفراد والجماعات تحولت الكثير من العادات والقيم الأخلاقية إلى قوانين تقرن الخطأ بالجزاء الاجتماعي، بينما أصبحت الحقوق والواجبات تقرن الخطأ بالجزاء السياسي، ومع ذلك بقيت العلاقة قوية بـين الاثنين[1]، فالتمييـز بـين مفاهيـم الخيـر والشر ـ ينسـحب إلى علـم السياسـة لـكي تكون المثل الأخلاقيـة مثلاً سياسية[2].

إن علم الأخلاق يرتبط بالفرد وسلوكه، وعلاقتـه مـع الآخرين، ويعالج القيـم التي تتحكم فيه، والالتزام الأخلاقـي بالصواب، بينمـا يـرتبط علـم السياسـة بمشكلـة الحكم والسلطة، وقد حاول مكيافلي الفصل بين الأخلاق والسياسة، من منطلق سعي الحاكم تحقيق النجاح في مسعاه السياسي مهـما كانت الوسائل التي يستخدمها[3]، وسار (هوبز) على خطاه في التمييز بينهما، غير أن هنالك اتجاه يـرفض ذلـك، ويـدعو إلى ارتباط السياسة بالأخلاق، لأن النشاط السياسي هو بالأساس نشاط اجتماعي يرمي للمحافظة على المجتمع بوجود نظام للقيم الأخلاقية فيه، وهذا ينطبق على العلاقات بين الأفراد والسلطة، وبين الأفراد والهيئـات في المجتمع الواحد، كـما ينطبـق علـى السياسة

1- رايموند كارفيلد كيتيل. المصدر السابق، جـ1 ص 19- 20.

2- د. أحمد إبراهيم الجبير . المصدر السابق ص 62 .

3- نيقولا مكيافيلي. المصدر السابق ص 15 .

الدولية والعلاقات الدولية، وعليه، فإن ما هو خطأ أخلاقياً لا يمكن أن يكون صواباً سياسياً [1].

وإذا كانت العلاقات الأخلاقية تفترض حياة منظمة فإن هذه الحياة لا تتحقق إلا داخل الدولة، وليست في العلاقات بين الدول والمجتمعات الأخرى، وهذا يعني أن السياسة يجب أن تخضع للأصول الأخلاقية، وهي أساساً علم أخلاقي تتعلق بمشكلة التناسق الأخلاقي، أو الاتفاق بين الفرد وأقرانه على ما يجب وما لا يجب فعله [2].

والأخلاق هي الالتزام بكل القضايا الإنسانية العادلة كالحرية والعدالة والمساواة والدفاع عن الوطن والشعب، ونبذ كل أشكال الاستعمار والعنصرية والظلم والاستغلال، والحرب العدوانية، ولذلك فإن الواجب الأخلاقي يفرض على الإنسان الدفاع عن أرضه وبلاده وأمنه ضد العدوان، والمساهمة مع أبناء الشعب الآخرين في الخدمة العامة مهنياً ووظيفياً، وأي شيء تتطلبه المصلحة الوطنية العليا .

إن الفساد السياسي في كثير من الدول، سواء كانت دولاً متقدمة، أو دولاً نامية إنما هو بسبب التدني الأخلاقي، سيما في سرقة أموال الدولة، وتقديم الرشاوي في الانتخابات، وهو في جميع الحالات يضعف الدولة، ويقلل من ثقة المواطنين بالنظام السياسي، ويفقد السلطة الحاكمة مصداقيتها، لدى الدول الأخرى [3] .

ومن الوسائل اللا أخلاقية التي تستخدمها الدول هي استخدام أسلحة الدمار الشامل، حيث استخدمتها أميركا ضد اليابان عام 1945م دون آبهة بمقتل

1- د. عبد الرضا الطعان ود. صادق الأسود . المصدر السابق ص 415 – 419 .

2- جريفز هـرج . أسس النظرية السياسية، ترجمة د. عبد الكريم أحمد . القاهرة، دار الفكر العربي 1961 ص 13، 43 .

3- د. محمد سليمان الدجاني ود.منذر سليمان الدجاني . المصدر السابق، ص 170-172 .

وجرح مئات الآلاف من المدنيين، واستخدامها لليورانيوم المستنفذ في العدوان على العراق وأفغانستان ويوغوسلافيا، ذلك السلاح الذي يستمر آثاره في الجو لفترات طويلة وتدمر الأرض والبيئة والزراعة، وتسبب امراضاً مختلفة للسكان[1].

4- السياسة وعلم الاجتماع :

يهتم علم الاجتماع بكل أنماط السلوك الاجتماعي كالعادات والتقاليد والثقافة والقيم، وهو بالضرورة يهتم بالسلوك السياسي كونه سلوكاً اجتماعياً، وقد نشأ علم السياسة كجزء من علم الاجتماع، ولازالت السياسة كنشاط اجتماعي تنطلق من المجتمع بكل تركيباته الاجتماعية والثقافية والاقتصادية[2].

ونشأ علم الاجتماع السياسي تأكيداً للصلة الوثيقة بين السياسة والاجتماع، إذ أنه يعبر عن الأسلوب والنتائج الاجتماعية لتوزيع القوة على نحو معين في نطاق المجتمعات[3]، فضلاً عن اهتمامه بالصراعات الاجتماعية والسياسية التي تؤدي إلى التغيير في نوع القوة، فعلم السياسة الاجتماعي يتناول العلاقات المشتركة بين السياسة والإنسان والمجتمع، لأن الإنسان كائن حي اجتماعي، يمكن دراسة أوجه نشاطاته الاجتماعية المختلفة مستقلة أو مجتمعة، ودراسة التغييرات السياسية والاجتماعية في المجتمع والسلطة، فضلاً عن التعاون بين هذه المجتمعات في الجوانب السياسية .

وعلم الاجتماع يقدم لعلم السياسة معلومات اجتماعية مهمة كعوامل تماسك القيادة وقيامها، ومعرفة الرأي العام[4]، خاصة اتجاهات المجتمع إزاء

1- د. آصف دراكوفيش . مدير المركز الطبي لأبحاث اليورانيوم في لندن، (مقابلة قناة الجزيرة الفضائية معه في 7 تشرين الثاني 2002) .

2- د. نظام محمود بركات وآخرون . مبادئ علم السياسة . عمان، دار الكرمل، 1984 ص 24 .

3- د. حافظ علوان حمادي الدليمي . المصدر السابق ص 59-60 .

4- د. محمد فايز عبد اسعيد . المصدر السابق ص 22 .

قضية سياسية، أو عدة قضايا، وإمكانات المجتمع المتاحة للقيام بتنفيذ مهمات سياسية معينة كما يقدم المعلومات المتعلقة بالعادات والتقاليد والتيارات السياسية - الاجتماعية ومعرفة نشاطات جماعات المصالح وتنظيماتها[1].

ويقدم علم السياسة لعلم الاجتماع الحقائق المتصلة بمؤسسات الدولة وفعالياتها، ومدى تأثيرها على أفراد المجتمع فضلاً عن الآراء والأيديولوجيات والنظريات السياسية، ولذلك فإن التأثير متبادل بين الاثنين، سيما وأن كل معرفة سياسية أو غير سياسية لا يمكن لها أن تعيش وتتطور إلا في الوسط الاجتماعي، والمجتمع هو الوعاء والقاعدة التي تعيش عليها الأفكار السياسية الجديدة وتتطور، وأي تغيير على المجتمع ينعكس على السياسة التي تفرز في كل مرة حالات متقدمة[2].

5- علم السياسة وعلم الاقتصاد :

يهتم علم الاقتصاد بدراسة الجهود التي يبذلها الإنسان لكي يشبع حاجاته ورغباته المادية، وهذه الجهود برمتها تخضع لقواعد وأسس المجتمع السياسي[3] وعلم الاقتصاد السياسي يتناول مهمة السلطة السياسية في الإشراف على الشؤون الاقتصادية في المجتمع[4]، وكان الاقتصاد إلى وقت قريب أحد فروع علم السياسة لأن السياسة تسيطر على جميع النشاطات الإنسانية بما فيها النشاطات الاقتصادية، ولذلك أطلق عليه (الاقتصاد السياسي)[5].

1- د. عبد المجيد عرسان العزام ود.محمود سامي الزعبي . المصدر السابق ص 42-43 أنظر أيضاً:
د. محمود اسماعيل . المصدر السابق ص 47 - 48
2- رايموند كارفيلد كيتيل. المصدر السابق ص 14 – 15
3- د. د. محمد علي محمد، ود. علي عبد المعطي محمد . المصدر السابق ص 32 .
4- د. بطرس بطرس غالي، ود. محمود خيري عيسى . المصدر السابق ص 10
5- د. عبد الرضا الطعان، د. صادق الأسود . المصدر السابق ص 401 .

إن الدولة والسلطة السياسية في أي بلد صغيراً كان أو كبيراً، تحدد أهدافها السياسية في تبني النظام الاقتصادي المطلوب كأن يكون نظاماً رأسمالياً أو اشتراكياً، أو نظاماً مختلطاً يجمع بين الاثنين، ولكن في جميع الحالات فإنها تتدخل في الشأن الاقتصادي عبر القوانين والتشريعات التي تحقق الهدف الاقتصادي في زيادة ثروتها وقوتها[1] ، وفي استغلال الموارد المختلفة لاشباع حاجات السكان من السلع والخدمات[2].

وهذا يعني أن وظيفة الدولة ليست فقط حماية أمن وسلامة المجتمع، وأنما رفاههم، وتوفير الفرص المتساوية أمامهم لتنمية مواهبهم وكفاءتهم بما يحقق العدالة والمساواة لمصلحة المجتمع والأفراد، ولا يمكن لأية دولة إهمال مبادئ الاقتصاد وأسس توزيع الدخل القومي ووسائل الإنتاج والسياسات المالية والنقدية[3] ، غير أن وظيفة الدولة في النظام الاشتراكي تكون واسعة، إذ تتدخل في المواضيع الاقتصادية استيراداً وتصديراً، إنتاجاً وتوزيعاً لتحقيق الهدف الاشتراكي، بل تفرض الحماية والتعرفة الكمركية لحماية الانتاج الوطني، الأمر الذي يؤدي إلى لجم الطبقات الرأسمالية، وتحديد دورها، وهذا يعني تقييد الحريات السياسية المرتبطة بالحرية الاقتصادية فالنظم السياسية الاشتراكية السابقة في أوروبا الشرقية رفضت التعددية الحزبية السياسية، وطبقت نظام الحزب الواحد والذي انهار مع نهاية الحرب الباردة في أواخر الثمانينات، أما النظم الرأسمالية فقد منحت الحرية الاقتصادية للقطاع الخاص، ,وآثرت عدم التدخل في الشأن الاقتصادي إلا بشكل محدد، وبذلك تعددت الشركات والمصارف التي أصبح لها شأن كبير في الحياة الاقتصادية، وبالتالي شأن كبير في الحياة السياسية سواء عبر الانتخابات الرئاسية أو التشريعية، أو عبر

1- د. هشام آل شاوي . المصدر السابق ص 21 .

2- د. أحمد محمد الكبسي . المصدر السابق ص 21 .

3- د. حافظ علوان حمادي الدليمي . المصدر السابق ص57 .

الضغط على الحكومات لسن القوانين التي تخدم مصالحها، فاقترنت بالديمقراطية والتعددية السياسية، وتداول السلطة[1].

غير أن نظماً سياسية أخرى جمعت بين حسنات النظامين الاشتراكي والرأسمالي، واتبعت سياسات معبرة عن هذا التوجه، واختارت صناديق الاقتراع في تشكيل الحكومات بعد فوزها، وتطبيق برامجها الاقتصادية والاجتماعية والسياسية .

وإلى جانب ذلك فإن النظم السياسية منذ القدم ارتبطت بالأوضاع الاقتصادية فيها، فقد اقترنت أنظمة الحكم الملكية المطلقة مع وجود النظام الاقطاعي، بينما ترادفت النظم السياسية البرجوازية مع أنظمة الحكم الدستورية المقيدة، وفي بداية العهد الاستعماري كانت الطبقة الرأسمالية والبرجوازية تفرض على حكوماتها التوسع الاستعماري بحثاً عن الموارد الأولية والأسواق التجارية، ولذلك اتبعت الدول الاستعمارية سياسة بناء جيوش حديثة، وإرسال البوارج الحربية والسفن لحماية رعاياها، ومنع الدول الأخرى من منافستها في مختلف القارات .

كما أن المشكلات الاقتصادية في الدول أجبرتها على التدخل السياسي لحلها، بل أن بعضها لم تستطع الحد من الطبقية وارتفاع الأسعار والبطالة وسوء الحالة المعيشية فقامت ثورات شعبية لتصحيح المعادلة في الداخل، والعلاقة مع السلطة السياسية الممثلة للقطاعات الاستغلالية، ومنها الثورة الفرنسية عام 1789 والثورة الروسية 1917 وغيرها، ولازالت المسائل الاقتصادية تفرض وجودها وتجبر الحكومات على تكييف سياستها تجاهها ومعالجتها سلمياً .

وفي الحقيقة فإن سياسة الدولة تلعب دوراً كبيراً في المجال الاقتصادي إذ بإمكانها تنفيذ سياسة اقتصادية لتنمية البلاد، وتصنيعها واستثمار الثروات

1- د. عبد الرضا الطعان ود. صادق الأسود . المصدر السابق ص 413 .

الداخلية عبر إمكاناتها أو الشركات الأجنبية وتشجيع الرأسمال الوطني والأجنبي لغرض الاستثمار، غير أن التضييق على أصحاب رؤوس الأموال ومنعهم من مزاولة النشاط الاقتصادي سوف يؤدي إلى هجرتهم إلى الخارج مع أموالهم، وشل الحركة الاقتصادية، وبالتالي الضغط على النظام السياسي، لإجباره على تعديل سياسته تجاههم[1].

ومن الواضح أن الدول الضعيفة اقتصادياً تعول على الدول القوية اقتصادياً في الحصول على القروض والمساعدات، أو تلك التي تملك مورداً واحداً رئيسياً كالنفط، فتعتمد على الدول الكبرى لاستخراجه وتسويقه، ويرتبط اقتصادها بها عبر سياسة التبعية الاقتصادية لها، ومن ثم التبعية السياسية، وبالمقابل فإن الدول المستقلة اقتصادياً والمكتفية ذاتياً، بشكل نسبي، إنما هي دول مستقلة سياسياً إلى حد كبير، ولذلك فإن العلاقات الدولية هي في حقيقتها علاقات اقتصادية ومصالح مادية وصراع وتنافس على المورد الاقتصادية في البلدان النامية، وليست العولمة إلا مظهراً من مظاهر هذا الصراع التي تجسد رغبة الدول الصناعية المقتدرة على إزالة كافة العقبات لتصدير سلعها ورؤوس أموالها وشركاتها إلى مختلف دول العالم.

ولعل أبرز مثال على التأثير الاقتصادي لسياسات الدول في الداخل والخارج هو وجود اللوبي الصهيوني في الولايات المتحدة وبعض الدول الغربية والذي يلعب دوراً خطيراً في ترشيح وترجيح وفوز الرؤساء من خلال الشركات والمصارف المالية اليهودية التي تضغط على الأحزاب والحكومات، وهذا هو سبب انحياز الولايات المتحدة للكيان الصهيوني باستمرار.

وهنالك من يقول بأن السياسة أكثر تأثيراً على الاقتصاد، ومن يقول بأن الاقتصاد أكثر تأثيراً عليها، ومن يقول بوجود تأثير متبادل بينهما[2]،غير أن هذا القول يختلف باختلاف الدول ونظمها السياسية وقدراتها الاقتصادية.

1- د. عبد المجيد عرسان العزام،ود.محمود سامي الزعبي . المصدر السابق ص 46 .

2- د. نظام محمود بركات وآخرون . المصدر البسابق ص 24 .

وهنالك منظمات اقتصادية سياسية عديدة، تجمع بين السياسة والاقتصاد فصندوق النقد الدولي على سبيل المثال، لا يقدم قروضه لكل الدول، سيما الدول النامية ويشترط انتهاج سياسات رأسمالية، ورفع الدعم عن السلع والحاجات الأساسية، أي أنه لا يقدم القروض للدول الاشتراكية، وهنالك هيئة التنمية الدولية، والاتفاقية العامة للتجارة والتعريفات (الجات) والوكالة الدولية لضمان الاستثمار، ومنظمة الأونكتاد (برنامج الغذاء العالمي) ومؤتمر الأمم المتحدة للتجارة والتنمية، ومنظمة الأغذية والزراعة الدولية، ومنظمة الأمم المتحدة للتنمية الصناعية (اليونيدو) والبنك الدولي للإعمار والتنمية، وهنالك منظمة الأقطار المصدرة للنفط (أوبك) ووكالة الطاقة الدولية[1]، وهي جميعاً مرتبطة بسياسات الدول وعلاقاتها وقوتها وضعفها اقتصادياً وسياسياً .

6- علم السياسة والتاريخ :

تعتبر الحوادث التاريخية من أهم الموضوعات التي يهتم بها علم السياسة لأنها المصدر الرئيسي للأحداث السياسية الماضية، سيما في معرفة الفكر السياسي والنظرية السياسية قديماً وحديثاً، وظروف وعوامل النشأة والتطور، فالتاريخ هو سجل للوقائع والحركات السياسية، والعلاقات بين السلطة ورعاياها، والعلاقات الدولية، فضلاً عن الأوضاع الاقتصادية والاجتماعية والثقافية . لذلك لا يمكن دراسة أية حالة سياسية إلا بالعودة إلى جذورها التاريخية، وتطورها وصولاً إلى الوقت الحاضر[2] .

إن التاريخ السياسي للامم والشعوب هو سياسة الماضي، لأنه يتضمن المعالجة المنظمة للأحداث السياسية[3] ، سيما أن معظم التاريخ المدون هو تاريخ سياسي للملوك والحكام وعلاقاتهم مع بعضهم، وقليل منه هو تاريخ

1- موسوعة العلوم السياسية . ص 1052 – 1069

2- د. عبد الرضا الطعان، ود. صادق الأسود . المصدر السابق ص 358 .

3- د. محمد علي محمد، ود. علي عبد المعطي محمد . المصدر السابق ص 31 .

الشعوب وعاداتها وتقاليدها، وثقافتها وأحوالها المعاشية وحياتها العامة، وحتى هذا القليل يخضع الكثير منه للجانب السياسي، ولهذا السبب درس علم السياسة دراسة تاريخية من أجل استخلاص العبر منها، وتوظيفها لتحقيق أهداف سياسية معينة، غير أن التاريخ مليء أيضاً بالأساطير، والزيف، وطمس الحقائق، لذلك لا بد أن يكون عالم السياسة حذراً في اقتباسه ومتجنباً للمبالغات فيه، ومنتبهاً لدور الأهواء والرغبات في سرده .

وإذا كان الفكر يقود السلوك، فإن الأفكار والنظريات السياسية التي نادى بها المصلحون كانت سبباً في الثورات والحركات السياسية والإصلاحات كالثورة الفرنسية عام 1789 والتي كانت لآراء مونتسكيو وجان جاك روسو دوراً مهماً فيها، وكذلك الصراع بين الطبقات الحاكمة وبين الملوك والكنيسة، والدعوة للحرية والعدالة والديمقراطية والاشتراكية، وكل الأفكار التي هزت المجتمعات والدول، ومنها أيضاً الثورة الروسية عام 1917[1] كما أن الأفكار العنصرية ودعاوى تفوق بعض الأمم على بعضها إنما تأثرت بالتاريخ السياسي لتلك الأفكار، خاصة النازية والفاشية، ونظام التمييز العنصري، فضلاً عن الحركات الاستعمارية التي تأثرت بالأفكار السياسية الداعية إلى التوسع، وامتلاك القوة والقدرة، والتي أدت إلى الحروب العالمية المدمرة، ولا زالت الأنظمة الدكتاتورية الشمولية تنتهك مبادىء العدل والحرية، وحقوق الإنسان مقتدية بالنظم السياسية الممتدة في التاريخ[2] .

إن التاريخ بمجمله يصنعه رجال الحكم والسياسة في قراراتهم التي ينفذونها سواء في إعلان الحرب أو صيانة السلم، أو في علاقتهم مع المواطنين، أو في معالجتهم للأزمات السياسية، الأمر الذي يبين مدى تحكم السياسة في

1- د. لؤي بحري . المصدر البسابق، ص 55 .

2- د. أحمد إبراهيم الجبير . المصدر السابق ص 50، أنظر أيضاً :

د. عبد المجيد عرسان العزام، ود. محمود سامي الزعبي . المصدر السابق ص 15 .

التاريخ في الماضي والحاضر والمستقبل، ولكن لكي تكون القرارات سليمة ينبغي أن تنهل من التاريخ والجغرافية والاقتصاد، وكل الظروف المحيطة بصنع القرار السياسي .

والتاريخ يضع لدى الباحثين السياسيين كماً هائلاً من التجارب التاريخية من أجل استحداث قوانين سياسية أو نظريات تحكم الواقع وتتنبأ بالمستقبل، خاصة الاضطرابات السياسية والثورات والأزمات وبذلك يأخذ كل مفكر وعالم شيئاً مما سبقه، ثم يضيف إليه جديداً، وهكذا تتطور النظريات السياسية باستمرار [1] ، كما أن التاريخ السياسي يشكل موضع مقارنة بين النظم السياسية المختلفة مع النظم المعاصرة[2] .

ويعتقد البعض بأن التاريخ يعيد نفسه، والحقيقة أنه لا يعيد نفسه، وإنما تتماثل الظروف والعوامل مع مثيلاتها في الوقت الحاضر نسبياً، وبذلك يمكن التنبؤ بما سيحدث بشكل تقريبي .

إن مقولة إن التاريخ هو جذر السياسة، والسياسة هي شجره التاريخ[3] ، لها ما يبررها، فالتاريخ في معظمه هو السياسة، والسياسة في حاضرها هي تاريخ يدون يومياً، أو كما يقال بأن التاريخي هو سياسي وجهه للخلف، والسياسي هو تاريخي وجهه للأمام .

7- علم السياسة وعلم النفس :

إن أهمية علم النفس هي في فهم الطبيعة الإنسانية، وحاجات وغرائز الإنسان والعواطف والأحاسيس المتعلقة بالخوف والطمأنينة، والعنف والمسالمة والوداعة، وحب الخير أو الميل إلى الشر والعدوان، والأنانية والأثرة أو إنكار

1- د. أحمد إبراهيم الجبير . المصدر السابق ص 50 أنظر أيضاً :

د. عبد المجيد عرسان العزام ود. محمود سامي الزعبي . المصد السابق ص 45 .

2- د. هشام آل شاوي . المصدر السابق ص 20

3- رايموند كارفيلد كيتيل. المصدر السابق ص 16 .

الذات، والاعتزاز بالنفس، والخنوع للغير والحب والكره والرفض والقبول، والاتكالية وعدم المبالاة، مقابل الجدية والسعي، وغير ذلك من الصفات التي تقود السلوك الإنساني، وبالتأكيد فإن كل الطبائع والحاجات والغرائز الإنسانية تحكم السلوك السياسي، ولذلك فإن (علم النفس السياسي) يهتم بمعرفة مدى تأثير العوامل النفسية المختلفة على السلوك السياسي[1]، سلباً أو إيجاباً وكيفية توجيهه باتجاه مناسب .

إن التحليل النفسي للأفراد والجماعات والقادة والشعوب يفيد في معرفة السياسة الواجب اتباعها بناء على العوامل النفسية، فالنظم السياسية الديمقراطية والشمولية وغيرها ترتكز على الرأي العام في استمرارها، سواء في التعرف عليه أو الاستجابة له، أو توجيهه وفقاً لمشيئة الحكام[2]، ولذلك يتم الاستعانة بوسائل الإعلام بكل أنواعها للتأثير على الرأي العام، سيما وقت الانتخابات، ويتم التركيز على جوانب معينة مرتبطة بنفسية الجماهير للحصول على رضاها، بل في أحيان أخرى يكيف الساسة أنفسهم وافكارهم مع نفسيات شعوبهم من أجل الفوز في الانتخابات، والوصول إلى الحكم، وإدارة البلاد[3]، ويعمد بعضهم إلى إثارة المشاعر وتحريض الجماهير وتقديم الوعود المعسولة لهم لهذا الغرض .

واعتقد (والتر بيجهوت) في كتابه (الفيزياء والسياسة) أن النظام الدستوري البريطاني يتلاءم مع سيكولوجية الشعب البريطاني[4]، وأكد (جراهام والاس) في كتابه (الطبيعة البشرية في السياسة) على أهمية العوامل النفسية في تحقيق المصالح المختلفة ومنها السياسة[5]، وجاراه في ذلك (ريفرز)

1- د.نظام محمود بركات . المصدر السابق ص 26 .

2- د. بطرس بطرس غالي، ود. محمود خيري عيسى . المصدر السابق ص 10 .

3- د. عبد المجيد عرسان العزام، ود. محمود سامي الزعبي . المصدر السابق ص 48 .

4- د. عبد الرضا الطعان، ود.صادق الأسود . المصدر السابق ص 424 .

5- جراهام والاس . الطبيعة البشرية في السياسة . ترجمة د. عبد الكريم أحمد . القاهرة . وزارة الثقافة والإرشاد 1967 ص 7

في كتابه (علم النفس والسياسة)، وأكدت على ذلك د.عزيزة محمد السيد في كتابها (السلوك السياسي)[1]. وتعتبر المدرسة السلوكية من أهم المدارس التي تبحث في السياسة ـ من منظور نفسي ـ سيما اتخاذ القرارات السياسية ـ من قبل الحكام والمسؤولين، فالعنصر ـ الشخصي ـ يلعب دوراً مهماً فيها، الأمر الذي يتطلب إجراء دراسات نفسية للساسة والحكام لمعرفة طبيعة قراراتهم المستقبلية، أو ردود فعلهم للحالات السياسية المختلفة، وقد لاحظ بعضهم وجود اتساق بين القرارات، أو حالة (انتظام) يمكن رصدهما، والتي تعبر عن قوانين علمية لتفسير الواقع[2]، ورغم أن هذه المدرسة أرادت الابتعاد عن القيم، إلا أنها لم تستطع فصلها عن السلوك السياسي، وبذلك ظهرت مدرسة جديدة هي (ما بعد السلوكية)[3] وحلل (هارولد لازويل) شخصيات أكثر القادة الأمريكيين استناداً إلى مقولة (عقدة النقص) التي استعارها من (فرويد) فوجد بأنهم يمثلون شخصيات أصابها حيف اجتماعي، حاولوا تعويضه[4].

وإذا كانت السياسة تستمد جذورها من علم النفس، أي من عادات وأفكار واتجاهات الإنسان[5]، فإن الأهداف والمصالح القومية والوطنية والدينية تستمد من الشعور القومي أو الوطني أو الديني المتأثر بالعواطف والأحاسيس والمعتقدات الدينية وذكريات التاريخ، ومظاهر الفخر والاعتزاز بها، أو الرغبة في تجاوز الحالات السلبية والانقسامات والتخلف، ومن البديهي أن الانكسار

1- د. عزيزة محمد السيد . السلوك السياسي، النظرية والواقع، دراسة في علم النفس السياسي . القاهرة، دار المعارف 1994 ص 3 .

2- د. عادل فتحي ثابت عبد الحافظ . المصدر السابق ص 130 .

3- المصدر السابق ص 134 – 137 .

4- د. عصام سليمان . المصدر السابق ص 81 .

5- رايموند كارفيلد كيتيل . المصدر السابق ص 31، أنظر أيضاً :
د. حافظ علوان حمادي الدليمي . المصدر السابق ص 60 .

النفسي أو البهجة يؤثران على السلوك الفردي والجماعي، ومن ثم السلوك السياسي في القول والفعل .

وفي أوقات الأزمات أو الحروب تشن (الحرب النفسية) لأضعاف نفسية الخصم سواء كانوا مدنيين أو عسكريين عبر وسائل الدعاية والإعلام، ورمي المنشورات السياسية على القطعات العسكرية، وعلى السكان لثنيهم عن القتال، وإجبارهم على الاستسلام.

8- السياسة والجغرافية :

إن الجغرافية على علاقة وثيقة مع السياسة فهي تؤثر، وتتأثر بها . وكانت نشأة الدولة في بداية تكوينها وتطورها مرتبطة بالموقع الجغرافي والتضاريس والمناخ، وقد أشار إليها الفلاسفة القدماء كابقراط وارسطو[1]، وهيرودت، وأكدها العالم العربي ابن خلدون موضحاً أهميتها في قوتها وضعفها[2] وقال عنها القائد الفرنسي- نابليون (إن سياسة دولة ما تعتمد على طبيعة جغرافيتها[3]، وقد نشأ علم السياسة الجغرافية (Geopolitics) ليبين أن سياسات الدول وعلاقاتها الدولية بعضها بالبعض الآخر تتأثر على حدٍ كبير بالجغرافية والموقع الجغرافي، فهي الأنشطة الإنسانية في سياقها المكاني والتي تتضمن الأنماط والعلاقات فوق سطح الأرض[4]، ولذلك فإن هذا العلم يبحث عن النشاط السياسي في داخل دولة ما وعلاقاتها الخارجية، وقد يضطر الباحث السياسي لاستخدامه كثيراً لتفسير مسائل سياسية مختلفة مرتبطة بها كالحدود الاستراتيجية بين الدول، وضغط السكان، وأسباب التوسع الاستعماري

1- موريس دفرجيه . المصدر السابق ص 67 .

2- ابن خلدون . المصدر السابق ص 33، 63

3- د. لؤي بحري . المصدر السابق ص 84 .

4- د. إسماعيل علي سعد . علم السياسة، دراسة نظرية وميدانية . الاسكندرية، دار المعرفة الجامعية 1989 ص 68 أنظر أيضاً:
د. محمد علي محمد، ود. علي عبد المعطي محمد . المصدر السابق ص 33 .

ومناطق النفوذ، ومصادر المواد الخام، فضلاً عـن فهـم وإدراك مسـألة نشـوء الديمقراطية المبكر في بريطانيا وأوروبا، وتمتع بعـض الـدول بمزايـا دفاعيـة طبيعيـة لم تتوفر لغيرها[1] .

إن الجغرافية بفروعها المختلفة الطبيعية والبشرية والاقتصادية تـوفر لصانع القرار السياسي معلومات مهمة تعينـه في سـلوكه السياسي، خاصـة في أوقـات السـلم والحرب والتحالف والحياد والصراع والتعاون في العلاقات الدولية. ولكن يجب عـدم المبالغة في تأثيرها لأن الفرد ليس مجرد قطعـة مـن الأرض التي يعيش عليهـا، إذ أن بجانب تكيفه وخضوعه لظروف البيئة الجغرافية، فإنه الكائن الوحيد الـذي استطاع أن يخلق البيئة الجغرافية التي تلائمه[2]، فقـد استطاع ومنذ أقدم الأزمنة تطويـع الجغرافيا لصالحه من خلال إقامة الحواجز الجغرافية، وبناء السـدود وتغيير مجاري الأنهـار، وتجفيـف المسـتنقعات، وبنـاء الأسـوار والقـلاع، وعمليـات توزيـع السـكان، والتنمية الاقتصادية والبشرية، ومكافحة التصحر، وإقامة البحيرات الاصطناعية .

وإذا كانت السياسة الجغرافية تعنـي بدراسة الوحدة السياسية (الدولـة) في بيئته الجغرافية[3]، والتفاعل بين المسـاحات الجغرافيـة والعمليـات السياسـية[4]، فإن الجغرافية السياسية هي دراسة الجغرافيا من وجهة نظر سياسية، سيما الحدود بـين الدول والخرائط السياسية .

9- السياسـة والقانـون :

القانون هو مجموعة القواعد التي تنظم الـروابط الاجتماعيـة وسـلوك الأفراد داخل مجتمعاتهم، تنظيماً ملزماً مقترناً بالجزاء لمن يخالفه[5]،

1- جاكوبسن وليبمان . المصدر السابق ص 9 .
2- د. محمد فائز عبد اسعيد . المصدر السابق ص 25 .
3- رسل هـ فيفيلد، برسي اتزل . الجيو بولوتيكا جـ1، ترجمة يوسف مجلي، ولويس اسكندر . القاهرة، الكرنك للنشر ص11 .
4- محمد حجازي . دراسة في أسس ومفاهيم الجغرافية السياسية . القاهرة، دار الكتاب العربي ص10.
5- د. محمد فائز عبد اسعيد . المصدر السابق ص 375 .

والقواعد القانونية باختلاف أنواعها وأشكالها هي ضرورية لانتظام المجتمع وتحقيق العدالة والمساواة وإلزام الأفراد على طاعتها، والتقيد بها وفقاً لطبيعة النظام السياسي، وأيديولوجيته وأهدافه [1]، وإذا استعرضنا كل القوانين سوف نجد أنها صادرة من الدولة سواء كان دستوراً أو قوانين عامة أو خاصة، أو أنظمة وتعليمات، بمعنى آخر أن السلطة السياسية هي صاحبة الشأن في إصدارها تحقيقاً لأهدافها في خدمة المجتمع في كل نواحي الحياة بغض النظر عن مضمونها الاجتماعي والاقتصادي والسياسي .

وبما أن الدستور أعلى قاعدة قانونية في الدولة فإنه يتضمن كل النصوص التي تنظم شكل الدولة ومؤسساتها والحقوق والواجبات التي تخص الأفراد والجماعات، وقواعد العمل بها، ولذلك فإن القانون الدستوري هو قانون سياسي لتنظيم السلطة وفقاً لرؤية المشرع التي هي فلسفة الحكم لما يجب أن يكون عليه المجتمع والسلطة، وكل التنظيمات السياسية للسلطات العامة ووظائفها . سيما الجمعيات والأحزاب السياسية وجماعات الضغط والمصالح، وإجراء الانتخابات الرئاسية والنيابية والبلدية [2]. فضلاً عن تنظيم الاستفتاءات الشعبية وشروطها [3]، وبناءً على ذلك فإن القانون الدستوري يتطلب دراسة النظم السياسية وفقاً لدساتيرها . غير أن ميدان السياسة أوسع من القانون الدستوري لأنه يتضمن السياسة في الممارسة في الداخل والخارج . بينما يقتصر القانون الدستوري على تعيين القواعد التي تنظم السلطة بالصورة المثالية، فضلاً عن تكفل السياسة بتحليل السلطة نفسها، وبالأحداث والوقائع السياسية الفعلية [4] . وتبدو أهمية القانون الدستوري في اضفاء الشرعية للسلطة

1- د. عبد الرضا الطعان، ود. صادق الأسود . المصدر السابق ص 375 .

2- د. لؤي بحري . المصدر السابق ص 56 – 57 أنظر أيضاً :
هشام آل شاوي . المصدر السابق ص 24-25 .

3- د. بطرس بطرس غالي، ود. محمود خيري عيسى . المصدر السابق ص 10 .

4- د. هشام آل شاوي . المصدر السابق ص 24-25 .

السياسية في حالة الالتزام بالنصوص الدستورية، إذ أن سيادة القانون هي سيادة الدولة، كما أن قدرة الدولة على بسط سيطرتها على كل أجزاء الوطن وتحقيق حالة الأمن والاستقرار تعني قدرتها على تنفيذ وتطبيق الدستور على جميع المواطنين، سيما القضاء على التناقضات الاجتماعية والصراعات الداخلية، وتحقيق السلام الاجتماعي في الداخل، ولهذا السبب فإن أهمية القانون الدستوري تتعاظم في حالة الاستقرار[1]، أما الميادين الأخرى للقانون فكلها مغلفة بالسياسة بشكل أو بآخر، فالقانون الدولي العام هو العلاقات الدولية مؤطرة بإطار القانون، أي أنه يتضمن القواعد القانونية والمعرفية التي تنظم تلك العلاقات في أوقات الحرب والسلم، وكيفية معالجة المشاكل الدولية، والتي هي جزء لا يتجزأ من السياسة[2] .

أما القانون الدولي الخاص فهو يعالج علاقات المواطنين خارج بلدانهم وعلاقات الأجانب في داخلها، سيما الإقامة والجنسية والتملك والحقوق والواجبات المترتبة عليها[3] .

وهنالك القانون الخاص الذي ينظم العلاقات بين الأفراد دون أن تكون الدولة طرفاً فيه بشكل مباشر، ويتضمن المعاملات كالقانون المدني، ولكن السلطة تتدخل في حالة الإخلال به، فدوائر الشرطة والأمن تلاحق المخالفين وتجلبهم للقضاء، وتوقيع العقوبات بهم، عبر السلطة القضائية والسلطة التشريعية.

وينظم القانون العام العلاقات بين الأفراد والسلطة، أي تكون الدولة طرفاً فيها[4]، ومنه القانون الإداري وهو الفرع الذي ينظم المرافق والمؤسسات

1- د. عبد الرضا الطعان، ود. صادق الأسود . المصدر السابق ص 375- 379 .

2 - د. محمد فايز عبد اسعيد . المصدر السابق .

3- د. ممدوح عبد الكريم حافظ. القانون الدولي الخاص. بغداد، دار الحرية 1980

4- د. أحمد الكبسي وآخرون . المصدر السابق ص 19 .

العامة في الدولة وكيفية إدارتها[1]. وهنالك قوانين الجزاء المتعلقة بحماية الدولة من التجسس والخيانة والتآمر[2]، أما قوانين العقوبات فهي التي تحدد العقوبات على المخالفين، ويجري تحديدها وفقاً للرؤية السياسية والعقيدية (الأيديولوجية) في تشديد العقوبات على المخالفين، كما أن القانون الوحيد الذي لا يظهر فيه الجانب السياسي هو قانون المرافعات، ورغم ذلك فإن جميع القوانين والأنظمة والتعليمات تصدر من الدولة وفقاً للدستور، وتعدل وتلغى وتنفذ من قبل سلطات الدولة التنفيذية والتشريعية والقضائية .

إن الدول المتقدمة تقنن الواقع الاجتماعي والسياسي والاقتصادي وكل المجالات بمجموعة من التشريعات المستمرة وفقاً للحاجة إليها في ضوء التطورات المستمرة في الميادين العلمية والتكنولوجية والإنسانية، وتوسع دائرة الحقوق والواجبات العامة، بينما تكون الدول النامية أقل حاجة للقوانين، وأكثر ممارسة للأعراف والعادات المحلية .

وعلى ضوء ذلك فإن عدم احتواء الظواهر السياسية بالقوانين اللازمة لضبطها يؤدي إلى كثرة الحركات السياسية والسلوك السياسي غير المنضبط، كالثورات والانقلابات العسكرية والتمردات، وبالتالي تكون الحاجة ماسة إلى مواكبة القوانين للتطور السياسي في البلاد، وعدم تخلفها، وذلك بتغييرها وتعديلها وفقاً للحاجات المستجدة والتطورات العامة في الحياة[3]. وفي الحقيقة إن القضاء السياسي، سيما المحكمة الدستورية العليا في بعض بلدان العالم، وإن كانت القوانين التي تحكمها صادرة من الدولة، إلا أنها تؤثر في الحياة السياسية، سلباً وإيجاباً، كإقالة رؤساء الدول ورؤساء الحكومات والوزراء، أو

1- د. لؤي بحري . المصدر السابق ص 56 .

2- د. عبد الرضا الطعان، ود. صادق الأسود . المصدر السابق ص 377 .

3- المصدر السابق . أنظر أيضاً :

د. محمد علي محمد، ود. علي عبد المعطي محمد . المصدر ال سابق ص 36

حظر نشاط بعض الأحزاب بذريعة عدم الالتزام بنصوص الدستور، أو ممارسة الفساد السياسي، أو أية مخالفات أخرى يحدده الدستور أو القانون .

وعلى الصعيد الدولي فقد تشكلت محاكم دولية لمحاكمة مجرمي الحرب، كما حدث في محكمة نورمبرغ الشهيرة لمحاكمة مجرمي الحرب الألمان، ومحكمة طوكيو لمحاكمة القادة والضباط اليابانيين عام 1945، وقد ميزت اتفاقيات جنيف عام 1949 بين جرائم الحرب، وهي سوء معاملة المدنيين وقتلهم، وقتل الأسرى وتدمير القرى والمدن وأخذ الرهائن، وجرائم ضد السلام، وهي المتعلقة بالتصرفات لتدبير الحروب وشن العدوان، وجرائم ضد الإنسانية وتشمل القتل والاسترقاق والنفي .

وقد نص ميثاق الأمم المتحدة على العقوبات الدولية ضد أية دولة تمارس العدوان وتهدد السلم والأمن الدولي، ومنها أيضاً قطع العلاقات الدبلوماسية والاقتصادية وعدم الاعتراف بالأوضاع والكيانات غير الشرعية، وقد فرضت العقوبات على جنوب أفريقيا عام 1974 بسبب سياساتها العنصرية[1]، وعلى العراق بسبب اجتياحه الكويت[2].

وقد عقدت اتفاقيات عديدة لتأكيد حقوق الإنسان منها الإعلان العالمي لحقوق الإنسان، والاتفاقية الدولية لقمع جريمة الفصل العنصري، واتفاقية حظر إبادة الأجناس لعام 1949، وهنالك مشروع (القانون الجنائي الدولي)[3] ولكنه يجد عقبات عديدة خاصة من قبل الولايات المتحدة .

أما محكمة العدل الدولية فإنها تنظر في القضايا التي توافق الأطراف المتنازعة عليها، وتقبل ولايتها مسبقاً[4]، إضافة إلى قوانين دولية معترف بها،

1- موسوعة العلوم السياسية ص 956 – 959، 982 .

2- المصدر السابق ص 821- 823 .

3- المصدر السابق ص 975 .

4- الأمم المتحدة . المصدر السابق ص 35 وما بعدها .

مثل قانون البحار الدولية[1]، وهنالك منظمة دولية لتعقب المجرمين وهي المنظمة الدولية للشرطة الجنائية (الانتربول)، ومنظمات غير رسمية كمنظمة العفو الدولية التي تنشر تقاريرها باستمرار عن حقوق الإنسان وانتهاكاتها في مختلف دول العالم[2].

10- السياسة والإدارة :

إن الإدارة هي العملية الخاصة بتنفيذ غرض معين والإشراف على تحقيقه، وبذلك تكون وظيفتها هي الوصول إلى الهدف، بأحسن الوسائل وأقل التكاليف في حدود الموارد والتسهيلات المتاحة وتحسين استخدامها[3]، فهي التخطيط والتنظيم وإصدار الأوامر والتنسيق والرقابة[4].

وعلاقة الإدارة بالسياسة نابعة من كون الأولى أداة من أدوات النظام السياسي لتحقيق الأهداف السياسية للدولة، فالسلطة التنفيذية لا تستطيع تنفيذ قراراتها إلا من خلال سلسلة من العمليات الإدارية من القمة إلى القاعدة، فكل قرار يحتاج إلى دائرة أو جهة كالوزارة والمؤسسة نزولاً إلى الهيئات الإدارية الدنيا، ولذلك فإن التخصص والخبرة، واختيار الأسلوب الأنسب يلعب دوراً رئيسياً في اتخاذ القرار السياسي، ويتوقف نجاح العملية السياسية وفشلها على مدى فعالية ومدى كفاءة الجهاز الإداري القائم[5].

إن الإدارة وثيقة الصلة بالسياسة، فهي مرتبطة بفلسفة السلطة الحاكمة وأهدافها السياسية والاجتماعية، ففي النظم السياسية الاشتراكية تتدخل الدولة في تفاصيل كثيرة من الحياة الاجتماعية والاقتصادية، وتحتاج إلى شبكة

1- د. عبد الواحد عزيز الزنداني . المصدر السابق ص 328- 385 .

2- موسوعة العلوم السياسية . المصدر السابق ص 1056، 1088 .

3- د. علي عبد المجيد . الأصول العلمية للإدارة والتنظيم . القاهرة، مطابع الإسلام 1974 ص 18 .

4- د. سيد محمد الهواري . الإدارة، الأصول والأسس العلمية، ط5 . القاهرة، مكتبة عين شمس 1973 ص101 .

5- د. قاسم جميل قاسم . علاقة السياسة بالإدارة . بيروت، مؤسسة الرسالة 1983 ص 18 .

واسعة من التنظيمات الإدارية لتطبيق برامجها المختلفة، وبالتالي إلى نشوء البيروقراطية التي تعيق أو تعرقل التطبيق[1] . بينما لا تحتاج النظم الرأسمالية إلى التدخل إلا بشكل محدود، غير أن تنوع وتوسع نشاط الدولة في العصر الحديث منح مجالاً واسعاً للتدخل في مجالات استكشاف الفضاء وأعماق البحار، في ظل عجز القطاع الخاص في ارتيادها، سيما في الدول النامية .

وظهرت اتجاهات لتحييد الإدارة وأبعادها عن السياسة في الغرب، ولكنها غير واقعية لأن الإدارة ترتبط بالمفاهيم السياسية السائدة في الغرب، فهي لصيقة بالمشاركة السياسية والتعددية والحرية والديمقراطية، وهي تتأثر بشكل أو بآخر بتوجيهات السلطة السياسية، فقد تعمد السلطة السياسية إلى اتخاذ قرارات سياسية في وقت قصير حين تجند أجهزتها الإدارية لها، أو تتعمد التأخير لحسابات سياسية معروفة .

إن الإدارة السياسية هي قدرة السلطة السياسية في كيفية اتخاذ القرارات السياسية المتعلقة بالداخل والخارج وفق سقف محدد، متضمنة أقصى ما يمكن تحقيقه من المصلحة الوطنية العليا، وأقل ما يمكن تحمله من الخسائر عبر جهاز إداري كفوء، أما إدارة الأزمات فهي جزء من الإدارة السياسية، ولكنها تمتاز بالتكيف مع حالة الأزمة التي تكون مؤقتة وسريعة، وتتطلب إجراءات وقرارات حاسمة، وتتعمد بعض الدول المقتدرة إلى افتعال الأزمات من اجل إدارتها بشكل يؤمن لها تحقيق مصالحها، واضعة النتائج المحتملة بعين الاعتبار في كل حالة، والتصرف المطلوب إزاءها، سواء بتصعيد الأزمة لاحراج الطرف الآخر، وإجباره على الانصياع، أو تخفيفها لغرض تفادي الأضرار الناجمة عنها، وينبغي في كل الحالات أن تكون الوسائل والامكانات منسجمة مع إدارتها، فهي إدارة للازمة بمعنى تواصل وإدامة وتقدم وتراجع حسب الرؤية الاستراتيجية لها .

1- المصدر السابق ص 23 .

وتطلــق (الإدارة الديمقراطيــة) علــى النظم السياســية الغربيــة التــي تتبنــى الديمقراطية في الحكم، و(الإدارة البيروقراطية) للأنظمة الشمولية التي تسخر الإدارة لخدمة أهدافها بشكل تحكمي، وهنالك (الإدارة المركزية) وهي شكل الدولة المبسطة التي تركز السلطات، بيدها وهنالك (الإدارة اللامركزية) التي تمنح الدولة مـن خلالهـا صلاحيات واسعة للأقاليم [1]، وهنالك (الإدارة المحلية) وهي قيام الأقاليم بإدارة بعض الشئون القانونية عبر مجالس محلية مرتبطة بالسلطة المحلية في الإقليم مع بقائها خاضعة للسلطة المركزيـة [2]، وهنالك (الإدارة الدوليـة) وهـي الأجهـزة والأسـاليب المستخدمة في تسيير المرافق العامة الدولية، والتي تتميز عن الإدارات الداخلية للدول بطابعها التعاوني والتنسيقي، وتقييدها بإرادات الـدول في المنظمات الدوليـة كالأمم المتحدة وفروعها ولجانها المتخصصة، وقد أوجدت إدارة الأقاليم غير المتمتعة بالحكم الذاتي وهـي (مجلـس الوصاية)، والتـي هـي وريثة نظام الانتـداب في عهد عصبة الأمم [3].

وأقام الحلفاء إدارة دولية لألمانيا بعد خسارتها في الحرب العالمية الثانيـة عـام 1945، كما قسمت برلين إلى أربـع مناطق احتلال تتبـع كـلاً مـن الولايات المتحـدة والاتحاد السوفيتي وبريطانيا وفرنسا، وقد انتهت هـذه الإدارة الدولية بـإعلان قيـام دولة ألمانيا الشرقية على الجزء المحتل من الاتحاد السوفيتي عـام 1949 ودولة ألمانيا الغربية على الجزء المحتـل مـن قبل الولايات المتحـدة وبريطانيا وفرنسا[4]، إلى أن توحدنا عام 1990 [5].

1- د. حافظ علوان حمادي الدليمي . المصدر السابق ص 131 – 132 .

2- د. لؤي بحري . المصدر السابق ص 1029 .

3- موسوعة العلوم السياسية . المصدر السابق ص 1108 – 1110 .

4- حمدي حافظ . توحيد ألمانيا . القاهرة، الدار القومية، 1962 ص 8- 11 .

5- موسوعة العلوم السياسية ج2 . ص 935 .

المبحث الثاني

السياسة والعلوم الطبيعية والصرفة

1- السياسة والرياضيات والإحصاء :

إن الرياضيات ومعادلاتها وحساباتها، والإحصاءات والجداول البيانية، أخذت موقعها في العلوم الاجتماعية والسياسية، سيما دراسة الظواهر السلوكية السياسية للإنسان، وتم استخدام التحليل الكمي والإحصائي لمعرفة وقياس أوجه الشبه والاختلاف بين المعطيات والمتغيرات، ومنها الدراسات الانتخابية، ودراسات استقرار أنظمة الحكم في الدول والأحزاب السياسية وجماعات المصالح وغيرها[1] .

إن الاحصاءات عن عدد الناخبين وتوزيعاتهم وأعمارهم وأجناسهم، وعدد المرشحين وميولهم الاجتماعية والسياسية تساعد الأحزاب السياسية على كيفية التحرك السياسي على الناخبين، والتكيف وفقاً لميولهم السياسية، سيما بعد إجراء الاستبيانات، لقد اشتهرت بعض مؤسسات الاستبيان بدقة نتائجها في التنبؤ الانتخابي كمؤسسة (كالوب) الأمريكية، ومع ذلك يحدث أحياناً أن لا تكون النتائج متطابقة بسبب تغير الآراء والأهواء في الساعات اللاحقة للاستبيان، فقد فاز الرئيس الأمريكي ترومان بالرئاسة الأمريكية عام 1948 رغم تنبؤات المؤسسة بعكس ذلك[2] ، ولعل نشر نتائج الاستبيانات مسبقاً يؤث تأثيراً كبيراً على سلوك الناخبين، فإذا كانت إيجابية لصالح أحد المرشحين فإنها تولد الثقة بالفوز، وتشجع على تحقيق ذلك لكثير من المترددين، بينما إذا كانت سلبية لمرشح آخر فإنها قد تصرف البعض عنه، أو أن المرشح يبذل جهداً أكبر لحشد الناخبين لتغيير النتيجة المتوقعة لصالحه .

1- د. عبد المجيد عرسان العزام، ود. محمود سامي الزعبي . المصدر السابق ص 41 .

2- جان مينو . المصدر السابق ص 198 – 206 .

وفي الحقيقة أن الإحصاءات تفيد كثيراً في إجراء المقارنـات بـين الأحـزاب السياسية شكلاً ومضموناً، وإبداء الآراء في القضايا السياسية التـي تحتـاج إلى معرفة رأي الشعب .

ويعتمد منهج تحليل المضمون على عـدد مـن المتكـررات مـن الكلمـات والمصطلحات السياسية في خطاب مـا، أو وثيقة سياسية، ومـن ثم معرفة دلالاتها ونتائجها[1] .

وفي الحقيقة هنالك مقاييس رياضية كثيرة في تجارب البحوث السياسية يمكن الاستفادة منها في الحصول على نتائج جيدة[2] .

وقد جاءت المدرسة الرياضية التي أسسـها (ليـون والـراس Leon Walras) والتـي سـميت بمدرسـة لـوزان تأكيـداً لعلاقـة الرياضيـات بـالبحوث والدراسـات الاجتماعية، سيما الاقتصادية، ومـن ثـم السياسية، والتـي حاولت الانتهاء الارتبـاط بفكرة الحتمية[3] .

2- السياسـة والفيزياء :

كتب والتر بيجهوت في كتابه (الفيزياء والسياسة) عـن التـأثير المتبـادل بينهمـا، كل على الأخرى [4]، واستعار بعض علمـاء السياسـة مفـاهيم فيزيائيـة لاستخدامها في التجـارب العلميـة السياسـية، ومنهـا مفهـوم النسـق (System) (ومفهـوم الاتـزان (Equilibrian)[5] ومعنى النسق هو تفسير العلاقات التـي تجري عليها الأجسـام في الطبيعة كالمجموعة الشمسية، فهي مجموعة من قوى، حيث يعد كل جسـم في عـالم الطبيعة قوة في ذاته فتتفاعل هذه القوى مع بعضها

1- موسوعة العلوم السياسية . المصدر السابق ص 69 .

2- المصدر السابق ص 72- 101 .

3- د. عادل فتحي ثابت عبد الحافظ . المصدر اسابق ص101 – 102 .

4- د. عبد الرضا الطعان، ود.صادق الأسود . المصدر السابق ص 434.

5- د. عادل فتحي ثابت عبد الكريم . المصدر السابق ص 29 .

بعامل قانون الفعل ورد الفعل تفاعلاً ميكانيكياً، وتبادل التأثير فيما بينها على وضع يهيء لحالة الاتزان الكلي لهذه المجموعة، ومن هنا رأى بعض العلماء أن هنالك نسق سياسي في الحياة الاجتماعية، والتي يتحقق من خلال استمرار علاقات المجموعة النسقية ككل متزن، بمعنى تحقيق التكامل السياسي والاجتماعي، فعندما يقال بأن الكون متكامل، فإن ذلك يعني وجود علاقات متزنة بين أجزائه اتزاناً يهيء لاستمراره[1]، لقد استعار هيغل فلسفته المثالية من حركة الأشياء في الكون وفقاً لما جاء به اسحق نيوتن، فكل شيء يتحرك ويدور على نفسه، ويصطدم مع غيره من الأجرام السماوية إلى الذرات الصغيرة، وكل صدام يؤدي إلى شيء جديد، لذلك قال هيغل إن كل الأفكار الإنسانية تتحرك وتلتقي مع غيرها مؤثرة أو متأثرة، فينتج من ذلك أفكار جديدة متقدمة أعلى من سابقاتها، ثم جاء ماركس ليقول بأن العلاقات الإنسانية هي علاقات صراع مادية، تؤدي إلى ظهور أشكال جديدة من الصراع تؤدي في النهاية إلى النظام الشيوعي الذي تختفي فيه الصراعات بعد زوال أسبابها[2]، وقد ثبت عدم صحة توقف الصراع لأن أسبابه ليست مادية فقط، وإنما أسباب فكرية ودينية ونفسية كثيرة .

وقد طرح بعض علماء العلوم الفيزيائية إلى أن الشحنات الكهربائية الموجبة موجودة في شمال الكرة الأرضية، بينما الشحنات الكهربائية السالبة موجودة في جنوبها، ولذلك فإنهما يؤثران على سلوك الأفراد تأثيراً كبيراً، إذ تحدث انقلابات فيزيائية في فترات طويلة بحيث يحدث العكس في توزيع الشحنات الموجبة بدل الشحنات السالبة، وبذلك تتغير عادات وأخلاق سلوك البشر فتنقلب من حالة سلمية إلى حالة عدوانية أو العكس، وتنعكس على السلوك السياسي، وقيام الحروب وسياسات السلام بين الشعوب والدول[3] .

1- د. محمد طه بدوي . النظرية السياسية . المصدر السابق ص 324- 325 .

2- موسوعة العلوم السياسية . ص 207 – 212، 358 .

3- د. حسن صعب . المصدر السابق .

أما ربط سلوك البشر على الارض بحركة النجوم والكواكب، والتنبؤ بالأحداث الاجتماعية والسياسية، وهو مايسمى بالتنجيم، أو العلوم الفلكية فقد استأثر باهتمام الكثير من العلماء والمفكرين قديماً وحديثاً[1]، ولكن لا حظ له من الصحة[2]، رغم أن الكثير من رؤساء الدول يستعينون بالعرافين في اتخاذ قراراتهم، كالرئيس الفرنسي- السابق ميتران.

3-السياسة وعلم الأحياء :

أن علم الأحياء هو العلم الذي يدرس الكائنات الحية في نموها وتطورها واضمحلالها أي المفهوم البيولوجي (العضوي) لها، أم علاقتها بالسياسة فهي إمكانية دراسة السياسة، سيما الدولة ككائن حي في كل أساسياتها، فهي نتاج التطور، وخاضعة لقوانين الميلاد والنمو والموت أو الاضمحلال، وكما هو في الكائن الحي فإن الدولة مترابطة مع أجزائها، ويعتمد كل جزء على الأجزاء الأخرى في حياتها اعتماداً متبادلاً. ورغم الانتقادات لهذه العلاقة[3]. فإنها حقيقة أكدها ابن خلدون، الذي شبه نشأة الدول ونموها وازدهارها وسقوطها بأعمار الكائنات الحية ومنها الإنسان[4]، كذلك فان القاسم المشترك بين علم السياسة وعلم الأحياء هو الإنسان، حيث يدرسه علم السياسة باعتباره حيواناً سياسياً، بينما يدرسه علم الأحياء من الناحية العضوية.

كما أن حركة الأحياء في صراعها مع الطبيعة من اجل البقاء تشبه صراعات الدول مع بعضها سواء كانت سلمية أو مسلحة، وما يرافقها من انتصارات وانتكاسات، غير أن مقولة (الصراع من أجل البقاء) يجب أن لا

1- اخوان الصفا . المصدر السابق، جـ1 ص 302- 303 . جـ2 ص 463 . انظر ايضاً :

احمد المذيري . اخوان الصفا وازمة العصر . تونس، دار التقد ص 46 .

2- بيرتراند رسل. مشاكل الفلسفة، ترجمة د. عبد العزيز البسام ود. محمود ابراهيم محمد . القاهرة، مكتبة نهضة مصر ومطبعتها . ص 16 .

3-د.بطرس بطرس غالي، ود.محمود خيري عيسى، المصدر السابق ص 11 .

4-ابن خلدون، المصدر السابق ص 118.

تفسر وفقاً لمقولة (البقاء للأصلح) لأن شريعة بقاء الكائنات الحية قائمة على البقاء للأقوى، ولكن في الجانب الإنساني، فإن هذه المقولة تبرر العدوان والاستعمار والتوسع، فالبقاء يجب أن لا يكون للأقوى، وانما للتعايش بين الأقوياء والضعفاء على المستوى السياسي الداخلي وعلى مستوى العلاقات الدولية.

وليس من شك أن الأفراد حكاماً ومحكومين يتأثرون بوجود الكائنات الحية في سياساتهم من أجل تطويعها لخدمة المصلحة العامة.

وقد استعارت الدراسات السياسية مفاهيم من علم الأحياء كمفهوم البنية (Structure) ومفهوم الوظيفة (Function)[1] .

4-السياسة والطب:

حاول بعض الباحثين معالجة المشاكل السياسية من منطلق معالجة الأمراض، فالجسم الإنساني يتعرض لعوارض وتقلبات واضطرابات لها أسبابها العميقة في أجهزته الحيوية، ولذلك فإن الانحرافات والفتن والظواهر غير السوية التي تعتور جسم المجتمع ترجع إلى تأثير القوانين الستاتيكية أو الديناميكية في المجتمع بعوامل طارئة أو تيارات وقتية، وكما أن دراسات الحالات المرضية (الباثولوجية) في جسم الإنسان قد أدت إلى نتائج باهرة في ميدان الطب والصحة العامة، فكذلك دراسات الحالات المرضية الاجتماعية - السياسية تؤدي بنا إلى كشف كثير من الحقائق السوسيو-سياسية التي يستحيل علينا أجراء تجارب صناعية عليها . وفي ضوء هذه الاعتبارات لا تحقق التجربة الغرض المقصود منها إلا إذا اكتمل علم السياسة، ووضع الكثير من قوانينه السياسية والاجتماعية ومبادئه الفلسفية الأساسية، حتى يستطيع الباحث السياسي أن يزود نفسه بالأفكار والتصورات التي تعينه على الملاحظة

1-د.عادل فتحي ثابت عبدالكريم، المصدر السابق ص 29.

الصحيحة، أو التي تساعده على دراسة حالة باثولوجية طارئة، وقد خطت دراسة الحالات المرضية والاجتماعية خطوات واسعة في طريق التقدم، وأمدت علم السياسة بملاحظات وفروض وتصورات لها اعتبارها في إصلاح المعتل من شؤون المجتمعات، وما المصلحون الاجتماعيون إلا أطباء يستطيعون في ضوء دراساتهم للحالات الباثولوجية والشاذة أن يكتشفوا مواطن العلل السياسية والاجتماعية، ويرسموا أفضل الطرق للقضاء عليها والتخفيف من آثارها[1].

أن كل المؤسسات الطبية والصحية تخضع في تأسيسها وتطورها وتوسعها إلى القرار السياسي وفق منهج عام، فضلاً عن المؤسسات الإقليمية والدولية كالهلال الأحمر الدولي والصليب الأحمر الدولي، ومنظمة الصحة العالمية، وصندوق الأمم المتحدة لرعاية الطفولة (اليونسيف)[2]. فضلاً عن منظمات غير رسمية كمنظمة أطباء بلا حدود.

5-السياسة والعلوم التطبيقية (التكنولوجيا):

أن علاقة السياسة بالعلوم والتكنولوجيا علاقة وثيقة، فأجهزة الاتصال الحديثة تختزل المسافات، وتنقل الأحداث السياسية في كل مكان إلى كل انحاء المعمورة خلال دقائق بالصوت والصورة، كما أن الفكر السياسي والنظرية السياسية والنظم السياسية والممارسات السياسية المختلفة لم تعد بمعزل عن كل الأفكار الأخرى، وأصبحت الحاسبات الإلكترونية (الكومبيوتر) وشبكة المعلومات العالمية (الإنترنت) وسيلة للمعرفة السياسية والمتابعة والبحث والتقصي، وسوف تساعد هذه

1-د.محمد فايز عبد أسعيد . المصدر السابق ص 37 أنظر أيضاً :

Peter Merkel. Political Continuity and Change. New York 1967 P13-20.

John Rex . Key Problems of Sociological Theory . London, 1968 P12 -23 .

2-موسوعة العلوم السياسية ص 1025، 1050.

التكنولوجيا على سرعة تطور علم السياسة، ووضع النظريات السياسية، وتجربتها والتيقن من صحتها من خلال الفروض، والتوقعات والاحتمالات وترجيح بعضها على البعض الأخر.

لقد أدت التكنولوجيا إلى ابتكار أسلحة جديدة فتاكة وشاملة، سيما خلال الحرب العالمية الثانية التي أدى إلقاء القنابل الذرية على اليابان إلى استسلامها وانتهاء الحرب، كما أن تطور تلك الأسلحة إلى أسلحة هيدروجينية، وتكنولوجيا الصواريخ البعيدة المدى، والأسلحة الكيماوية والبايولوجية خلال الحرب الباردة بين الدول المتقدمة والكبرى أدى إلى الخوف من فناء العالم جراء حرب جديدة، فنشأ ما سمي بتوازن الرعب، والدعوة إلى نزع السلاح، وتوقيع اتفاقيات لخفض كميات أسلحة الدمار الشامل[1]. وإلى اتفاقية حظر إجراء التجارب النووية،ووجود الوكالة الدولية للطاقة الذرية، ومنظمة الطاقة الذرية الأوروبية[2]، وتستخدم مثل هذه الوكالات لأغراض سياسية، فقد شكلت الأمم المتحدة لجنة اليونسكوم لتفتيش العراق وتدمير أسلحة الدمار الشامل لديه، وكذلك لجنة اليونيفورم عام 1999م التي باشرت التفتيش في العراق منذ شهر تشرين الثاني (نوفمبر) 2002[3]. وهنالك اتحادات دولية رسمية وغير رسمية أخرى كالاتحاد الدولي للمواصلات السلكية واللاسلكية، والاتحاد الدولي للانواء الجوية، واتحاد البريد الدولي، والاتحاد الدولي للطيران المدني، وغيرها[4] تحمل الصبغة التكنولوجية والسياسية في نشاطاتها.

1-موسوعة العلوم السياسية . ص 627 وما بعدها .

2-المصدر السابق. ص 1066.

3-أنظر الحياة 2002/11/8.

4- موسوعة العلوم السياسية . ص 1054-1058.

المبحث الثالث

السياسة والعلوم والمواضيع الأخرى

1-السياسة والإعلام:

كانت الدول تستخدم الدعاية للترويج عن سياساتها، والتأثير على الجماهير في الداخل والخارج، ولا تتورع عن إطلاق الأكاذيب، وتضخيم الحالات، أو نفيها وفقاً للحالة المطلوبة، فكانت الدعاية السياسية لهتلر في الحرب العالمية الثانية وقبلها من أجل كسب الحرب، وتوضيح أحقيتها وبطلان ادعاءات أعدائها. غير أن الإعلام، أصبح المصطلح المفضل بدل الدعاية لخدمة أهداف سياسات الدول، ومشاريعها، بل يمكن القول أنه لولا الإعلام المذاع، والمقروء والمصور لما استطاعت الدول أن تعلن عن وجودها ونشاطاتها وسياساتها، لذلك فإن الأخبار السياسية والإعلامية بكل أشكالها تحتل جزءاً كبيراً في سياسات الدول والتي تخصص لها مؤسسات كبيرة ووزارات لتنظيمها، وقد أنشأت وكالات الأنباء المحلية والعالمية، والقنوات الفضائية للتعبير عنها مستفيدة من وسائل الاتصالات المتقدمة .

وتحرص الدول على امتلاك المزيد من وسائل الإعلام، ووجود مراسلين لها في كل مكان لتغطية الأحداث السياسية، بل أن رجال الصحافة والكتاب السياسيين يقدمون تحليلات سياسية كثيرة لكل الظواهر السياسية[1] .

ولا بد من الإشارة إلى أن الإعلام في الدول يأخذ مسارين هما :

1-الإعلام السياسي الموجه، وهو الذي يعبر عن وجهة نظر واحدة هي وجهة نظر السلطة التي لا تسمح بتداول الرأي المغاير، وهو بذلك أشبه بالدعاية السياسية .

1- غي دورندان. الدعاية والدعاية السياسية، ترجمة رالف رزق الله . بيروت، المؤسسة الجامعية 1983 ص 73 – 81.

2-الإعلام السياسي الحر، وهو الذي يمتلك حرية التعبير عن وجهات النظر المختلفة سواء في السلطة أو الشعب أو الحزب والجمعيات السياسية فيتناول بالبحث والنقد والتحليل كل الجوانب السياسية الداخلية والخارجية، ومع ذلك فلا يوجد اعلام سياسي حر مطلق، لأن الدول التي تدعي الحرية والديمقراطية تتدخل بشكل أو بأخر من خلف الستار لتوجيه الإعلام وجهة سياسية تخدمها، أو توجه أصابع الاتهام للبعض بحجة الخروج على المصلحة الوطنية .

2- السياسة وعلم الأجناس (الأنثروبولوجي):

علم الأنثروبولوجي هو علم الإنسان[1]، وعلم الأجناس البشرية وتطورها وعلاقتها بالبيئة الخاصة بها، وتقسيماتها، وعلاقة كل جنس بالمحيط الخاص بها[2]. وقد اهتم الأنثروبولوجيون بعلم أصل الجنس البشري وتطوره وأعرافه وعاداته وتقاليده ومعتقداته، لقد تم توظيف بعض الدراسات عن الأجناس والسلالات البشرية لغرض سياسي هو الادعاء بتفوق عنصر بشري على العناصر الأخرى، ومن ذلك ادعاء الأوربيين لزمن طويل بأن الرجل الأبيض اكثر تفوقاً من الرجل الأسود، أو ما سمي برسالة الرجل الأبيض، وسياسة التمييز العنصري ضد السكان المحليين في الولايات المتحدة،وضد السود، وسياسة العزل العنصري في جنوب أفريقيا خلال تحكم البيض بالأكثرية السوداء، وما تدعيه الصهيونية من أن شعب (إسرائيل) هو شعب الله المختار، وما ادعته النازية من تفوق الشعوب الأرية على غيرها، سيما الألمان، والسياسة التي اتبعها هتلر وموسوليني في التوسع العنصري والتي أدت إلى الحرب العالمية الثانية، فضلاً عن وجود أحزاب ومنظمات عنصرية في العالم تمارس الاضطهاد ضد الأقليات بدعاوي أنثروبولوجية.

1-د.نظام محمود بركات، وأخرون . المصدر السابق ص 24

2-د. محمد فايز عبد أسعيد . المصدر السابق ص 26

وفي الواقع أن كل الحركات الاستعمارية في القرون الماضية لم تخل من ادعاءات التفوق العنصري، والتي غلفت ذلك التفوق بالثقافة والحضارة، غير أن هذه الادعاءات في تراجع مستمر بفضل تطور المجتمعات والتقاء الثقافات وحوار الحضارات، لكنها لازالت موجودة في الدول النامية، غير أن الدراسات الحديثة التي تركز على الاثنيات القبلية والعشائرية تسعى لأن تلعب هذه الاثنياث دوراً في الدول الجديدة التي تسعى لتغيير المجتمع وإعادة بناء الوحدة الوطنية فيه، ورغم حرص هذه الاثنياث على تماسك هويتها سياسياً واقتصادياً فإنه يمكن ملاحظة تداخل أهدافها مع الهدف الوطني والقومي [1].

أن علم السياسة يتفاعل مع الأنثروبولوجي في معرفة اتجاهات المجتمع وخصوصية بعض الفئات، والحاجة إلى توعيتها وتنشئتها سياسياً، استناداً إلى طبيعتها الذاتية ومميزاتها، وعاداتها، وتمايزها عن الآخرين .

أن الأنثروبولوجيا السياسية تهتم بدراسة مصادر الصراع الإنساني، ومجالات تلاحم الاختلافات الإنسانية، والطرق التي تؤثر فيها المجتمعات المتقدمة على المجتمعات النامية التي تحتك معها [2] وبذلك تساهم في وئد نظريات التفوق العنصري [3]

أن وحدة الأصل أو العرق سواء كان حقيقياً أو وهمياً هي من أقوى الروابط التي تكون المجتمعات وتؤكد وحدتها والولاء للأمة، بل أن سلوك الأفراد والمجتمعات يتأثر إلى حد كبير بالأصل العرقي والوسط الاجتماعي والحضاري الذي يعيش فيه، سيما القيادات في الدول النامية التي تتأثر بمؤثرات داخلية وخارجية والتي تنعكس على السلوك السياسي لها، ولذلك فإن

1-د.عبدالرضا الطعان، ود.صادق الاسود . المصدر السابق 419-423

2-د.نظام محمود بركات وآخرون . المصدر السابق ص 25

3-د.محمد فايز عبد أسعيد. المصدر السابق ص 26

الأنثروبولوجي يرفد السياسة بمعلومات وفيرة عن تلك القيادات وكيفية التعامل معها، ومجالات التفاعل في الحياة السياسية الداخلية والعلاقات الدولية[1].

3-السياسة والجيش :

أن الجيش هو للدفاع عن البلاد ضد العدوان أو الخطر الخارجي، وهو بذلك يمتلك القوة العسكرية القادرة على حماية الأرض والشعب والسيادة، والدولة القوية عسكرياً توفر للسياسة قدرة كبيرة في التأثير والتفاوض في علاقتها الخارجية، بعكس الدولة الضعيفة عسكرياً التي تفقد تأثيرها السياسي في المحيط الخارجي . فالقوة العسكرية ليست غاية بذاتها وإنما وسيلة لتحقيق غاية سياسية أو مجموعة غايات[2].

أن العلاقة بين رجال السياسة والجيش تتطلب خضوع القوات المسلحة للسلطة السياسية وتنفيذ أوامرها، وأن يكون الجيش أداة بيد السلطة السياسية، ومطيعاً لها، غير أن الأمر ليس كذلك في بعض البلدان إذ يتدخل الجيش في السياسة، ويفرض إرادته على السلطة السياسية كما هو الحال في تركيا، أو انه يستلم السلطة في انقلابات عسكرية سيما في الدول النامية لأسباب مختلفة، منها حماية البلاد من الفساد السياسي والدكتاتورية، وضمان الأمن والاستقرار، وتحقيق مصلحة الشعب والبلاد. وفي بعض الحالات يكون الجيش فعلاً ملاذ الشعب حين تتعسف السلطة السياسية في الحكم، وتخرق الدستور والقوانين . وبغض النظر عن مشروعية تدخل الجيش أو عدم مشروعيته فإن السياسة على علاقة وثيقة به سلباً أو إيجاباً، قوة أو ضعفاً .

وفي الحقيقة لا يمكن عزل أفراد القوات المسلحة عن السياسة، ولا يمكن تجاهل الآراء والأفكار السياسية التي يؤمن بها الضباط والجنود، لأنهم جزء من الشعب يتأثرون بالظروف السياسية والأحزاب والعلاقات الدولية، ولذلك

1-د.عبدالرضا الطعان. ود.صادق الأسود . المصدر السابق ص 423

2-د.عصام سليمان . المصدر السابق ص 2

من الضروري إشراكهم في الانتخابات والاستفتاءات بصفتهم المدنية، ولكن دون السماح لهم بالترشيح إلا في حالة مغادرتهم للخدمة العسكرية .

وتعمد بعض الأحزاب لنشر أفكارها ومبادئها في صفوف الجيش، وإذا كانت السلطة الحاكمة تمثل نظام الحزب الواحد، فإنها تعمل عبر التوجيه السياسي على كسب ولاء منتسبي الجيش من خلال ضمهم إلى الخلايا الحزبية، وتثقيفهم بالثقافة السياسية ومحاربة أية اتجاهات سياسية مغايرة في صفوفه.

4-السياسة والأمن:

أن السياسة مرتبطة بالأمن ارتباطاً وثيقاً، إذ لا يمكن تنفيذ أية سياسة في ظل الفوضى والعبث، لذلك فإن أية سلطة سياسية يجب أن تمتلك وتحتكر استخدام القوة الإلزامية والاكراهية(1) لتوفير الأمن والأمان للمواطنين أفراداً وجماعات، وللسلطة السياسية ومؤسساتها وأفرادها داخل البلاد[1].

فالقوانين والتشريعات لا يمكن تنفيذها إلا بوجود أداة منفذة لها، ولا يمكن تطبيق القرارات القضائية والمحاكم إلا بوجود الشرطة والأمن والسجون. ولذلك يأتي ضمان الأمن والاستقرار في مقدمة أهداف السلطة التنفيذية، ومن هنا أيضاً لا يمكن السماح لأية قوى اجتماعية أو أحزاب سياسية بامتلاك قوات مسلحة إلا بموافقتها أو تخويل منها، وإذا ما امتلكت أسلحة أو أفراداً مسلحين فإن ذلك يعتبر تمرداً على السلطة السياسية، وخروجاً على إرادتها .

وتحرص الدول على إقامة شبكة متكاملة من قوى الأمن الداخلي قادرة على فرض إرادتها، وطاعة قوانينها وقراراتها من قبل الشعب، والتحرك السريع لوئد أية اعتداءات على الأفراد أو الجماعات أو السلطة، وتنعكس قوة وقدرة هذه القوى على السلطة والشعب معاً، فضعفها يساعد على انتشار

1-جان مينو . المصدر السابق ص 96

الفوضى والعصيان، ويؤدي إلى ضعف السلطة السياسية، وقوتها يحقق الأمن والاستقرار وقوة السلطة .

ولكن قد تزج السلطات الجائرة بقوى الشرطة والأمن لضرب الاحتجاجات والمظاهرات الشعبية، وقد ترفض بعضها تلك الأوامر مما يؤدي إلى خلخلة الأمن الداخلي، وقد تتدخل قوى الأمن في السياسة، أو تسيطر على السلطة من منطلق قناعتها بعدم أهلية أشخاص السلطة، وبذلك تفقد السلطة قدرتها الإلزامية وتتحول إلى سلطة غاشمة غير شرعية، أما خروج قوى الأمن على السلطة السياسية دون أسباب مبررة، أو رغبة في تولي السلطة بشكل غير شرعي، وبناءاً على تعليمات أو توجيهات من قوى سياسية داخلية أو خارجية معينة يعتبر تمرداً حتى ولو نجح في الاستيلاء على السلطة.

وبشكل عام فإن من وظائف الدولة والسلطة حماية النظام العام، والسهر على رعاية شؤون المواطنين، واوضاعهم الاجتماعية والاقتصادية، وحفظ الأمن والاستقرار لهم[1] .

5-السياسة والتربية والتعليم:

أن التربية والتعليم تهدفان لإقامة جيل متعلم قوي متسلح بالمعرفة والأخلاق ومتشبع بالروح الوطنية والقومية والدينية والإنسانية، وقادر على مجابهة التحديات التي تواجهه في الداخل والخارج، ومن هنا تلتقي التربية والتعليم بالسياسة سعياً إلى تحقيق الأمن والاستقرار والانتظام للمجتمع، وتوفير السعادة والرفاهية وممارسة الحقوق والواجبات، إذ أن فلسفة السلطة السياسية وأيديولوجيتها تقرر نوع التربية والتعليم، سواء كانت رأسمالية أو اشتراكية أو قومية، أو دينية، لذلك تأتي المناهج الدراسية متضمنة لتلك الأهداف من أجل تحقيق تنشئة سياسية معبرة عنها، وتضم الكتب الدراسية في

1-د.عصام سليمان . المصدر السابق ص 26

كل المراحل والمستويات من الابتدائية إلى الجامعة فصولاً سياسية للتوعية والتثقيف، سيما التاريخ الحديث، وكتب التربية الوطنية، فضلاً عن المعاهد والكليات والجامعات، ومراكز البحوث والدراسات المختلفة التي تجمع بين التقدم العلمي والتكنولوجي والدراسات الإنسانية كالآداب والفلسفة والتاريخ والجغرافية والآثار والدين واللغات والإدارة والاقتصاد والفن والرياضة والعلوم الطبيعية والتطبيقية، وإنجاز البحوث والرسائل العلمية في الدراسات العليا، والتي تحتوي على مضامين سياسية واضحة، فضلاً عن التخصصات السياسية في الجامعات والكليات، فهنالك كليات العلوم السياسية والمعاهد الدبلوماسية، ومراكز الدراسات الاستراتيجية والسياسية التي تعالج مختلف القضايا السياسية في الداخل، والعلاقات الخارجية.

ولا شك أن التربية والتعليم للأجيال لا تقتصر على المدارس والجامعات، وانما على التربية البيتية، ووسائل الإعلام المرئية والمسموعة والمقروءة الموجهة من قبل الدولة، أما تلك التي هي خارج نطاق السيطرة فإنها تحمل تأثيرات إيجابية وسلبية ينبغي التنبه إليها، وصيانة النشئ الجديد والشباب من أثارها الضارة.

6-السياسة والأدب:

أن المقصود بالأدب هو اللغة والشعر والنثر والخطابة والنقد الأدبي والقصة والرواية، والأساطير، وكلها تحمل جوانب سياسية إلى جانب الجوانب الاجتماعية الأخرى.

فاللغة السياسية مهمة في التخاطب الدولي، وتوجيه المذكرات السياسية إلى الدول الأخرى، كالاحتجاجات على مسائل معينة، واللغة الدبلوماسية معروفة بمرونتها ومجاملتها، ولغة المفاوضات السياسية لها قواعدها التي تتطلب اختيار العبارات الملائمة دون المساس أو التجريح الشخصي، أو الهجوم المباشر الذي يؤدي إلى المقابلة بالمثل.

وهنالك الشعر السياسي والنثر والخطب السياسية التي يراد منها التأثير في النفوس فضلاً عن القصص والروايات السياسية، وتحرص الدول على إبراز معالمها التاريخية والسياسية الممثلة بالأساطير لتربط بينها وبين الواقع السياسي، وتطفح وسائل الإعلام بالأشعار الحماسية والكتابات الأدبية والسياسية، التي تمدح أو تذم الحكام، أو الشعر الوطني والقومي والديني في التعبير عن حالات مختلفة وكان للشعر السياسي الوطني دور كبير في الثورات الشعبية والحركات الوطنية والاستقلالية في العالم عامة وفي الوطن العربي خاصة.

وقد اشتهر (فخته) في خطاباته القومية التي وجهها للأمة الألمانية في القرن التاسع عشر داعياً إلى الوحدة الألمانية، واستطاع اثارة النفوس وتوجيهها لتحقيق الوحدة فعلاً في تلك الفترة .

7-السياسة والفن:

أن الفن هو الإبداع في مجالات الرسم والنحت والتمثيل والموسيقى والغناء، وهو كنشاط اجتماعي يلتقي مع السياسة في خطوط كثيرة، ويعالج أموراً اجتماعية عديدة فالرسم التشكيلي على سبيل المثال أنما هو تعبير عن حالة اجتماعية، ومنها الحالة السياسية، لذلك فإن مضمون الرسم قد يتضمن موضوعاً سياسياً يراد له أن يكون مفهوماً وواضحاً عند الناس، سواء كان نقداً أو مدحاً، ولذلك فأن الصورة السياسية ذات مغزى سياسي، وهنالك رسوم الكاريكاتير التي تزخر بها الصحف والتي تشكل نقداً واحتجاجاً على بعض الظواهر السياسية، وهنالك الرسوم المتحركة.

أما النحت فهو الأخر له تعبيراته السياسية، ويحرص كثير من حكام الدول على إقامة تماثيل لهم في الساحات وبأوضاع مختلفة للدلالة على قوتهم السياسية.

أما التمثيل السياسي فهو شائع في المسارح والسينما والقنوات التلفزيونية، ويحتاج إلى مهارات خاصة لتجسيد النواحي الإيجابية أو السلبية للسلطة الحاكمة.

وفي الموسيقى والغناء، فإن النشيد الوطني لأية دولة يحمل دلالات ومعان سياسية ووطنية، ويقف الجميع احتراماً وإجلالاً له، كما أن الأغاني والأناشيد الوطنية تساعد على رفع معنويات الشعب والجيش في الأزمات السياسية والدفاع عن البلاد، لذلك لا يمكن تجريد السياسة عن الفن أو الفن عن السياسة بحجة الفن للفن، لأن الفن للمجتمع ومعالجة كافة أحواله الاجتماعية والسياسية والاقتصادية وغير ذلك، لقد احتج أحد الفنانين في بريطانيا على تبعية بلاده لسياسة الولايات المتحدة على المسرح بتمثيل رئيس وزراء بريطانيا (توني بلير) بالكلب التابع لصاحبه، ليلفت الأنظار إلى ضرورة عدم اللهاث وراء أميركا في سعيها للعدوان على العراق، كما أن كثيراً من المتظاهرين يلبسون أقنعة تمثل رؤساء دول بأوضاع مختلفة دليلاً على الاحتجاج على سياساتهم، ويصنعون دمى لهم يرفعونها ثم يحرقونها أمام أنظار الجميع كدليل رفض لسلوكهم السياسي .

لقد احتجت الولايات المتحدة والجماعات اليهودية والكيان الصهيوني على عرض مسلسل (فارس بلا جواد) في القنوات الفضائية المصرية والعربية لأنه يتضمن وقائع بروتوكولات حكماء صهيون بالنقد اللاذع، وتسبب في أزمة سياسية معروفة[1].

وتقيم معظم الدول جداريات تمثل أوضاعاً سياسية أو تاريخية لها، أو (بانوراما) كما هو بانوراما القادسية في سلمان باك في العراق .

1-الحياة 4تشرين الثاني 2002م

8-السياسة والرياضة :

الرياضة جزء من النشاطات الاجتماعية، وكان يعتقد بانها أبعد النشاطات عـن السياسة، بل قيل ولازال يقال بأن السياسة يجب أن لا تدخل مجال الرياضـة، بمعنى أن تكون المباريات الداخلية أو الدولية بمنأى عن السياسة، ولكن الحقيقة غـير ذلك، فقد أصبحت السياسة مقحمة في معظم النشاطات الرياضية لأسباب عديدة منها أن بعض الألعاب الرياضية تجتذب جماهير واسعة، وبعـض الفـرق الرياضية تمثل قطاعات اجتماعية مختلفة وجمعيـات ونـوادي ومـدن ومنـاطق، وجهـات حكوميـة، تجدلها أنصاراً ومؤيدين، ولذلك اهتمـت السـلطات الرسـمية بتنظيم تلك الألعاب ورعايتها، وأنشأت لها وزارات للرياضة، أو هيئات رياضية، ودعمتها مالياً .

وعلى النطاق الخارجي فإن المباريات الدولية تلقـي اهتمامـاً أكبر مـن الـدول، فالفوز فيها فوز للدولة، ودعاية لها، وتحسـين لسـمعتها الدولية، كما أن تشجيع المواطنين لفرقهم الوطنيـة يوحـدهم وطنيـاً في السـاحة الرياضية، رغم اختلافهم في الأمور السياسية . وترى بعض الدول أن انتصار فرقها الرياضية فـوزاً لسياستها، لـذلك توظف ذلك لخدمة الأهداف السياسية في الشعارات والهتافات السياسية.

وتشكل الألعاب الأولمبية فرصة للدول لإظهار نجاحها وبروزها، ولا ريـب أن الدول الكبرى والمقتدرة سياسياً واقتصادياً تنجح في حصد الميداليات الذهبية والفضية اكثر من الدول الفقيرة والصغيرة، مما يعني قوة نظمها السياسية، ولذلك كانت دورة الألعاب الأولمبية عام 1936م في برلين مناسبة لألمانيا النازية لإبراز قوتهـا وعظمتها في وجه الأمم الأخرى .

وقـد قاطعـت دورة كـأس العـالم لكـرة القـدم في الأرجنتـين عـام 1978م دول عديدة بسبب سياستها القمعية، وطرحت فكرة مقاطعة دورة موسكو للألعاب

الأولمبية احتجاجاً على الاحتلال السوفيتي لأفغانستان، وقاطعت دول الكتلة الاشتراكية وبعض حلفائها دورة لوس أنجلوس احتجاجاً على السياسة الأمريكية في نشر صواريخ (بيرشنغ) و(كروز) في أوربا الغربية[1]. وقد قاطعت الأقطار العربية كل المباريات التي كانت فرق الكيان الصهيوني طرفاً فيها، تأكيداً على عدم الاعتراف به سياسياً.

وكانت مباراة التنس بين الفريق الرياضي الأمريكي والفريق الرياضي الصيني عام 1970م في بكين دليلاً سياسياً على انفتاح كل دولة منهما للأخرى، والتي مهدت فعلاً لاعتراف الولايات المتحدة بالصين، وتبادل العلاقات الدبلوماسية بينهما.

وقد اقتبست بعض النظريات الحديثة من المباريات الرياضية كنظرية اللعبة أو نظريات المباريات (Game Theory) وهي افتراض وجود طرفين أو أكثر تتعارض مصالحهم وأهدافهم، ولذلك فإن الصراع بينهم هو من أجل تحقيق هدف الربح وتجنب الخسارة، وتحسب نتائج المباريات وفقاً لمعايير الخطوات ونوعها وحجم المعلومات المتاحة لكل طرف، وعدد الاستراتيجيات المتاحة لكل واحد منهم، وهنالك المباريات الصفرية لأطراف الصراع الدولي التي تكون ثنائية الأطراف (Zero Sun Games) أو التناحرية، إذ أن ربح أي طرف هو خسارة للآخر، ونظرية النهاية الصغرى للنهاية العظمى ويقصد بها حساب أسوأ الاحتمالات بالحصول على اقل ربح مضمون لكل طرف[2].

———————————

1-د.عصام سليمان. المصدر السابق ص 26-27

2- موسوعة العلوم السياسية. المصدر السابق ص 78- 80.

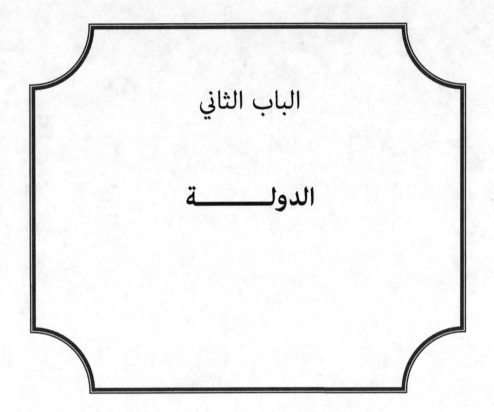

الباب الثاني

الدولـــــة

ترتبط فكرة الدولة بفكرة السلطة بشكل عام، رغم ان الثانية جزء من الأولى، ورغم قدم فكرة الدولة، فإن الدولة الحديثة ظهرت مع نشوء الدولة الوطنية القومية في اوربا بعد معاهدة وستفاليا عام 1648، وهي تنظيم إجتماعي لضمان أمن البلاد والسكان من الأخطار الخارجية والداخلية، ولها قوة مسلحة وأجهزة للاكراه والردع . ان السلطة من أهم عناصر الدولة واكثرها فاعليه، وهي سلطة ذات سيادة قادرة على تنظيم نفسها بنفسها، وغير خاضعة لأي كان، ولها جهاز اداري لتنفيذ برامجها، ولكي تكون شرعيه عليها أن تنال رضا الشعب، وأن تمتد سلطتها لاقليم ثابت محدد . والدولة ليست الأمة، وليست جماعة معينة . والدستور هو الذي ينظم توزيع السلطات والحقوق والواجبات، ويرتب علمها وشعارها وشكلها وحدودها وثوابتها السياسية وفقاً للنظريات السياسية الليبرالية أو الشمولية وما بينهما[1] .

وذهب معظم المفكرين في تعريف الدولة إلى وصف وظائفها، وهي بالحقيقة" مجموعة دائمة ومستقلة من الأفراد يملكون اقليماً معيناً، وتربطهم رابطة سياسية مصدرها الأشتراك في الخضوع لسلطة مركزية تكفل لكل فرد منهم التمتع بحريته ومباشرة حقوقه، وتتمتع بالشخصية المعنوية والسيادة والاستقلال[2] . ويعتقد البعض ان الدولة ليس لها غير حقيقة أدراكية،فهي ليست موجودة، إلا انها تدرك بالفكر[3] . وهذا خطأ واضح فالدولة تتجسد بالأشخاص حكاماً ومحكومين . والسلطة، والأرض والسيادة ومعنى (الدولة) باللغة العربية من كلمة دوّل، يدوّل بمعنى التداول والمداولة،[4] ومن ذلك ما

1- جاك دونديو دوفابر . الدولة، ترجمة سموحي فوق العادة . ط2. بيروت، منشورات عويدات 1982 ص 206.

2- د. محمد على محمد و د. علي عبد المعطي محمد . المصدر السابق بعد ص 260.

3- جورج بوردو . الدولة، ترجمة د . سليم حداد . بيروت، المؤسسة الجامعية 1987.

4- ابن منظور المصدر السابق جـ4، ص444 .

ورد في القرآن الكريم ﴿وتلك الأيام نداولها بين الناس﴾[1] .بمعنى تعاقب الأيام والدهور،وقد اشار ابن خلدون إلى تعاقب الدول والحكومات، كما ورد في القرآن الكريم ﴿**ما افاء الله على رسوله من أهل القرى فلله وللرسول ولذي القربى واليتامي والمساكين وابن السبيل كي لايكون دولة بين الاغنياء منكم**﴾[2]. أي لا تتركز في يد الأغنياء، وهذا يعني ان لاتتركز السلطة في يد مجموعة معينه، وانما تكون مداولة وتداولاً بين الجميع، وقد استخدم المفكرون الأسلاميون مصطلحات عديدة للدلاله على الدولة كالامارة والأمامة والخلافة، ثم استخدموا الدولة، والثابت أن الرسول محمد صلى الله عليه وسلم أقام دولة المدينة بعد الهجرة، واعقبتها دولة الخلفاء الراشدين، ثم الأمويين والعباسيين[3] .

1- القرآن الكريم . سورة آل عمران، الآية 140.

2- القرآن الكريم . سورة الحشر، الآيه 7.

3- د . احمد الكبسي وآخرون . المصدر السابق ص 22.

الفصل الأول

أصل ونشأة الدولة

يرجع أصل الدولة إلى بدايات تكوين الحياه الاجتماعية، حيث ادى ميل الانسان إلى التجمع مع اقرانه بشكل جماعات بسبب القرابة أو الدين أو العمل المشترك، أو القتال إلى أقامة سلطة بدائية ضرورية لانتظام سير الحياة، ومن ثم تطورها إلى شكل الدولة .

وهنالك مجموعة نظريات تفسر أصل ونشأة الدولة، لابد من تناولها وتحليلها لمعرفة حقيقة تلك النظريات وهي :

1- النظرية الالهــية :

ظهرت هذه النظرية في العصور الوسطى من اجل تبرير الحكم المطلق للملوك الاوربيين في صراعهم مع الكنيسة والبرجوازية، وذلك من منطلق ان الله تعالى قد خلق كل شى في الحياة، والدولة هي احدى المخلوقات، فهي ليست من صنع البشر، وان الملوك والحكام هم الذين يتولون السلطة من قبل الله تعالى، ولذلك فان طاعتهم واجبه للشعب، سيما وانهم مسؤولون أمام الله لان الدولة وسلطاتها مقدسة[1]، ويبدو ان آباء الكنيسة المسيحية قد روجوا لهذه المقوله استناداً إلى مانقل عن الرسول (بولس) بأن جميع الناس يجب ان يخضعوا للسلطة العليا، وذلك لان الله وضع السلطة في يد الملك، ومن يقاوم ذلك فإن الله يلعنه جزاء معصيته ومقاومته له، وكان القديس أوغسطين يرى ان الله يعطى للشعب الصالح حاكماً صالحاً، وللشعب الفاسد حاكماً فاسداً، وهذه عقوبة لهم، ولم يقاوم أحد هذه النظرية في العصور الوسطى رغم الصراع بين البابا والملوك، لان ذلك الصراع لم يكن يمس جوهر الحق الالهى

1- د. محمود اسماعيل . المصدر السابق ص 61.

للملوك، وانما كانت تمس السلطة وشكلها وكيفية تطبيقها، وهل تمارس بتفويض مباشر من الله إلى الملوك، أم بطريق غير مباشر عن طريق البابا، فكان الملوك يدعون أن الله اختارهم بشكل مباشر، كمحاولة للحفاظ على استقلالهم، وزيادة قوتهم تجاه البابا، بينما نادى البابا بحقه في تفويض السلطة للملوك كمحاولة للحفاظ على نفوذه وسيطرته عليهم[1] . وجاءت الصراعات الدينية والاصلاحات . وظهور البروتستانتية ليؤكد الملوك سلطتهم الدينية، وذهب بعضهم إلى ابعد من ذلك حين اعلنوا بأنهم يحكمون كوكلاء لله على الأرض، أو ظل الله على الأرض[2]، وقد استندت الأسر المالكة في بريطانيا وفرنسا وغيرهما إلى هذه النظرية لاستمرار حكمها المطلق .

وقد دافع عنها (جان بودان) رافضاً تقييد الملوك، ومدافعاً عن سلطاتهم المطلقه، ورأى أن هنالك قوانين آلهيه وانسانية لايستطيع الملوك تخطيها[3]. غير أن هذه النظرية اضمحلت بعد ظهور وانتشار الأفكار الديمقراطية والسيادة الشعبية، وبحق الشعب في حكم نفسه، وبذلك انهار الحكم المطلق، وحصلت السلطة الزمنية على استقلالها مقابل سلطة الكنيسة.

وفي الحقيقة لاتوجد نصوص دينيه مسيحية معروفة حول هذه النظرية، مما يعنى انها كانت اساساً لتبرير السلطة المطلقة للملوك، واضفاء صفة القدسية على حكمهم[4] .

ولعل هذه النظرية وجدت لها اساساً في الأديان غير السماوية، فقد اعتبر فراعنة مصر انهم الهة أومن نسلهم، بينما اعتبر ملوك وادي الرافدين

1- د . لؤي بحري . المصدر السابق ص 99 . انظر ايضاً :ـ

د. بطرس بطرس غالي، د . محمود خيرى عيسى . المصدر السابق ص 158.

2- Russell , Bertrand . A History of Wstern Philosophy . London P 642

انظر ايضاً د . محمد على محمد، د . علي عبد المعطي محمد . المصدر السابق ص 153.

3- لؤي بحري المصدر السابق ص 100- 101 .

4- د . احمد الكبسي وآخرون . المصدر السابق ص 58.

أنفسهم وكلاء عن الاله [1]. كما ظهرت هذه الأفكار في الهند والصين، باعتبار الملك صاحب السلطة المطلقة الذي هو خلف الله في الأرض، وان العناية الآلهية هي المنظم الأساسي لكل العلاقات الاجتماعية والدينية والسياسية.[2] أما في الاسلام فرغم تاكيد الحاكمية لله ﴿ان الحكم إلا لله﴾ [3] فإن الله سبحانه وتعالى لم يفوض الحكم لأحد، والخلافة لم تكن خلافة الله على الأرض وانما خلافة النبوة، والبشر هم خلفاء الله على الأرض، ولذلك اتبع المسلمون الشورى في الحكم في عهد الخلفاء الراشدين قبل ان ينقلب إلى ملك وراثي . وقد ادعى سلاطين آل عثمان ان السلطان هو ظل الله على الأرض دون سند، من أجل تبرير الحكم المطلق، كما ان نظرية ولاية الفقيه، بان الامامه من الله , وان الولي الفقيه هو الذي يتولى أمور المسلمين في غياب الامام المعصوم , انما هي قضية إجتهاديه، وهي بالتالي تمنح صلاحيات واسعة مطلقة له من منطلق كونه معصوماً من الخطأ ,الامر الذي يعارضه الكثير من فقهاء المسلمين.

إذن فان هذه النظرية ليست اساساً لنشأة الدولة , ولا توجد نصوص مسيحية او اسلامية تؤكد الحق الالهي للحكام , ولكن لهذه النظرية ايجابيات في تأكيدها على ربط الدولة بالدين,نظراً لأهمية الدين في حياة الناس , وفي علاقة الحكام بالشعب , كما انها تساعد على خلق قيم النظام والطاعة بين الافراد , وهي مهمة لتحقيق الاستقرار السياسي ,كما تؤكد على روح المسؤولية الاخلاقية للحكام أمام الله في ممارستهم للسلطة، ففي ظل الشريعة الاسلامية فإن مسؤولية الحكام هي أمام الأمة في الدنيا، وأمام الله في الآخرة.[4]

وبغض النظر عن الحق الالهي في الحكم، فان الدين يعتبر مصدراً مهماً وعاملاً رئيسياً في قيام الدول في الماضي والحاضر، فقد اقيمت الدول القديمة

1- د. طه باقر . المصدر السابق .

2- د. ابراهيم درويش . المصدر السابق ص 159 ـ 160.

3- القرآن الكريم . سورة الانعام . الآية 6.

4- د . احمد محمد الكبسي وآخرون . المصدر السابق ص 60.

وفقاً للمعتقدات الدينية سواء كانت سماوية او غير سماوية، فاليهود اقاموا دولتهم على أساس الديانة اليهودية، وعادوا ليقيموا الكيان الصهيوني في فلسطين من منطلق شعب الله المختار، فاليهودية هي القاسم المشترك للوجود الصهيوني الغاصب في الأرض العربية، أما المسيحية فقد كانت سبباً لنشوء وزوال الامبراطوريات في روما وبيزنطة، وفي اقامة ممالك صليبية في فلسطين والمشرق العربي، ولا شك ان الدين الاسلامي أدى إلى اقامة الدولة الاسلامية في عهد الرسول محمد (ص) في المدينة المنورة، ومن ثم توسعها، وكذلك دولة الخلفاء الراشدين والأمويين والعباسيين والعثمانيين، وكل الدول التي قامت في المشرق والمغرب الأسلامي، وقد أقيمت الدولة الصفوية في بلاد فارس على اساس ديني ومذهبي، وكذلك الدولة السعودية الأولى والثانية والثالثة في الجزيرة العربية، وفقاً للحركة الوهابية، وجاءت نشأة الجمهورية الاسلامية في إيران عام 1979 وليدة للدين الاسلامي والمذهب الشيعي . ولازالت دولة الفاتيكان في روما قائمة عل اساس الديانة المسيحية والمذهب الكاثوليكي، وهنالك جماعات واحزاب اسلامية تدعو إلى اعادة دولة الخلافة الاسلامية كالاخوان المسلمين، وحزب التحرير الاسلامي . وهذا مؤشر واضح على النشأة الدينية للدولة، واستمرار وسقوط الدول تبعاً لها .

2- نظرية القوة :

تقوم هذه النظرية على أساس ان الحرب هي التي اوجدت الملك [1]. وعلى اساس ان الصراع المادي بين الأفراد والجماعات منذ الازل، أدى إلى الحرب واستخدام القوة والعنف من أجل تحقيق المصالح الذاتية، أو الجماعية، وكانت النتيجة انتصار البعض واندحار البعض الآخر، وسيطرة الاقوياء على الضعفاء والتحكم بهم، بمعنى اقامة السلطة والدولة [2]. وفعلاً فان الكثير من

1- ابادوريا . المصدر السابق ص 33.

2- د. اسماعيل علي سعد . المصدر السابق ص 201.

النزاعات الفردية والاجتماعية انتهت إلى حكم القوى للضعيف واستغلاله لمصلحته، وفي ذلك يقول الكاتب (جينكس) بأن اصل الدولة أو المجتمع السياسي يرجع إلى الحرب.[1] وفي الحقيقة ان القوة العسكرية أو القتال أو الحرب ليست وحدها سبباً من اسباب نشأة الدولة، انما القوة بالمعنى السلمي أيضاً، كالقوة الاقتصادية التي جعلت من الاغنياء حكاماً على الفقراء، أو القوة الدينية أي العقيدة التي اذعن لها الافراد ايماناً أو خوفاً، أو القدرة السياسية والحنكة والدهاء السياسي[2].

وقد جاءت نشأة معظم دول العالم عن طريق القوة والحرب، قديماً وحديثاً، كما أن معظم حركات الوحدة أو الا نفصال، وبالتالي قيام دول جديدة كانت بسبب الحروب والثورات، ومن هنا لايمكن تجاهل هذه النظرية، رغم ان انصارها يروجون لسياسة القوة، ويبررون السلطة القائمة على العنف، ولكن الحقيقة هي أن خوف الناس من القوة والحرب وأثارهما المدمرة جعلتهم يقبلون بها رغبة في الأمن والاستقرار، لان سلطة القوي تمنع الاعتداءات بين الافراد، وتعاقب عليها، بغض النظر عن كونها سلطة عادلة أو ظالمة، أما الذين ناهضوا هذه النظرية فقد سلموا بها كسبب لنشأة الدولة، ولكنها ليست السبب الوحيد، فهنالك نظريات أخرى كانت لها دورها في أصل ونشأة الدولة كالقرابة والدين، والقناعة والرضا[3].

كما انتقدت على أساس ان السلطة المستندة إلى القوة تعتبر سلطة غير مشروعية، لانها فرضت على الشعب قسراً، ولاتستطيع البقاء طويلاً، فهي موقته تختفى باختفاء السلطة الحاكمة التي تعتمد على القوة[4].

1- لؤي بحري المصدر السابق ص 103.

2- د . حافظ علوان حمادي الدليمي . المصدر السابق ص85 ـ 86.

3- د . احمد الكبسي وآخرون . المصدر السابق ص 62.

4- ابو اليزيد على الميتيت . مبادئ العلوم السياسية . الاسكندرية، المكتب الجامعي الحديث 1990 ص 19.

3- نظرية الاسرة

ترى هـذه النظريـة ان الأصل في وجـود الدولـة هـو الاسرة التي كانـت نـواة المجتمـع السياسي، فلسـلطة الآب داخـل اسـرته، ورقابتـه علـى ابنائـه، كانـت النـواة الصغيرة لسلطة الحاكم في الدولة، فقد تعـددت الأسر لتكون العشيرة، التي يرأسها رئيس العشيرة، ومن مجموع العشائر تكونت القبيلة، التي اصبحت سـلطتها أوسـع، ومن مجموع القبائل تكونت الأمة التي اصبحت لها قيادة وسلطة هي سلطة الدولة المتمثلة بالأمة[1]، وبذلك فإن علاقات الأفراد بالدولة القومية هي اشبه بعلاقات الأب مع أسرته، حيث التعاون والاحترام، سيما وأن الرابطة بينهم هي رابطة الأصل والـدم، فالقرابة ذات اهمية كبرى، وتدعم مشاعر الوحدة والتضامن التي تعد اسـاس الحيـاة السياسـية، فضـلاً عـن الالتـزام بـالحقوق والواجبـات التـي فرضـتها الأسرة والعشيرة والقبيلة وصولاً إلى الأمة والدولة[2].

وقد ايد افلاطون هذه النظرية، وقال ارسطو أن سلطة العائلة المتمثلة في الأب تنتقل إلى القرية التي تتكون من مجموعـة مـن العوائـل، تحتـاج بعضـها إلى البعض الآخر في توفير حاجياتها الحياتية، وعندما تتسـع الحاجـات وتكبر القرى وتتحد مـع بعضها تتكون المدينة حيث يتمكن المواطنون سد حاجياتهم بصورة كاملـة أو شـبه كاملة، واعتقد ارسطو بأن المدينة هي نظام طبيعي يوجد وينمو طبقاً لسنة التطور والارتقاء، وهذا التطور يؤدي إلى قيام الدولة في المدينة، وإلى تجمع عدة مدن لتكون الدولة التي تختار رئيسها وسلطانها في كل المجالات[3]. وايد هذه النظرية روبرت مـا كيفر[4]، ودافع عنها كلاً من جان بودان، وروسـو، ولكنهـا تعرضـت للنقد مـن قبـل البعض، منها ان الاسرة لم تكن

1- ابادوريا . المصدر السابق ص 35- 37.

2- د. محمد علي محمد و د. علي عبد المعطي محمد . المصدر السابق ص 285 ـ 286.

3- أرسطو. المصدر السابق، ص25- 28.

4- روبرت . م . ماكيفر . تكوين الدولة ج1، ترجمة حسن صعب . بيروت دار الملايين 1966 ـ ص 41.

أول خليـة اجتماعيـة عرفهـا الانسـان في عصـور ماقبـل التـاريخ، فالجماعـات البشرية البدائية كانت تعيش بصورة مشتركة لضرورات الدفاع عن النفس أو المصالح المشتركة، واستندوا في ذلك إلى وجود بعض القبائل البدائية في استراليا وجزر الملايو في القرن التاسع عشر، دون وجـود العلاقـات العائليـة، فقـد كانـت المـرأة ملكـاً مشـاعاً للجميع، كما ذكر آخرون بأن سلطة الأم هي اسبق مـن سـلطة الأب في المجتمعـات القديمة ولم يكن الولد يعرف سوى أمه[1]. وقد وجدوا بعض المجتمعات البدائية حالياً تقوم على سلطة الأم . كما أن وجود بعض الدول لم تمر بمرحلة المدينة السياسـية كـما في دولة الفراعنة في مصر[2]، وقال البعض ايضـاً انـه لم يكـن لـرب الأسرة سـلطة عـلى أفرادها[3]. والحقيقة ان هذه النظرية لها اساس من الواقـع التـاريخي، فقـد تطـورت السلطة الأبوية إلى سلطة أعلى على مجموعـات اكبر سـواء كانـت عشـائر وقبائـل أو قرى ومدن، ولكنها بالتأكيد ليست سبباً لنشوء الدولة بشكل مطلـق، فهنالـك عوامـل ونظريات أخرى زماناً ومكاناً .

4- نظرية العقد الاجتماعي

وهي النظرية التي تقوم على أساس قيام الدولة وفقـاً للعقـد الاجتماعـي بـين الجماعات البشرية، وقناعتهم بضرورة السلطة من أجل تجـاوز حالـة الفـوضى وعـدم الاستقرار والحروب، وصولاً إلى حالة السلام والنظام في ظل الدولـة، وقـد دعـى لهـذه النظرية عـدد مـن المفكـرين منذ القـرن السـادس عشر، مؤكـدين عـلى ان القـانون الطبيعي الذي كان يحكم سلوك البشر هو قانون أزلي حل محله قـانون وضعـى مـن صنع البشر، من أجل تنظيم الحياة بارادة الانسان

1- المصدر السابق ص123 ـ 124.

2- د . حافظ علوان حمادي الدليمي . المصدر السابق ص 86.

3- المصدر السابق .

وقدرته على تنظيم أموره بعقله[1]. ويعتبر توماس هوبز، وجون لوك، وجان جاك روسو اهم رواد هذه النظرية.

1ـ توماس هوبز 1588 ـ 1679

أقر هوبز في كتابه لفياثان (Leviathan) بوجود المساواة بين الأفراد، وان كل فرد كان يسعى بارادته الخاصة ومن منطلق كرامته، إلى السلطة، ومن الطبيعي أن لايتمكن الوصول إلى هذه الهدف كل الساعين إليها، وانما عدداً محدداً منهم، ولذلك حصل الصراع بينهم، واخذ كل واحد ينظر للآخر بعين الريب والخوف، وكان هؤلاء كغيرهم من البشر يمتازون بالانانية، والبحث عن المصلحة الخاصة بدل المصلحة العامة، ولذلك كانت الحالة حالة مضطربة، استطاع خلالها البعض من السيطرة على الضعفاء واستعبادهم، وتحقيق رغباتهم على حساب الآخرين، ولكن حياة الناس كانت فقيرة، وغير مريحة، وكانت قائمة على النزاعات والحروب بينهم، ولذلك ادرك افراد المجتمع ان حالة الطبيعة التي كانوا يعيشونها حالة صعبة لايمكن الاستمرار بها، ومن اجل تجاوزها والتخلص منها قاموا طوعاً بتسليم كل حقوقهم الطبيعية إلى احدهم وهو (الملك) مقابل الحصول على الامن والاطمئنان، إذ يمكن للملك استخدام القوة لردع المعتدين، وتوفير الحياة السعيدة لافراد المجتمع، وفي هذه الحالة ليست لهم أية حقوق تجاه الملك لأنهم تنازلوا عنها برغبتهم، ولايمكنهم الثورة عليه إذا كانوا غير راضين عن سياسته، فالملك مهما كان مستبداً فهو أفضل للبشر من حالة الطبيعة الهمجية التي عاشوها قبل تسليم السلطة له . ويعتقد هوبز ان الملك لم يكن طرفاً في العقد الاجتماعي، وانما كان العقد بين الافراد انفسهم، وهو عقد دائم[2] .

1- د . محمد على محمد و د. علي عبد المعطي محمد . المصدر السابق ص 277 ـ 278 .

2- د . لؤي بحري . المصدر السابق ص 109 ـ 111

وقد وجه النقد إلى هوبز بسبب اعتقاده ان مجتمع الطبيعة المتصارع كان بسبب انانية الافراد، وان هذه الانانية هي الدافع الوحيد للسلوك الانساني، لأن قيام الحياة الاجتماعية يستند إلى نشاطات تعاونية، قد يتنازل الانسان فيها عن مصلحته الذاتيه من أجل المصلحة العامة، أما المصلحة الفردية كدافع أساسي للعقد الاجتماعي، فقد انتقدت ايضاً على أساس ان تلك المصلحة لو صحت لما تورع الناس عن فسخ العقد بعد تحقيق مصالحهم، كما انه برر للسلطة المطلقة بادعائه انه ليس من حق الافراد الثورة على الملك بسبب تنازلهم عن جميع حقوقهم له، فضلاً عن اخراجه الملك من العقد، كما لم يفرق بين الدولة صاحبه السيادة، والحكومة(السلطة) التي تتغير، وتستمد شرعيتها من الدولة [1]

- جـون لوك 1632 - 1704 :

اختلف لوك في نظرته للطبيعة البشرية عن (هوبز)، فقد نفى صفة الانانية والشر عن الانسان في حالة الطبيعة، وقال انها كانت حياة سلام وطيبة واطمئنان، وكان كل فرد يعيش ضمن نطاق حريته الطبيعية محترماً حقوق الآخرين، وحرياتهم وأمنهم ومعيشتهم، ولذلك كانت نظرة لوك إلى الطبيعة البشرية نظرة تفاؤليه، فالقانون الطبيعي السائد هو قانون العقل الذي يدعو إلى المساواة والحرية وعدم الاعتداء على حياة وممتلكات الناس، ولكن حالة الطبيعة تلك كانت خالية من التنظيم والسلطة العامة، رغم مميزاتها الجيدة، فقد كان كل فرد يفسر ويشرح القانون الطبيعي وفقاً لمستواه الخاص، إلى جانب حصول تصرفات من قبل بعض الأفراد غير مرضية للآخرين كنتيجة لسعيهم في الحصول على الحقوق الطبيعية وممارستها، ولذلك شعر الناس بوجود خلل في المجتمع هو عدم وجود هيئة أو سلطة تستطيع حل المنازعات بين الأفراد، ووضع حد للتصرفات الفردية المتناقضة مع المصلحة العامة، والحاجة إلى قوانين تشرعها سلطة مسؤولة تطبق

1- د . محمد على محمد، ود . على عبد المعطي محمد . المصدر السابق ص 278 ـ 279.

على الجميع، لضمان أمنهم وسلامتهم، ومعيشتهم، وبناء على ذلك فقد اتفق الافراد على ايجاد حياة منضبطة بقانون سياسي اعم واشمل من القانون الطبيعي، من اجل الحفاظ على حقوق الافراد، وتوفير المنفعة المتبادلة لهم، والمساعدة في توجيههم لحياة جديدة، لذلك اتفقوا طواعية على التنازل عن جزء من حقوقهم الطبيعية لحاكم يتولى الصلاحيات في ادارة شؤونهم، وتمسكوا بالجزء الآخر المتعلق بحياتهم وحقوقهم الاساسية وممتلكاتهم الشخصية، وعلى الملك ممارسة السلطة وتسخير كل جهوده لتحقيق الصالح العام . واحترام الحقوق الطبيعية للافراد، وفي حالة اخلاله بواجباته يحق للافراد فسخ العقد معه، والثورة عليه وعزله، فالشعب هو مصدر سلطة الحكومة، وصاحب السلطة العليا لتغيير الهيئة التشريعية عندما تتصرف بما يتعارض مع الثقه التي وضعت فيها . وهذا يعني أن لوك آمن بالديمقراطية، وأن نظام الحكم تختاره الأغلبية، لان العقد أكد على قبول حكم الاغلبية، وهذا يعني وضع برلمان منتخب موضع العمل لكي يمثل اعلى سلطة في البلاد . وهو الذي يحكم باسم الشعب .(1)

ويتضح من ذلك ان (لوك) يختلف عن (هوبز) في تأكيده على حالة الطبيعة الخيرة وسيادة الشعب، وحقه في عزل الملك إذا خرج عن إرادته، وتفريقه بين الدولة المستمرة والحكومة المتغيرة .

جان جاك روسو 1712ــ 1778 :

ايد افكار لوك في أن حالة الطبيعة قبل العقد كانت حالة سعيدة، وكان البشر اخياراً بطبائعهم وفضلاء، وقد امتازت حياتهم بالطمأنينة والحرية

1- د . عبد المجيد عرسان العزام و د . محمود سامي الزعبي . المصدر السابق ص 106 . انظر ايضاً :ـ

د . لؤي بحري . المصدر السابق ص 114 ـ 115 .

د . احمد الكبسي وآخرون . المصدر السابق ص 49 ـ 50 .

د . محمد علي محمد و د . علي عبد المعطي محمد . المصدر السابق ص 279 ـ 280 .

د . هشام آل شاوي . المصدر السابق ص 80 ـ 81 .

والراحة والتآخي بعضهم مع البعض الآخر، وكان الكل يخضعون للقانون الطبيعي، حيث كان كل شئ مشاعاً لهم، ولم يعرفوا الملكية الفردية، ولكن القانون الطبيعي لم يكن كافياً لسد حاجات الناس المتطورة، وفي رغبتهم بالحصول على الآمن والاستقرار، أو تبرير ما هو قائم، ولذلك لم تستمر حالة الطبيعة السعيدة بين افراد المجتمع طويلاً، فقد تطورت الحياة وتعقدت، وادت إلى حالة من الفوضى والنزاعات والحروب، وكانت زيادة عدد السكان، واختراع الإنسان للآلة، وظهور الملكية الفردية، وتشابك المصالح والرغبات الذاتية اسباباً مهمة لها، فضلاً عن نزعة توسيع الملكية والاعتداء على حقوق الآخرين، وزيادة غنى الاغنياء وفقر الفقراء، واضمحلال قواعد الأخلاق والعدالة، وبناءً على ذلك التردي والانحطاط ظهر عدد من العقلاء الذين دعوا إلى انهاء تلك الحالة، واقامة مجتمع منظم يحمي الأفراد ويحقق العدالة، وعلى ضوء ذلك دعوا الناس إلى ايجاد اتفاق أو عقد يتعهد كل الأفراد فيه باحترامه والخضوع له، ويتنازل كل فرد عن حقوقه الطبيعية والمكتسبة التي يتمتع بها، أو يمارسها كفرد حر في المجتمع، ولكن بدون ان يفقدها، مقابل تمتعه بالحماية التي يقدمها المجتمع عن طريق العقد، والحصول على الحرية المدنية ضمن المجتمع السياسي الجديد، وهكذا وجدت الدولة كهيئة تمثل الإرادة العامة للافراد، وتمثل سيادة الشعب، وخولوا هذه الهيئة العامة حق إكراه كل من يرفض إطاعة الارادة العامة، فالفرد يجبر ان يكون حراً، وبذلك فقدوا حريتهم الطبيعية غير المحددة وحقهم في الامتلاك غير المحدود، لكنهم اكتسبوا حريات مدنية، وحقاً في تملك كل ما يملكون، وحرية في كونهم اسياد انفسهم، والخضوع لقوانين كانوا لها مشرعين، والحصول على المساواة مع الافراد رغم تفاوتهم في القدرة والفطنة .[1]

1- جان جاك روسو . في العقد الاجتماعي , ترجمة ذوقان قرقوط . بغداد , مكتبة النهضة 1983 ص 83 وما بعدها.

وقد منحت السلطة من قبل الارادة العامة (الدولة) إلى وكيل هو الملك يعمل بتوجيهها، فهي هيئة متوسطة بين الشعب والإرادة العامة ومهمة الملك تأمين الاتصال بين الاثنين وتنفيذ القوانين، والمحافظة على الحقوق والحريات العامة المدنية والسياسية، ولذلك فإن الحكومة (السلطة) التي تمثل الهيئة التنفيذية التي تختارها الأمة لتنفيذ إرادتها، يمكن ان تعزل، إذا خالفت تلك الإرادة العامة للشعب، ويأتي بغيرها متى تشاء[1] , وهذا يعني ان روسو آمن بالديمقراطية ورفض الاستبداد، وارسى قاعدة السيادة الشعبية

ويوجه النقد إلى نظرية العقد الاجتماعي بشكل عام استناداً إلى ما يلي:ـ

1- لا توجد في المدونات التاريخية قديماً وحديثاً ما يؤكد على وجود عقد بين الناس والحاكم، أو الملك في أية فترة تاريخية، ولكن لا يستبعد ان اتفاقاً من هذا النوع قد حدث بشكل شفهي أو تحريري من أجل التخلص من الحالة السلبية والصراعات والحروب إلى حالة إيجابية سلمية مفيدة للمجتمع، فليس كل شيء مدون تاريخياً، وليس ما هو مدون مكتشف أو معروف، فالاكتشافات الأثرية في العالم تظهر باستمرار، وتكشف عن مدونات وحقائق جديدة لم تكن معروفه .

2- ان الاعتقاد بأن الناس هم أنانيون بطبعهم، أو خيرون هو اعتقاد خاضع للمناقشة وللنسبية وللزمان والمكان، فما ينطبق على مكان معين أو زمن محدد قد لا ينطبق على فترات مختلفة .

3- ان حالة الطبيعة قامت في المجتمعات البدائية على اساس الفطرة أو العرف ولم يكن العقد أو التعاقد معروفاً .

4- ان العقد يحتاج إلى قوة إلزامية ممثله بالسلطة، فكيف يوجد السلطة، وهو بحاجة إلى حمايتها .

1- المصدر السابق .

5- تفترض حالة الطبيعة وحالة العقد المساواة بين الناس، وهو أمر مستبعد بسبب التفاوت في قدراتهم وإمكاناتهم العقلية والجسمية .

6- حين يمثل العقد نصوصاً تجيز الثورة ضد الحكام في حالة مخالفة العقد، فإن العقد يكون خطراً على الدولة مما يؤدي إلى الفوضى وعدم الاستقرار السياسي .

7- ان الوعي السياسي يتولد عادة بعد قيام الدولة، ومن غير المنطقي أن يوجد قبلها.

8- ليس من المنطق أن يتنازل الأفراد عن حقوقهم كلها أو بعضها للملك أو الهيئة العامة، بانتظار ان تقوم الدولة باعادة توزيعها من جديد لهم، بينما الحقيقة ان الدولة في حالة حصولها على تفويض من الأفراد تكون في حالة أقوى تجاه الأفراد وتملك الحقوق والسلطات دون ان يكون للأفراد حقوق خاصة بهم .

ورغم كل ذلك فإن هذه النظرية ساهمت بشكل عام في إرساء قواعد الديمقراطية والحقوق والحريات العامة .

5 - النظرية القانونية :

تنشأ الدولة في القانون الدولي من السكان والأرض والحكومة والسيادة بإحدى الطرق التالية:

1- وجود السكان المستقرين بأرض غير مأهولة، أو فيها سكان بدائيون وقبائل رحل، كدولة ليبريا التي أقيمت عام 1822 حيث سكنها جماعة من الزنوج قدموا من الولايات المتحدة بمساعدة جمعية إنسانية لتحرير العبيد، واستوطنوا فيها مع القبائل الهمجية، واعترفت بها الولايات المتحدة عام 1847 . وكذلك جمهورية الترنسفال في جنوب إفريقيا التي سكنها البوير أحفاد المهاجرين الهولنديين في إفريقيا عام 1837[1] .

1- د . عدنان طه مهدي الدوري و د . عبد الأمير العكيلي . القانون الدولي العام . ج1 . ط2 طرابلس، منشورات الجامعة المفتوحة 1995 ص 157.

2- انفصال عدد من السكان، أو استقلالهم عن دولة قائمة كـا لولايات المتحدة التي انفصلت عن بريطانيا عام 1776 والبرازيل عن البرتغال عام 1822 وجمهوريات أمريكا اللاتينية التي انفصلت عن أسبانيا في القرن التاسع عشر، وكذلك الدول الآسيوية والإفريقية الجديدة التي انفصلت عن الدول الاستعمارية، سيما بعد الحرب العالمية الثانية، وقد يتم الاستقلال بثورات ناجحة أو اتفاقيات بمساعدة دول عظمى، أو عبر المنظمات الدولية، أو عن طريق التفكك والانفصال كما حدث بعد تفكك الاتحاد السوفيتي عام 1991 ويوغوسلافيا (1992ـ2002).

3- انضمام دول مع بعضها أ واتحادها كالدولتين الألمانيتين عام 1990، ودولتي اليمن عام 1990 ايضاً .

وتشترط السيادة للدولة الناشئة من خلال الاعتراف الرسمي أو الضمني أو الدولي أو الاتفاقيات الثنائية أو الدولية [1] .

6- النظرية الطبيعية :

ان جوهر هذه النظرية مبني على طبيعة الإنسان الاجتماعية، والتي أكدها القانون الطبيعي، فالإنسان لا يستطيع العيش منعزلاً عن غيره من الأفراد، ولذلك فلا بد أن يسوس بعضهم بعضاً من خلال تعاملاتهم وتفاعلاتهم الطبيعية المختلفة، ولذلك من خلال الاجتماع الإنساني القائم على المصالح، سيما الدفاع عن النفس، وتبادل الحاجات، أصبحت هنالك أفكار وقيادة وسلطة هي الحكم والدولة، ثم وضعت القوانين لتحقيق حياة افضل تقودهم إلى الطمأنينة والهدوء، فالدولة ولاده طبيعية منبثقة من طبيعة الإنسان، ورغبة في التجمع والاتصال مع الأفراد، وبسبب الكثرة السكانية وازدياد المنافع المتبادلة، فقد ظهرت الحاجة للسلطة لتنظيم الحياة، وحل المنازعات .

1- د . احمد الكبسي وآخرون . المصدر السابق ص 96 ـ 70.

والنقد الموجه لها هي انها لا تضع على سلطة الدولة أية قيود قانونية لأنها جاءت عبر التفاعلات الطبيعية التى تحولت إلى فكرة ودولة وقانون يطبق على الأفراد، فلماذا لم تلد ايضاَ قانوناً تصبح الدولة مسؤولة أمامه أو حتى أمام الأفراد ؟[1]

7- النظرية الاقتصادية

وهي التي تفسر تكوين الدولة بالعامل والاقتصادي، ومن اهم دعاته (مورغان) الذي لخص نشأة الدولة بتحول شكل الإنتاج من إنتاج للاستهلاك إلى إنتاج للتبادل عبر مسار تاريخي طويل، ظهرت فيه الملكية الفردية والعائلة والطبقات الاجتماعية، وبذلك أصبحت الدولة أداة قهر وهيمنة بيد الطبقات المسيطرة، وجاراه في ذلك (انجلز) في كتابه (أصل العائلة والملكية الخاصة والدولة) .

أما (غوردن تشايلد) فقال بأن ابتداع الزراعة أدى إلى حدوث فائض في المواد الغذائية مكن فئات من العاملين في الزراعة الاستغناء عن المشاركة في الإنتاج، والانصراف إلى العمل المهني، فظهر تقسيم العمل، وظهرت وحدات اجتماعية تضامنت تدريجياً وكونت الدولة . بينما طرح (كارل ويتفوجل) بأن نظام ري الاراضي الزراعية في مصر والعراق والصين اجبر الفلاحين في المناطق الجافة أو شبه الجافة التي يمر به نهر إلى التنازل عن بعض حقوقهم وحرياتهم لتكوين وحدة سياسية قادرة على تطوير نظام الري وإداراته، فنشأت الدولة عبر مسار تاريخي متدرج [2]

وقد فسر(ماركس) وجود الدولة من خلال صراع الطبقات عبر التاريخ، فقد وجدت مجتمعات كانت في غني عن الدولة، ولم تكن لها اية فكرة عن الدولة، وسلطتها وعندما تطورات تلك المجتمعات اقتصادياً، ونشأت الطبقات

1- د . عبد المجيد عرسان العزام، د. محمود سامي الزعبي . المصدر السابق ص 105 ـ 107.

2- د . فارس اشتى . مدخل إلى العلم بالسياسة . بيروت . دار ميسان 2000. ص 13 ـ 14.

بعد مرحلة الشيوعية البدائية جاءت الدولة بمثابة الاداة بيد الطبقة الغالبة لتحقيق مصالحها ضد الطبقة المغلوبة، وعلى اساس تملك وسائل الإنتاج، وحين استمرت الصراعات بسبب التناقضات الطبقية أصبحت الدولة تعبيراً عن ظهور الإقطاع ثم البرجوازية والرأسمالية، وأن استمرار الصراع سوف يؤدي إلى سيطرة الطبقة البروليتارية الفقيرة على الدولة، وتسخيرها لتحقيق المجتمع الاشتراكي والتي تسعى إلى الغاء الطبقات وخلق المجتمع الشيوعي التي تزول فيها الدولة تلقائياً[1].

وجه النقد إلى هذه النظرية لاتخاذها عاملاً واحداً في تفسير وجود الدولة وهو العامل المادي ــ التاريخي لان هنالك عوامل كثيرة ساعدت على قيام الدولة، وبالتأكيد كانت هنالك سلطة ولو بشكلها البدائي في كل مراحل التاريخ، أما ربط زوال الدولة بزوال الصراع الطبقي فقد ثبت انه غير ممكن، لان عوامل الصراع ليست مادية فقط، وانما بسبب تفاوت القدرات العقلية والجسمية للبشر وعلى العكس من ذلك زادت نشاطات الدولة الاشتراكية وتوسعت، وبالتالي فقد فشل المشروع الشيوعي الذي يتصور زوال الدولة مع استمرار تنظيم حياة البشر وأمنهم ورفاهيتهم، إذ لا يمكن تحقيق العدالة، وتسوية المنازعات وإدارة المجتمع دون سلطة[2].

8- النظرية الاجتماعية :

وهي النظرية التي جاء بها ابن خلدون، فقد ربط نشوء المجتمع بضرورة تأمين الحاجات البشرية، واعتبر العصبية اساساً للقدرة السياسية وتماسك المجتمع، ولذلك فان الصراع القبلي المقترن بالعصبية لذوي الرحم كان يؤدي إلى ظفر العصبية الاقوى على غيرها واقامة الملك، وإن هذه النشأة للدولة

1- د . احمد محمد الكبسي وآخرون . المصدر السابق ص 63 ــ 64.
2- د. عصام سليمان . المصدر السابق ص 155 ــ 160 انظر ايضاً :ـ
     د. احمد محمد الكبسي وآخرون . المصدر السابق ص 64 .

تؤدي إلى استمرارها بسبب عوامل القوة والخشونة والشجاعة في الاطوار الأولى، ولكنها تضعف بسبب الترف، والتخلى عن صفات الشجاعة وارادة القتال وصولاً إلى انقراض الدولة على يد عصبيات اخرى جديدة، وهكذا تتعاقب الدول والامم . كما انه ربط الحالة الاقتصادية بالحالة الاجتماعية فالظلم الاقتصادي وكثرة الضرائب على المنتجين يدفعهم إلى التخلي عن الزراعة بسبب عدم جدواها، وبذلك يحصل الكساد الاقتصادي الذي يرتبط بضعف العصبية،وعدم القدرة على مقاومة العصبيات المتنافسة الجديدة، فتزول الدولة [1]

والنقد الذي يوجه إلى هذه النظرية هو أن نشأة الدول في المجتمعات السابقة لاتتوافق مع نشأة الدول في المجتمعات الحديثة[2] . رغم وجاهة العوامل الاجتماعية، ولكنها مرهونة بعدم الاستقرار والصراعات القبلية .

9- نظرية التحدد :

وهي التي تفسر نشأة الدولة بنطاق محدود كالتحدد البيئي الذي قال به روبرت كارنيرو، فقد رأى أن ضيق المساحات الزراعية وتباعدها بفعل عوامل جغرافية أدى إلى التنافس على المساحة المزروعة، نتج عنه خضوع المغلوب لسيطرة الغالب، ونشوء أولى اشكال الدول، كما في بلاد ما بين النهرين، وساحل البيرو، ومما أدى إلى تعزيز هذه النظرية قوله بتحشد الموارد في هذه المناطق الزراعية ذات التربة الشديدة الخصوبة التي جعلها اماكن صالحة للاستقرار، مما عزز نشوء الدولة فيها . كما أنه قال بالتحدد الاجتماعي، إذا رآى الكثافة السكانية العالية تترك أثاراً شبيهة بأثار التحدد الايكولوجي، إذا أن هذه الكثافة تحول دون امكانية المغلوب من الابتعاد، فيختار الخضوع، ويحدث التطور السياسي لنشأة الدولة . ويبدو أن كارنيرو تأثر بابحاث نابليون

1- ابن خلدون . المصدر السابق ص 154 ــ 171.

2- د. عصام سليمان . المصدر السابق ص 162.

شاتيون عن هنود الباتومامو في فنزويلا[1]. وفي الحقيقة لايمكن تعميم هـذه النظرية، لانها مأخوذة من نماذج محددة في اماكن معينة من العالم، وإن كانت تقدم تفسيرات جديدة لنشأة الدولة .

10- نظرية التطور التاريخي :

تقوم هذه النظرية على أساس ان نشأة الدولة ليست وليدة أي من العوامـل السابقة فقط، وانما هي وليدة لعوامل تختلف اهميتها مـن دولـة إلى أخرى بسبب اخـتـلاف طبيـعـة الـدول وتاريخها واحوالها الاجتماعيـة والاقتصادية والجغرافيـة والحياتيه، فمجموع تلك العوامل المختلفة تفاعل عـبر الـزمن حتى ظهـرت الجماعة السياسية، ومن ثم الدولة بسبب التفاعـل مـع بعضـها، والرغبة في تحقيق غايـات انسانية مشتركة كضرورة الدفاع عـن النـفس والمصـالح المـادية، ومـن هنا فإن قيام الدولة لايرجع إلى زمن معين، وليس نتيجة لحظة معينة، وإنما حصيلة تطور تاريخي لمجموعة من العوامل المختلفة، ولذلك فإن الدولة لازالت في تطور مستمر بسبب ازدياد الحاجات البشرية، والحاجة للتقارب مع البعض، وقد يؤدي ذلك إلى إقامة حكومة أو منطقة عالمية كاملة ينتمي إليها كل الناس .[2]

وهنالك اربعة عوامل ساهمت عبر القرون لاقامة الدولة وهي :-

1- علاقة القرابة أو صلة الدم، والتي تؤكد متانتها، بدءاً بـالاسرة والعشـيرة والقبيـلة، وهو ما اكد عليه أبن خلدون .

2-العلاقة الدينية . وهي مهمة في زيادة روابط الأفراد مـع بعضـهم، وللـدين عمـق نفسي على الفرد وسلوكه، ولذلك فإن الـدين وازع سياسـي لـه القـدرة على نشـأة الدولة وتطورها .

1- روبرت كارنيرو . نظرية في نشأة الدولة . في مجلة الفكر العربي العدد (22) 1981 ص 21.

2- د. لؤي بحري . المصدر السابق ص 126.

3- الوعي السياسي . الذي يوفر الرغبة لتحقيق التنظيم السياسي وتطوره [1]

4- الحرب والهجرات التى ترتب ظهور قيادات متميزة، وايجاد عنصر ـ الاقلـيم الـذي يمهد لقيام الدولة، والانتماء المشترك له. [2]

تعتبر هذه النظرية اكثر قبولاً من النظريات السابقة لانها اكثر واقعية، فالدول فعلاً لم تنشأ في العالم كله وعلى مر التاريخ بسبب عامل وحيد، وانما لمجموعة عوامل، ومنها العادات والتقاليد والقيم المشتركة لجماعات معينة .

1- د. عبد المجيد عرسان العزام، د . محمود سامي الزعبي . المصدر السابق ص 109.

2- د . احمد محمد الكبسي وآخرون . المصدر السابق ص 67.

الفصل الثاني

أركان الدولة

يكاد يكون هنالك اتفاق على عناصر واركان الدولة وهي السكان والاقليم والحكومة والسيادة، مع اختلافات في ضرورة تلك العناصر كلها، فقد اقيمت الدول في غياب احدها أو بعضها، الأمر الذي يتطلب البحث والتفصيل .

المبحث الأول

السكان (الشعب)

ان السكان هم العنصر البشري المهم في تكوين الدولة، والذي يرتبط افراده مع بعضهم بعلاقات متينة، ومصالح وروابط اهمها الرغبة في العيش المشترك، واللغة والأصل والدين والأرض المشتركة، والعادات والتقاليد والثقافات المشتركة أو المتقاربة، ولكن ليس ضرورياً أن تتوفر كل هذه الروابط، وانما اكثرها، والذي يميز الشعب أو السكان عن غيرهم من التجمعات البشرية هو العيش في اقليم دولة له حدوده المعروفة، وامتلاك جنسية واحدة تؤكد انتماءهم الوطني، فالمواطنون هم ابناء الوطن الساكنين فيه، والمرتبطون بوشائج كثيرة، ولهم نفس الحقوق والواجبات وفقاً للدستور، وبذلك يختلفون عن الاجانب الذين يقيمون في الوطن بشكل موقت لغرض العمل والتجارة، ويخضعون لقوانين الاقامة [1]، وليس لهم الحقوق والواجبات كما للمواطنين، وانما تسهيلات محددة وفقاً للقوانين، على ان لايشكلوا خطراً للبلاد، وانتهاكاً للأمن، أو العمل لصالح جهات اجنبية .

1- د. عصام سليمان . المصدر السابق ص 142

وقد يكون الشعب أمة واحدة إذا كان افراده ينتمون إلى أصل واحد [1] كما هوفي المانيا، فالألمان يشكلون امة واحدة في اصلها ولغتها وأرضها ودينها وثقافتها، لأن الرابط الأول للأمة هو الأصل، ولكن في حالات كثيرة فإن الشعب الواحد يضم اكثر من أمة كالشعب السويسري الذي يضم الألمان والفرنسيين والايطاليين، وقد تكون الأمة الواحدة موزعة في مجموعة من الدول كما هو حال الأمة العربية التي يتواجد ابناؤها في (22) قطر عربي، ويتطلعون إلى الوحدة العربية للعيش في دولة عربية واحدة .

وفي الحقيقة هنالك اقليات عرقية أودينية أو مذهبية في معظم دول العالم، ولكنها مرتبطة مع السكان برابطة الوطن الواحد، أو روح المواطنة في الولاء للارض والشعب، سيما حين تكون العلاقات قائمة على العدالة والديمقراطية وعدم التمييز، أما إذا تميزت العلاقات بالتوتر بسبب الاضطهاد القومي، أو عدم المساواة في الحقوق والواجبات فإن روح الولاء تقل، بل ربما تؤدي إلى المطالبة بالانفصال، من خلال تشجيع القوى المعادية لتلك الدولة[2] .

وبناء على ذلك فان الوطنية هي الولاء للوطن، والتفاعل مع المواطنين والدفاع عن البلاد ضد العدوان، بينما الشعبية هي التمسك بأهداف الشعب والالتزام بالقضايا الرئيسية له، والتمسك بالحقوق والواجبات، وهي عكس النخبوية، أو الصفوة التي تلتزم بحقوق وواجبات النخبة، سواء كانت نخبة حاكمة أو غنية، أو أي شيء يميزها عن الاكثرية الشعبية .

أما القومية فهي الولاء للأمة والشعور بواقعها، والانتماء إلى مصيرها ومستقبلها، سواء في الوحدة أو التحرير أو الاستقلال .

أما عدد السكان لكل دولة فليس شرطاً، وانما الشرط وجوده، لأن الدولة لايمكن ان تحمل هذه الصفة إذا لم يكن لها شعب، ولذلك فإن بعض الدول

1- د. بطرس بطرس غالي و د . محمود خيري عيسى . المصدر السابق ص 174.

2- د . لؤي بحري . المصدر السابق ص 72.

كثيفة السكان كالصين التي يبلغ عدد سكانها (1.280)[1] مليار نسمه، بينما هنالك دول قليله السكان مثل (جمهورية توفالو) التي يبلغ سكانها (9600) نسمة[2]، وهنالك دول كثيرة السكان وصغيرة المساحة والموارد، كدولة بنغلاديش التي تبلغ سكانها(120) مليون بينما مساحتها هي حوالي(144) الف كم2[3]، ولذلك تسعى إلى تحديد النسل، والسماح بالهجرة لمواطنيها، بينما هنالك دول قليلة السكان وكبيرة المساحة مثل كندا تقبل بالهجرة إليها نظراً لحاجتها إلى الأيدي العامله، إذ يبلغ سكانها (31) مليون نسمة بينما مساحتها هي (9.970.610) كم2[4].

بينما الأفضل أن يكون عدد السكان متوازيا مع المساحة، كالولايات المتحدة التي عدد سكانها (270) مليون نسمة ومساحتها (9.363.563) ملايين كيلو متر مربع[5]، ولاشك ان الكثرة السكانية مع المساحة الواسعة تؤدي إلى قيام دول عظمى وكبرى، كالصين التي تبلغ مساحتها (9.572.678) كم2[6]، وروسيا التي عدد سكانها (160) مليون نسمة، ومساحتها (17.075.400) وهي اكبر مساحة في العالم[7]، بينما الدول القليلة السكان والمساحة تعتبر دولاً صغيرة أو ضعيفة.

أما نوعية السكان فهي مهمة جداً، فالشعب المتعلم والمتقدم علمياً وتكنولوجياً، والـذي تتـوفر لـه سبل المعيشـة الاقتصادية الجيـدة وفرص العمل، وخدمات صحية وتعليمية ونقل ومواصلات، هو أفضل من الشعب الجاهـل، والـذي تبلغ الأمية فيه درجة كبيرة، وكذلك التخلف وسوء الحالة المعاشية

1- الموسوعة العربية العالمية، جـ 15 ط2 . الرياض، مؤسسة إعمال الموسوعات للنشر 1999 ص 266.

2- غي انيل . قانون العلاقات الدولية، ترجمة نور الدين اللباد، القاهرة، مكتبة مدبولي 1999 ص30.

3- الموسوعة العربية العالمية جـ 5 ص 163.

4- الموسوعة العربية العالمية جـ 20 ص 76.

5- المصدر السابق جـ 27 ص 154.

6- المصدر السابق جـ 15 ص 266.

7- المصدر السابق جـ 11 ص 349.

والبطالة وضعف الخدمات الصحية والتعليمية، وتنعكس هذه النوعية على كل مرافق البلاد كالجيش والشرطة والوظائف، والعمل الزراعي والخدمي والتجاري . لذلك تحرص الدول على التنمية الاقتصادية والاجتماعية والثقافية، ومكافحة الأمية، وتوفير فرص العلم والعمل لمعظم السكان، ومكافحة الأمراض من أجل تقليل الوفيات، وتنظيم النسل لتحديد الولادات[1] .

وتحرص بعض الدول على تنظيم التوزيع السكاني منعاً لتكدس الأفراد في مناطق مفضلة كالعاصمة، رغبة في الحصول على الخدمات المتوفرة، لذلك تعمل على تطوير القرى والمدن الأخرى، واقامة مشاريع تنموية فيها، وبناء مساكن للمواطنين بأجور زهيدة للتخفيف عن الضغط السكاني، وقد تتخذ اجراءات قانونية لمنع الهجرة من الريف إلى المدن، ولكنها غير كافيه إذا لم تترافق مع توفر متطلبات الحياة الضرورية .

المبحث الثاني

الأقليم (الارض)

وهو الركن الثاني من اركن الدولة والحيز الذي تمارس السلطة اعمالها في اطاره الثابت والمحدد بحدود معروفة ومعترف بها، وهو الأرض التي يعيش فيها السكان، سواء كانت أرضاً متصلة كأرض النمسا، أو منفصلة كعمان، وسواء كانت أرضاً برية فقط كالمجر، أو أرضاً برية تتخللها بحيرات أو بحار كسويسرا، أو تكون أرضاً وبحراً كفرنسا، وقد يتكون الاقليم من مجموعة جزر صغيره وكبيرة كبريطانيا، أو جزر متباعدة أو أرض منفصلة بينها بحار ودول كباكستان سابقاً[2] . والمقصود بالاقليم هو الارض وما تحتها ومافوقها، والجبال والوديان والسهول والصحاري والمياه والبحار والبحيرات، والامتداد القاري أو

1- د. هشام آل شاوي . المصدر السابق ص 35 ـ 37

2- د. محمد فرج الزائدي . مذكرات في النظم السياسية طـ 2 طرابلس . الجامعة المفتوحة 1997 ص 19

الجرف القاري الذي يمتد إلى عدة أميال وفقاً لاجراءات الدول .[1] وللدولة حق الاستثمار في كل أراضيها، والالتزام بالقوانين الدولية التي تنظم الانهار المشتركة والاستفادة منها، وتنظم الامتداد في البحار ومنع أيه دولة أجنبية أخرى من التواجد فيها إلا باتفاق أو معاهدة أو حلف عسكري، ولذلك فإن الدول تمتلك الجيوش البرية والأساطيل البحرية والطائرات المقاتلة للدفاع عن أرضيها .

وهنالك دول لا تمتلك موانئ بحرية كونها دولاً قارية، لذلك تتفق مع جيرانها للسماح لها باستخدام موانئها لغرض التجارة والنقل، بينما هنالك دول محاطة بالبحار من كل الجهات مما جعلتها دولاً بحرية كبريطانيا .

أما مساحة الأرض فهي مهمة للدول، لان المساحة الكبيرة التي يقطنها شعب كبير، توفر للدولة موارد وعمقاً جغرافياً مفيداً في حالة وقوع حرب، أو غزو عليها، كروسيا التي كانت أرضها الشاسعة قوة لها في منع الغزاة من الوصول إلى موسكو، بينما المساحة الصغيرة يمكن اجتياحها بسرعة في الحروب، وتعمد بعض الدول للتوسع الجغرافي على حساب جيرانها من أجل ضم اراضى جديدة لها، كما فعلت المانيا قبيل الحرب العالمية الثانية حين غزت النمسا 1938 وجيكوسلوفاكيا في 1939 [2].

وتوفر التضاريس الارضية فرصاً للدول في الاستفادة منها فالجبال الشاهقة والوديان تشكل موانع طبيعية لمنع اعتداء الدول الأخرى، بينما السهول المنبسطة تؤدي إلى احتلالها كبولندا التي احتلتها المانيا والاتحاد السوفيتي خلال الحرب العالمية الثانية، كما ان المناخ المعتدل، في الصيف والشتاء يسمح بالسياحة إليها .

أما حجم المساحة فليس شرطاً على وجود الدولة، فهنالك مساحات

1- د. لؤي بحري . المصدر السابق ص 76 ـ 80

2- د . حسن نافعة . الامم المتحدة في نصف قرن، الكويت، عالم المعرفة 1995 ص38

واسعة لبعض الدول مما يجعل الدفاع عنها صعباً، بينما المساحات القليلة أو المتوسطة تحتم سياسات جغرافية معينة سلباً أو ايجاباً، ولعل الفاتيكان كدولة تشكل أقل مساحة في العالم، لا نها على جزء من مدينة روما فقط [1]. أما حدود الدول فهى على نوعين :

1ـ الحدود الطبيعية : وهي الحدود التي تعتمد على الطبيعة الجغرافية كالجبال أو الانهار أو البحار أو الوديان أو البحيرات التي تفصل بين حدود الدول كجبال الالب في اوربا، وجبال البيرنس بين فرنسا واسبانيا، ومياه الخليج العربي .

2ـ الحدود الاصطناعية : وهي الحدود التي تقوم على اساس وجود بعض الحواجز الاصطناعية لتحديد الحدود بين الدول كالاسلاك الشائكة[2] أو السدود، أو السواتر الترابية، أو الخنادق، أو الاعمدة، والشواخص والمخافر الحدودية لمراقبة التسلل . ومنها الاسوار التي أقامتها الكويت على حدودها مع العراق، والأعمدة الحديدية بين العراق وايران . ورغم ذلك فان من الصعب ضبط التسلل عبر الحدود الطويلة أو السواحل البحرية كما في الأمارات العربية المتحدة التي تعاني من تسلل الايرانيين المهاجرين في زوارق صغيرة لغرض العمل فيها .

ان الحدود بين الأقطار العربية في مجملها هي حدود مصطنعه صنعها الاستعمار حين كان مسيطراً عليها، فهي حدود وهمية قائمة على اشكال هندسية، أو على أساس خطوط الطول والعرض، كالحدود بين العراق وسوريا، والأردن وفلسطين، ودول الخليج العربي، أو الحدود بين مصر ـ والسودان وليبيا والجزائر والمغرب وموريتانيا .، ولذلك فهي حدود زائله في المستقبل، وبانتظار

1- تبلغ مساحتها (44) هكتار، أي مايعادل (440.000) م2 بينما سكانها لايتجاوز الـ (1000) نسمة . انظر في ذلك :ـ
الموسوعة العربية العالمية، جـ 17 ص 169.
2- د. لؤي بحري . المصدر السابق ص 81 ـ 82.

تحقيق الوحدة العربية . وفي الحقيقة أن اراضى واقاليم معظم دول العالم في الوقت الحاضر حددت عبر الاتفاقات الثنائية أو الاقليمية أو الدولية استناداً إلى معطيات تاريخية وجغرافية، ويمكن القول ان الدول حصلت على أراضيها أوفقدتها أو تريد الحصول على أرض جديدة بالوسائل التالية :ـ

1ـ الحروب والغزوات واستخدام القوة، سيما من قبل الدول الكبرى التي اجتاحت اراضى الدول الصغرى،ومنها روسيا التي استولت على ارض واسعة على حساب جيرانها[1].

2ـ الحركات القومية كحركة الوحدة الألمانية والوحدة الأيطالية في القرن التاسع عشر، والتي أدت إلى توحيد الدويلات الصغيرة في دول قومية كبيرة[2]. وحركات الانفصال التي ادت إلى تجزئة بعض الدول، كيوغسلافيا التي انفصلت عنها كل من كرواتيا وسلوفينيا ومقدونيا والبوسنة والهرسك، بينما ادى انهيار الاتحاد السوفيتي إلى قيام (15) دولة جديدة اهمها روسيا الاتحادية[3].

3ـ الاتفاقيات ومعاهدات الصلح : فقد اسفرت اتفاقية فينا عام 1815 إلى نشوء دول جديدة في البلقان، وكذلك معاهد الصلح في باريس عام 1919 التي اقامت كلا من جيكوسلوفاكيا ويوغوسلافيا[4].

4ـ التنازل عن طريق المبادلة فقد تنازلت فرنسا عن مقاطعة لومباردو مقابل تنازل ايطاليا لها عن مقاطعة السافوانيس عام 1860، أو التنازل عن طريق

1- د. نديم البيطار . من التجزئة إلى الوحدة . بيروت، مركز دراسات الوحدة العربية 1983 ص 79 ــ 80.

2- بولتن كنج . الوحدة الايطالية، ترجمة العميد طه باشا الهاشمي . القاهرة جامعة الدول العربية 1952 ص 116 ــ 117. انظر أيضاً:

نور الدين حاطرم . دراسات مقارنة في القوميات الألمانية والايطالية والامريكية والهندية . القاهرة، معهد البحوث والدراسات 1966 ص 8-10

3- الموسوعة العربية العالمية . المصدر السابق جـ 11 ص 375

4- المصدر السابق جـ 9 ص 210

البيع كبيع روسيا لمنطقة الاسكا لأميركا عام 1867، أو التنازل كهبة أوهدية كتنازل الدولة العثمانية عن جزيرة قبرص لبريطانيا[1]

5ـ ضم بعض الأراضي عن طريق زواج العوائل المالكة، كما حدث في اوربا حين تكونت معظم أراضي فرنسا والنمسا عبر زواج الأمراء بالاميرات من عوائل حاكمة أخرى[2] .

6ـ قيام الثورات وحركات العصيان: فقد أدى قيام ثورة من قبل السكان الافارقة في زنجبار عام 1964م إلى إسقاط الحكم العربي وضم الجزيرة إلى تنجايقا باسم دولة(تنزانيا)[3] .

أما (السياسة الجغرافية) فهي تعني علاقة الاقليم بالسياسة وتأثيره عليها سلباً أو ايجاباً ولكن المفهوم الحديث لها وهي (الجيوبو ليتكس) فقد ارتبط بمفهوم التوسع الاقليمي، والمجال الحيوي، سيما لدى الألمان، والحركة النازية في المانيا، وهو ان حركة الانسان وثيقة بالمجال الذي يعيش فيه، وقابليته في التأثير على الطبيعة، واخضاعها وتنظيمها، وبما أن الشعب الألماني من ارقى الشعوب (وفقاً للنازية) فإن عليه الاستفادة من ثروات الشعوب الأخرى غير القادرة على استغلالها بسبب تخلفها كشعوب الدول المتخلفة (النامية)، وبناء على ذلك حاولت المانيا التوسع على حساب جيرانها مما أدى إلى اشتعال نيران الحرب العالمية الثانية (1939ـ 1945) وخسارتها[4] .

ويعتقد معظم الكتاب الجيوبوليتكيون بأهمية الجوانب المختلفة للجغرافية على السياسة فقالوا بوجود النظريات التالية :ـ

1ـ النظرية البرية : وتؤكد على أهمية الأرض في السياسة، ومن روادها

1- د . عبد الواحد عزيز الزنداني ـ المصدر السابق ص 147

2- المصدر السابق

3- الموسوعة العربية العالمية . جـ7 ص 221

4- د . عبد الرزاق عباس حسين . الجغرافية السياسية , مع التركيز على المفاهيم الجيوبوليتيكية . بغداد ,مطبعة اسعد 1976 ص 395

(مكندر) الذي اعتقد بوجود مناطق استراتجية في العالم تتوقف عليها مسار السياسـة الدولية، كالمنطقة السهلية المحصورة شرق المانيا وغرب روسيا، وهي أرض صالحة للزراعة، وفيها أبار نفط باكو، فمن يسطير عليها يسيطر على اوربا، ومن يسيطر على اوربا يسيطر على العالم،فهي قلب العالم[1]، غير أن كتاباً آخرين اشاروا إلى مناطق أخرى في العالم، ويمكن القول ان منطقة الخليج العربي تعتبر قلب العالم بسبب موقعها الاستراتيجي، وثرواتها النفطية التي تشكل نصف الانتاج العالمي و70% من احتياطيها، فضلاً عن الغاز الطبيعي والسهول الساحلية في الاحساء، ومنطقة عربستان، ولذلك فإن بريطانيا حين كانت تسيطر على الخليج العربي في القرن التاسع عشرا والنصف الأول من القرن العشرين كانت أقوى دولة في العالم، واليوم تسيطر الولايات المتحدة على الخليج العربي بنفوذها السياسي وقواتها العسكرية وقواعدها، وسيطرتها الاقتصادية عليها، فهي فعـلاً قلـب العـالم، والولايات المتحدة هي الدولة المسيطرة على معظم مقدرات العالم .

2ـ النظرية البحرية : ومن دعاتها (ماهان) الذي يعتبر بأن الدولة التي تسيطر على البحار، تكون الدولة المسيطرة على العالم، ويستشهد بالـدول البحريـة كبريطانيـا واليابان .

3ـ النظرية الجوية : ومن دعاتها (سفارسكي) الذي يعتبر الدولة المقتدرة جوياً، هـي الاكثر قوة وسيطرة على العالم[2] .

غير ان الحقيقة هى ان قوة الـدول تـرتبط بمجموعـة مـن العوامـل كالثروات الاقتصادية والقوات البرية والبحرية والجوية، وامتلاك اسلحة دمار شامل كالاسلحة النووية والبالستية، وتقدمها العلمي والتكنولوجي، ومدى نجاح

1- المصدر السابق ص 412 انظر أيضاً:
د . عبد المنعم عبد الوهاب . جغرافية العلاقات السياسية . القاهرة . وكالة المطبوعات 1980 ص 102
2- عبد الرزاق عبد الحسين . المصدر السابق ص400- 428

سياساتها في الخارج والداخل .

لقد فقدت النظريات الجيوبولتيكية الكثير من بريقها بسبب التطورات العلمية وتقنيات الاسلحة المتقدمة التي تتجاوز الجغرافية، كالصواريخ عابرة القارات، ورغم ذلك فإنها مهمة في الحروب التقليدية .

بل ظهرت تسمية (الجيو ستراتيجية) تأكيداً لاهمية الجغرافية في الاستراتيجيات الدولية , في اوقات الحرب والسلم [1] .

المبحث الثالث

الحكومة (السلطة)

وهي الركن الثالث للدولة , ويقصد بها السلطة أو الهيئة الحاكمة التي تتولى ادارة البلاد , والاشراف على الامور , وتنظيم العلاقات مع الشعب , واستغلال ثروات البلاد . وتنظيم اقتصادها , وإدارة سياساتها الخارجية , وحماية الوطن من العدوان الخارجي , وتحقيق الأمن والاستقرار , ومنع الاعتداء , وتنفيذ القوانين والانظمة النافذة بما يكفل سير الحياة بشكل طبيعي , وتحقيق السعادة والرفاهية لجميع الافراد [2] .

ولا يمكن تصور دولة بلا حكومة، وإلا سادت الفوضى , ولكن تتغير الحكومات جراء الانتخابات او الثورات او الانقلابات العسكرية ,أو الاحتلال , فقد تقام حكومات منفى خارج اقاليمها, تعمل على انهاء الاحتلال والعودة اليها , وقد لاتسيطر بعض الحكومات على كل اقاليمها بسبب التمرد والعصيان ,ولكنها تبقى مستمرة تمارس أختصاصاتها وفق الدستور ,

كما ان شكل الحكومة لايغير من جوهرها كسلطة , فقد تكون حكومة

1- د. امين محمود عبد الله . في اصول الجغرافية السياسية . القاهرة , مكتبة النهضة المصرية 1977 ص16- 17.

2- د.احمد محمد الكبسي واخرون . المصدر السابق ص37.

مركزية او لا مركزية , أوسلطة اتحادية (فدرالية) او يكون نظام الحكم ملكياً او جمهورياً , أو تكون السلطات مطلقة او ديمقراطية , او أي شكل اخر, ويخلط البعض بين الدولة والحكومة, فالدولة كيان ثابت مستمر تقريباً , بينما الحكومة جزء منها وخاضعة للتغيير في فترات معينة .[1]

وتتكون الحكومة او السلطة من السلطات الثلاث التشريعية والتنفيذية والقضائية، والتي تكون علاقاتها مع بعضها قائمه على فصل السلطات او تركيزها أو توازنها , ولكنها جميعاً تتعاون لانجاز الأهداف السياسية للحكومة، وبرامجها المختلفة . ولا تقبل الحكومات وجود سلطات مساويه لها او مناوئة , فهي السلطة الوحيدة التي تملك القوة الالزاميه التي تجبر المواطنين على الخضوع للدستور والقوانين , ومنع المخالفين لها من تعكير صفو الآمن والاستقرار، ولا تستمر الحكومات إلا برضا المواطنين , ولاتستند إلا إلى الفوز في الانتخابات او الاستفتاءات الشعبية , وإلا فعليها ان تغادر الحكم.[2]

أما خصائص السلطة السياسية فهي :ـ

1ـ انها سلطة عامة تتضمن كل نواحي النشاطات البشرية، وليست سلطة خاصة على جانب معين من تلك النشاطات، فهي تشمل الحياة الاقتصادية والاجتماعية والثقافية والعلمية والتربوية وغير ذلك.

2ـ انها سلطة عليا تسمو على جميع السلطات الأخرى في المجتمع، وتخضع لها جميع مؤسسات الدولة، وافراد الشعب بدون استثناء .

3ـــ انها سلطة مسيطرة على جميع اجزاء الاقليم، وتحتكر وحدها القوة المادية واستخدامها لردع المخالفين في الداخل، ومنع المعتدين في الخارج، ولا تسمح بوجود قوة عسكرية لغيرها في الداخل إلا باتفاق أو معاهدة، كوجود القوات الأمريكية في قاعدة (غوانتا نامو) في كوبا، وفي قاعدة (اوكيناوا) في اليابان .

1- د. عبد المجيد عرسان العزام و د. محمود سامي الزعبي . المصدر السابق ص132

2- د.حافظ علوان حمادي الدليمي .المصدر السابق صـ80

4ـ انها السلطة الوحيدة المخولة بتشريع القوانين والانظمة اللازمة لتحقيق المصلحة العامة، ولا توجد سلطة غيرها في الداخل قادرة على التشريع .

5ـ انها السلطة الوحيدة المخولة بالتعامل مع الدول والمنظمات الدولية في العالم باعتبارها شخصية دولية لها الحق في عقد الاتفاقيات والانضمام إلى المنظمات الدولية، والدخول في المفاوضات، وابرام الصلح وشن الحرب، وإقامة العلاقات الدبلوماسية والقنصلية .

6ـ انها سلطة وطنية نابعة من وجود الدولة، ومعبرة عن الارادة المستقلة، وغير تابعة لاية سلطة اجنبية تحت مسميات الحماية أو الا نتداب أو الوصاية،[1] كما أن سلطة الاحتلال لا تشكل سلطة حكومية للدولة، وهي عادة سلطة موقته تزول بزوال الاحتلال، ولا تعتبر المشاركة مع سلطة الاحتلال سلطة حقيقية، لان المشاركين معها لايمثلون ارادة مستقلة .[2]

وسوف نأتي على تفاصيل اشكال الحكومات في الفصل الاول من الباب الثالث (النظم السياسية) .

المبحث الرابع

السيادة (الاستقلال)

وهي البعد أو الركن الرابع للدولة، وهي السلطة العليا في الدولة التي تشمل كل المواطنين، وكل البلاد، أي القدرة على فرض الطاعة على الجميع والامتثال للقانون، وذلك يقال سيادة القانون بمعنى سيرانه على جميع المواطنين دون استثناء .

والسيادة هي عدم الخضوع لأية سلطة أخرى على الصعيد الداخلي وعلى الصعيد الدولي[3] ولذلك لا توجد سلطة فوق سلطةالدولة، أما سلطات

1- د. احمد ابراهيم الجبير . المصدر السابق ص 206.

2- المصدر السابق .

3- عصام سليمان . المصدر السابق ص 46.

الحكومات المحلية فهي بداهةً خاضعة لسيادة وسلطة الدولة[1]، ولذلك فإن للسيادة جانبان هما :ـ

1ـ السيادة الداخلية : وهي امتلاك السلطة المطلقة على جميع الأفراد والجماعات التي تتألف منها، وهى سلطة شرعية وواجبة لها حق سن القوانين وفرضها بشتى الوسائل .

2ـ السيادة الخارجية : وهي استقلال الدولة فعلياً وقانونياً عـن سيطرة أي دولة أخرى واعتراف الـدول بها، وحقها في التمثيل الـدبلوماسي وعضوية المنظمات الدولية، وحريتها في اتخـاذ القـرارات دون قيـود أو تـردد، إلا الالتزامات التـي يفرضها القانون الدولي والعرف والاتفاقيات الدولية الثنائية أو الاقليمية[2].

أولاً : خصائص السيادة

1- انها سيادة مستقلة وليست مقيدة أومرتبطة بارادة الغير

2- انها سيادة دائمية ملازمة لحياة الدولة، ولا تنتهي إلا بزوال الدولة

3- انها سيادة واحدة غير مجزأة وقابلة للتقسيم بتعدد هيآتها الرسمية وغير الرسمية .

4- انها سيادة شاملة لكل الاقليم والشعب، عدا مـا يسـتثنى منهـا وفقـاً للمعاهدات، كالبعثات الدبلوماسية وموظفي الأمم المتحدة .

5- انها لا يمكن التنازل عنها لأية دولة[3]، إلا في حالة الاتحاد أو الانضمام إلى دولة أخرى حيث تتوسع قاعدة السيادة .

6- انها سيادة أصيلة لاتستمد من سيادة أخرى في الخارج.

1- د . احمد ابراهيم الجبير . المصدر السابق ص 210.

2- د . احمد محمد الكبسي . المصدر السابق ص 38 ـ 39.

3 - د . احمد ابراهيم الجبير . المصدر السابق ص 210 ـ 211.

7- انها سيادة سامية تعلو على جميع السلطات باعتبارها سيادة سلطة آمره عليا، تفرض ارادتها على الجميع .

8- انها سيادة معترف بها من قبل بعض أو جل أو كل الدول الأخرى، ولكن عدم الاعتراف بها لايعني عدم وجودها .

9- انها سيادة نسبية وليست مطلقة، بسبب ارتباط دول العالم مع بعضها بالاتفاقيات والاحلاف، والعضوية في المنظمات الدولية .[1]

ثانياً : مظاهر السيادة :

1- السيادة القانونية :

ويقصد بها السيادة التي يخولها الدستور لشخص أو هيئة تطبق القوانين في المحاكم، فالقضاة يطبقون القانون الصادر من السلطة التشريعية وفقاً للدستور، ورؤساء الدول يمتلكون في بعض الدول سلطة اصدار الأوامر النهائية، وتمتاز هذه السيادة بانها محددة ومنظمة ومعترف بها، وتعبر عن ارادة الدولة، ويجب طاعتها، لأن انتهاكها يعني انتهاك القانون والدستور، ومن ثم العقوبة، فهي سيادة مطلقة وعليا[2] .

2- السيادة السياسية:

وهي سيادة الشعب، ومجموعة القوى التي تساند القانون، وتكفل تنفيذه واحترامه، فالشعب المصدر الأول والأخير لكل سلطة، فالناخبون الذين ينتخبون أعضاء (المجلس التشريعي) أو أبناء الشعب الذين تجري الاستفتاءات الشعبية لمعرفة رأيهم في قضية ما، هم أصحاب السيادة السياسية، ولا يتم تبني اراءهم قانوناً الا بالتشريع من قبل المجالس التشريعية . فالسيادة السياسية تظهر عن طريق التصويت أو الصحف أو الخطب السياسية،أو المهرجانات الشعبية، أو أية

1- د . عصام سليمان . المصدر السابق ص 146.
2- د . احمد محمد الكبسي وآخرون . المصدر السابق ص 88 ـ 89.

طريقة يمتلكها الشعب للتعبير عن رأيه , فصاحب السيادة السياسية هو صاحب القوة الحقيقة في الدولة التي تبين رأيها في القوانين التي تريدها . فإذا شرعت القوانين تصبح قوانين الدولة وتعتبر بذلك سيادة قانونية[1].

3- السيادة الشعبية :

وهي السيادة التى يراد منها تقرير سلطة الشعب في مواجهة سلطة القرار المطلقة، أو الطبقة الحاكمة، كحق افراد الشعب في الانتخابات . واشراف الشعب على الحكومة[2] . فالسلطات الحكومية التي هي صاحبة السيادة القانونية بتخويل من الدستور لا تستطيع الاستمرار في الحكم إذا عارضها الشعب، ولذلك يعبر الشعب عن سيادته في اللجوء إلى الثورة لازالة التعسف،كما يعبر الرأي العام عنها في زمن السلم، فالارادة الشعبية تفترض تحقيق مصالحها، والتعبير عنها بوسائل مختلفة[3].

4- السيادة الفعلية :

وهي السيادة التي تمتلكها السلطة السياسية سواء كانت مستنده إلى القوانين، أم كانت غير شرعية، فهي قادرة على تنفيذ ارادتها، واجبارً المواطنين على الطاعة، فقد يكون صاحب السلطة السياسية قائداً عسكرياً يفرض ارادته على الشعب، أو زعيماً وطنياً يؤمن الشعب بمبادئه، دون التقيد بسند قانوني لسلطة الأمر والطاعة له . وتتحول السيادة الفعلية إلى سيادة قانونية إذا أظهرت قدرتها على الاستمرار، وتشريع قوانين جديدة[4] .

1- د . احمد محمد الكبسي وآخرون . المصدر السابق ص 88 ــ 89.

2- د. المصدر السابق.

3- د. عبد الواحد عزيز الزانداني . المصدر السابق ص 92.

4- المصدر السابق ص 93.

ثالثاً: الاعتراف بالدولة

أن الاعتراف بالدولة هو الاقرار بوجودها وسيادتها، وتأكيد قدرتها على الوفاء بالتزاماتها الدولية، والخضوع للقوانين والاعراف الدولية، وسريان تشريعاتها وقوانينها في الداخل والخارج، والتمتع بحقوقها الدولية، ويتحقق الاعتراف من قبل الدول بعدة صيغ :

1- طريقة التعبير عنها وهي :

أ- الاعتراف الفردي : بمعنى اعتراف كل دولة بغيرها عبر بيان رسمي .

ب- الاعتراف الجماعي : وهو الاعتراف عبر بيان صادر من مجموعة دول تشكل منظمة دولية أو اقليمية أو مؤتمر دولي أو معاهدة دولية .

2- صور الاعتراف :

أ - الاعتراف الصريح : أي الاعلان عنه بتصريح أو بيان أو برقية .

ب - الاعتراف الضمني : أي التصرف الذي يفهم منه الاعتراف، كاستقبال البعثات الدبلوماسية، واصدار براءة الاعتماد للممثلين، وإقامة صلات رسمية مع الدولة المعنية، واطلاق المدفعية تحية للرؤساء، ولتحية العلم[1] .

3 - مظاهر الاعتراف :

أ - الاعتراف القانوني : وهو الاعتراف الكامل بالدولة اعلاناً وتصريحاً .

ب - الاعتراف الواقعي : وهو الاعتراف دون الاعلان عن ذلك من خلال التعاون مع الدولة المعنية وقبول وجودها الفعلي، وهو موقت وتمهيد للاعتراف القانوني.[2]

1- المصدر السابق ص 93.

2- المصدر السابق ص 185 ـ 186 .

4- طبيعة الاعتراف :

أ- الاعتراف المنشىء : وهو الاعتراف الذي يكسب الدولة الشخصية القانونية والعضوية في الاسرة الدولية، سواء تم بارادة منفردة أو جماعية .

ب - الاعتراف الكاشف : وهو الاعتراف الذي يكشف عن وجود الدولة قبل الاعتراف، وهو وجود سابق له، والاعتراف هنا تأكيد لاستقلالها وشرعيتها، ومنع لتدخل الدول القوية في شؤونها[1] .

وقد وجه البعض النقد للسيادة، معتبراً ان السيادة ليست ضرورية للدولة، سيما انها مخترقة أو ناقصة السيادة، فقد ضمت عصبة الأمم دولاً خاضعة للسيطرة البريطانية كاستراليا[2] ، بينما هنالك دول فيها قوات أجنبية كالمانيا واليابان، فهي ليست كاملة السيادة، فضلاً عن تدخل الدول الكبرى بشؤون الدول الصغرى، واجبارها على توقيع معاهدات غير متكافئة، وقد طرح الرئيس السوفيتي الأسبق (بريجنيف) فكرة (السيادة المحددة) بين دول الكتلة الاشتراكية بعد احداث تشيكوسلوفاكيا عام 1968 وتدخل القوات السوفيتية فيها[3] .

رابعاً :الدولة ناقصة السيادة :

وهي الدول التي تخضع لسيادة وسلطة دول أخرى بموجب معاهدات واتفاقيات جائرة، كالحماية والانتداب والوصاية، ولايمكنها ادارة الشؤون الخارجية لها، أو عقد المعاهدات، أو الانضمام إلى المنظمات الدولية، ولا تعترف الدول الأخرى بها الا بعد التخلص من السيطرة الاجنبية, أما المستعمرات فهي ليست دول , وربما كانت دولاً قبل استعمارها ولكنها خضعت

1- المصدر السابق ص 173 ـ 176 .

2- د. بطرس بطرس غالي و د. محمود خيري عيسى . المصدر السابق ص 45.

3- د . عصام سليمان . المصدر السابق صـ 146.

للسيطرة الاستعمارية لفترات طويلة، فقد احتلت اسبانيا كلاً من سبته ومليلة في المغرب العربي منذ القرن الخامس عشر، وزالت تعتبرها جـزءاً منها، رغـم مطالبـة المغرب بهما، واعتبرت فرنسا الجزائر جزءً منها، ولكنها اضطرت إلى مـنح حـق تقريـر المصير للجزائريين اثر ثورة الجزائر الباسلة 1954 ـــ 1962 وقد ضمت الولايات المتحدة جزرها واي اليها فاصبحت جزءاً من ولايتها[1]. وبقت مسيطرة عـلى سـاموا وغوام وجزر بورتوريكو وفيرجين ايلاندز[2].

أما انواع الدول والاقاليم ناقصة السيادة فهي :

1-التبعية :

وهي الدولة التي تتبع دولة أخرى هـي الدولـة المتبوعـة التـي تسيطر عـلى مقدراتها، والتي تسـمح للدولة التابعـة بممارسـة بعض الاختصاصات في الشـؤون الداخلية، وهي ايضاً على عدة انواع :

أ - التبعيـة الأسـمية : حيـث تكون الدولـة التابعـة مسـتقلة في سياسـتها الداخليـة والخارجية، ولا ترتبط مع الدولة المتبوعة الا بالاسم، وهذا ينطبق عـلى مجموعـة دول البلقان التي استقلت عن الدولة العثمانية، واعترفت بها على ان تكون تابعة للدولة العثمانية اسمياً، ومنها صربيا والجبل الأسود ورومانيا وبلغاريا[3]، وكـذلك مصر بعد الاحتلال البريطاني لها عام 1882 فاصبحت تابعة للدولة العثمانية اسمياً[4] وكانت العلاقة بين الدولة العثمانية وجزيرة كريت اسمية شرفية حتى ضمها إلى اليونان عام 1913[5]. وكل هذه الانواع نظمت وفقاً لمعاهدات قانونية .

1- د. بطرس بطرس غالي د. محمود خيري عيسى . المصدر السابق ص 212.

2- الموسوعة العربية العالمية جـ 1 ص 720.

3- د. عبد الواحد عزيز الزنداني . المصدر السابق ص 115.

4- المصدر السابق

5- بطرس بطرس غالي و د. محمود خيري عيسى . المصدر السابق ص 212 ـ 213.

ب - التبعية الفعلية : وهي تبعية الدول للدولة المتبوعة فعلياً كتبعية كوريا لليابان منذ عام 1894 ـ 1910 . مع ممارسة بعض الاختصاصات الداخلية والخارجية، وقد ضمتها اليابان عام 1910 إليها حتى سنة 1945 حيث تقاسمتها القوات السوفيتية والامريكية بعد نهاية الحرب العالمية الثانية[1]. كما ان مصرـ منذ عام 1882 وحتى 1914 كانت تابعة لبريطانيا فعلياً رغم تبعيتها للدولة العثمانية اسمياً[2].

ج- التبعية الاقتصادية : وهي النوع الجديد من التبعية حيث تكون الدولة مستقلة في سياستها الداخلية والخارجية، ولكنها تخضع للتبعية الاقتصادية للدول الكبرى[3]، كدول الخليج العربية التي تتبع الولايات المتحدة في ثرواتها النفطية وودائعها المالية، وهذه التبعية تؤدي إلى التبعية السياسية من الناحية الفعلية، والسماح بعقد معاهدات غير متكافئة لاقامة قواعد عسكرية وتواجد القوات الاجنبية فيها .

د- التبعية الثنائية : كالحكم البريطاني المصري على السودان 1998 ـ 1956 والذي كان بريطانياً بالحقيقة، ومصرياً بالاسم.[4]

2 -الحماية :

وهي خضوع دولة لحماية دولة أخرى قهراً أو طوعاً، بسبب قوة وقدرة دولة الحماية، ويشترط لذلك وجود معاهدة معلنة دولياً ومعترف بها بين الدول الحامية والدولة المحمية، تحدد الحقوق والواجبات بينهما . وكقاعدة عامة تفقد الدولة المحمية حق إدارة شؤونها الخارجية، وتحتفظ ببعض استقلالها الداخلي، ولكنها تحتفظ بشخصيتها الدولية في نظر القانون الدولي.

1- المصدر السابق ص 214.

2- د . احمد محمد الكبسي . المصدر السابق ص 99.

3- المصدر السابق .

4- الموسوعة العربية العالمية . جـ 13 ص 202 ـ 206.

ومن انواع الحماية :

أ ـ الحماية القهرية : أي الخضوع للحماية بقوة السلاح، وهي الحماية الاستعمارية كالحماية الفرنسية على تونس عام 1881وعلى المغرب عام 1912 والحماية البريطانية على مصر عام 1914 .

ب ـ الحماية الاختيارية :ـ وهي التي تضع الدولة نفسها بمحض ارادتها تحت حماية دولة أخرى، كالحماية الفرنسية على امارة موناكو منذ عام 1816، والحماية الايطالية لجمهورية سان مارينو منذ عام 1862، والحماية السويسرية لإمارة لينشتاين[1]. والحماية الروسية لجمهورية جورجيا عام 1837[2].

ج ـ الحماية المشتركة : أي اشتراك دولتين في حماية دولة ثالثة كالحماية الفرنسية والاسبانية المشتركة على جمهورية اندورا منذ عام 1278[3] وتتولى فرنسا ادارة شؤونها الخارجية[4]. والادارة الدولية لطنجة والتي تقررت في مؤتمر باريس عام 1923، وعام 1928 بان تكون هذه الادارة من انكلترا وفرنسا وايطاليا والبرتغال وبلجيكا وهولندا، ولكن النفوذ الاسباني والفرنسي كان هو الغالب[5].

اما نتيجة الحماية فهي الاستقلال كمصر عام 1922، وتونس والمغرب عام 1956 أو الضم كما فعلت فرنسا مع مدغشقر 1895، أو وضع الدولة المحمية تحت الوصاية[6].

1- د. بطرس بطرس غالي، د. محمود خيرى عيسى . المصدر السابق ص 219 ـ 220.

2- د. محمد يوسف علوان . الدولة المحمية في موسوعة العلوم السياسية . ص 9864.

3- د. عبد الواحد عزيز الزنداني . المصدر السابق ص 116.

4- د . بطرس بطرس غالي، د. محمود خيري عيسى . المصدر السابق ص 216.

5- المصدر السابق ص 218.

6- المصدر السابق ص 215.

د ــ الحماية الفعلية : وهي الحماية تفرضها الواقع والظروف الدولية، فقد طلبت الكويت من الولايات المتحدة ابان الحرب العراقية الايرانية 1980 ـــ 1988 رفع العلم الامريكي على سفنها، وطلبت دخول قوات امريكية وغربية إليها بعد احتلال العراق للكويت عام 1990 [1] . وهذا لا يعني ان الحماية افقدت الكويت استقلالها السياسي ـ وانما قيدته إلى حد كبير،

وينطبق هذا على عودة القوات الامريكية للكويت عام 2002 بسبب الازمة بين العراق والولايات المتحدة [2]، وتواجدها في قطر بناء على معاهدة دفاعية [3] .

4- الانتداب :

وظهر هذه النظام بعد الحرب العالمية الأولى . واقره مؤتمر سان ريمو عام 1920 في ظل عصبة الأمم، حيث استهدف ارضاء الدول الاستعمارية المنتصرة في الحرب بوضع الاقاليم والدول المنسلخة من الدولة العثمانية، ومن املاك المانيا تحت سيطرة تلك الدول، وقد ادعت عصبة الأمم ان الانتداب هو من أجل مساعدة شعوب الاقاليم المستعمرة لنيل استقلالها بحجة عدم قدرتها على ادارة نفسها بنفسها .

وقد قسمت هذه الدول والاقاليم إلى ثلاثه أقسام :ـ

أ ــ الانتداب الخاص بممتلكات الدولة العثمانية :

وهي الاقاليم التابعة للدولة العثمانية والتي وصلت إلى حالة من التقدم والرقي بحيث يعترف لشعوبها بالاستقلال، على أن تساعدها الدولة المنتدبة، وتقدم لها النصح في ادارة شؤونها حتى تصبح قادرة على تدبير شؤونها كلية،

1- د. احمد محمد الكبسي وآخرون . المصدر السابق ص 100.

2 - Newsweek. December 2002 P 16

3- يوميات السياسة الدولية، العدد (152) إبريل 2003 ص 360.

فاصبحت سوريا ولبنان تحت الانتداب الفرنسي، والعراق وفلسطين تحت الانتداب البريطاني[1].

ب ـ الانتداب الخاص بشعوب وسط أفريقيا:

وهي اقل تقدماً، وتشمل مستعمرات المانيا، ومنها الكاميرون التي قسمت بين الانتداب البريطاني والانتداب الفرنسي، ووضعت تنجانيقا تحت الانتداب البريطاني، ورواندا اورندي تحت الانتداب البلجيكي[2].

جـ ـ الانتداب الخاص ببعض الاقاليم في افريقا وآسيا واستراليا :

وهي الاقاليم التي تديرها الدول الاستعمارية كجزء من اراضيها،مع تعهدها بضمان المصالح المادية والادارية للسكان، الذين هم اقل تقدماً، أو التي لم تحقق شعوبها أي درجة من التقدم، وهم قليلو العدد في مساحات محددة . ومن امثالها وضع غينيا الجديدة تحت انتداب استراليا، وجزيرة ساموا تحت انتداب نيوزيلندة، وجزر ماريان وكارولين ومارشال تحت وصاية اليابان[3]، وناردو تحت انتداب بريطانيا[4]. وجنوب غرب أفريقيا (نامبيا) تحت انتداب اتحاد جنوب افريقيا[5].

وكانت نتيجة الانتداب البريطاني مقاومة الشعب العراقي للاحتلال والانتداب البريطاني في ثورة العشرين (1920) واجبار بريطانيا على الاعتراف باستقلال العراق عام 1922، وعقدها معاهدة صداقة معه عام 1930 وانضمام العراق لعصبة الأمم عام 1932، كما استقلت كلّ من الاردن وسوريا

1- د. بطرس بطرس غالي، ود. محمود خيري عيسى . المصدر السابق ص 221، وقد اعتبر الاردن ضمن الانتداب البريطاني كامتداد لفلسطين، إذا كان الاردن جزءاً من سوريا في ظل الحكومة العربية في دمشق عام 1918 ـ 1920.

2- المصدر السابق ص 222.

3- المصدر السابق.

4- عبد الواحد عزيز الزنداني . المصدر السابق ص 118.

5- د . بطرس بطرس غالي و د. محمود خيري عيسى . المصدر السابق ص 229.

ولبنان عام 1946، ولكن بريطانيا سلمت فلسطين لليهود عـام 1948 حيـث اعلن عن قيام الكيان الصهيوني [1] .

أما الانتدابان ب وجـ فقد استمر إلى أن وضعت أقاليمهما تحت الوصاية بعد الحرب العالمية الثانية .

4 - الوصاية :-

شكل ميثاق الأمم المتحدة بعد انتهاء الحرب العالمية الثانية نظامـاً جديداً باسم (مجلس الوصاية) لادارة مجموعة من الاقاليم التي لم تنل استقلالها، ولكـن الحقيقـة ان الوصاية كسابقها (الانتداب) لم يكن إلا ترتيباً اسـتعمارياً جديداً لحمايـة مصـالح الدول الاستعمارية، وإدامة سيطرتها، وقد اكدت الأمم المتحدة عـلى دول الوصـاية النهوض بالاقاليم، وتنميتها وتأهيلها لنيل الاستقلال، واحترام حقـوق الانسـان، وتـامين المساواة في التعامل مع السكان . وهي على ثلاث فئات :

أ ـ الفئة الأولى

وهي الاقاليم التي كانت خاضعة للانتـداب ب، جـ فوضعت تحت الوصـاية بقرار من الجمعية العامـة عـام 1956 ــ 1957 . عـدا اقليم جنـوب غـرب افريقيـا (ناميبيا) فقد استمر تحت انتداب جنوب افريقيـا، ولكـن حكومـة جنـوب افريقيـا أرادت ضمه إليها، وفي عام 1966 انهت الجمعية العامة انتدابها له، ولكنها مـا طلـت في سحب قواتها منه حتى عام 1975 حيث اعلن استقلاله، وقد اسـتقلت كـل هـذه الاقاليم، وكانت غينيا الجديدة آخرها عام 1975 .

ب ـ الفئة الثانية

وهي الاقاليم المقتطعة مـن ايطاليـا، وهـي ارتيريا وليبيا والصـومال، وقـد ضمت ارتيريا الى اثيوبيا بشكل اتحاد عام 1950، ولكن الشعب

1- المصدر السابق ص 222 ــ 227.

الارتيري قاوم الضم، وحارب القوات الاثيوبية حتى نال استقلاله عام 1993 . ووضعت اقاليم ليبيا الثلاثة تحت الوصاية، فاصبحت برقة تحت الوصاية البريطانية، وطرابلس تحت الوصاية الايطالية، وفزان تحت الوصاية الفرنسية، حتى اعلان استقلال ليبيا كدولة اتحادية عام 1950 . أما الصومال فقد وضع الجزء الشمالي منه تحت الوصاية البريطانية، والجزء الجنوبي تحت الوصاية الأيطالية ثم اعلنت استقلالها عام 1960 . وأما المستعمرات اليابانية فهي كوريا ومنشوريا وفرموزا، وجزر مارشال وماريان وكارولين في المحيط الهادي والتي كانت خاضعة لانتدابها، فقد قسمت كوريا بين الاتحاد السوفيتي والولايات المتحدة، واعيدت منشوريا وفرموزة إلى الصين، ووضعت جزر المحيط الهادي تحت وصاية الولايات المتحدة وباشراف مجلس الأمن باعتبارها مواقع استراتيجية [1]، ولازالت خاضعة لوصايتها[2] .

ج ـ الفئة الثالثة

وهي الاقاليم التي افترض ان تضعها الدول المسؤولة عن ادارتها تحت الوصاية بمحض ارادتها تشجيعاً لها، ولكن لم تتقدم أية دولة بوضع مستعمراتها تحت الوصاية، وفضلت ان تمنح لها الاستقلال مباشرة . وقد جاء قرار الجمعية العامة للامم المتحدة عام 1960 بمنح الاستقلال للبلدان والشعوب المستعمرة ضرية قاضية للدول الاستعمارية، فاعلن استقلال معظم بلدان آسيا وأفريقيا . ومع ذلك فإن الوصاية لم تشمل كل المستعمرات، كالاستعمار البلجيكي على الكونغو، والاستعمار البرتغالي على انغولا . والاستعمار الهولندي على اندونيسيا . والفرنسيـ على الجزائر، وكثير غيرها شقت طريقها إلى الاستقلال عبر الكفاح المسلح .

1- المصدر السابق ص 227 ـ 230.

2- د. احمد عبد الونيس . مجلس الوصاية . في موسوعة العلوم السياسية ص 1021.

الفصل الثالث

أنواع الدول (التكوين والزوال)

المبحث الأول

الدول البسيطة (الموحدة)

وهي الدول التي تكون لها سلطة سياسية واحدة ولاتشاركها ايه سلطة سياسية أخرى، وتتميز بوحدة الدستور والتشريع والتنفيذ، فالدولة وحدة واحدة اندماجية غير مركبة، مثال اليمن، ومصر والعراق والكويت وايطاليا واليابان . ويصلح هذا النموذج للبلدان الصغيرة الحجم اكثر من الدول الكبيرة، غير أن ممارسة السلطة فيها ليست على صيغة واحدة، فهنالك اربعة أنواع من الدول البسيطة الموحدة وهي -:

أولاً : النظام المركزي :

وهو قائم على اعتماد المركزية في الحكم، وعدم السماح للتقسيمات الادارية باية صلاحيات تنفيذية إلا بامر من السلطة المركزية، فالقوانين والأنظمة تصدر من المركز (العاصمة) وترسل إلى المحافظات لغرض التنفيذ بواسطة الموظفين في جميع انحاء الدولة، فالسلطة هرمية[1]، بمعنى آخر ان المركزية السياسية تستند إلى وحدة الدستور الذي يحتم وحدة السلطة عبر جهاز حكومي واحد، وان تعددت هيآته، وتغطي اختصاصاته جميع الاقليم ويباشر سلطته في مواجهة جميع افرادها[2], وتمارس السلطة في ظل المركزية باسلوبين هما :

1- د. يحي الجمل . الانظمة السياسية المعاصرة . بيروت، دار النهضة العربية 1969 ص 52.

2- د. حسين عثمان محمد عثمان . النظم السياسية والقانون الدستوري . الاسكندرية، دار المطوعات الجامعة 1998 ص 93 .

1- التركيز الاداري أي تجميع سلطة البت والتقرير في يد الرئيس الاداري.

2- عــدم التركيــز وهـو نقـل سـلطة التقريـر في بعـض الاختصاصـات الى نوابـه ومرؤوسيه [1], ومن الامثله عليه البحرين وقطر ولبنان وجبيوتي والفاتيكان .

ثانياً : نظام الادارة المحلية

وهو نظام قائم على المركزية، مع السماح للاقاليم بالادارة المحلية لشـؤونها في القضايا الثانوية التي تخفف عن اعباء الحكم المركزي قليلاً كتعيين بعض المـوظفين، وحرية اتخـاذ قـرارات ذات صيغة تنفيذية، والقـدرة عـلى تصرـيف ومراقبة بعـض الشؤون المالية الخاصة بها، وبذلك يتم تشكيل (مجلس الادارة المحلية) برئاسة رئيس الوحدة الادارية والمحافظ، ورؤساء الدوائر الحكومية، وعـدد مـن وجهاء المحافظة الذين يتم اختيارهم من قبل المحافظ، أو انتخابهم من قبل المواطنين مباشرة . ويتم في هـذا المجلس مناقشـة كـل القضايا التي تهم الادارة المحلية، وفقـاً للصلاحيات الممنوحة لها دستورياً، ورفع المقترحات إلى السلطة المركزية لاقامة مشاريع وخدمات مختلفـة، كـما ان هنالك مجالس اصغر في الوحدات الادارية الأصغر كالمـديريات والأقضية والنواحي التابعة للمحافظات برئاسة رئيس الوحدة الادارية، ومدراء الدوائر والشخصيات المحلية المهمة فيها [2]. وكان هذا النظام مطبقاً في العراق الملكي (1921 ـ 1958).

ثالثاً : نظام اللامركزية الادارية

وهو نظام مركزي، ولكنه يسمح بتفويض الاقاليم سلطات ادارية معينة، وقـد تكون واسعة لتسهيل العمل الاداري والتقليل من البيروقراطية الادارية،

1- د. عبد الغني بسيوني عبد الـلـه . النظم السياسية . الاسكندرية , الدار الجامعية 1985 ص 92.

2- عبد الرزاق الهلالي . معجم العراق ,جـ1 . بغداد , مطبعة النجاح 1953 ص 48 .

ولكنه لا يتضمن أية جوانب تشريعية، وانما تبقى السلطة المركزية هي المخولة بذلك دستورياً، وهو بذلك يختلف عن اللامركزية السياسية التي تتضمن التشريع والتنفيذ كما هو الحال في الاتحادات المركزية (الفدرالية) التي تتمتع فيها الاقاليم بصلاحيات واسعة وفقاً للدساتير الاتحادية، وليست للسلطة الاتحادية المركزية التدخل فيها الا في حالات معينة[1].

ان نظام اللامركزية الادارية ينهض بمهمات تنفيذيه ادارية متعلقة بالخدمات التعليمية والصحية واقامة المشاريع، واستخراج شهادات الجنسية والجوازات، وانجاز معظم المعاملات دون الحاجة للحصول على موافقة السلطة المركزية إلا في الحالات الضرورية . وتتكون السلطة اللامركزية من مجلس المحافظة ورؤساء الدوائر وهم السلطة التنفيذية، ومجلس تشريعي منتخب يراقب السلطة التنفيذية، وهي مسؤولة أمامها عن اعمالها، ولكن تبقى للسلطة المركزية دورها الكبير، في الاشراف على السلطات اللامركزية . وهذا النظام تعزيز لسلطة الدولة وتخويل لبعض الصلاحيات التي تخفف من مسؤوليات السلطة المركزية، وتمكين للمحافظات في اتخاذ القرارات وتنفيذها وفقاً لظروفها واحتياجاتها، كالاصلاحات والمشاريع التي توفر العمل لابناء المحافظة، ورعاية شؤونهم، وفرض بعض الضرائب وجبايتها لتمويل تلك المشاريع، ومن الامثله على ذلك فرنسا[2].

رابعاً : نظام الحكم الذاتي :

وهو نظام اكثر مرونه وصلاحية في تطبيق القوانين لمنطقة معينة دون العودة للسلطة المركزية، ويشترط لمنطقة الحكم الذاتي ان تكون متميزة، كان يكون سكانها من اصل أو لغة أو دين واحد أو اية رابطة أخرى، وتتكون السلطة

1- د . حسين عثمان محمد عثمان . المصدر السابق ص 107 ـ 108 . انظر ايضاً :

هادي رشيد الجاوشلي . اللامركزية الاقليمية في نظم الادارة العامة في الدول المختلفة . بغداد , مطبعة الارشاد 1967 ص8- 9 .

2- جاك دونديو دوفابر. المصدر السابق ص 91- 92 .

في منطقة الحكم الذاتي من السلطة التنفيذية والسلطة التشريعية المنتخبة التي تمارس الرقابة على الاولى، ولهذا النظام سلطات وصلاحيات واسعة في الداخل، ولها ما يشبه الوزارت كافة، ولكنها لاتتعدى ولاتتجاوز ذلك الى السياسة الخارجية والدفاع , ومن امثلة ذلك الحكم الذاتي لاقليم الباسك في اسبانيا[1]. وقد فشلت مشاريع الحكم الذاتي في كردستان العراق في الشمال، وفي جنوب السودان، رغم الجهود التي بذلت لتطبيقها.

المبحـــث الثاني

الدولة المركبة (الاتحادية)

وهي الدولة المتحدة وفقاً لدستور أو اتفاقية، ولها صلاحيات وسلطات تختلف باختلاف نوع الاتحاد، وهي على اربعة انواع :-

1ـ الاتحاد الشخصي :

وينشأ بين دولتين مستقلتين، ولكنهما تحتفظان بسيادتهما الداخلية والخارجية، وبشخصيتهما الدولية، وكل مايترتب عليها هو اناطة الرئاسة فيهما لشخص واحد هو الملك، بسبب ظروف مختلفة، كأن يخلو عرش احدى الدول بسبب وفاة الملك، فيتولي ملك دولة أخرى ذلك العرش وينشأ اتحاد التاج أو العرش بينهما، ومن أمثلته اتحاد التاج بين استراليا وبريطانيا إذ تعتبر ملكة بريطانيا ملكة على استراليا ايضاً، ولكنهما مستقلتان عن بعضهما تماماً . ودخلت بلجيكا في اتحاد مع مستعمرتها الكونغو عام 1885 حين اعترفت باستقلاله، ثم دخلت معه باتحاد شخصي ـ أصبح بموجبه الملك ليوبولد الثاني ملكاً مطلقاً في الكونغو، رغم كونه ملكاً دستورياً مقيداً في بلجيكا[2] واتحدت انكلترا مع هانوفر الألمانية اتحاداً شخصياً في الفترة(1712 ـ 1837) فكان

1- موسوعة العلوم السياسية . المصدر السابق ص 1543 ـ 1547.

2- د . لؤي بحري . المصدر السابق ص 132.

ملك انكلترا ملكاً ايضاً على هانوفر وفق قوانين وراثة العرش بين البلدين، وانفصم الاتحاد بسبب قوانين هانوفر التي لا تسمح للأ ناث بتولي العرش، بعكس بريطانيا التي حكمتها الملكة فكتوريا عام 1837 . ومن امثلته ايضاً اتحاد هولندا ولوكسمبرغ (1825 ـ 1890) والبانيا وايطاليا (1939ـ 1943) حين عرضت الجمعية التشريعية الالبانية التاج الالباني على الملك فكتور عمانوئيل ملك ايطاليا بعد احتلال ايطاليا لها، وهروب ملكها أحمد زوغو[1] ، خارج البلاد، على ان تحتفظ كلاً من الدولتين بسيادتها الداخلية والخارجية، وقد الغي هذا الاتحاد بعد هزيمة ايطاليا في الحرب العالمية الثانية عام 1945[2] . وقد منع دستور العراق الملكي عام 1925، ان يتولي ملك العراق عرشاً خارج البلاد إلا بموافقة مجلس الأمة على ذلك[3] . وقد اتحدت لتوانيا وبولندا على هذه الصورة عام 1386[4]، ومنها اتحاد روسيا ومقاطعة نيوشاتيل السويسرية (1717 ـ 1848) بسبب دخول الاخير للاتحاد السويسري . وقد تولي بوليفار رئاسة الدولة في كلاً من بيرو وكولومبيا وفنزويلا (1813 ـ 1817)[5] .

وفي الحقيقة ان هذا الاتحاد هو اتحاد ضعيف، ولا يترتب عليه ايه التزامات دولية او داخلية، وتبقي المعاهدة بين دول الاتحاد معاهدات دولية[6] وحين يباشر رئيس الدولة أو الملك اختصاصاته، فانه لا يباشرها على الدولتين مشتركة، وانما باعتباره رئيساً لكل دولة بمفردها، بسبب اختلاف دساتير وقوانين كل دولة عن الدولة الأخرى، وبالتالي في شكل النظام السياسي وجوهره، وفي السياسية الخارجية المستقلة لكل دولة .

1- د. احمد محمد الكبسي وآخرون . المصدر السابق ص 107 ــ 108.

2- د . محمد فرج الزائدي. المصدر السابق ص 187 ـ 188.

3- الحكومة العراقية . القانون الاساسي العراقي مع تعديلاته . بغداد , مطبعة الحكومة 1944 المادة 24 ص 27 .

4- أحمد إبراهيم الجبير، المصدر السابق، ص239.

5- د. عبد المجيد عرسان العزام و د. محمود سامي الزعبي . المصدر السابق ص 150.

6- د. هشام آل شاوي المصدر السابق ص 147.

2ـ الاتحاد الفعلي (الحقيقي)

وينشأ من اتحاد دولتين أو اكثر يؤدي إلى فقدان الشخصية الدولية لكل منهما، وبروز كيان جديد وشخصية دولية جديدة، ولكن هذه الدول تحتفظ باستقلالها الداخلي، ومنها دستورها وسيادتها الداخلية وحكومتها وبرلمانها وتشريعاتها وانظمتها السياسية الخاصة بها، بينما تكون سياستها الخارجية واحدة, وكذلك التثميل الدبلوماسي مع الدول الأخرى، ويتم توحيد الجيش والمالية، وقد ينشأ نتيجة لوضع دستور خاص، كما حدث بين السويد والنرويج أو من خلال معاهدة دولية أو تشريعات متشابهة كاتحاد النمسا والمجر (1867 ــ 1918) والذي تميز بوحدة الامبراطور ووجود وزراء مشتركين للاتحاد في الشؤون الخارجية والحربية والمالية، وهيئة برلمانية واحدة من نواب الدولتين، غير ان قرارات الهيئة البرلمانية كانت تتخذ منفردة من قبل وفد كل دولة، واقيم اتحاد كمركي بينهما لتقويته، وكان عدم تجديده خطوة لانهائه[1]، وكانت خسارة امبراطرية النمسا والمجر في الحرب العالمية الاولي، والمتحالفة مع المانيا سبباً لانهياره[2]. وقد اقتطعت منها أجزاءٌ عديدة اقيمت عليها دول جديدة هي جيكوسلوفاكيا ويوغوسلافيا وبولنده . ومن أمثلة هذا الاتحاد ايضاً اتحاد السويد والنرويج عقب مؤتمر فينا عام 1815، إذ تقرر أن يكون ملك السويد ملكاً للنرويج، وأن يتولي جميع الشؤون الخارجية للدولتين من اعلان الحرب وعقد الصلح وابرام المعاهدات، إلى إرسال وقبول المبعوثين الدبلوماسيين، أما الشؤون الداخلية، فقد احتفظت كل دولة بحكومتها الخاصة ودستورها وتشريعاتها مستقلة عن الثانية، وقد استمر هذا الاتحاد حتى عام 1905 حين رغبت النرويج الانفصال عن السويد، وتم الانفصال بينهما ودياً بمعاهدة استكهولم عام 1905[3] . وقد اقيم اتحاد فعلي بين الدانمارك وايسلندا

1- د. لؤي بحري . المصدر السابق ص 136.

2- د. حافظ علوان حمادي الدليمي . المصدر السابق ص 138.

3- د. على صادق ابو هيف . القانون الدولي العام . الاسكندرية، منشأة المعارف 2000 ص 109.

بمقتضى ميثاق 1918 تقرر فيه ان يكون ملك الدانمارك كريستيان العاشر ملكاً لايسلندا، دون ان يتولى شؤونها الخارجية، مع احتفاظ كلاً من الدولتين بسيادتها الداخلية، واستمر هذا الاتحاد حتى عام 1941 حين احتلت المانيا الدانمارك، فاعلنت ايسلندا انفصالها عنها، وساعدتها الولايات المتحدة وبريطانيا على تحقيق هذا الانفصال[1]، ولم تعد الدولتان للاتحاد بعد انتهاء الاحتلال .

وتعتبر تجربة جيكوسلوفاكيا من الاتحادات الفعلية التي بدأت عام 1919 على جزء من اتحاد النمسا والمجر، والذي تفكك إلى دولتين هما النمسا والمجر، فقد اتفقت مقاطعتي جيكيا وسلوفاكيا على الاتحاد على ان تكون سياستهما الخارجية موحدة، ويكون لكل اقليم حكومة داخلية وبرلمان منتخب، وقد استمرت كذلك حتى عام 1993 حين اتفقتا على الانفصال بشكل ودي[2] . وفي عام 1949 اتحدت هولندا واندونسيا اتحاداً حقيقياً، ولكنه انفرط بعد وقت قصير[3]، ويلاحظ ان التلاصق الجغرافي من اهم العوامل الجوهرية في قوة الاتحاد، فإذا تباعدت دولها جغرافياً فإن العوامل الانفصالية تتغلب على العوامل الاتحادية[4] .

3ـ الاتحاد التعاهدي (الكونفدرالي)

وينشأ بين دولتين أو اكثر بموجب اتفاقية دولية تستوجب انشاء هيئة ممثله لدول الاتحاد، لها وظائف معينه لتأمين وتحقيق مصالح مشتركة في الاقتصاد والدفاع المشترك، أو لاغراض امنية، أو التنسيق في سياساتها الخارجية، غير ان قرارات الهيئة لاتنفذ إلا عبر إجراءات دستورية في كل دولة،

1- المصدر السابق.

2- أماني محمود فهمي، تشيكوسلوفاكيا وأزمة التكامل في "السياسة الدولية" العدد (111) يناير 1993 ص134.

3- د. محمد فرج الزائدي . المصدر السابق ص 191.

4- المصدر السابق ص 189.

وهذا يعني ان هذه الدول سوف تحتفظ باستقلالها الداخلي والخارجي، وبشخصيتها الدولية كدولة مستقله، ويحتفظ رعاياها بجنسيتهم، ويخضعون لدولهم . وبالتالي فإن علاقات دول الاتحاد هي علاقات دولية وللدول الاعضاء حق الانفصال عن الاتحاد.

وواضح ان هذا الاتحاد هو اتحاد ضعيف، ولكنه اقوى من الاتحاد الشخصي ـ . ومآله أما إلى اتحاد فدرالي أو الانفصال، إذ لا يستمر الاتحاد الكونفدرالي طويلاً، ومثال ذلك اتحاد دول الولايات الامريكية عام 1776 والذي تطور إلى الاتحاد الفدرالي عام 1787، والاتحاد الالماني 1815 الذي انتهى إلى الانفصال عام 1866، والاتحاد السويسري الكونفدرالي عام 1815 الذي تحول إلى الدولة الفدرالية عام 1848 [1] . والدول العربية المتحدة بين اليمن والجمهورية العربية المتحدة (1958 ـ 1961) والتي ادت إلى الانفصال بسبب تجميد نشاطاتها وعدم التزام اليمن بنصوصها [2] .

وتعتبر بعض الاتحادات التي قامت بين الدول العربية اتحادات كونفدرالية كاتحاد الجمهوريات العربية 1971 ـ 1973 بين سوريا ومصر وليبيا، وادت إلى الانفصال بسبب حرب اكتوبر 1973، ويعتقد البعض ان جامعة الدول العربية هي اتحاد كونفدرالي حيث تتمتع دولها باستقلالها الداخلي والخارجي مع وجود مجلس جامعة الدول العربية للتنسيق والتعاون [3]، وقد استمرت منذ عام 1945 ولحد الان رغم الخلافات التي عصفت بها، وادت إلى مقاطعة بعض الدول لها . ويعتبر مجلس التعاون الخليجي اتحاداً كونفدرالياً ايضاً، ويخطو خطوات نحو الاتحاد الفدرالي من خلال اقامة اتحاد كمركي بدءاً من العام

1- عبد الغني بسيوني عبد الله . المصدر السابق ص 98- 102 .

2- د. طعيمة الجرف . نظرية الدولة والاسس العامة للتنظيم السياسي . القاهرة , مكتبة القاهرة الحديثة 1973 ص 190 – 191 .

3- عبد الغني بسيوني عبد الله . المصدر السابق .

2003 ونقد مشترك عام2007[1]. أما مجلس التعاون العربي (1989 ـ 1990) بين العراق ومصر ـ واليمن والاردن فقد كان هو الآخر اتحاداً كونفدرالياً، وبدأ بخطوات اقتصادية جيدة، ولكنه جمد بعد أزمة الخليج عام 1990 ـ 1991[2]. كما أن اتحاد دول المغرب العربي عام 1989 ـ هو اتحاد كونفدرالي رغم الخلافات بين بلدانها، بسبب أزمة الصحراء الغربية وازمة لوكربي[3]. ولعل احدث اتحاد كونفدرالي هو الاتحاد الافريقي عام 2002 الذي قام على انقاض منظمة الوحدة الافريقية القائمة منذ عام 1964، وتحاول الدول الافريقية تقوية العلاقات بينها إلى حد الاتحاد الفدرالي، وهو أمر صعب المنال بسبب الوجود الاجنبي في افريقيا[4]. ويعتبر الاتحاد الاوربي اتحاداً كونفدرالياً في طريقه إلى الفدرالية[5].

4ـ الاتحاد المركزي (الفدرالي)

يتكون من دولتين أو اكثر متحدة مع بعضها بمقتضي ـ دستور دائم ـ ينص على صلاحيات لنوعين من السلطات هي : السلطات المركزية الاتحادية، وسلطات الدول والاقاليم الداخلية في الداخل، وبذلك تتخلى الدول المتحدة عن شخصياتها الدولية لصالح شخصية دولية جديدة لدولة الاتحاد، ويصبح المواطنون خاضعين لسلطة الدولة الاتحادية وقوانينها، وملتزمين بالولاء والطاعة لها، كما ان جميع المعاهدات التي تعقدها السلطة الاتحادية تكون

1- جريدة الحياة 27 / 12 / 2002 .

2- مراد ابراهيم الدسوقي . عاصفة الصحراء، الدروس والنتائج . في مجلة السياسة الدولية، العدد (104) ابريل 1991 ص 21.

3- النان ولد المامي . اتحاد المغرب العربي وافاقه المستقبلية . رسالة ماجستير في كلية العلوم السياسية جامعة بغداد 1996 ص 120.

4- رانيا حسين خفاجة . الاتحاد الافريقي . خطوة جديدة في مسيرة القارة . في مجلة السياسة الدولية العدد (150) اكتوبر 2002 ص 146 ـ 149 .

5- د . اسماعيل صبري مقلد . رابطة الكومنولت البريطانية في موسوعة العلوم السياسية، ص 1041.

ملزمـة لاعضـاء الاتحـاد . ان السـلطة الاتحاديـة المركزيـة تتمتـع بصـلاحيات محددة وفقاً لدستور، إذ تتولى المهام ذات المصالح الحيوية كالأمن والدفاع والسياسـة الخارجيـة والاقتصـاد القومي، وبـذلك تكـون مسؤولـة عـن تمثيـل الدولـة في العلاقـات الخارجيـة . وإلى جانبهـا سـلطة تشـريعية اتحاديـة وسـلطة قضائيـة اتحاديـة تراقـب بعضها بعضاً، وتتولى المحكمة الدستورية العليا محاكمة رئيس السلطة الاتحاديـة في حالـة اخلالـه بواجباتـه، ومخالفتـه للدسـتور، أو خيانتـه للبـلاد أو حنثـه بالقسـم . أمـا سـلطة الحكومـات والاقاليم فتنحصر بالقضايا الداخلية حصـراً، وهي الخدمـات الصحية والتعليميـة والنقـل والبريـد، وفرض الضرائـب وأقامـة المشـاريع الاقتصاديـة والثقافيـة، وسـن القوانـين وتنفيذهـا، وتعيـين الموظفـين، ويتـم انتخـاب رئيـس الحكومـة أو الاقليم بالاقتراع المباشر، ويكون مسؤولاً عـن اعمالـه أمـام مجلـس تشـريعي منتخـب، وهنـاك محاكم اقليمية تتـولى مهماتهـا ضـمن الإقليم. وسـلطات مشـتركة ففي حالـة عجـز السلطات الاقليمية عـن معالجة بعض القضايا كـالكوارث والشـغب، فان السـلطة الاتحاديـة تتدخـل لاعـادة الامور إلى مجاريها ودعم السـلطة الاقليميـة [1]. ان الدسـتور الاتحادي يعتبر مـن الدسـاتير الجامـدة التـي لا يمكـن تعديلهـا إلا بصعوبـة، ولا يحـق لأيـة دولـة ـ اقليم ضمن الاتحاد الفدرالي الانفصال إلا إذا نص على ذلك في الدسـتور، كـما كان حاصلاً في الدستور السـوفيتي لعام 1936 الـذي اعطـي للجمهوريات السـوفيتية حـق الا نفصال، ولكنـه كـان حقـاً اسـمياً، ونظريـاً، فلـم يحـدث ان طلبـت احـدى الجمهوريات بذلك [2].

1- د. ابراهيم عبد العزيز شيحا . مبادئ الانظمـة السياسية . بيروت , الدار الجامعيـة 1982 ص 59-70.
انظر ايضاً :
د. محمد كامل ليلة . النظم السياسية . القاهرة , دار الفكر العربي ص 125 – 146 .
2- د. حسن الجلبي . القانون الدولي العام , جـ1 , بغداد مطبعة شفيق 1964 ص 244 . انظر ايضاً :
محسن خليل . النظم السياسية والقانون الدستوري , جـ1 بـيروت , دار النهضة العربيـة ص 92-102
محمد انور عبد السلام . دراسات في النظم الاتحاديـة بـين النظريـة والتطبيق . القاهرة , مكتبـة النهضة المصرية ص 56- 71 .

وتتكون الدولة الاتحادية من خلال اتفاقية دولتين أو مجموعة دول من اجل تحقيق اهداف سياسية أو اقتصادية أو مصالح مشتركة، أو وجود روابط قومية وعقائدية وعلاقات متميزة، أو لظروف داخلية، وتهديدات خارجية، فتختار الدول الاتحاد مع بعضها عبر ارادة حرة لها، كالهند واستراليا والبرازيل ونيجيريا. وقد تتحد بالانتقال من الاتحاد الكونفدرالى الضعيف إلى الاتحاد الفدرالي القوي، كما فعلت الولايات الامريكية عام 1787 حين تخلت عن الاتحاد الكونفدرالى وانخرطت في اتحاد فدرالي استمر حتى الآن، وكذلك سويسرا، بينما كانت المانيا دولة بسيطة موحدة قبل الحرب العالمية الثانية وخلالها فاصبحت دولة فدرالية بعدها .

اما تفكك الاتحاد فيتبع ارادة السلطة الاتحادية وحكوماتها الاقليمية، والظروف الدولية والداخلية . فقد انهار الاتحاد السوفيتي بناء على رغبة ثلاث جمهوريات مهمة فيه هي روسيا الاتحادية وكازاخستان واوكرانيا . بينما انهار الاتحاد اليوغوسلافيا بصورة تدريجية منذ عام 1992 بعد حروب أهلية ادت إلى انفصال كرواتيا وسلوفينيا، ثم تبعتها البوسنة والهرسك ومقدونيا، وتغير دستور الاتحاد الذي اصبح يسمى (اتحاد صربيا والجبل الاسود) ومن المحتمل جداً انفصال كوسوفو، والجبل الاسود عنه.

ان الاتحاد الفدرالي من أقوى الاتحادات في العالم، وقد اخذت به دول عديدة هي الولايات المتحدة وبريطانيا (المملكة المتحدة) وسويسرا، والمانيا الاتحادية منذ عام 1949، والمكسيك عام 1917 والنمسا 1920 واندونيسيا عام 1949، فضلاً عن الهند وكندا واستراليا وجنوب افريقيا ودولة الامارات العربية المتحدة عام 1971 [1] وفي الحقيقة ان الاتحاد الفدرالي يقلل من المركزية الزائدة في السلطة، ويمنح السكان حريات أوسع في تسيير شؤونهم

1- ابراهيم احمد شلبي . مبادئ القانون الدولي العام . بيروت الدار الجامعية 1986 ص 213.

الداخلية، ويزيد من الممارسة الديمقراطية، ويعاب عليه ازدواج السلطة، أي وجود سلطتين اتحادية واقليمية، وعدم التجانس في التشريعات العامة، وفرصة قيام منازعات بين السلطتين، ولكنه رغم كل ذلك يمنع الاستبداد والانحرافات.[1]

وفي الحقيقة ان صلاحيات السلطة الاتحادية والحكومات الاقليمية ليست واحدة في كل الاتحادات الفدرالية بسبب اختلاف العقيدة والظروف السياسية والاقتصادية والاجتماعية، ففي الولايات المتحدة يتألف الكونكرس الامريكي من مجلس النواب الذي ينتخب اعضاؤه من قبل الشعب بالاقتراع المباشر، ومجلس الشيوخ الذي يضم عضوين من كل ولاية امريكية صغرت أم كبرت، أما الاختصاصات الاتحادية فهي محدودة بالقضايا الرئاسية كالدفاع والسياسة الخارجية والاقتصاد . من منطلق كونها دولة رأسمالية[2] بينما كان اختصاص السلطة الاتحادية السوفيتية الاتحادية واسعاً جداً قياساً إلى صلاحيات الجمهوريات السوفيتية، وهذا كان متطابقاً مع العقيدة الاشتراكية في توسيع التدخل في كل جوانب الحياة . [3] اما في دولة الامارات العربية المتحدة فقد انيطت رئاسة الدولة لاكبر امارات الاتحاد وهي أبو ظبي، واخذ بعين الاعتبار حجم الامارات في تحديد المناصب الوزارية والادارية، وفي تحديد اعضاء مجلس الاتحاد (البرلمان)[4] . وقد تختلف بعض الدول الاتحادية عن الاتحاد الفدرالي كليبيا التي بدأت فدرالية عام 1950 ثم اصبحت دولة بسيطة عام 1964[5]، وتحولت المانيا من الفدرالية (1919 ــ 1933) إلى الدولة البسيطة

1- د. عبد المجيد عرسان العزام و د. محمود سامي الزعبي . المصدر السابق ص 148.

2- محمد رفعت عبد الوهاب و د. حسين عثمان محمد عثمان . النظم السياسية والقانون الدستوري . الاسكندرية , دار المطبوعات الجامعية 1997 ص 58.

3- د . عصام العطية . القانون الدولي العام، ط3 بغداد، مطبعة جامعة بغداد، 1982 ص 241 .

4- د . قحطان احمد سليمان الحمداني . الوحدة العربية، دراسة سياسية تحليلية لتجاربها وواقعها ومستقبلها . رسالة دكتوراه غير منشورة، كلية العوم السياسية ــ جامعة بغداد 1989 ص 157

5- المصدر السابق ص 145.

عام 1933 بعد استيلاء الحزب النازي على الحكم، ثم إلى الاتحاد الفدرالي منذ عام 1949 ولحد الان[1].

5 ــ الاتحاد المختـلط

وهو الاتحاد الذي يتم بين دولتين أو اكثر، ولكنه يضم صفات وخصائص عديدة للاتحادات المعروفة أو بعضها، فهـي لا تتقيـد بالاتحاد الفـدرالي أو الكونفدرالي، أو الدولة البسيطة الاندماجية، وانما يأخذ مـن كـل نـوع مـا يلائم الاتحادالجديد، فعلى سبيل المثال اقيم (الاتحاد العربي) بين العراق والاردن في 14 شباط 1958، وصدر دستور اتحادي يحدد السلطة الاتحادية والمجلس الاتحادي، ويؤكد الوزارات الاتحادية المتعلقة بالسياسة الخارجية والدفاع والاقتصاد والمالية، وهي مظاهر فدرالية، بينما جاء النـص على احتفاظ كـلاً مـن البلدين بشخصيته الدولية، وعـدم سريان الاتفاقات السابقة لكل منهـا على الاتحاد تأكيد عـلى الكونفدرالية[2]. وحملت الجمهورية العربية المتحدة (مصرـ وسوريا) 1958 ــ 1961 مواصفـات الاتحاد الفـدرالي، والدولـة البسـيطة الموحدة. فالدسـتور حـدد اختصاصات السلطة السلطة الاتحادية وسلطات الإقليمين السوري والمصري، مـما يعني انها دولة فدرالية، ولكـن المجلسين الإقليميين ألغيا في أب 1961 فأصبحت الدولة اندماجية[3]، أما واقعياً فقد بقي الانفصال قائماً في الاقليمين ولم يربط بينهما سوى الرئيس جمال عبد الناصر[4]. ولذلك لا يشـترط لأي اتحاد ان يتطابق مـع أي شكل من أشكال وأنواع الاتحاد الأخرى .

1- جون فورد جولاي . إنشـاء جمهورية المانيا الاتحادية , ترجمة حسـين الحـوت , القاهرة , الـدار القومية 1962 ص 7 وما بعدها .

2- السيد عبد الرزاق الحسيني . تاريخ الوزارات العراقية، جـ 10. بغداد،دار الشؤون الثقافية العامـة 1988 ص 220.

3- د . بطرس بطرس غالي و د . محمود خيري عيسى . المصدر السابق ص 497.

4- محمد حسنين هيكل . ما الذي جرى في سوريا . القاهرة، الدار القومية 1962 ص 7.

سادساً : الاتحاد ذات الطبيعة الخاصة

وهو الاتحاد الاضعف من بين الاتحادات في ارتباطاتها ومؤسساتها , فهي دول
مستقلة في سياساتها الداخلية والخارجية , وتضم نظماً سياسية مختلفة , ولكنها
مرتبطة مع بعضها بروابط اللغة والثقافة , والارتباط السابق بإحدى الدول
الاستعمارية , ومن أمثلتها رابطة الشعوب البريطانية (الكومنولث البريطاني) والتي
تضم دولاً كانت خاضعة للاستعمار البريطاني , ثم استقلت, ولكنها بقيت مرتبطة مع
بريطانيا بالولاء للتاج البريطاني , وهذه الدول تتعاون وتتشاور على اساس الاستقلال
والمساواة , وتبادل المعلومات في الشؤون المشتركة, والتنسيق السياسي والاقتصادي ,
وتقديم تسهيلات لمواطنيها في العمل والدراسة , كما انها تجتمع في مؤتمرات قمة
ووزارية بشكل دوري[1]. كما ان الجماعة الفرنسية (الفرنكفونية) هي الدول الناطقة
باللغة الفرنسية والتي ترتبط مع بعضها بروابط اللغة والثقافة والتعاون في شتى
المجالات[2]. وهنالك مجموعة الدول الناطقة باللغة البرتغالية سيما في اميركا اللاتينية,
ومجموعة الشعوب الناطقة باللغة الاسبانية .

اما رابطة الدول المستقلة والتي اقيمت عام 1991 اثر تفكك الاتحاد السوفيتي
فهي تضم كل الدول الاسيوية التي انسلخت من الاتحاد السوفيتي والتي تحتفظ مع
بعضها بروابط اقتصادية وعسكرية قوية , كالروبل وهو العملة السائدة في دولها ,
والقوات العسكرية الروسية تتواجد في ارجائها, وهي تتعاون سياسياً وأمنياً وعسكرياً
واقتصادياً وثقافياً ولكنها مستقلة في سياساتها الداخلية والخارجية[3].

1- حسن الجلبي . المصدر السابق ص247- 264.
2- فيبي مار , ووليام لويس . امتطاء النمر , تحدي الشرق الاوسط بعد الحرب الباردة , ترجمة عبد
الله جمعة الحاج . ابوظبي , مركز الامارات للدراسات والبحوث الاستراتيجية 1996 ص 39- 47
3- المصدر السابق . انظر ايضاً :
زلمي خليل زادة . التقييم الاستراتيجي . ابوظبي , مركز الامارات للدراسات والبحوث الاستراتيجية
1993 ص 226- 272 .

المبحــث الثالث

زوال الدول والتوارث الدولي

تزول الدول وتختفي كنشأتها وتكوينها الاتحادي بوسائل مختلفة، ويترتب على ذلك التوارث الدولي للحقوق والاملاك والاشخاص والمعاهدات والديون التي تؤكد عليها قواعد القانون الدولي .

المطلب الأول

زوال وانتهاء الدول

قد تزول الدول جزئياً أو كلياً، فتتكون كيانات دولية جديدة، أو تقسم بين دول قائمة أو تضم أو تتحد مع غيرها . ومن هذه الحالات :

1 ـ اتحادات الدول : وهي الاتحادات الفعلية والفدرالية والاندماجية التي تدخل فيها الدول فتفقد شخصيتها الدولية مقابل تكوين شخصية دولية جديدة هي الدولة الاتحادية كاتحاد دولتي اليمن في دولة واحدة هي (الجمهورية اليمنية) .

2ـ انفصال الدول : وهو انفصال واستقلال الاقاليم داخل الدولة الواحدة وتكوينها دولاً جديدة، فالاتحاد السوفيتي زال من الوجود لانهياره في 1991/12/16 إلى مجموعة دول مستقلة هي روسيا الاتحادية، روسيا البيضاء، اوكرانيا، لاتفيا، لتوانيا، استونيا، اذربيجان، جورجيا، أرمينيا، اوزبكستان، كازاخستان، تركمانستان، قرغيزيا, طاجكستان وانفصال يوغوسلافيا إلى كل من كرواتيا، سلوفينيا، مقدونيا، البوسنة والهرسك، الصرب والجبل الأسود (1992ـ 2000).

3ـ الانفصال الجزئي : أي انفصال اقليم من دولة كانفصال تيمور الشرقية من اندونيسيا عام 2000 وتكوين دولة جديدة باسم (تيمور الشرقية).

4ـ الضم الاجباري : أي ضم دولة كاملة إلى دولة أخرى كضم العراق للكويت في 8 أب 1990 ولغاية 29 شباط 1991 .

5 ـ الزوال المؤقت : وهو احتلال دولة لدولة أخرى نتيجة الحرب كالاحتلال الالماني لفرنسا وبلجيكا وهولندا وبولندا وجيكوسلوفاكيا والنمسا خلال الحرب العالمية الثانية والاحتلال الامريكي البريطاني للعراق في 2003./4/9 .

6ـ الفناء النهائي : وهو هلاك السكان وتشتتهم وسقوط دولتهم، وهو نادر الحصول، والمثل الوحيد هو سقوط دولة اليهود التي كانت قائمة في فلسطين عام 135 بالحرب على يد الامبراطور الروماني (ادريان)[1] . وقد يحدث الفناء نتيجة لعامل طبيعي كزلزال أو طوفان أو براكين أو عواصف، وقد ذكر القرآن الكريم هلاك أقوام بسبب كفرهم والحادهم ﴿**فاما ثمود فاهلكوا بالطاغية، واما عاد فاهلكوا بريح صرصر عاتيه**﴾[2] ولعل الطوفان في عهد النبي نوح (ع) اغرق اقواماً كثيرة غير مؤمنه، وبالتالي دولاً عديدة ﴿**وقوم نوح لما كذبوا الرسل اغرقناهم وجعلناهم للناس آيه**﴾[3] وتدل الاثار المكتشفة على فناء الدول الغابرة بشكل نهائي.

المطلب الثاني

التوارث الدولي

1- النتائج المترتبة على الزوال الجزئي للدول :

ويقصد بها انفصال بعض الاقاليم مع بقاء الدولة المركزية، إذا تبقي شخصية الدول ومركزها الخارجي، وعضويتها في الامم المتحدة والمنظمات

1- د. علي صادق ابو هيف . المصدر السابق ص 165
2- القرآن الكريم . سورة الحاقة . الآيه 5، 6
3- القرآن الكريم . سورة الفرقان . الآيه 37

الدولية الأخرى . وفي حالة الانفصال فإن الاقليم إما يستقل مشكلاً دولة جديدة، كما حدث حين انفصلت سوريا في 28 أيلول 1961 من الوحدة مع مصر- (الجمهورية العربية المتحدة) أو ينضم الاقليم المنفصل إلى دولة قائمة كالالزاس واللورين التي انفصلت عن فرنسا عام 1871 وضمت إلى المانيا، ثم عادت مرة أخرى إلى فرنسا عام1919[1] . أو انضمام دولة أخرى، كانضمام المانيا الشرقية إلى المانيا الغربية في تشرين الأول 1990، أو فقد الاقليم البعيد وغير المأهول بالسكان، أو التخلي عن اقليم ليصبح اقليماً مباحاً للاستيلاء عليه من قبل أي دولة، أو تبادل الاقاليم عن طريق التنازل المشترك، كتنازل ايطاليا لفرنسا عن مقاطعة السافوانيس عام 1860 مقابل تنازل فرنسا لها عن مقاطعة لومباردو، أو التنازل عن طريح البيع كبيع روسيا لاقليم ألاسكا إلى الولايات المتحدة عام 1867 أو عن طريق الهدية[2] .

ويمكن ملاحظة النتائج المترتبه على ذلك فيما يلي :ـ

1ـ تبقى الدول التي انفصلت منها اقاليم معينة محافظة على شخصيتها الدولية وملتزمة بالمعاهدات والالتزامات الدولية .

2ـ ان الدولة المستقلة المنفصلة عن غيرها لا تخضع للمعاهدات السابقة، عدا معاهدات الحدود التي هي طرف فيها، ومعاهدات الارتفاق والحياد، أي ان الالتزام بالمعاهدات ينصب على الاقليم ذاته .

3ـ في حالة انضمام الاقليم المنفصل الى دولة أخرى، فان الاقليم يخضع لمعاهدات والتزامات الدولة التي انضمت اليها .

اما الديون العامة فسوف تبقى على ذمة الدولة التي انفصلت منها بعض الأقاليم، ولكن الاقليم المنفصل يتحمل ايضاً جزءاً من تلك الديون، والحكمة في ذلك ان تلك الديون اقترضت لصالح جميع الاقاليم، ولابد للاقليم المنفصل

1- د . علي صادق ابو هيف . المصدر السابق ص 159.

2- د . عبدالواحد الزنداني . المصدر السابق ص 147 .

تحمل جزء منه . وقد التزمت بلجيكا عند انفصالها عن هولندا عام 1830 بجزء من ديونها، والتزم العراق بعد استقلاله عام 1930 ببعض الديون العثمانية .

وتنقل الملكية العامة لما هو موجود في الإقليم المنفصل الى الدولة الجديدة، او الى الدولة التي انضمت اليها، اما الملكية الخاصة فلا تنتقل ملكيتها الا مقابل تعويض عادل . وعادة يتم الاتفاق على ذلك اذا كان الانفصال ودياً من خلال المعاهدات، ويخضع الإقليم المنفصل او المنضم الى دولة جديدة لتشريعات وقوانين الدولة الجديدة، وتحكم المحاكم على ضوء القوانين في الدولة الجديدة،إلا اذا كانت المحاكم تنظر في بعض القضايا قبل الانفصال، ويتبع السكان جنسية الدولة التي انضموا اليها، واذا لم يرغب البعض في ذلك يترك لهم الخيار في البقاء على جنسيتهم السابقة، وعليهم المغادرة وتصفية املاكهم اذا شاؤوا[1] .

2ـ النتائج المترتبة على الزوال الكلي للدول:

وهي حالة الاتحاد السوفيتي السابق وجيكو سلوفاكيا، فقد انتهت هاتان الدولتان بشكل نهائي، وفقدتا وجودهما القانوني في المجتمع الدولي، وسيادتهما، واستقلالهما، بشكل طوعي . ولذلك فان النتائج المترتبة على ذلك هي :-

1ـ سقوط المعاهدات بزوال دولها، وعدم التزام الدول الجديدة بها والتي حلت محلها، إلا اذا كانت تترتب حقوقاً على الإقليم ذاته، ويرى بعض الفقهاء ضرورة ابرام معاهدات جديدة تحل محل المعاهدات القديمة، بينما تسري معاهدات الدول التي ضمت إليها أقاليم الدول الزائلة،أو ينص على عدم سريانها على الإقليم المنضم في معاهدة او اتفاقية .

1- د. علي صادق ابو هيف . المصدر السابق ص158ـ165 . انظر ايضاً :
حامد سلطان . القانون الدولي العام وقت السلم . القاهرة , دار النهضة العربية 1966 ص 865- 868.

2ـ لا تسقط الديون عن الدولة الزائلة، وانما تكون في ذمة الدولة التي ضمتها، أو ضمت أجزاءً منها، وذلك مقابل الفوائد التي تعود على هذه الدولة نتيجة ضمها للاقليم، وحصولها على موارد .

3 ـ تنتقل أملاك الدولة القديمة من عامة وخاصة جميعها إلى الدولة التي ضمتها مع احترام الملكية الخاصة للافراد، وحقوق الاختيار التي منحتها الدولة الزائلة، وينقل إلى الدولة الضامة كذلك جميع ما يكون للدولة الأولى من ديون، سواء من قبل الدول الأخرى، او من قبل الافراد .

4 ـ يسري تشريع الدولة الضامة ونظامها السياسي والاداري والمالي والقضائي على الدولة المضمومة مع احترام الحقوق المكتسبة للافراد في كل التشريعات السابقة في المسائل المدنية والجنائية .

5 ـ يفقد رعايا الدولة الزائلة جنسيتهم الأولى بزوال دولتهم، ويكتسبون جنسية الدولة التي ضموا إليها[1] .

3ـ النتائج المرتبة في حالة الزوال النهائي للدول

ان الدولة الزائلة بشكل نهائي، والتي بقيت بدون ضمها إلى دولة أخرى نادرة الوقوع، وحتى دولة اليهود التى زالت عام 135 ميلادية فقد ضمت إلى الامبراطورية الرومانية، وكذلك الدولة العباسية التي سقطت عام 1256 هـ على يد المغول واصبحت جزءً من الدولة المغولية . ففي هذه الحالات تنطبق على أقليمها قوانين وتشريعات المحتلين، وتصبح املاكها العامة ملكاً لهم،عدا الأملاك الخاصة للافراد، والمنشأت التعليمية واماكن العبادات التي لاتسلم من السيطرة والاحتلال . وفي حالة فناء الدولة نتيجة للزلازل والكوارث الطبيعية فلا توجد أمثله عليها.

1- المصدر السابق ص 166 ص 166 انظر أيضاً :

حامد سلطان . المصدر السابق ص 860- 862 .

الفصل الرابع

وظائف الدول

تتحدد وظائف الدول بالأهداف والاغراض التي وجدت من اجلها، فقد وجدت الدول في الأصل من اجل تحقيق حياة افضل للفرد . والتي لم يكن بالامكان الوصول إليها في ظل غياب الدولة والقانون، فأصبحت الدولة حارسة وحامية للافراد في وجودهم وحياتهم وممتلكاتهم، ثم اصبحت مالكة ومتدخلة وفقاً للنظم السياسية، فالوظيفة الاساسية لها في الاسلام كانت حماية الدين وسياسة الدنيا، وحين بدأ النظام الرأسمالي كان الهدف هو اطلاق الحريات للشعب، وعدم التدخل في الشؤون العامة، الابالقدر الذي يوفر استمرار الحياة، وعدم الاعتداء على الحقوق، بينما جاءت الاشتراكية للتدخل في كل شؤون الحياة بحجة منع الاستغلال .

وبشكل عام فان وظائف الدول يمكن ان تقسم إلى ثلاثه اقسام :

اولاً : الوظائف الاساسية

وهي وظائف ضرورية لدعم سلطة الدولة ووجودها وتتضمن مايلي :

1ـ تحقيق الامن والاستقرار للمجتمع , وتنظيم السلوك الاجتماعي عبر التشريعات الواجبة الطاعة , واستخدام القوة لردع المخالفين عبر ايجاد قوات الشرطة والامن , وضرورة القضاء على الجريمة , وملاحقة المجرمين وضمان طاعة المواطنين لإرادتها المعبر عنها باحترام الدساتير والقوانين والانظمة [1] .

1ـ هارولد لاسكي، مدخل الى علم السياسة , ترجمة عز الدين محمد حسين . القاهرة , مؤسسة سجل العرب 1965 ص 15 – 33 .

2ـ اقامة قوات مسلحة ضرورية للدفاع ضد الهجوم الاجنبي، أو العنف المحلي.

3 ـ استحداث محاكم لمعاقبة الجناة، وللمحافظة على حقوق الافراد، وللبت في المنازعات بطرق قانونية .

4 ـ تعيين جهاز خارجي لتسيير العلاقات مع الدول الأخرى .

5 ـ إقامة أجهزة لجمع الضرائب، وضبط السجلات من اجل تنفيذ الوظائف الأخرى.

ثانياً : وظائف الخدمة

وتشمل على الكثير من الاعمال التي تؤدي إلى الرفاهية العامة وهي :ـ

1 - بناء الطرق البرية والسكك الحديدية، وشق الطرقات والقنوات والانفاق والجسور والنقل البحري والنهري والجوي .

2 - العناية بالفقراء والعاجزين .

3 - تأمين التربية والتعليم .

4 - تنظيم الحدائق ومراكز الترفيه .

5 - المحافظة على الصحة العامه والنظافه ومكافحة الأمراض والاوبئة .

6 - تنظيم الأعمال .

7 - ايجاد قواعد اساسية لتسيير مشاريع العمل الأخرى.

8 - نشر المعلومات .

ثالثاً : وظائف العمل :

وهي الأعمال التي يمكن ان يقوم بها، ويستفيد منها الافراد أو الشركات الخاصة في حالة عدم ممارسة الدولة لها، وقد تقوم بها الدولة في بعض الاحيان لعدم وجود الرأسمال الخاص على الأطلاق أو لوجوده ناقصاً، أو لا يمكن للقطاع الخاص ان تقوم بها لعدم الاستفادة منها، أو بسبب عدم كفاءة

خدمات الأعمال الخاصة أو غلاء أسعارها وهي :ـ

1 - خدمات البريد التي تتطلب مدها إلى اماكن كثيرة .

2 - التأمين الاجتماعي .

3 - تشغيل العاطلين عن العمل وتقليل البطالة .

4 - التأمين على الممتلكات والأموال .

5 - حماية الأموال المودعة في المصارف .

6 - ايجاد مراكز العمل .

7- ادارة السكك الحديدية والهاتف ومحطات الاذاعة، والتلفزة والبث الفضائي وخدمات الانترنيت في بعض الدول .

8- تعويض العمال [1] .

المبحـــــث الأول

النظرية الفردية ـ الرأسمالية (تقليص الوظائف)

المطلب الاول

نشـأه وتطـور النظـرية

ان النظرية الفردية هـي التي تستهدف خدمـة الفرد قبـل المجتمع، وتعـود أصولها إلى بداية عصرالنهضة، وحركة احياء العلـوم القديمـة، وازدهار التجارة، سـيما بعد الاستكشافات الجغرافية، وتوسع المدن، وظهور الاستعمار والحركات الاستعمارية لنهب ثـروات العـالم في قـارات آسيا وافريقيا وامريكا اللاتينيـة، وتطـورت النظريـة الفردية لتعنى بالحرية والمساواة، والقضاء على تحـالف الكنيسة والاقطاع والملـوك، فكانت الثورة الفرنسية من ابرز معالم

1- جاكوبسن وليبمان . المصدر السابق ص 30 ـ 32 .

الصراع الاجتماعي والاقتصادي، أما الثورة الصناعية التي تزامنت معها فقد كانت بحاجة إلى المواد الأولية والأسواق والاستثمار، لذلك سعت الطبقات المنتجة الزراعية والصناعية لتحويل انظار الحكومات الاوربية من اجل السماح لها بالاستثمار، والانطلاق إلى مجالات أوسع، وطالبت بالحرية الاقتصادية من منطلق شعار (دعه يعمل دعه يمر)، وعدم تدخل الدولة في النشاطات الفردية الاباقل قدر ممكن، والسماح لتلك النشاطات بالتنافس الحر، وان حرية الافراد ومصالحهم سوف تنعكس على حرية المجتمع، ولذلك وجدت الليبرالية والفكر الليبرالي الذي ربط الحرية الاقتصادية بالحرية السياسية والحرية الثقافية والاجتماعية والعلمية من اجل منح الفرص للأفراد للتقدم في كل المجالات والابداع والابتكار، وقد اعتبر ان تدخل الدولة في المشروعات التي يقوم بها الافراد في كافة ميادين الحياة يعتبر اعتداءً على الحرية[1] . ومن ناحية أخرى كانت البرجوازية والرأسمالية بحاجة إلى تدخل الدول لحماية المستثمرين ورؤوس الأموال في الخارج، وحماية مصالحهم في المستعمرات بحثاً عن الاسواق لتصريف سلعهم، وجلب المواد الأولية باسعار رخيصة، الامر الذي حدا بهم إلى الدعوة لتشكيل الاحزاب السياسية، والسعى للوصول إلى السلطة لتسخيرها لخدمة مصالحهم الاقتصادية عبر الحرية والديمقراطية .

وافرزت الرأسمالية سلبيات كثيرة بسبب استغلالها للانسان، كالعمل لساعات طويلة وبأجور متدنية، من اجل الحصول على الربح، بل تم استغلال الأطفال والنساء في المعامل والمناجم في ظروف صحية صعبة، وبناءً على ذلك احتج العمال والفلاحون على حياة البؤس والفقر الذي كانوا يعيشونه، واستخدام العنف ضدهم لاجبارهم على العمل، وقد ادت تلك الاحتجاجات في النهاية إلى تحديد ساعات العمل، ووضع حد أدنى للأجور، وتنظيم العمل، وتوفير الرعاية الاجتماعية والصحية، ومتطلبات الحياة الأخرى، سيما بعد الثورات والحركات الاشتراكية التي دعت إلى تغيير حياة المجتمع تغييراً جذرياً،

1- د. محمد محمود ربيع . الليبرالية . في (موسوعة العلوم السياسية) ص 410 ـ 413 .

وبما يمنع الاستغلال، وتغيير علاقات الانتاج التي تخدم مصالح اصحاب العمل ورؤوس الأموال[1]. وقد انتبه العقلاء من دعاة الرأسمالية واصحاب الشركات والمعامل والمزارع إلى المخاطر التي تهدد مصالحهم في حالة الاستمرار على مبادئ وممارسات معينة تجلب لهم الارباح العالية دون الالتفات إلى مستقبل تلك المصالح، لذلك اهتموا بتوفير الأسواق الداخلية للسلع والمنتجات بدلاً من البحث أو الاستمرار في الاعتماد على المستعمرات والأسواق الخارجية غير المضمونه. وبذلك بادروا إلى الاهتمام بالعمال وتحسين احوالهم الحياتيه، وزيادة قدرتهم الشرائية كي يستطيعوا اقتناء السلع المنتجة باستمرار، ولما كان التقدم العلمي والتكنولوجي يؤدي إلى الاستغناء عن الكثير من الايدي العاملة، وتفشي البطالة، فقد بحثوا عن ايجاد فرص جديدة للعمل في قطاعات أخرى، ووصل الامر إلى منح العمال والموظفين المستغنى عنهم اجوراً معينة تعويضيه إلى حين ايجاد أعمال أخرى لهم، وفي كل ذلك تجديد للرأسمالية، وتقليل من مخاطر زوالها.

ولقد سعت الرأسمالية لتحسين ظروف استمرارها، واقتضت مصالحها اقامة مشاريع انتاجية في دول العالم النامي التي تتوفر فيها المواد الأولية للصناعة، والأيدي العاملة الرخيصة، والأسواق، وبذلك استمرت في استغلالها للشعوب الأخرى، ونهب ثرواتها بشكل أو بأخر، واستفادت من رؤوس اموالها في تقديم القروض للدول والشركات بأسعار فائدة مرتفعه، وأقامة المشاريع، ودخول ميدان المقاولات، وتكوين تجمعات ومصالح ضغط اقتصادية في تلك البلدان، كما ابتدعت وسيلة الشركات المتعددة الجنسية لولوج الدول التي لاتستطيع الاستثمار فيها الابشكل جماعي[2].

ومن مظاهر الرأسمالية الجديدة (العولمة)، وهي عملية التدفق الحر

1- مصطفى ابو زيد فهمي. النظرية العامة للدولة. الاسكندرية، دار المطبوعات الجامعية 1997 ص118ـ128.

2- فؤاد مرسي. الرأسمالية تجدد نفسها. الكويت، عالم المعرفة 1988 ص 25، ومابعدها.

للسلع والخدمات ورؤس الأموال والخبراء في كل انحاء العالم دون قيود ورسوم كمركية، ولها جوانب سياسية واجتماعية وثقافية تقتضيـ تبنـي سياسـات ليبراليـة، وتبني نظم سياسية غربية، وحريات اجتماعية وثقافية قد لا تتوافق مع القيم الدينية والاجتماعية والعادات والتقاليد الوطنية، والنتيجة المتوخاة هيـ حتمية قـدرة الـدول الصناعية الغربية في الاستحواذ على اسواق العالم، وادارة صناعاتها الناشئة وتجاراتها وزراعاتهـا، بعـد رفـع الحمايـة الوطنيـة لمنتجاتهـا، والقـدرة عـلى التـأثير السيـاسي والاجتماعي والثقافي على العقول باتجاه تبنـي الفكر الليبرالي الغربي المتناسـق مـع العولمة الاقتصادية [1] . ان قوة النظام الرأسمالي هي في قدرتـه عـلى التحـرك السريـع، والعمل على تحقيق الارباح في كل ميادين الحياة عبر تطوير الانتاج في ظل المنافسـة والحركة، والبحث عن ميادين جديدة، وتشجيع البحوث والابداع والابتكار، ورعايـة العلماء في كل الميادين الاقتصادية والعلمية، وتطبيق تلك الافكار، وانتاجهـا، ولـذلك فان العالم يشهد تطوراً سريعاً في الاتصالات، والحصول على المعلومات عبر الانترنيت، وتطور الامكانات المادية، وسرعة الحصول على الحاجـات، فضـلاً عـن تطـور الوسـائل العلمية والثقافية، وتطور الاسلحة والجيوش، وقد ادى هـذا التقـدم الهائـل في كافـة الجوانب التطبيقية، ولاسباب أخرى إلي توجه العـالم نحـو (اقتصاد السوق)، وسعي بعض الدول الاشتراكية كالصين وفيتنام للاخذ بهذا المبدأ، وتطوير اقتصادياتها، سيـما بعد تهاوي النظم الماركسية في الاتحاد السوفيتي واوربا الشرقية .

ومن كل ذلك يمكن تحديد وظائف الدولة وفقاً للرأسمالية بما يلي :ـ

1ـ حماية الافراد من العدوان الخارجي.

2ـ حماية الافراد من الاعتداء على حياتهم وأموالهم .

1- علي حسين شبكشي . العولمة نظرية بلا منظر . القاهرة، مطابع الشركة، مدينة السـادس مـن اكتـوبر 2001 ص 25 وما بعدها .

3ـ حماية الملكية الخاصة وتشجيعها وعدم مصادرتها .

4ـ احترام العقود والامتيازات الممنوحة للافراد وفقاً للقوانين المرعـية .

5 ـ حماية غير القادرين على العمل .

6ـ تعويض الافراد من الكوارث غير المتوقعة [1] .

7ـ اقامة القضاء للفصل في المنازعات بين الافراد [2] .

المطلب الثاني

اسس وظائف النظرية

1ــ الاساسى الاخلاقي :

ويقضي بأنه من الخير للانسان ان يترك حـراً، كي يـتمكن مـن اسـتعمال جميـع قواه الطبيعية في العمل والانتاج والتفكير، لأن المجتمع الذي يجعل المنافسة حرة بين الأفراد يحقق للإنسان غرضه الاخلاقي في الحياة، بينما يؤدي تدخل الحكومة إلى قتـل الثقة بين الأفراد، ويجعلهم غير قـادرين في الاعتـماد عـلى أنفسـهم، ولـذلك فـان مـن واجب الدولة ان تنمى الصفة الفردية للانسان كي يصـل إلى درجـة أعـلى في ممارسـة حقه الطبيعي في الفكر والعمل والإنتاج.

ان الدولة شر لابد منه، لذا يجب ان لايزيد تدخلها عن القـدر الـلازم لتمكـين الانسان من ممارسة حقه في تنمية قواه الذاتية

2ــ الاساس الاقتصادي :

بمعنى ان يسعى كل فـرد لتحقيـق مصـلحته، ويسـتثمر رأسـماله بالطريقـة التي يراها، ويختار العمل الذي يحصل منه على اجر اكبر، وان

1- د. بطرس بطرس غالي و د. محمود خيري عيسى . المصدر السابق ص 173.

2- محسن خليل . القانون الدستوري والنظم السياسية . القاهرة 1987 ص 343 .

المنافسة الحرة تعود بارباح اكبر وفقاً لقانون العرض والطلب، ولذلك على الدولة ان لا تتدخل لفرض الاسعار، وأن تترك التجارة حرة لان القوانين الطبيعية هي التي تكفل التوازن في الحياة الاقتصادية، وعلى الحكومات الغاء الضرائب والرسوم الكمركية والسماح بتدفق السلع عبر الحدود تشجيعاً للعمل والاستثمار .

3 ـ الاساس العلمي :

و يقوم على ان الاساس في الحياة هو ان البقاء دائماً للاقوى والأصلح، وان السبيل الطبيعي للتقدم هو القضاء على الضعفاء والفقراء والمجانين لانهم غير منتجين، وهم عالة على المجتمع، كما ان كثرة تعديل القوانين تعتبر دليلاً على خطأ التدخل الحكومي حيال الافراد، وارباك اعمالهم، وعدم الاستقرار في كافة الميادين الاقتصادية والاجتماعية والسياسية، فضلاً على أن ذلك التدخل يؤدي إلى اخطاء الموظفين بحق الأفراد [1] .

4ـ الاساس القانوني :

بمعنى ان حقوق الفرد مستمدة من القانون الطبيعي ولها الاولوية على القوانين الأخرى، سيما حق الحياة والبقاء والعمل، والحرية والمساواة.

5ـ الاساس النفسي :

وهو ان الفرد يرفض أي سلطة ولا يخضع لها اذا لم تحقق له مصالحه[2]. ويقبل على العمل الذي يرتاح إليه نفسياً، ويعتقد بأنه قادر على

1- بطرس بطرس غالي , ود. محمود خيري عيسى . المصدر السابق ص 174 انظر ايضاً :
مصطفى الخشاب . المصدر السابق ص 245- 255.

2- فيصل شطناوي . النظم السياسية والقانون الدستوري . عمان , دار الحامد 2003 ص 111- 112 . انظر ايضاً :
محسن خليل . المصدر السابق ص 349- 351 .

إنجازه بنجاح.

المطلب الثالث

نقد النظرية الفردية (الرأسمالية)

1- يؤخذ على النظرية الفردية تطرفها إلى حد كبير في ابراز مساوئ التدخل الحكومي على اساس ان هـذا التـدخل في شـؤون الافـراد يقلل كثيراً مـن اعتمادهم عـلى انفسهم، بينما التدخل الحكومي في كثير من الاحيان يكون لازماً لرفاهية المجتمع، سيما وأن بعض الطبقـات الاجتماعيـة تحتاج احيانـاً إلى حمايتها مـن الطبقـات الأخرى .

2- يؤخذ عليها اعتبار الدولة، مؤسسة غير طبيعية لأنها تتعارض مع طبيعة الانسـان في الاعتماد على نفسه، والعمل دون مساعدة الآخرين، بينما الحقيقة ان الانسـان اجتماعي بطبعه وليس انانياً، فكل انسان يولد في مجتمع، فانه يستمد منه بقاءه المادي والمعنوي، ومصلحة الفـرد وثيقـة بمصلحة الآخرين، أي مصلحة المجتمـع ومصلحة الدولة، ولا تتعارض معها بشكل كبير .

3- ان حقوق الانسان الطبيعية لا تتعارض مع الدولة، لأن الدولة هـي التي تبيح التمتع بتلك الحقوق، والتي لا يمكن فهمها بدون الدولة، ولـذلك فان تـدخلها لحمايـة الحقوق الطبيعيـة، وتمكين الافـراد التمتـع بالحرية هـو أمرطبيعـي وضروري، وفي حالة عدم تدخل الدولة تنقلب الحياة إلى حياة فوضوية فاسدة، لا يتمتـع بالحرية فيها إلا القلة . ولذلك فان تدخلها ضروري لتحقيـق الحقـوق والحريات، ومنع اعتداء البعض على البعض الآخر .

4- ان اخطاء الموظفين ليس دليلاً على احقية تدخل الدولة، لان فساد بعضهم لا يعني فساد كلهم، اذ يوجد موظفون صالحون إلى جانب الفاسدين، اما الاخطاء الحكومية فانها تظهر بسبب التماس المباشر مع المواطنين، ولكنها لاتستمر، فقد تعيد الدولة النظر بها وتصححها، استناداً إلى شكاوي الأفراد . ولكن من طبيعة افراد المجتمع انهم ينسون الأعمال الصالحة ولا يتذكرون إلا الأعمال الطالحة .

5- ان هنالك فرق بين الدولة الثابتة نسبياً، ولها حق التدخل، والحكومة التي هي هيئة موقته تنشؤها الدولة لتنفيذ اهدافها، وخطأ الحكومة في القيام بوظيفتها لايستدعي سوى تغييرها .

6- ان القول بان البقاء في الحياة للاقوى والافضل ليس دقيقاً، لان البقاء في كثير من الاحيان مرتهن بالقوة المسلحة والعنف, وهذا يعني ان الافضل قد لايستطيع مقاومة الاقوى. أما ما ينطبق على بقاء الكائنات الحية من النباتات والحيوانات في (البقاء للاقوى) فليس بالضرورة أن ينطبق على الانسان الذي يتميز عن سائر الكائنات بخاصية العقل، والناس متساوون في الحقوق والواجبات في الشرائع السماوية، ومعظم التشريعات الوضعية، صغيرهم وكبيرهم، قويهم وضعيفهم، غنيهم وفقيرهم، وان كانوا مختلفين في القدرات العضلية والمهارات والعمل.

7- ان كثرة تعديل القوانين قد تكون مقياساً للتطور، ورفضاً للبقاء على الاوضاع السابقة، فالانسان ينزع دائماً إلى البحث عن الافضل، وللاكثر ملاءمة مع مصلحته، فإذا كانت القوانين عقبة امام حياته، فإنه يعدلها بشكل اكثر من غيرها، رغم ان سرعة تغيير القوانين قد يؤدي إلى عدم

الاستقرار الاجتماعي والسياسي والاقتصادي في بعض الاحيان [1].

المبحث الثاني
النظرية الاجتماعية الاشتراكية (توسيع الوظائف)

المطلب الأول
النشأة والتطور

وهي النظرية التي ولدت من خلال الممارسات الرأسمالية الخاطئة واستغلالها للانسان بشكل كبير، ولذلك دعت الاشتراكية إلى تقديم مصلحة المجتمع على مصلحة الفرد، وتدخل الدولة من اجل حماية الافراد والمجتمعات خدمة للمصلحة العامة، وعدم ترك الافراد يستغل بعضهم بعضاً، بل يرى الاشتراكيون ان الدولة وجدت لخدمة المجتمع بأسره، وان رفاهية المجتمع وسعادته لن تتحقق الا بالتدخل الحكومي، ولذلك دعوا إلى اقامة نظام سياسي واقتصادي جماعي لتحقيق المساواة للجميع، سيما في فرص العمل، والرقابة على وسائل الانتاج، وقيام الدولة الاشتراكية بتملك وسائل الانتاج كلياً أو جزئياً، وادارتها لتحسين حياة المجتمع، وزيادة دخله، والتوزيع العادل للثروات من اجل رفاهية المجتمع.

ويعيب الاشتراكيون على الرأسمالية عدم اهتمامها بأحوال الطبقة العاملة أو الفقيرة، والسماح بايجاد الفوارق الطبقية بين من يملكون ومن لا يملكون، وتكوين الثروات والارباح لقلة قليلة من المجتمع على حساب العاملين في المعامل والحقول دون وجه حق، كما قالوا بعدم ضرورة المنافسة في الصناعة،

1- مصطفى الخشاب. المصدر السابق ص 255- 259. انظر أيضاً:

د. بطرس بطرس غالي، ود. محمود خيري عيسى، المصدر السابق، ص175- 176.

واعتبروا الدعاية عملاً غير منتج، ونددوا باحتكار السلع والخدمات، ورفع الاسعار التي تؤذي ذوي الدخل المحدود . أما الحرية السياسية والديمقراطية فانهم اعتبروها شكلية، ودعوا إلى الديمقراطية الاجتماعية، أي توفير متطلبات الحياة الاساسية للمواطنين من الغذاء والسكن والملابس والنقل والخدمات العامة . قبل حرية الاحزاب والانتخابات . [1]

ولكن الاشتراكية ليست صيغة واحدة في مجتمعات العالم فقد اختلفت في افكارها وممارستها، وقد وجد البعض ان الاشتراكية يجب ان تتطعم بالإيجابيات الموجودة بالنظام الرأسمالي، خاصة فيما يتعلق بالمنافسة وتطوير الانتاج نحو الأفضل، فقد اصبح واضحاً ان الصناعة الاشتراكية اقل جودة من الصناعات الرأسمالية، بسبب فقدان الحافز للابداع، بل اصبح تدخل الدولة الواسع في كل القطاعات الاقتصادية والاجتماعية والسياسية عبئاً كبيراً، وعائقاً بيروقراطياً أمام سرعة الانتاج، مقابل قدرة القطاع الخاص في الدول الرأسمالية على الانتاج الكبير، وتحسين النوعية . وفعلاً من الضروري التفاعل مع الافكار التي تساعد على الاخذ بالافضل والأحسن .

ويمكن ايراد مجالات وظائف الدولة بمايلي :

1ـ التدخل الواسع في كل ميادين الحياة لمنع الاستغلال الذي يقوم به القطاع الخاص ضد العمال والفلاحين والكسبة، وقد يصل هذا التدخل إلى حد تملك وسائل الانتاج الضرورية وتسخيرها لمصلحة المجتمع .

2ـ توفير الحاجات الاساسية للافراد بأسعار رخيصة، وتوفير المقومات العامة للحياة كالتعليم والصحة والنقل والماء والكهرباء بأسعار رمزية أو مجانية[2] .

3ـ حماية الافراد من الاستغلال .

4 ـ حماية المجتمع من العدوان الخارجي .

1- د. مصطفي أبو زيد فهمي . المصدر السابق ص 257 ـ 326.

2- فيصل شطناوي . المصدر السابق ص 120 .

5ـ حماية الأمن الداخلي للمجتمع والدولة .

المطلب الثاني

أنواع الاشتراكيات

أولاً: الاشتراكيات المثالية (الخيالية)

وهـي الاشـتراكيات التـي تصـورت وجـود مجتمعـات خاليـة مـن الاسـتغلال والصراعات، وحياة مرفهة وسعيدة لكل افراد المجتمع، واجتهـدت في ارائهـا وافكارهـا وهي :

1ـ الاشتراكية البدائية :

وتعود في جذورها إلى العهد الاغريقي، حيث دعا افلاطون إلى تحقيق نوع من الاشتراكية من خلال مشاعية المال والجنس، مـن منطلـق ان كـل الصراعات البشرـية كانت بسبب الملكية والجنس، ولـذلك فـان تجنـب المجتمعـات الصراع مـن أجلهـما، وتحقيق الانسجام والتنسيق بين الأفراد، وتحقيق السعادة يتطلب ذلك، وقد سـميت ايضاً بـ(الشيوعية البدائية) التي كانت مقتصرة عـلى الطبقـة الحاكمـة، ولم تشـمل العبيد والاجانب[1] . كما انها كانت نظرية لم تخضـع للتطبيـق، وقـد تراجـع افلاطـون عنها بعد ذلك .

2ـ اشتـــــــراكية مور :

وهـو (تومـاس مـور) وقـد وضـع كتابـه اتوبيـا Utopia أو المدينـة الخياليـة (الطوباوية) عام 1515 . وتصور فيه مجتمعاً مكوناً من شعب يترواح عدده مـن (3ـ 4) مليون نسمة يعيشون بدون ملكية خاصـة، ويـدير أمـورهم مواطنـون منتخبـون مهمتهم قياس العمل الذي يحتاجه المجتمع، ثم توجيه الانتاج، حيث يعيش كل فـرد في عيشه بسيطة، ولااثر للحرمان فيه، وعل كل فرد أن يقوم

1- د. حسن الظاهر . المصدر السابق ص 35 .

بالعمل الذي يوكل إليه من قبل الموظفين، فإذا تم ذلك أمكن توزيع الثروة على الفرد بيسر وسهولة، وحين يختفي العوز والفقر فلن يحاول أحد ان يأخذ نصيباً من الثروة التي تجاوز حاجته، وعلى كل فرد ان يعمل في الزراعة لأنها اشق انواع العمل، غير ان هذه الاشتراكية بقيت في كتابه ولم ير النور [1].

وتنتقد هذه الاشتراكية من كونها تعتقد بزوال الملكية الفردية، فالانسان ينزع إلى التملك، ولا تقف رغبته عند حد معين، أما أن الانسان يأخذ ما يحتاجه فقط، فليس بشيئ أكيد، وانما هو خيال .

3ـ اشتراكية اوين :

وقد آمن بالاشتراكية، وحاول تطبيقها عملياً، فقد اقترح نظاماً للمجتمع تختص الأم بتربية الاطفال بعيداً عن مساوئ النظام الرأسمالي القائم على التنافس، ونظاماً اشتراكياً تحكمه المصالح المشتركة بين الافراد بدلاً من المصالح الفردية البحتة، ويشرف على توزيع العمل هيئة تمثل سلطة المجتمع كله. غير ان محاولته فشلت فشلاً تاماً . [2]

4ـ اشتراكية سان سيمون :

اظهر سان سيمون مساوئ استغلال الطبقة العاملة من قبل الرأسمالية، وطالب بكفالة العمل للجميع، وابراز المكانة الخاصة لرجال الصناعة والبنوك والعلماء في المجتمع الجديد، واهتم بالجانب الروحي في كتابه (المسيحية الجديدة)[3] .

1- ابراهيم محمد البرايري . الاشتراكية التعاونية . القاهرة، الدار القومية للطباعة والنشر 1967 ص14.

2- ح . د .هـ . كول . الرواد الأول للاشتراكية، ترجمة محمد عبدالله الشفقي . القاهرة، الدار القومية للطباعة والنشر 1965 ص 147 ـ 169 .

3- د. حافظ علوان حمادي الدليمي . المصدر السابق ص 107.

5ـ اشتراكية فرنسوا بابيف

وقد اعتقد بأن المساواة القانونية التي جاءت بها الثورة الفرنسية لاتكفي، وانما يجب مصادرة الممتلكات الخاصة. والغاء حق الميراث، ودعا إلى الملكية الجماعية، والتزام الجميع بالعمل. وقام بانقلاب فاشل في فرنسا عام 1797[1].

ثانياً : الاشتراكيات المتطرفة

وهي الاشتراكيات التي آمنت بالعنف لتحقيق أهدافها، وادعت بزوال الدولة في نهاية المطاف . وهي :

1ـ الاشتراكية العلمية (الماركسية) :

وهي التي نادى بها كارل ماركس وانجلز في النصف الثاني من القرن التاسع عشر، ومضمونها ضرورة تملك الدولة لجميع وسائل الانتاج من أجل القضاء على استغلال رأس المال للطبقة العاملة، وتحقيق شيوع الملكية والجنس اللذان هما سبب النزاعات . وقد دعيا إلى ذلك من منطلق وجود صراع مادي على مدى التاريخ بين من يملكون ومن لايملكون، وهو صراع حتمي يؤدي في النهاية إلى انتصار الاشتراكيين على الرأسماليين بالقوة والعنف، وتصفيتهم عبر دكتاتورية البروليتاريا (الطبقة العاملة) ومن ثم توزيع الثروة وارباح وسائل الانتاج على الجميع بالتساوي دون استغلال . وبعد تحقيق الاشتراكية في المرحلة الأولى يتم الانتقال إلى المرحلة الثانية وهو تحقيق الشيوعية، حيث تختفي سلطة الدولة، ويعيش الناس بدون منازعات لانتفاء اسبابها، وهي الملكية، ويتم الغاء نظام العائلة. ولم تعترف الماركسية بالقومية وقرنتها بالرأسمالية، كما اعتبرت الاديان افيون الشعوب . لقد قامت الثورة في روسيا عام 1917 وحكمها الحزب الشيوعي حتى عام 1990 بالحديد والنار، وتم تحديد عدة مواعيد للانتقال إلي

1- المصدر السابق ص 106.

(المجتمع الشيوعي السعيد) حسب زعمهم، ولكن ذلك لم يتحقق[1] .

ويمكن نقد هذه الاشتراكية بمايلي :

1ـ انها بقيت في الاطار المادي فقط، وانكرت الجانب الروحي، وكفرت بالأديان السماوية وقواه الذاتية في الفكر الانساني .

2 ـ انها تنكرت للقومية واعتبرتها مرادفة للرأسمالية استناداً إلى بعض التجارب الاوربية، وهو أمر غير صحيح، فالقومية كانت ضد الاستعمار في كثير من بلدان العالم .

3 ـ انها آمنت بالعنف والدكتاتورية، وهما اسلوبان غير أخلاقيين .

4 ـ ان الاستغلال الذي نادت بالغائه مادياً سوف يبقى في الجوانب الأخرى من الحياة . كالاستغلال المعنوي.

5ـ ان الصراع الانساني على مر التاريخ لم يكن صراعاً مادياً فقط، بل كان صراعاً دينياً وثقافياً وشخصياً واجتماعياً . ولا يمكن انهاؤه أوتحديده، ولذلك استمرت الصراعات داخل النظم الاشتراكية وحكامها طمعاً في الحكم والنفوذ .

6 ـ ان مسالة الغاء الدولة غير منطقي في ظل زيادة تدخل الدولة في أمور المجتمع، فقد كان المفترض تقلص تدخل الدولة تدريجياً، ولكن حدث العكس، ولو تم الغاء الدولة لسادت الفوضى والنزاعات، وعادت المجتمعات إلى فترة ما قبل الدولة .[2]

2 ـ الاشتراكية الفوضوية :

اعتقد روادها ان الحالة الاقتصادية الظالمة التي نتجت عن الملكية

1- ابراهيم محمد البرايري . المصدر السابق ص 24 . انظر أيضاً :

د. محمد محمود ربيع. منهج المادية الجدلية عند ماركس وانجلز. في موسوعة العلوم السياسية، ص 308ــ 310.

2- د. مصطفي ابو زيد فهمي . المصدر السابق ص 271 ــ 324

الخاصة هي المسؤولة عن فساد الانسان، ولولاها لاستغنى عن الدولة . واعتبر (برودون) ان الملكية الخاصة سرقة، وان الدولة تمثل العاطفة لا العقل، وتحول دون تحقيق السيادة، واعتبر الملكية الخاصة مانعة منها، [1] ودعا الفوضويون إلى الملكية الجماعية بدلاً من الملكية الفردية، وتطرفوا في افكارهم ضد الدين والدولة والملكية، وهاجموا الديمقراطية لانها تبقي على نظام حكم الاغلبية، بينما هي ليست مجموع الشعب بكامل طبقاته، وانما حكم النواب والحكام، وهاجموا الديمقراطية المباشرة ورفضوا كل انواع الحكومات، وخاصة الثورية [2]، ودعا أهم زعمائهم (باكونين) لاستخدام القوة والعنف للقضاء على النظام الاجتماعي القائم، وإلى تأميم الاراضي الزراعية ووسائل الانتاج، واحلال الجمعيات التعاونية محل الدولة الفاسدة [3]، وان كل فرد في المجتمع الفوضوي يقوم بالعمل الذي يناسبه اكثر من غيره، وان الخدمات المشتركة الاختيارية سوف تقدم للمجتمع ما يحتاج إليه كالتحكيم في المنازعات، وتقديم الخدمات الطبية والتعليم [4].

والنقد الموجه للفوضوية هو الجانب الالحادي المادي، واعتقادهم بعدم الحاجة إلى الدولة، وامكانية الجمعيات والخدمات الاجتماعية لتقديم بعض الخدمات، ولكن هذه الجمعيات هي نفسها شكل من اشكال السلطة، بينما لا يمكن ردع المخالفين إلا بالقانون والعقوبات والتي تحتاج بدورها إلى السلطة، ورغم اختلافهم في استخدام القوة فان الدعوة للعنف لتغير المجتمع أمر مرفوض، ومهاجمتهم للديمقراطية تعبير عن اضطرابهم الفكري .

1- د. بطرس بطرس غالي ود. محمود خيري عيسى ,. المصدر السابق ص 178

2- د . محمد محمود ربيع . الفوضوية . موسوعة العلوم السياسية ص 403 .

3- د. بطرس بطرس غالي و د. محمود خيري عيسى . المصدر السابق.

4- د. لؤي بحري . المصدر السابق ص 153 . انظر ايضاً :

د. نظير حسان سعداوي . الاشتراكية العربية والتطوير الاشتراكي . القاهرة ., المكتبة التعاونية 1964 ص60 ـ 72 .

3ـ الاشتراكية القومية (الوطنية)

وهـي الاشـتراكية التـي جمعـت بـين القوميـة والاشـتراكية، فـالحزب الاشـتراكي القومي الألماني (النازي) 1933 ـــ 1945 دعا إلى تدخل الدولة تـدخلاً كـاملاً في الحيـاة الاقتصادية، باعتبارها تمثل الصالح العام الذي يجـب أن يقـدم عـلى الصـالح الخـاص، لـذلك قيـدت الملكيـة الخاصـة، سـيما الملكيـات الكبـيرة، وارتبطـت بـالنزعـة الالمانيـة التعصبية والتوسعية عـلى حسـاب الـدول المجـاورة، واصـبحت الدولـة آلـة لتحقيـق السمو الألماني المزعوم، فضلاً عـن الحكـم الـدكتاتوري المستبد الـذي قـاد المانيـا إلى الحرب العالمية الثانيـة وخسـارتها فيهـا. إن هـذه الاشـتراكية قضـت عـلى الاضـطراب الاقتصادي في المانيا، ونجحت في تحقيق اصلاحات كثـيرة وطـورت الصـناعة الثقيلـة، ووظفـت الأيـدي العاملـة العاطلـة فيهـا[1] . ولكنهـا بالمقابـل اعتمـدت عـلى القـوة، وابتعدت عن الديمقراطية وحاولت غرس العنصرية في نفوس الشعب الألماني.

أما الفاشية في ايطاليا عام 1922 ـــ 1944 فقد اعتبرت الدولة شيئاً مقدساً، وان لها حياه وارادة تعلو على ارادات الناس، ولـذلك يجـب أن تكـون الدولـة ذات حكـم مطلق، وان لاتتسامح في وجود اية قوى لاتخضع لرقابتها، ويجب على الافراد الخضوع للدولة خضوعاً تاماً ومطلقاً، والخضوع للنظام، لأن الدولة والنظـام يوصـلان الشـعب إلى اعلى درجات التقدم والرفاهية . واعلنت الفاشـية ان هنالـك هـدف واحـد يجـب خدمته هو الأمة[2] .

إن الفاشية ورغـم إنجازاتهـا في تقـدم إيطاليـا، إلا أنهـا اعتمـدت عـلى العنـف والتسلط.

4ـ الاشتراكية السـنـد يكالية (النقابية الثورية) :ـ

جمعت بين الفوضوية والاشتراكية، واعتقدت ان الدولة هي آلة بيد

1- د. لؤي بحري . المصدر السابق ص 181- 184 .

2- رايموند كارفيلد كيتيل . المصدر السابق , جـ2 ص 226 – 232 .

الرأسمالية، وانها تشجع قيام الامتيازات والطبقات، وتستخدم قوتها لاخماد الاضرابات، وتعمل لدوام الظلم، وتسمح باستغلال العمال، ولذلك فإن السيادة الشعبية تتحقق في سيطرة العمال على وسائل الانتاج، وتشكيل منظمة اختيارية للاشراف على الانتاج بدلاً من الدولة, وضرورة استخدام الطرق الثورية للوصول إلى الأهداف[1]. ومن اهم دعاتها الفرنسي جورج سوريل الذي هاجم اشتراكية الاساتذة بسبب دعوتها السلمية[2].

5ـ الاشتراكية النقابية :

وقد تأثرت بالفوضوية والماركسية، وآمنت بالغاء الملكية الفردية، واحلال الملكية الجماعية بدلها، وان الاتحاد العمالي اداة جاهزة للثورة، لمطالبته المستمرة بالاجور الأفضل للعمال، وتخفيض ساعات العمل، وان من واجبه توعية الطبقات العاملة بكاملها، سيما العمال المثقفين، وانه اكثر أهمية من الاحزاب لانه يمثل مصالح العمال، وقد رفض دعاتها الدولة باعتبارها المنظمة السياسية للطبقة الرأسمالية، وطالبوا بالغائها، واعتقدوا ان العنف والعمل المباشر خير وسيلة لتحقيق اهدافهم، خاصة تدمير الآلآت، والقيام بالاضرابات والمظاهرات العمالية، وتدريب العمال على اعمال التدمير والتخريب، ودعوا إلى تمكين الاتحاد الصناعي بان يكون الوحدة الرئيسية داخل المجتمع، واتباع نظام اللامركزية المتطرفة، وتعاون الاتحادات الصناعية مع بعضها بواسطة مجالس تقوم بتنسيق اعمالها، وتصريف الشؤون العامة للبلد[3]. واكدوا أن الظروف الحديثة تستدعي اقامة نقابات وطنية للسيطرة على الانتاج الكبير، واعتقد بعضهم بالحاجة إلى سلطة عليا فوق النقابات[4]، وبذلك ناقضوا انفسهم في

1- المصدر السابق جـ2 ص 217 - 219 .

2- فايز صالح ابو جابر . الفكر السياسي الحديث . بيروت , دار الجيل 1985 ص 352 - 353 .

3- د. لؤي بحري . المصدر السابق ص 154 ـ 155.

4- فرانز بوركينو، الاشتراكية، قومية أم دولية، ترجمة محمود شوقي الكيال، القاهرة . الدار القومية للطباعة والنشر ص 17 ـ 42.

الدعوة إلى الغاء الدولة، والحاجة إليها.

ثالثاً : الاشتراكيات الدينية :

1ـ الاشتراكية المسيحية :

رأي بعض الكتاب المسيحيين استحالة التوفيق بين النظام الرأسمالي القائم على التنافس، والتعاليم المسيحية الداعية إلى الحب والوفاء والاخاء، سيما وان الرأسمالية تعني حب السيطرة والحصول على الأموال، لذلك دعوا إلى منهج الاشتراكية المسيحية القائمة على تشجيع النظام التعاوني، وتحديد ساعات العمل، وتحسين ظروف الانتاج، والتعليم المجاني، وعلى اسس اخلاقية وروحية، واكد المفكرون الاشتراكيون المسيحيون على تدخل الدولة لحماية الطبقات الضعيفة[1]، والدعوة لتطبيق الاشتراكية كالتزام بقواعد الدين المسيحي التي تنبذ المادة وتدعو إلى التقشف والزهد، ومـن المعروف ان دعوة السيد المسيح قائم على الرحمة بالفقراء والمساكين،وعدم التمييز بين الاغنياء والفقراء، وتحقيق المساواة الاجتماعية، وقد أكد القديس امبروز عـلى (ملكيـة الارض والخبز للجميع)[2].

2ـ الاشتراكية الاسلامية :

ان الاسلام دين العـدل والمسـاواة، يـؤمن بالملكيـة الخاصـة كقاعـدة عامـة، والملكية الاجتماعية إذا اقتضت مصلحة المجموع، وبما انه يدعو للعدالة الاجتماعية والاخاء والمساواة فقد اعتبر البعض الاسلام ديناً اشتراكيا، سيما انه يـدعو إلى منع الاحتكار والربا والتزام الناس بتقديم الزكاة والصدقات مـن الاغنيـاء إلى الفقـراء[3]، ﴿وفي أموالهم حق معلوم للسائل والمحروم﴾[4]، ويمنع

1- د. بطرس بطرس غالي ود. محمود خيري عيسى . المصدر السابق ص 181.

2- د. نظير حسان سعداوي . المصدر السابق، ص 18.

3- احمد الشرباصي واخرون . الاسلام دين الاشتراكية . القاهرة , الدار القومية 1961 ص 29 وما بعدها .

4- القرآن الكريم . سورة الذاريات . الآية 19.

تركز المال بيد الاغنياء ﴿**ما أفاء الله على رسوله من اهل القرى فلله وللرسول ولذي القربى واليتامي والمساكين وابن السبيل كي لايكون دولة بين الاغنياء منكم**﴾[1] والاسلام هو دين التكامل والتعاون على البر والتقوى .. وقد اكدت الايات القرآنيه على ان الملك لله، وان البشر هم وكلاء عليه ﴿**ولله ملك السموات والارض**﴾[2] . ويروى عن النبي محمد (ص) قوله: "الناس شركاء في ثلاثه، الماء والكلاء والحطب، وقيل النار " . بينما الحقيقة ان الاسلام دين يجمع بين الاشتراكية والتعاونية والملكية الخاصة , وهو دين العدالة الاجتماعية والمساواة لكل البشر .

رابعاً : الاشتراكيات المعتدلة

1 ـ الاشتراكية الفابية :

وقد تبنتها الجمعية الفابية البريطانية[3]. التي آمنت بالاشتراكية، وامكانية تطبيقها بالتطور التدريجي البطيء، وعبر الوسائل الديمقراطية، والعمل على نشر الفكر الاشتراكي والاشتراكية في العالم عن طريق التدرج في اصدار القوانين، مستنداً إلى جهود الافراد في خلق المجتمع الاشتراكي . وقد تأثرت بها النقابات العمالية في المانيا وفرنسا وبريطانيا[4] . ومن رموزها سيدني بوب، دولس، وبرناردشو[5] .

1- القرآن الكريم . سورة الحشر . الآيه 7 .

2- القرآن الكريم . سورة الجاثية . الآيه 27 .

3- نسبة إلى قائد روماني اسمه (فابيوس) كان يؤمن بالتغلب التدريجي على العدد في المعركة وانهاكه شيئاً فشئياً مفضلاً ذلك على الاشتباك في معركة حاسمة .

4- مار جريت كول . الاشتراكية الفابية . ترجمة د. محمد عبد الرازق مهدي . القاهرة، الدار القومية 1962 ص 5 وما بعدها .

5- ابراهيم محمد البرايري . المصدر السابق ص 33 . انظر ايضاً:
س. 1 . ر . كروسلاند . مستقبل الاشتراكية القاهرة، الدر القومية 1966 ص 88 ـ 94.

2ـ الاشتراكية الديمقراطية :

تؤمن باجبار الرأسمالية على الخضوع لارادة الشعب، ونقل المشاريع الكبيرة من القطاع الخاص إلى القطاع الاشتراكي بالاساليب الديمقراطية، ولكنها لا تؤمن بضرورة القضاء على جميع مظاهر الملكية الخاصة، وانما الابقاء على المشروع الخاص، وامكانيه تعايشه مع المشروع العام . وترفض تركيز الصناعة في وحدات ضخمة لانه تدمير للديمقراطية، كما ترفض احتكار السلطة بيد الملوك والطبقة الاستقراطية، وتعارض التأميم، وتؤمن بأن سيطرة الدولة لوسائل الانتاج تهدد الحرية . وقد اتجهت هذه الاشتراكية في اوربا الأخذ بنظام التأمينات الاجتماعية، ووضع حد أدني للأجور، وتحديد ساعات العمل، والسيطرة على الاسعار، وتقليل الفوارق الطبقية، وتحقيق الاصلاح الاجتماعي والاقتصادي[1].

3ـ اشتراكية الاساتذة (الاكاديميون)

وقد دعت إلى تحسين الطبقة العاملة عن طريق التشريعات الخاصة بالمصانع، كظروف العمل وساعاته، والأمن الصناعي والتأمين الاجتماعي، وانتشار صناديق الادخار وقد ظهرت في المانيا في القرن التاسع عشر وكان روادها الأوائل من الاساتذة[2].

1- محمد على أبو ريان . النظم الاشتراكية مع دراسته مقارنه للاشتراكية العربية . القاهرة، دار المعارف 1967 ص 163 ــ 170 انظر أيضاً:

رمزي مكدونالد. الحركة الاشتراكية، ترجمة محمود حسين العرابي . القاهرة، المطبعة العصرية 1969 ص 105 ــ 106 .

2- مصطفى الخشاب . المصدر السابق ص 295- 296.

4ـ الاشتراكية التشاركية :

وهي اشتراكية قائمة على اساس اقامة نظام جديد عبر التشاوك الحر الاداري بين افراد المجتمع متمثلاً بالجمعيات أو التشاركيات كوسيلة للقضاء على المنافسة الطاحنة للنظام الرأسمالي، والصراع الدائر بين أرباب العمل لزيادة أرباحهم . ومن روادها (فوربييه) الذي دعا إلى حماية الفرد عن طريق انضمامه للتشاركيات التي تحقق له ذاتيته الفردية واستقلاليته، ولا مانع من ايجاد ترابط بين التشاركيات، وقد تحولت هذه الاشتراكية بعد ذلك إلى المذهب التعاوني[1] .

5ـ الاشتراكية الجماعية :

وهي تملك الدولة لجميع وسائل الانتاج بالغاء الملكية الفردية الكبيرة في الزراعة والصناعة، مع الابقاء على الملكية الصغيرة . وفي رأي اتباعها ان وضع وسائل الانتاج في يد الدولة يقضى على أهم اسباب التفاوت بين الناس، أما اموال الملكية الاستهلاكية فسوف تبقي بيد الافراد على ان يأخذ كل منهم من الانتاج الجماعي حسب المجهود الذي قدمه في سبيل هذا الانتاج، وليس تبعاً للمنفعة التي وصل إليها، أي لكل حسب عمله[2] .

6ـ الاشتراكية الزراعية :

وتقضي بالغاء الملكية الفردية للارض الزراعية، وتحويلها إلى ملكية عامة للدولة للوصول إلى الربح الذي كان يستولى عليه اصحاب هذه الاراضى دون حق، على ان يتم ذلك مقابل تعويض لهم،و رأى البعض ترك الاراضى الزراعية في يد أصحابها على ان تكتفي الدولة بالحصول على الريع منهم

1- د. احمد جامع . المذاهب الاشتراكية . مع دراسة خاصة عن الاشتراكية في الجمهورية العربية المتحدة، القاهرة . المطبعة العالمية 1967 ص 172 ـ 133 .

2- ابراهيم محمد البرايري . المصدر السابق ص 20 .

بواسطة الضريبة العقارية[1] .

7ـ اشتراكية الدولة :

ويقصد بها تدخل الدولة في الانتاج مع الابقاء على الملكية الفردية ولو إلى حين، والعمل على نشر الفكر الاشتراكي في الاوساط المثقفة، ورفض النظام الرأسمالي القائم على التنافس الحر السائد في القرن التاسع عشر والذي لم يوفر العيش الرغيد الا لقلة من الناس . ولذلك فان تدخل الدولة يجب ان يكون في الانتاج الكبير . ويدخل ضمن هذه الاشتراكية مايسمى بـ (اشتراكية الكرسي) التي تأسست في المانيا عام 1872[2] .

8ـ الاشتراكية الدولية الثانية :

وتؤمن بالتعاون مع الحكومات الدستورية من اجل المزيد من الاصلاحات، والتدرج للوصول إلى الاشتراكية، وقد انتشرت بعد الحرب العالمية الثانية في اوربا الغربية، وانضمت إليها احزاب في افريقيا وآسيا واميركا اللاتينية، واخذت تعقد اجتماعات دورية لترسيخ افكارها ومراجعتها، وسميت بالاشتراكية الدولية الثانية تمييزاً لها عن الشيوعية التي اخذت اسم الاشتراكية الدولية أو الكومنترن[3] .

1- المصدر السابق ص 22 ــ 23 انظر ايضاً :
مصطفى الخشاب . المصدر السابق ص 296- 297 .

2- د. عزمي عبد الفتاح اسماعيل البشندي . نظرية الدولة بين نظام اشتراكية الدولة والاشتراكية الديمقراطية، دارسة في الفكر السياسي المعاصر، الاسكندرية . الهيئة المصرية العامة للكتاب 1979 ص 91 ــ 100 .

3- نورمان مكنزي. موجز تاريخ الاشتراكية . القاهرة، دار القلم 1960 ص 183 انظر ايضاً:
محمد يوسف علوان. منظمة الدولية الاشتراكية . في موسوعة العلوم السياسية، ص 108 ــ 109 .

خامســاً : الاشتراكيات العربية :

وهي الاشتراكيات التي طالبت بتدخل الدولة في وسائل الانتاج الرئيسية منعاً للاستغلال الذي يمارسه طبقة الرأسماليين والملاكين والاقطاعيين ضد العمال والفلاحين بشكل عام .

ففي مصر في عهد الرئيس جمال عبد الناصر 1952 ــ 1970 طغت (الاشتراكية العربية) على اساس توزيع الاراضي للفلاحين بعد تجريد الاقطاع منها، وتأميم بعض الشركات الاقتصادية، وجعلها ملكاً للدولة، وتحقيق جزء من الارباح للعمال، وكانت شعاراتها :

1ـ القضاء على الاقطاع وسيطرة رأس المال .

2ـ القضاء على الاحتكار .

3ـ اقامة عدالة اجتماعية سليمة انتاجاً وتوزيعاً، واذابة الفوارق الطبقية .

4ـ اعتماد التخطيط الاقتصادي واقامة مشاريع تنموية .

5ـ زيادة الدخل القومي[1] .

وفي سوريا والعراق نادت احزاب عربية بالاشتراكية، منها حزب البعث العربي الاشتراكي وكان التطبيق فيهما قائماً على اساس الربط بين الوحدة العربية والاشتراكية والايمان بالخصوصية القومية، والجمع بين القطاع الخاص والقطاع الاشتراكي والقطاع التعاوني[2].

وشهدت الجزائر تطبيقاً اشتراكياً باسم (التسيير الذاتي) خلال (1962- 1990)[3] وفي الشطر الجنوبي من اليمن طبقت الاشتراكية الماركسية

1- جمال الدين محمد سعيد . الاشتراكية العربية ومكانها في النظم الاقتصادية . القاهرة . الدار القومية 1962 ص 45 انظر ايضاً د.نظير حسان سعداوي . المصدر السابق ص 139 ــ 169

2- د. مجيد خدوري . العراق الاشتراكي، بيروت، الدار المتحدة للنشر 1985 ص 31 ــ 135

3- هواري بومدين . خطب الرئيس 19 جوان 1965 ــ 19 جوان 1970، جـ3 قسنطينة. وزارة الاعلام والثقافة 1970 ص 19 ــ 22، 245

(1967 - 1990) [1] وفي ليبيا حملت الدولة اسم (الاشتراكية) وتطبيق خاص قائم على تملك الدولة لبعض وسائل الانتاج الرئيسية، وشعارات (شركاء لا اجراء) و(البيت لساكنه) [2] وفي تونس تحول اسم الحزب الدستوري إلى (الحزب الاشتراكي) مع تطبيقات اشتراكية[3] وفي الحقيقة ان معظم الاقطار العربية تملك وسائل الانتاج والخدمات الكبيرة كالسكك الحديد، والخطوط الجوية ومؤسسات الماء والكهرباء والنقل العام والهاتف، والموانئ والملاحة البحرية. والتربية والتعليم والصحة، خدمة للمواطنين بأجور زهيدة، وفي ظل عدم قدرة القطاع الخاص القيام بتلك الخدمات.

المبحث الثالث

النظرية الاسلامية

وهي النظرية المستندة إلى القرآن الكريم والسنة النبوية الشريفة والاجماع والقياس، والمصادر الثانوية . وقد جاءت بمبادئ التوحيد والعدالة والمساواة والحرية والشورى والتكافل والتعاون بين المسلمين، والاخاء والسلام والاصلاح وضرورة السلطة والدولة لتنفيذ احكام الشريعة، سيما الجهاد والدفاع عن الحدود[4] ، وقد أقام الرسول (ص) دولة المدينة في المدينة المنورة، ووضع دستورها المستمد من الشريعة الاسلامية، ولكنه تضمن أيضاً علاقة المسلمين مع بعضهم ومع غيرهم والحقوق والواجبات . واستمرت هذه الدولة في عهد الخلفاء الراشدين والدولة الأموية في الشام، والدولة العباسية في العراق، والفاطمية في مصر والأموية في الاندلس، واستمرت بعد ذلك في العهد العباسي

1- جمهورية اليمن الديمقراطية الشعبية . عشر سنوات مجيدة 1967 ـ 1977 . عدن، موسسة 14 أكتوبر 1977 ص 4 ومابعدها .

2- الجماهيرة العربية الليبية الشعبيه الاشتراكية العظمى . الثورة الليبية 1969 ـ 1989 . بنغازي، اللجنة الشعبية العامة للاعلام 1990 ص 219 ـ 515 .

3- الحبيب بورقيبة، نحو اشتراكية اصيلة . تونس 1965 ص 3 وما بعدها.

4- د. محمد عبد القادر ابو فارس . النظام السياسي في الاسلام . عمان، دار الفرقان 1986 ص 40 ـ 71.

في مصر خلال حكم المماليك ثم انتقلت الخلافة إلى الدولة العثمانية حتى زوالها عام 1924 . وقد افتى العلماء والمفكرين المسلمين بوجوب الدولة وطاعتها، وحددوا وظائفها واختصاصاتها في ضوء كون الاسلام ديناً ودنيا، وقد أقر الاسلام في الجانب الدينوي حق الملكية الفردية، ولكنه اعتبر الملكية وظيفة اجتماعية، فإذا تعارضت تلك الملكية مع مصلحة المجموع فان الاولوية لمصلحة المجموع، فهو دين يجمع بين النظرية الفردية والنظرية الاجتماعية (الاشتراكية) من اجل تحقيق العدالة الاجتماعية بين الافراد، ومنع الظلم والاحتكار والربا، وعلى ذلك فان وظائف الدولة الاسلامية عند ابن حزم هي:

1ـ حفظ الدين على أصوله المستقرة، وما اجمع عليه سلف الأمة .

2ـ تنفيذ الأحكام بين المتشاجرين، وقطع الخصام بين المتنازعين .

3ـ اقامة الحدود الشرعية لصيانه محارم اللـه تعالى .

4ـ تحصين الثغور بالعدة المانعة .

5ـ جهاد من عاند الاسلام بعد الدعوة إليه .

6ـ جباية الفيئ والصدقات على ما أوجبه الشرع .

7ـ تقدير العطاء وما يستحق من بيت المال .

8ـ الاستعانة بالامناء وتقليد النصحاء في الاعمال .

9ـ ان يتولى الخليفة ـ الامام الاشراف على الامور بنفسه ـ وتصفح الاحوال لينهض بسياسة الأمة وحراسة الملة[1] .

وقال ابن رشد (520 ــ 595) ان من اهم واجبات الدولة هي :

1ـ حماية الشعب من الاستبداد والتحكم .

2ـ اعانته على تحقيق هدفه الاسمى، وهو السعادة للمجموع، بتطبيق الشريعة التي تقدم الأطار العام الملائم الذي تستطيع من خلاله الدولة تحقيق اهدافها[2] .

1- هبة روؤف عزت . ابن حزم . في موسوعة العلوم السياسية ص 176 .

2- ابن رشد . مناهج الادلة في عقائد الملة، تحقيق محمود قاسم . القاهرة، مكتبة الانكلو مصرية 1955 . ص42.

ويقول ابو حامد الغزالي ان ابرز وظائف الدولة هي :

1ـ تحقيق الأمن والطمأنينة على اساس انها سبب استقرار الدولة .

2ـ تحقيق العدل ورفع الظلم عن الافراد .

3ـ تحقيق حياة فاضلة للافراد في الدنيا والآخرة [1] .

ويمكن ان نضيف الى ذلك مايلي :ـ

1ـ حماية حقوق الافراد وحرياتهم، وممتلكاتهم من الاعتداء عليها من قبل الاخرين.

2ـ المسؤولية عن كل المسلمين اينما كانوا .

3ـ تحقيق العدالة والمساواة والحرية والشورى والسلام والتكامل والتعاون في الـداخل

.

4ـ حماية الفقراء والمعوزين والعجزة ورعايتهم وتخصيص راتب لهم .

5 ـ توزيع أموال الزكاة والصدقات على فقراء المسلمين .

6ـ عمارة الأرض زراعياً وصناعياً .

7ـ مباشرة النشاط الخارجي مع الدول الاسلامية، وغـير الاسلامية، وارسـال واستقبال البعثات من اجل انهاء الحـروب , وعقـد الصـلح، وتبـادل الاسرى، ورعايـة مصـالح المسلمين خارج البلاد الاسلامية .

وقد حصر عبد الغني بسيوني وظائف الدولة في الاسلام بما يلي :

1ـ الجهاد: ومتطلباته بالاستعداد للقتال , واعداد المقاتلين والاسلحة وتحصين الثغور.

2ـ نشر الامن في الداخل .   3ـ اقامة العدل ورد المظالم .

4ـ الامر بالمعروف والنهي عن المنكر .   5ـ العناية بالعلم والعمران .

6ـ التكافل الاجتماعي [2] .

1- ابو حامد الغزالي . التبر المسبوك في نصيحة الملوك . القاهرة . مكتبة الجندي بلا، ص 87,

2- عبد الغني البسيوني عبد الـله . المصدر السابق ص 154- 165.

الباب الثالث

النظم السياسية

الفصل الأول

النظام السياسي

المبحث الأول

الدســـــتور

إن الدستور هو قانون أساسي أعلى يتضمن أهداف الدولة وشكل نظامها السياسي وتنظيم الحياة السياسية، وتحديد الحقوق والواجبات، والمسؤوليات، ووضع ضوابط الممارسة السياسية، وحدود العلاقة بين السلطات التنفيذية والتشريعية والقضائية، فالدستور وثيقة رئيسية يحمل معالم خارطة القوة في المجتمع[1].

وكل دستور يتضمن مقدمة تحدد الأهداف والمبادئ التي تسير عليها الدولة، وشكل الحكم والعلم والشعار والعاصمة، وقدسية أرض الوطن وواجب الدفاع عنه . أما المتن فيحتوي على مواد رئيسية توضح صلاحيات السلطات وعلاقتها مع بعضها ومع الشعب، وبيان الحقوق والواجبات، كما يتضمن كيفية تعديل الدستور، أو إلغائه، أو إصدار دستور جديد، إن بعض الدساتير تتوسع في أحاكمها، منعاً للغموض والالتباس كالدستور الهندي الذي يضم (400) مادة، بينما تكون بعض الدساتير موجزة تترك التفاصيل كقوانين تصدر من الدولة.

المطلب الأول

أهمية الدستور

تنبع أهمية الدستور من كونه الدليل والمرشد للسلطة السياسية، والشعب في كيفية ممارسة السلطة، فهو قانون يسمو على كل القوانين، وواجب الالتزام

1- د. نيفين مسعد، الدستور . في موسوعة العلوم السياسية, المصدر السابق ص 435.

به من قبل الجميع، سيما وأنه صادر من قبل الشعب مباشرة، عبر الاستفتاء الشعبي أو من السلطة التشريعية، أو من قبل السلطة الحاكمة، أو من خلال التشاور والتعاون بين الأفراد والجماعات السياسية في الدولة والمجتمع، فهو بذلك دليل نضج المجتمع، وتعبير عن السيادة الشعبية له[1] .

وفي غياب الدستور، يعم الفوضى، والصراع بين ممثلي الفئات والطبقات الشعبية، ويؤدي إلى استخدام القوة والعنف بدلاً من الوسائل السلمية في السعي للوصول إلى السلطة، ولذلك فإن وجود الدستور دليل على الانتقال من الحياة العائمة إلى الحياة المنظمة[2].

ولابد للدستور أن يعبر عن ضمير الشعب ومعتقداته، وتوجهاته العامة، وأن يتلاءم مع تطلعاته المستقبلية، ووحدته وتقدمه، وافقه الحضاري، وأن لا يكون دستوراً مستورداً لا يلائم حياته، وطبيعته، بقدر ما عن حاجات شعوب أخرى، استورد منها .

وليست العبرة بوجود الدستور إذا لم يرتبط بالالتزام به وبأحكامه،سواء من السلطة السياسية أو الشعبية، ولابد من وضع عقوبات على مخالفته، تشكل رادعاً قوياً ضد المساس به .

وإذا كان الدستور ضرورة قصوى للدول، فإن المنظمات السياسية الدولية والإقليمية والقطرية بحاجة إلى دستور أو ميثاق ينظم شؤونها بدءاً من الأهداف إلى الأحكام والقواعد التي يتم الالتزام بها، ويشمل هذا الأحزاب السياسية والجمعيات والمؤسسات المختلفة، رغم اختلاف التسميات، فالبعض يعنونها وثيقة أو قانون أو نظام، والبعض الآخر يسميها دستوراً أو ميثاقاً أو ما شاكل ذلك، ولكن في جميع الحالات فإن الدستور وما يماثله من التسميات تكون له الأولوية على سائر القوانين والأنظمة المرعية .

1- د . محمد فرج الزائدي، المصدر السابق ص 114.

2- د . أحمد محمد الكبسي وأخرون . المصدر السابق ص 175.

إن الدستور رغم أهميته فإنه ليس كتاباً مقدساً لا يمكن تغييره، وإنما يخضع لإرادة البشر في البحث عن الأفضل والأحسن، لذلك وعلى ضوء المستجدات الحياتية يمكن تعديله أو تغييره ليكون مناسباً للتطورات والمتغيرات المحلية والدولية، ولكن في فترات ليست قريبة، حفاظاً على الاستقرار الداخلي سياسياً واقتصادياً واجتماعياً[1]، إذ أن سرعة تغيير الدساتير وتعديلها لا توفر الأمن والطمأنينة للحياة السياسية والاجتماعية للأفراد والجماعات، بقدر ما توفر الصراعات بين القوى السياسية المتناحرة[2].

ولابد من الإشارة إلى أن شرعية السلطات، هي في التزامها بالدستور، وإذا ما خالفت السلطة الحكومية نصوص الدستور، وجب مساءلتها وعزلها عن طريق المحكمة الدستورية العليا، التي تمثل الرقابة الدستورية على سلوك جميع السلطات الحاكمة، لأنها هي الجهة المخولة دستورياً للفصل في المخالفات، أو تداخل السلطات، والتي تمتاز بالاستقلالية[3].

أما القانون الدستوري فهو الذي ينظم المؤسسات السياسية للدولة، حتى ولو لم يكن هنالك دستور، لأن المؤسسات السياسية يمكن أن تنظم تنظيماً قانونياً، وبذلك يكون القانون الدستوري هو الأعلى، شأنه شأن الدستور[4].

المطلب الثاني

أنواع الدساتير

هنالك أنواع مختلفة من الدساتير حسب أصولها، وتدوينها، وحالتها، وجهة إصدارها، ويمكن تصنيفها كما يلي:-

---

1- جاكوبسن وليبمان، المصدر السابق ص 114.

2- د . أحمد محمد الكبسي- نظام الحكم في الجمهورية اليمنية 1990 – 2002م . صنعاء، الوكالة اليمنية للدعاية والإعلان والنشر 2002 ص 21.

3- د . محمد فرج الزائدي، المصدر السابق ص 124.

4- موريس دفرجيه . المؤسسات السياسية والقانون السياسي، الأنظمة السياسية الكبرى، ترجمة د. جورج سعد . بيروت، المؤسسة الجامعية للدراسات والنشر والتوزيع، 1992 ص 8 – 13 .

أولاً: أصولها:

فقد صنف قاموس (بوفير) القانوني الصادر في نيويورك عام 1839م الدساتير على نوعين هما:-

أ- **التراكمية**:- بمعنى أنها تكونت من خلال تراكم الممارسة في الحياة السياسية ومثالها بريطانيا.

ب- **المسنونة**:- بمعنى أنها سنت من قبل السلطة السياسية تشريعية كانت أم تنفيذية، وتتضمن القوانين والأنظمة والعادات ذات الأهمية القصوى [1].

ثانياً: تدوينها:

وهي على نوعين:-

أ- **المدونة**:- بمعنى أنها دونت في وثيقة، وأصبحت موضع الاعتبار يمكن الرجوع إليها في كل مرة كالدستور الأمريكي.

ب- **العرفية**:- وهي التي لم تدون، وإنما هي أعراف مستمدة من الماضي بعد ممارستها من قبل الحكومات، كالدستور البريطاني [2].

ثالثاً: حالتها:

وهي على نوعين:

أ- **الدائمية**:- بمعنى أنها وضعت كدساتير دائمة، يمكن الرجوع إليها باستمرار، وهي دساتير الدول المستقرة سياسياً كدستور اليمن.

ب- **المؤقتة**:- وهي التي تصدر كدساتير مؤقتة لفترة معينة، كأن تكون فترة انتقالية تمهيداً لإصدار الدساتير الدائمة عقب الانقلابات أو الثورات العسكرية أو الشعبية [3]، كدستور العراق عام 1958.

1- المصدر السابق ص 173.

2- جاكوبسن وليبمان، المصدر السابق ص 117 انظر ايضاً:
رايموند كارفيلد كيتيل . المصدر السابق , جـ2 ص 18- 19 .

3- د. أحمد الكبسي وأخرون . المصدر السابق ص 174.

رابعاً: النظام السياسي:

وهي على نوعين:-

أ- **الدساتير – القوانين:-** وهي دساتير النظم السياسية الديمقراطية التي تحدد الواجبات والحدود التي تفرضها على الحكام والمحكومين، وتطبقها فعلياً.

ب- **الدساتير – البرامج:-** وهي دساتير الدول التسلطية التي هي أشبه بالبرامج، وأهميتها قليلة، سيما جوانب الحقوق والواجبات والقيود المفروضة على المؤسسات السياسية لمنع القرارات التعسفية، والتي تنتهك من قبل السلطات الدكتاتورية[1].

خامساً: طرق تغيير الدستور: -

ويتم ذلك بالوسائل التالية:

أ- استبدال الدساتير القائمة بدساتير حديثة بسبب التغييرات الداخلية والخارجية .

ب- اجراء التعديلات الرسمية .

جـ- مراجعة القوانين البرلمانية .

د- المراجعة القضائية .

هـ - التغيير بمقتضى العرف[2].

سادساً: انواعها:-

أ- **الدساتير المرنة:-** وهي التي يمكن تعديلها بسهولة عبر البرلمان أو السلطة التنفيذية وهي دليل على حيويتها .

1- مورس دفرجيه، المصدر السابق ص 12.

2- اوستن رني . المصدر السابق , جـ1 ص 138 – 148 .

ب- الدساتير الجامدة:- وهي التي تحتاج إلى إجراءات معقدة، وتتطلب موافقة نسبة كبيرة من أعضاء البرلمان، وموافقة ومصادقة الحكومة ورئاسة الدولة، أو استفتاء الشعب[1].

سابعاً: علاقة السلطات:

أي علاقة السلطات التشريعية والتنفيذية والقضائية مع بعضها، وهي على أنواع:-

أ- الفصل التام بين السلطات:- إذ تنص الدساتير على الفصل التام بين السلطات الثلاثة، وتشدد على عدم جمعها في هيئة واحدة من أجل مراقبة كل واحدة للأخرى فتباشر كل سلطة، مهامها باستقلال تام ودون أي تأثير عليها[2].

ب- الفصل المطلق:- وهو مبدأ لم يكتب له النجاح لتعارضه مع وحدة السلطة في الدولة[3].

جـ- الفصل المرن:- وهو توزيع الاختصاصات بين السلطتين التشريعية والتنفيذية، بحيث يكون التشريع من اختصاص السلطة التشريعية، والتنفيذ من اختصاص السلطة التنفيذية[4].

د- جمع السلطات:- وهو جمع جميع السلطات بيد هيئة واحدة، دون أن تكون لأية منها استقلالية عن غيرها، كمجلس قيادة الثورة في العراق وفقاً لدستور عام 1970م[5].

1- د . بطرس بطرس غالي، ود. محمود خيري عيسى . المصدر السابق ص 254.

2- د . أحمد الكبسي وأخرون . المصدر السابق ص 149.

3- د . ثروت بدوري، النظرية العامة للنظم السياسية، جـ 1 . القاهرة، دار النهضة العربية ص 292.

4- المصدر السابق ص 302.

5- العراق . الدستور المؤقت . بغداد، دار الحرية 1970 ص 1 وما بعدها . انظر أيضاً: عادل ثابت . النظم السياسية، دراسة للنظم الرئيسية المعاصرة، ونظم الحكم في بعض الأقطار العربية. الإسكندرية، دار الجامعة الجديدة للنشر 1999 ص 148 – 152 .

هـ- تركيز السلطات:- وهو تركيز السلطات التشريعية والتنفيذية والقضائية في هيئة واحدة كنظام الجمعية في سويسرا.

و- التوازن والتعاون بين السلطات:- وهو النص في الدستور على تعاون السلطات وتوازنها مما يساعد على نجاح واستقرار النظام السياسي كما هو في بريطانيا[1].

ثامناً: جهة الإصدار:

أ- المنحة:- وتصدر الدساتير الممنوحة من قبل الملك أو الإمبراطور كمنحة منه لشعبه، يتنازل فيها عن بعض صلاحياته وسلطاته المطلقة للشعب، ولا يجوز استردادها[2].

ب- العقد:- يصدر الدستور نتيجة اتفاق بين الحاكم والشعب، كدستور البحرين عام 2001.

جـ- الجمعية التأسيسية: يتولى برلمان تأسيسي- وضع الدستور[3] كالدستور العراقي عام 1925[4].

د- الاستفتاء الدستوري:- وهو وضع الدستور من قبل لجنة معينة ثم إجراء الاستفتاء عليه[5].

هـ- العمل المقصود:- وهو وضع الدساتير بعد تشكيل الدولة الجديدة والاعتراف باستقلالها.

و- الثورة:- بمعنى وضع الدستور بعد قيام ثورة ضد الحكومة السابقة , وتشكيل لجنة لوضعها.

1- د . أحمد الكبسي وآخرون، المصدر السابق ص 162، 155.

2- د . أحمد محمد الكبسي ، نظام الحكم في اليمن، المصدر السابق ص 19 – 20 .

3- حسين عثمان محمد عثمان . المصدر السابق ص 343 .

4- الحكومة العراقية . القانون الأساسي . بغداد، مطبعة الحكومة 1925.

5- حسين عثمان محمد عثمان . المصدر السابق ص 349- 350 انظر ايضاً:
حسان محمد شفيق . الدستور . بغداد , كلية القانون والسياسة 1982 ص 87 .

ز- التطور التدريجي: - اي وضع الدستور بعد انتقال السلطة تدريجياً من حكومة مطلقة إلى سلطة تمثل الشعب [1] .

ح- عن طريق المعاهدات الدولية: كالدستور البولندي عام 1815 [2] .

تاسعاً الغاء الدساتير:

أ- عن طريق سلطة تأسيسية, تضع دستوراً جديداً وتلغي القديم .

ب- عن طريق الثورة الناجحة التي تلغي الدستور السابق وتشرع دستوراً جديداً.

جـ- الالغاء عن طريق عدم التطبيق [3] .

المبحث الثاني

أشكال الحكومات

تختلف الحكومات في أشكالها وأنواعها وفقاً لمعايير مختلفة، كعدد الأشخاص القائمين بالحكم، والتقيد بالدساتير والقوانين، والعقيدة، وتوزيع السلطات وشكل السلطة، ولذلك فإن أشكال الحكومات هي:-

أولاً: من حيث الأفراد:

1- الحكومات الفردية :-

ويتولى السلطة فيها فرد واحد لا يشاركه فيها أحد، وله مطلق الحرية في إدارة الشؤون الداخلية، والخارجية للدولة، مستنداً إلى قوة مادية، وأعوان مخلصين له ومطيعين، وهي على أنواع:-

---

1- رايموند كارفيلد كيتيل . المصدر السابق جـ2 ص 16- 18 .

2- احمد عبد القادر الجمال . مقدمة في أصول النظم الاجتماعية والسياسية . القاهرة , مكتبة النهضة المصرية 1958 ص 435 .

3- المصدر السابق ص 436- 439 .

أ- الملكية:-

وهي السلطة التي تكون بيد الملك، يتولاها بالوراثة، أو القوة في الأغلب، أو اختيار القبيلة، أو العقيدة، ويعتبر النظام الملكي من أقدم أنظمة الحكم في العالم. وهنالك عدة طرق للوصول إليه هي:-

1. الملكية الوراثية:-

وهي الأكثر انتشاراً في العالم، إذ يستلم الملوك سلطاتهم وفق قوانين العرش، أو عادات وتقاليد معروفة، وعادة تكون الوراثة من الأب إلى الابن أو البنت، الأكبر سناً، أو تكون ضمن أبناء ملك محدد، أو ضمن أسرة مالكة معينة، وفي جميع هذه الحالات فإن الملك يحكم بصورة فردية، وقوله هو الفصل في حكمه⁽¹⁾.

2. الملكية الانتخابية :-

وهي انتخاب الملك من قبل أفراد وهيئات كحاكم، تم استمرار الحكم من بعده بالوراثة، فقد انتخب الملك أدريس السنوسي ملكاً على ليبيا من قبل الليبيين وأصبح النظام وراثياً، وكذلك الملكية في بلجيكا. وكان الرومان القدامى ينتخبون ملوكهم من أعضاء الأسرة المالكة غير متقيدين بالوراثة المباشرة، وكذلك في بولندا، وقد اختار البرلمان البريطاني الملك وليم والملكة ماري عام 1689، وكان انتخاب البعض كملوك يتم عن طريق طبقة خاصة من أصحاب الامتيازات⁽²⁾.

3. الملكية من خلال القوة:-

وقد سمى ملوكها بالطغاة، لأنهم وصلوا إلى الحكم بالقوة والعنف بدلاً من الشرعية، ومارسوا السلطة حسب أهوائهم، وخدمة لمصالحهم⁽³⁾.

1- محمد رفعت عبد الوهاب. وحسين عثمان محمد عثمان . المصدر السابق ص 99 .

2- لؤي بحري. المصدر السابق ص 189.

3- أفلاطون . المصدر السابق ص 260- 264 .

أما صور النظام الملكي الفردي فهي:-

1. الملكية الاستبدادية :-

وهي التي لا تخضع للقانون، وتكون إرادة الملك المنفرد هي الأساس، وليست فيها حريات وحقوق . ومن أمثلتها الملكية الفرنسية في عهد لويس الرابع عشر ـ الذي قال (أنا الدولة والدولة أنا) وحكم الملكة كاترين في روسيا (1762 – 1776) [1] .

2. الملكية المطلقة :-

وتختلف عن الملكية الاستبدادية بوجود قانون، ولكن الملك لا يأخذ به فسلطته مطلقة لا حدود لها، وإرادته هي القانون، يلزم به مواطنوه ولا يلزمه بشيء، ويجمع بين يديه السلطات الثلاثة التشريعية، والتنفيذية والقضائية . والملك يملك ويحكم في آن واحد قولاً وفعلاً، ومثال ذلك الملكية المطلقة في بريطانيا في العصر ـ التيودوري (1485 – 1603) [2] .

ب- الدكتاتورية:-

ويكون الحكم فيها بيد شخص واحد يصل إلى الحكم عن غير طريق الوراثة، وإنما بوسائل مختلفة كاستخدام القوة، والانقلاب العسكري، والثورة، بل وصل هتلر إلى الحكم عبر الانتخابات الألمانية عام 1932، ولكنه انفرد بالسلطة مستعيناً بالحزب النازي والفكر العنصري .

تمتاز الدكتاتورية بالطابع الشخصي للحاكم، وتركيز السلطات بيده، واستخدام القوة ضد خصومه السياسيين، والاعتماد على الحزب الواحد، أو القبيلة أو الدين أو المذهب الواحد، وتسخير وسائل الاعلام لتمجيده، وجمع جميع السلطات بيده، وهي التشريعية والتنفيذية والقضائية، فضلاً عن القيادة

1- لؤي بحري . المصدر السابق .

2- د . أحمد الكبسي وآخرون، المصدر السابق ص 125.

العامة للقوات المسلحة، والأمن الداخلي، وإلغاء وجود الأحزاب السياسية المعارضة[1] ، ومن أمثلة الدكتاتوريات القديمة هي دكتاتورية القائد الأثيني (باسيسترانوس) في القرن السادس قبل الميلاد[2].

والدكتاتورية نوعان:-

1. الدكتاتورية المؤقتة:-

وهي التي تظهر وقت الأزمات وتزول،كأن تتعرض البلاد إلى خطر الانهيار، وتواجه مصاعب داخلية وخارجية كبيرة، فتلجأ إليها الحكومات الدستورية، وتنصب فرداً قادراً على معالجتها مع صلاحيات واسعة، وتنتهي هذه الدكتاتورية بزوال أسبابها، وبتنازل الدكتاتور عن سلطته المطلقة في الوقت المناسب، رغم صعوبة تخليه عنها، وقد نص دستور جمهورية فايمر الألمانية على إمكانية اللجوء إليها في الحالات التي يخشى منها إلحاق الضرر بألمانيا وسلامتها وأمنها . ومن أمثلتها منح سلطات مطلقة لرئيس الوزراء البريطاني تشرشل خلال الحرب العالمية الثانية والتي اقتضتها ضرورات الحرب .

2. الدكتاتورية الدائمية:-

وهي اغتصاب السلطة، والحكم غير الشرعي، واستخدام وسائل شديدة للسيطرة على البلاد رسمياً وفعلياً، وتوجيه مختلف النشاط الإنساني لصالح الدكتاتور، خاصة مرافق الدولة، والمؤسسات الأهلية وأماكن العبادة، والصحافة وغيرها، ويعتقد بعض الحكام الدكتاتوريين أنهم مرسلون من العناية الإلهية لإنقاذ بلادهم من الأخطار المحدقة بها، كالفساد، والفوضى والانهيار الاقتصادي، أو كمنقذين لشعوبهم، فقد حكم ستالين باسم الطبقة العاملة، وحكم بيرون في الأرجنتين باسم عامة الناس ممن سماهم باسم

1- محمد رفعت عبد الوهاب , وحسين عثما محمد عثمان . المصدر السابق ص 195- 198 .

2- د. لؤي بحري . المصدر السابق ص 198.

(بلاقمصان). وأدعى هتلر أنه يمثل الشعب الألماني، وقد يمارس بعض هؤلاء الاستفتاء الشعبي كوسيلة للتمسك بالسلطة، بعد التأكد من نجاحه، واستخدم معظم هؤلاء الأحزاب كوسيلة للحكم كموسوليني الذي استخدم الحزب الفاشي في إيطاليا لإسناد حكمه .

وقد ظهرت الدكتاتورية في بعض الأحيان في فترات انتقالية كدكتاتورية روبسبير في فرنسا بعد الثورة الفرنسية 1789.

وتساهم الدكتاتورية في سرعة الإنجاز، واتخاذ القرارات ، وفرض الأمن والاستقرار بالقوة، ولكنها تشيع قيم التحكم والتفرد، وتمنع الحوار والرأي والرأي الأخر، وتمنع التطور السياسي والاجتماعي [1] ومن أمثلة هذه الدكتاتوريات، أنظمة الحكم القائمة في كوريا الشمالية والصين وكوبا وفيتنام، وقد زالت أنظمة مماثلة في الاتحاد السوفيتي السابق وبلغاريا وبولندا، ورومانيا وألمانيا الشرقية وجيكوسلوفاكيا، وألبانيا[2]، والعراق .

جـ- الحكومات العادلة:-

وهي التي يحكمها فرد عادل يجمع بيده جميع السلطات، ويأمر وينهى، ولكنه يراعي العدالة، ويمتنع عن الظلم والاستبداد، وقد يكون عالماً فيلسوفاً أو إماماً أو رجلاً خارقاً، وقد دعا إلى هذا النوع من الحكم الفيلسوف اليوناني أفلاطون الذي لم يقيده بأي قانون معتبراً نفسه هو القانون[3]، ووافقه على هذا التصور الفارابي في مدينته الفاضلة[4] ، وتشير الروايات التاريخية إلى أنوشروان ملك فارس الذي اشتهر بعدله، وليس من السهل إيراد أسماء حكام عادلين بمعنى الكلمة، فالخلفاء الراشدون كانوا عادلين، ولكنهم لم يكونوا

1- د.محمد رفعت عبد الوهاب, حسين عثمان محمد عثمان . المصدر السابق ص 199- 200.

2- موريس دوفرجيه . المؤسسات السياسية . المصدر السابق ص 460 – 470.

3- أفلاطون، المصدر السابق ص 112، 146.

4- الفارابي، المصدر السابق ص 7 – 10.

حكاماً بمفردهم، وإنما كان الصحابة وزراء لهم، ويعتبر الخليفة عمر بـن عبد العزيز في العهد الأموي من هذا الطراز، ودعا جمال الدين الأفغاني إلى حكـم الحاكم القوي العادل للمسلمين[1].

ثانياً: حكومات القلة :-

وهي التي تحكمها قلة صغيرة أو نخبة (صفوة) استناداً إلى النسب والأصل، أو الطبقة الاقتصادية أو الاجتماعية أو العسكرية أو الثقافية، أو الـدين، أوالمـذهب أو العقيدة السياسية أو العمر أو الجاه . وتمتاز هذه الحكومات بسيطرة هذه القلة علـى الحكم، وحرمان الأغلبية الشعبية فيه، وإدارة شؤون البلاد من قبل مـوظفين مختارين مـن القلـة، ومنهـا حكومات غـير شرعيـة تمـارس السلطة دون رقيـب، شـأنها شـأن الحكومـات الفرديـة التي تحتكـر السلطة وتحكم وفقاً لمصالحها الماديـة[2]، ومنها حكومات شرعية وعادلة . ولذلك يمكن تقسيمها إلى ما : -

أ- الأرستقراطية:-

ويقصد بها في المفهوم اليونـاني (حكومـة احسـن النـاس) وتكون السلطة بيـد القلة والطبقة البارزة التي تعتمد في إدارة البلاد على نفسها دون غيرها، وهي أنواع:

1. الأرستقراطية الصالحة:-

وهي التي تكون السلطة فيهـا مركـزة بيـد القلة النبيلـة التي تعمـل للصالح العام، دون أن يكون الصالح الخاص وازعها، وتكون إرادتهـا خاضعة للقانون، وتعتمـد عـلى الخـبرات والمهـارات التي تمتلكهـا الطبقـة الأرستقراطيـة في الحكم، فضلاً عـن ثقافتها، وقد قال عنها أفلاطون بأنها حكم القلة النبيلة[3] .

1- جمال الدين الأفغاني . خاطرات جمال الدين الأفغاني، جمعها وحررها محمد باشا المخزومي،بيروت 1931 ص89-90.

2- د . حسين عثمان محمد عثمان، المصدر السابق ص 203.

3- أفلاطون . المصدر السابق ص 266 .

2. الأوليغارشيـة:-

وهي حكم القلة الغنية الفاسدة التي أثرت مصلحتها الخاصة على المصلحة العامة، وشكلت طبقة حاكمة مستبدة بالسلطة عن الأكثرية[1]، ولها حقوق وامتيازات لا يتمتع بها الغير، ومن الأمثلة عليها مجلس اللوردات البريطاني، حيث تقتصر العضوية على الأغنياء[2]، ولعل معظم الحكومات في العالم هي حكومات القلة، فالسلطة في بعض دول العالم في حقيقتها هي سلطة ممثلي الشركات الرأسمالية، سيما في الولايات المتحدة وبعض الدول الأوربية.

3. الأرستقراطية الدينية:-

وهي التي تحكم البلاد وفقاً للدين أو المذهب، ومن ذلك النخبة الدينية في إيران منذ عام 1979، حيث يتمتع رجال الدين بمكانة مرموقة وأقوالٌ مسموعة[3].

4. الارستقراطية أو النخبة العسكرية:

وهي التي حكمت بعض البلدان أثر قيامها بانقلابات عسكرية، كحكم العسكر في العراق (1958 – 1968) والذي ابتعد عن الديمقراطية، والحكومات العسكرية في باكستان (1958 ولحد الآن) ويسمي د . بطرس غالي هذه الأرستقراطية بأرستقراطية الجيش[4].

وهنالك أرستقراطيات عديدة كالأرستقراطية الثقافية، أو أرستقراطية أسرة معينة كأسرة غاندي في الهند التي تتولى قيادة حزب المؤتمر الهندي .

1- أرسطو . المصدر السابق ص 322.

2- د . لؤي بحري . المصدر السابق ص 208.

3- عبد المجيد عرسان العزام , ومحمود سامي الزعبي . المصدر السابق ص 71 .

4- د . بطرس بطرس غالي، د . محمود خيري عيسى . المصدر السابق ص 236.

ثالثاً: حكومة الكثرة (الديمقراطية):-

وهي حكم الأكثرية من الشعب، حيث يملك السكان حقوقاً وحريات عامة، ويساهمون في السلطة السياسية عبر الانتخابات، ويعبرون عن آرائهم بحرية، وتخضع فيها السلطة السياسية لرقابة السلطة التشريعية، وفقاً للدستور، والديمقراطية هي الصورة الأفضل للسلطة الشعبية التي ابتدعها الفكر السياسي الإنساني بعد تجارب عديدة مع نظم فردية ودكتاتورية .

وهي بالمعنى اليوناني القديم سلطة الشعب، وقد عرفت في تصنيفات أفلاطون وأرسطو للحكومات، وتطورت خلال الصراع مع الحكومات الملكية المطلقة، وأدت إلى نماذج عديدة تؤمن بالحرية والمساواة بين المواطنين، وتداول السلطة بشكل سلمي، عبر صناديق الاقتراع، ومنح الفرص المتساوية للأفراد في العمل والتعليم والخدمات الصحية، وإبداء الرأي والرأي الآخر، وتمتاز بوجود الأحزاب السياسية المتنافسة والصحافة الحرة، والوصول إلى السلطة عبر الانتخابات، وفقاً للأكثرية، وممارسة السلطات لفترات محددة[1] ومن أنواعها:-

1. الديمقراطية المباشرة:-

وهي التي وجدت في دول المدن في اليونان، حيث كان أفراد الشعب يجتمعون في ساحة واسعة، ويتداولون، ويجرون الانتخابات التي كانت تؤدي إلى وصول الأفراد الأكثر أصواتاً إلى السلطة[2]، ووجدت لها تطبيقات في بعض الولايات السويسرية[3] ، وربما تنوجد أمثلة لها في الدول الصغيرة، واعتبر

1- د . محمد رفعت عبد الوهاب، د . حسين عثمان محمد عثمان، المصدر السابق ص 135 – 137.

2- د . محمد فرج، مذكرات في النظم السياسية ط 2 . طرابلس، الجامعة المفتوحة 1997 ص 423 – 424. انظر ايضاً:

احمد عبد القادر الجمال . المصدر السابق ص 399 .

3- فؤاد العطار . النظم السياسية . القاهرة , دار النهضة العربية 1968 ص 198 .

البعض المؤتمرات الشعبية في ليبيا ديمقراطية مباشرة[1]، كما أن المسلمون مارسوها في المساجد في عهد النبي محمد (ص) والخلفاء الراشدين .

2. الديمقراطية غير المباشرة:-

وهي الديمقراطية التمثيلية، أو النيابية، حيث يمثل الشعب نواب وممثلون ينتخبون بالاقتراع المباشر، بسبب صعوبة ممارسة الديمقراطية المباشرة في البلدان الكثيفة السكان. ويجتمع النواب في المجلس التشريعي، أو مجلس النواب لمراقبة السلطة التنفيذية، التي يجب أن تحظى بموافقة السلطة التشريعية، والتعبير عن رأي الشعب في تشريع القوانين أو تعديلها، وتتحدد صلاحيات رئيس الدولة والسلطات وفقاً للدساتير، ولذلك لا يمكن لأية سلطة الانفراد بالحكم دون البرلمان أو الشعب، وإذا فعلت ذلك فسوف تكون السلطة غير شرعية ينبغي مقاومتها[2] .

3- الديمقراطية شبه المباشرة:-

وهي العودة الى الشعب باعتباره مصدر السلطات في كثير من الامور الهامة الى جانب وجود الديموقراطية النيابية . ومن مظاهرها :

أ- الاستفتاء الشعبي .	ب- الاقتراح الشعبي .
ج- الاعتراض الشعبي .	د- اقالة الناخبين لنائبهم .
هـ- الحل الشعبي .	و- عزل رئيس الدولة .

وكل ذلك يتحقق وفقاً للنصوص الدستورية[3] .

وهناك تصنيف قديم لأشكال الديمقراطية وهي:-

1- د . أحمد إبراهيم الجبير، المصدر السابق ص 274.

2- د . حسين عثمان محمد عثمان، المصدر السابق ص 205 – 206.

3- ابراهيم عبد العزيز شيحا . المصدر السابق ص 218- 229.

1- الديمقراطية السلبية:-

وهي الديمقراطية التي وصفها أفلاطون بحكم الغوغاء بعد فسـاد السـلطة الأوليغارشية، حيث يعتقد بأن أغلبية الشعب الجاهلة حين تستولي على الحكم، فإنها تفتقر إلى الخبرة والمعرفة، وأن فسـاد الديمقراطيـة يـؤدي إلى الطغيـان والاستبداد[1]، وأكثرها -حسب كتابه (السياسي)- ديمقراطية متطرفة غوغائية[2] .

اما ارسطو فقد اعتبر ان الحكومـة الديموقراطيـة اذا فسـدت فسـوف تكون حكومة ديماغوجية , اي حكومة العامة المتبعين لاهوائهم , اوحكومة الغوغـاء , وكـان يخشىـ مـن ثورة الفقـراء والطبقـة المعدمـة التي تـؤدي الى عـدم الاستقرار وزوال الدولة[3] .

2- الديمقراطية المعتدلة:-

وقد اعتبر أفلاطون في كتابه (السياسي) بـأن حكـم الأكثريـة هـي الديمقراطيـة المعتدلة، وفي حالة فسادها تتحول إلى ديمقراطية متطرفة[4]. ولم يشر أرسطو إلى هذا النوع من الديمقراطية.

3- الديمقراطية الإيجابية:-

وقد وصفها أرسطو بحكومة الأغلبية الفقيرة، وتمتاز بالحرية، وحـين دعـا إلى الحكم الدستوري، والحكم المختلط اعتقد بإمكانية الجمع بـين الجوانـب الصـالحة في كل من الديمقراطية والأليغارشية، وحكم الملك المستنير، لاسيما مبدأ الحرية في النظام الديمقراطي[5] .

1- أفلاطون، المصدر السابق ص 251.

2- د . بطرس بطرس غالي و د . محمود خيري عيسى، المصدر السابق ص 36 –37 .

3- د . مصطفى غالب، المصدر السابق ص 153.

4- بطرس بطرس غالي , ومحمود خيري عيسى . المصدر السابق ص 36- 37 .

5- أرسطو، المصدر السابق، ص 322.

أما أشكال الديمقراطية الحديثة فهي:-

1- الديمقراطية الغربية:- وقد نشأت في الغرب الأوربي وأمريكا، وتطلق عليها أيضاً (الديمقراطية الحرة) فهي ليبرالية معبرة عن النظرية الفردية، وتنسجم مع الاقتصاد الحر والجوانب الاجتماعية والثقافية الحرة، وهي تعترف بالحقوق والحريات العامة وتداول السلطة عبر الانتخابات، وفصل السلطات، ومراقبة كل منها للأخرى والالتزام بالدستور، ونبذ العنف، واحترام الشرعية [1]، وهي ليست واحدة في التطبيق، وأفضلها تلك التي في الدول الاسكندنافية والنمسا وسويسره .

2- الديمقراطية الاجتماعية:- وهي تحقيق ديمقراطية المساواة والعدالة الاجتماعية في المجتمع، قبل الاعتراف بالحقوق الفردية كالمساواة والحرية، وتؤمن بتحرير الإنسان من طغيان المادة [2]، وقد دعا الى هذه الديمقراطية بعض الحكام في العالم الثالث ومنهم الرئيس الراحل جمال عبد الناصر [3] .

3- الديمقراطية الشعبية:- وهي مستوحاة من النظرية الماركسية التي اعتقدت أن تطبيق الماركسية هي لخدمة الشعب، وبالتالي فهي ديمقراطية، ولكن حقيقتها كانت استبدادية، وقد أكدت أدبيات الماركسية على فرض دكتاتورية البروليتاريا حتى تتم تصفية الطبقة المستغلة، وطبقت في الاتحاد السوفيتي وبلدان أوربا الشرقية [4] .

4- الديمقراطية الجديدة:- وهي التي أطلقت على الممارسة الصينية بعد استيلاء الحزب الشيوعي على السلطة في الصين عام 1949، وأريد بها

1- د . سموحي فوق العادة، موجز المذاهب السياسية، دمشق، دار اليقظة 1972، ص 54 – 55 .

2- المصدر السابق .

3- جمال عبد الناصر . ثورتنا الاجتماعية . القاهرة , مطابع شركة الاعلانات الشرقية 1959 ص 43 .

4- عبد الفتاح حسين العدوي، الديمقراطية وفكرة الدولة، القاهرة، مؤسسة سجل العرب 1964 ص 16.

الائتلاف الحزبي للأحزاب الصينية مع الحزب الشيوعي، ولكنها في حقيقتها لم تكن إلا هيمنة من جانب واحد للسلطة[1] .

5- **الديمقراطية الموجهة:** وهي الديمقراطية التي مارسها الرئيس الاندونيسي الأسبق أحمد سوكارنو في أندونيسيا من منطلق تجميع القوى السياسية الوطنية المؤمنة بأهداف الشعب ضد الاستعمار والأقطاع، وتكون مسؤولة أمام هيئات تشريعية منتخبة من الشعب، ورفعت شعار (رفض الحرية لأعداء الشعب)[2] .

6- **الديمقراطية الاشتراكية:-** وهي الديمقراطية الاجتماعية التي تبنتها الأحزاب الاشتراكية في دول العالم الاشتراكية[3] .

7- **الديمقراطية النخبوية:-** وتؤمن بالنخب التي تملك الحكمة والمهارة في ممارسة السلطة، وضرورة التنافس بين النخب للوصول إلى السلطة، والإيمان بعدم قدرة الجماهير على إبداء الرأي الصحيح ، وهي بذلك تقلل من المشاركة السياسية في ممارسة الديمقراطية[4] .

وهنالك مسميات عديدة مختلفة تعبر عن جوانب أحادية للديمقراطية منها الديمقراطية المركزية، والديمقراطية الصناعية، والديمقراطية الاقتصادية، والديمقراطية النقابية، والديمقراطية الجماعية، والديمقراطية الدينية [5]، بل إن بعضها بعيدة عن الديمقراطية بمفهومها العام .

1- ماوتسي تونغ، الديمقراطية الجديدة، تعريب أحمد الشيباني، دمشق 1936 ص 2 – 3.

2- فخري جاسم . الديمقراطية الموجهة . بغداد , نشر و توزيع دار الاهالي 1959 ص 26.

3- د . علي الدين هلال، مفاهيم الديمقراطية في الفكر السياسي الحديث، في كتاب (أزمة الديمقراطية في الوطن العربي) . بيروت، مركز دراسات الوحدة العربية 1984 ص 46 – 47 .

4- د . ثناء فؤاء عبد الله . آليات التغير الديمقراطي في الوطن العربي . بيروت . مركز . دراسات الوحدة العربية 1997، ص 36.

5- علي محمد لاغا، الشورى والديمقراطية، بيروت، المؤسسة الجامعية للدراسات والنشر 1983 ص 132 - 133.

أما النظم الديمقراطية فهي على أنواع:-

1- **النظام الملكي المقيد**:- ويتولى رئاسة الملك بالوراثة ومدى الحياة، وهي أنواع:-

أ- **الملكية الإسمية**:- ويكون الملك بحكم الدستور رئيساً للدولة، ومصوناً غير مسؤول، لأن السلطة الحقيقية تكون بيد الأحزاب الفائزة في الانتخابات، ولا يملك الملك سوى صلاحيات اسمية وشرفية، كالملكية في بريطانيا وأسبانيا واليابان وبلجيكا وهولندا، وللأسر المالكة فيها امتيازات خاصة موروثة [1] .

ب- **الملكية الفعلية**:- حيث يشارك الملك في السلطة وفقاً للدستور، ويتولى رئاسة السلطة التنفيذية، والقيادة العامة للقوات المسلحة، مع بقاء المؤسسات الديمقراطية كالوزارة والبرلمان، ومنها الملكية في المغرب، والأردن وعمان والبحرين، والإميرية في كل من قطر والكويت، والإمارات العربية المتحدة.

2- **النظام الجمهوري**:- ويقوم على أساس انتخاب رئيس للبلاد لمدة محدودة، وهو أيضاً على أنواع:-

أ- **الجمهورية الاسمية**:- حيث تكون صلاحيات رئيس الجمهورية صلاحيات اسمية، بينما تتولى الوزارة شؤون البلاد عبر الأساليب الديمقراطية، ومنها إيطاليا وتركيا، وسويسره وألمانيا والهند [2] .

ب- **الجمهورية الفعلية**:- ويكون رئيس الجمهورية المنتخب مشاركاً في السلطة إلى جانب السلطات التنفيذية والتشريعية كسوريا ومصر ـ والسودان واليمن وباكستان وفرنسا، وفي الولايات المتحدة يكون دور رئيس الدولة

1- د . محمد رفعت عبد الوهاب، و د . حسين عثمان محمد عثمان، المصدر السابق ص 108 – 109.

2- المصدر السابق ص 109.

محورياً فهو رئيس السلطة التنفيذية والقيادة العامة للقوات المسلحة، ومنها أيضاً روسيا والصين وأندونيسيا[1].

ومن مزايا الديمقراطية ومظاهرها الإيجابية التأكيد على حق الشعب في اختيار ممثليه، وإشاعة قيم الحرية والتسامح، وتعميق روح المسؤولية، وتوسيع دائرة المصالح العامة، وحق الاستفتاء الشعبي في بعض القضايا الهامة، والسماح بالاعتراض الشعبي، واقتراح القوانين، وطلب عزل رئيس الدولة في حالة مخالفته للدستور ومحاكمته دستورياً في حالة الخيانة العظمى[2]، وتضمن الديمقراطية العدالة والكفاءة، وعمل الوظائف الأساسية بصورة أفضل من غيرها[3].

وانتقدت كونها تاكيد على الكم بدل النوع، وأنها ديمقراطية رأسمالية، فالبرلمان لا يمثل كل عناصر، ولا كل مصالح الشعب والأمة، أما المساواة السياسية فهي غير ممكنة عملياً، كما أن حكم الأغلبية لا يكون صواباً دائماً، ويغلب على القرارات الصادرة البطء في اتخاذها[4].

المبحث الثالث

النظم السياسية المعاصرة

إن النظم السياسية المعاصرة التي تمارس السلطة تختلف باختلاف الدول ودساتيرها واعرافها، وقد سبق أن استعرضنا أشكال الحكومات الفردية والقلة والأكثرية، وما تضمنتها من النظم الديمقراطية والدكتاتورية والملكية والجمهورية، وسوف نتبين هنا النظم الرئاسية والبرلمانية والجمعية وشبة الرئاسية والمختلطة.

1- المصدر السابق ص 110.

2- د . علي محمد شمبش، المصدر السابق ص 196 – 197.

3- د . أحمد الكبسي وآخرون. المصدر السابق ص 131.

4- المصدر السابق ص 132.

المطلب الأول

النظـام الرئـاسي

وهو النظام الذي يتأسس على فردية السلطة التنفيذية، والفصل التام بين السلطات الثلاثة كما هو الحال في الولايات المتحدة ودول أمريكا الجنوبية .

وتتميز بالمميزات التالية:

1- أن رئيس الدولة هو الذي يتولى ممارسة السلطة التنفيذية من الناحية الدستورية، فهو رئيس الجمهورية ورئيس الحكومة، ويتولى وضع السياسة العامة للدولة، ويشرف على تنفيذها بمساعدة الوزراء الذين يتولى كل واحد منهم اختصاصات وزارته، ويخضعون للمسؤولية أمام الرئيس فهو الذي يعينهم ويعزلهم، واجتماعات الرئيس مع وزرائه لا تكون الا استشارية، ويتم انتخاب الرئيس مباشرة من قبل الشعب، ويعتبر فائزاً إذا حصل على الأغلبية البسيطة في الانتخابات العامة الرئاسية التي تتجدد خلال مدة معينة.

2- أن السلطة التشريعية تنتخب من قبل الشعب مباشرة، وتتولى تشريع القوانين، ومراقبة السلطة التنفيذية . وتتكون في الدول الفدرالية من مجلسين هما مجلس النواب الذي ينتخب من قبل الشعب وفقاً لعدد السكان، ومجلس الشيوخ الذي ينتخب من قبل الولايات بعدد متساو لكل ولاية، صغيرة كانت أو كبيرة. أما المجالس التشريعية في الولايات فتنتخب أيضاً بشكل مباشر في كل ولاية، وتمارس اختصاصات تشريعية ورقابية في آن واحد.

3- أن السلطة القضائية مستقلة عن السلطات الأخرى، وتتولى إجراءات حسم المنازعات بين الأفراد والجماعات[1] .

1- د.حسين عثمان محمد عثمان . المصدر السابق ص 209-216.

4- أن النظام الرئاسي يقوم على أساس الفصل التام بين السلطات الثلاثة واستقلالية كل واحدة منها عن الأخرى، وتتمثل فيمايلي:

أ- استقلالية الرئيس في سياساته، وعدم مسؤوليته أمام البرلمان، وانما يكون مسؤولاً عن أعماله أمام الدستور والناخبين .

ب- ليس من حق البرلمان إقالة الرئيس، أو حجب الثقة عنه وعن وزرائه .

ج- ليس من حق الرئيس حل البرلمان .

د- لا يجوز الجمع بين العمل التشريعي في البرلمان، والعمل الإداري في السلطة التنفيذية، فالوزراء يعينون من قبل الرئيس من خارج البرلمان .

هـ- من اختصاص الرئيس رسم وإدارة السياسة الخارجية، والاعتراف بالدول والحكومات الأجنبية، وليس للكونجرس حق منعه من ذلك[1] .

أما مظاهر التعاون بين السلطات الثلاثة فهي:

1-ضرورة موافقة البرلمان على تعيين كبار موظفي الدولة .

2-حق الرئيس في استخدام الفيتو ضد القوانين التي يصدرها البرلمان .

3-حق الرئيس في دعوة البرلمان للانعقاد في ظروف استثنائية .

4-حق البرلمان في محاكمة الرئيس في حالة حنثه بالقسم، وخروجه على الدستور، وارتكاب جريمة الخيانة العظمى.

5-حق الرئيس في اقتراح القوانين على البرلمان .

6-مشاركة الوزراء في المناقشات البرلمانية .

7-إلقاء خطاب الاتحاد السنوي للرئيس في البرلمان.

8-لا يجوز للرئيس مباشرة بعض الاختصاصات دون الحصول على موافقة ثلثي أعضاء مجلس الشيوخ، كإعلان الحرب، وعقد المعاهدات، والاعتمادات المالية، وتعيين كبار الموظفين.

1- المصدر السابق .

9- حق الرئيس في إصدار أوامر وقوانين لها قوة إلزامية في حالات الطوارئ .

10- حق البرلمان في إجراء تعديلات دستورية، والموافقة على قبول ولايات جديدة .

11- حق الرئيس والبرلمان ممارسة اختصاصات قضائية، كحق الرئيس في تعيين القضاة في مستويات معينة، وتعين قضاة المحكمة العليا بموافقة البرلمان . وحق البرلمان في تشكيل لجان للتحقيق في موضوعات معينة، وتحديد اختصاصات المحاكم، وحق إلغاء العقوبات أو تخفيفها والعفو الشامل[1] .

المطلب الثاني

النظام البرلماني (النيابي)

وهو النظام الذي ينسب إلى البرلمان (المجلس النيابي)، ويتكون مـن سـلطة تشريعية وسلطة تنفيذية وسلطة قضائية قائمة على الفصل المرن بينها في الصلاحيات، والمراقبة، والممارسة، والتوازن والتعاون، والتـأثير والتـأثر لكـل منهـا، غـير أن للبرلمـان أولوية عليهما وهو مركز الثقل لذلك سمي هذا النظام باسمه[2] .

ويمكن ملاحظة خصائص هذا النظام بما يلي:

أولاً: ثنائية السلطة التنفيذية التي تتكون من طرفين هما:

1- رئيس الدولة:

سواء كان ملكاً أو رئيس جمهورية، فالملك يتولى السلطة بالوراثة، بينما

1- د.عاصم أحمد عجيلة، ود.محمد رفعت عبدالوهاب . النظم السياسية، القاهرة 1991. ص 308-309. أنظر أيضاً:

د. احمد الكبسي و اخرون . المصدر السابق ص 156 - 161.

2- د.بطرس بطرس غالي و د.محمود خيري عيسى . المصدر السابق ص 246.

ينتخب الرئيس من قبل الشعب مباشرة، أو من قبل البرلمان . وتختلف سلطة رئيس الدولة باختلاف الدساتير، فقد تكون سلطته ثانوية وشكلية، كما هو الحال في بريطانيا، أو في الكيان الصهيوني، وقد تكون سلطته وصلاحياته واسعة كما في الأردن، أو سوريا، أو تكون متوازنة مع سلطة رئيس الوزراء، والسلطة التشريعية .

ويعتقد البعض أن رئيس الدولة يعمل على إيجاد التوازن بين سلطات الدولة بتوجيه كل منهما نحو الطريق الصحيح الذي رسمه الدستور، فهو في رأي بعض الفقهاء بمثابة الحكم الرياضي العادل المستقل بين الوزارة والبرلمان، يعمل على كفالة احترام قواعد المباراة بينهما دون ميل أو تحيز إلى أي منهما[1] .

وفي حالة كونه ذو صلاحيات شكلية، يعتبر الرئيس الأعلى للبلاد، ويعين رئيس الوزراء على ضوء الأحزاب الرئيسية الفائزة في الانتخابات، ويقبل استقالتهم، وتصدر كل القوانين والأوامر بأسمه، ويكون القائد الأعلى للقوات المسلحة، وله حق إقالة الوزارة إذا خالفت الدستور .

2- الوزارة:

وهي الطرف الثاني للسلطة التنفيذية، وتتولى السلطة الفعلية في الدولة، وتكون مسؤولة عن أعمالها أمام البرلمان، سواء كانت مسؤولية جماعية تضامنية، أو مسؤولية فردية تقع على عاتق كل وزير .

وتتكون الوزارة من رئيس وزراء، ونائب لرئيس الوزراء والوزراء الذين يجتمعون اجتماعات اعتيادية أو استثنائية،وواجبات الوزراء هي وضع السياسية العامة للبلاد وتنفيذها، وتحقيق الانسجام بين أعضاء الوزارة . وتشترط بعض الدساتير أن يكون أعضاء الوزارة نواباً في البرلمان، بينما لا تشترط ذلك دساتير أخرى، وعادة يكون أعضاء الوزارة من الحزب الفائز في الانتخابات، أو

1- د. محسن خليل . المصدر السابق ص 506 .

من ائتلاف حزبي لأكثر من حزب يتم الاتفاق على الاهداف ا ولمشتركة المراد تطبيقها، مع ضمان الحصول على ثقة البرلمان .

وتسمح بعض الدساتير تولي رئيس الدولة رئاسة مجلس الوزراء، والمشاركة في مناقشاته .

والوزارة مسؤولة في فترة تسلمها السلطة عن كل الأضرار التي تصيب الدولة مدنياً وجنائياً[1] .

أما الأعمال الأساسية للوزارة فهي تحقيق الاستقرار الداخلي، وتنظيم مالية الدولة، والدفاع عن البلاد بواسطة الجيش، وتنظيم علاقات الدولة الخارجية، وعقد الاتفاقيات، والانضمام إلى المنظمات الدولية، وإجراء المفاوضات الدبلوماسية لتحقيق مصلحة البلاد، وتنظيم القضاء، وتعيين الموظفين، وتنفيذ القوانين والأنظمة، وتقديم الخدمات التعليمية والصحية والتنمية، وبناء الطرق والجسور، ورعاية أماكن العبادة، وتطوير الزراعة والصناعة والاتصالات، وكل ما يتعلق بإدارة البلاد[2] .

ثانياً: السلطة التشريعية (البرلمان)

وهي السلطة المختارة أو المنتخبة من قبل الشعب، والتي تملك حق تشريع القوانين ومناقشتها، والاعتماد على رجال القانون في صياغتها، ومراقبة السلطة التنفيذية ومساءلتها، ومنح الثقة للوزارة أو حجبها بشكل جماعي، أو فردي للوزراء، وحق مناقشة الوزراء، وطلب بيانات عن أعمالها ومحاسبتها . وفي بريطانيا تشكل المعارضة وزارة الظل من أعضاء البرلمان، وهي وزارة موازية للوزارة الرسمية، تكون واجبات كل وزير مراقبة أعمال الوزير الرسمي، وبيان اوجه السلب والإيجاب فيها، وطرح مقترحاته حولها، ويتمتع أعضاء البرلمان

1- د.حسين عثمان محمد عثمان . المصدر السابق ص 239-262.
2- د.بطرس بطرس غالي ود.محمد خيري عيسى . المصدر السابق ص 266.

النيابي بالحصانات المطلوبة المقررة في الدستور،منعاً للوزارة من اعتقالهم أو محاكمتهم على أرائهم .

ويتكون البرلمان في بعض الدول من مجلس واحد، أو مجلسين، يتم انتخابهم أو اختيارهم وفقاً للدستور. وفي حالة وجود مجلسين فإن أحدهما يتم انتخاب أعضائه بشكل مباشر من قبل الشعب، ويتم اختيار أو انتخاب أعضاء المجلس الثاني من قبل رئيس الدولة أو المجلس الأول، أو الانتخابات وفق شروط معينة، فمجلس اللوردات في بريطانيا يعين من قبل الملك، وكذلك مجلس الأعيان في الأردن، وتكون هنالك حاجة لتعيين كبار شخصيات البلاد من أصحاب الخبرة والكفاءة والعلماء، الذين يشكلون مجلساً موازياً لمجلس النواب، منعاً لاستبداد النواب، وسعياً لإيجاد التوازن بينهما، وتلافي كل منهما لاخطاء الآخر، وقد يكون المجلس الآخر مكوناً لأقاليم الدولة كما في مجلس الشيوخ الأمريكي .

وفي جميع الحالات يكون هنالك تعاون وتنسيق بين المجلسين، رغم أن وجودهما قد يبطئ من سن القوانين، ويعرقلها.

ويجري انتخاب النواب لمدة زمنية معينة وفقاً للدساتير، ولكن بشروط معينة ينبغي توفرها في المرشحين والناخبين، فالناخبون لهم حق الانتخاب العام إذا بلغوا سن الرشد وهو (18) سنة مالم يكونوا من الذين صدرت بحقهم أحكام تحرمهم من الانتخابات لأسباب معينة، واغلب الدساتير تؤكد على الصوت الواحد للفرد الواحد سواء كان رجلاً أو امرأة، أما المرشحون فيشترط أن يكونوا مواطنين يحملون جنسية بلدهم، وان تكون أعمارهم اكثر من 20 سنة، ويتمتعون بالأهلية العقلية والعلمية، والملكية المالية، فضلاً عن شروط حسن السلوك، وعدم الحكم عليهم بأحكام تتعلق بخيانة البلاد، والجرائم المخلة بالشرف[1] .

1- د. حسين عثمان محمد عثمان . المصدر السابق .

ويتم الاقتراع العام السري الحر دون إجبار في مراكز انتخابية يشرف علها القضاة لضمان النزاهة والحياد، ويتم التصويت وفقاً لطرق الانتخاب الرئيسية وهي:

1-الانتخاب المباشر من قبل الشعب لانتخاب النواب في البرلمان، أو الانتخاب غير المباشر عبر انتخاب مندوبين عن الشعب الذين يقومون بدورهم بانتخاب النواب، والأسلوب الأول أكثر ديمقراطية، ويؤخذ عليه عدم قدرة الشعب على الحكم الصحيح على المرشحين.

2-الانتخاب الفردي أو بالقائمة، فالأول يعني حرية الناخبين في انتخاب أي مرشح من مجموعة مرشحين في الدائرة الانتخابية، بينما الانتخابات بالقائمة يعني وجود قوائم تضم اسماءاً عديدة، وعلى الناخبين انتخاب الأسماء الموجودة في قائمة واحدة، والانتخاب الفردي اكثر شيوعاً لأنه أكثر ديمقراطية في حالة توفر الوعي والمعرفة لدى الناخبين .

أما نتائج الانتخابات فتكون وفقاً لنظام الأغلبية، وهي أنواع:

أ-نظام الاغلبية: وهو حصول احد المرشحين على اكثر الاصوات , سواء في نظام الانتخاب الفردي أو بالقائمة[1].

ب-الأغلبية المطلقة: وهي الحصول على اكثر من النصف من الأصوات ,أي اكثر من 50% من الاصوات .

ج-الأغلبية النسبية (البسيطة): وهي الحصول على أعلى الأصوات بغض النظر عن مجموع الأصوات .

د-التمثيل النسبي: وهو احتساب الفوز وفقاً لعدد الأصوات الفائزة في كل دائرة انتخابية لنظام الانتخاب بالقائمة، فإذا كانت الدائرة الانتخابية تتطلب فوز (10) من المرشحين، من بين (1000) صوت فإن القائمة التي تحصل على (500) صوت تفوز بـ(5) مقاعد، وإذا حصلت غيرها على (400)

1- إبراهيم عبد العزيز شيحا .المصدر السابق ص173 .

صوت فإنها تفوز بـ(4) مقاعد، وإذا حصلت على (100) صوت فسوف تفوز بمقعد واحد، وإذا حصلت على أقل من (100) صوت فلا تحصل على أي مقعد . وهذا التمثيل أكثر عدالة من غيرها[1].

3-تمثيل المصالح والمهن: ويقتضي تخصيص مقاعد لكل فئة ومصلحة أو اقليات، يتم التنافس عليها من قبل الناخبين لكل مصلحة أو فئة، كالفلاحين والعمال والاقليات ضماناً لتمثيل كل فئات الشعب[2] .

ثالثاً السلطة القضائية:

وهي السلطة التي تفسر القانون، وتطبقه على الوقائع التي تعرض أمامها، والقضاة هم الذين يتولون النظر في المنازعات والحكم وفقاً للقوانين المدنية والجزائية، ولهم حرية اختيار القوانين التي تنطبق على الحالات المعروفة، فإن لم يجدوها فسوف يجتهدون وفقاً لإدراكهم وخبرتهم . ويشترط بهم المعرفة بالقانون، والاستقلالية، ويتم اختيارهم بالطرق التالية:

1-بواسطة الهيئة التشريعية (البرلمان) وهي مطبقة في سويسرا، ولكنها تجعل القاضي مديناً بالولاء، للحزب المسيطر، وينافي مبدأ فصل السلطات.

2-الاختيار بالانتخاب الشعبي المباشر، وتستخدم في الولايات المتحدة، ورغم أنها لا تخضعهم لإرادة السلطة التنفيذية إلا انها تؤدي إلى خضوعهم للأحزاب السياسية وميلهم لكسب رضا الجمهور .

3-التعيين من قبل السلطة التنفيذية، وهي مطبقة في معظم أنحاء العالم، ولكنها تخضع للسلطة التنفيذية الحاكمة، والبعض يترك مهمة اختيارهم لهيئة غير حزبية تشترط الكفاءة للاختيار .

1- المصدر السابق ص174 - 182 .

2- د. عاصم أحمد عجيله ود. محمد رفعت عبدالوهاب . المصدر السابق ص 236-267 . انظر ايضاً: جاكوبسن وليبمان . المصدر السابق ص 157-162.

ويستمر مزاولة القضاة لسلطاتهم حتى يبلغوا السن القانونية ضماناً للاستقرار والاستقلال، ولا يتم عزلهم الإ بإجراءات صعبة، كأن تتولى محاكم معينة محاكمتهم بسبب الإخلال بعملهم الوظيفي وخروجهم عن العدالة[1].

رابعاً: فصل السلطات

أن السلطات الثلاثة منفصلة عن بعضها وفقاً لاختصاصاتها فالسلطة التشريعية، مهمتها سن القوانين ومراقبة السلطة التنفيذية، ومهمة السلطة التنفيذية تطبيق القوانين، وإدارة الدولة وشؤونها الداخلية والخارجية، بينما تختص السلطة القضائية بتفسير القوانين،و النظر في الدعاوي والمنازعات بين الأفراد أنفسهم، وبينهم وبين السلطات الحاكمة، وبين المؤسسات، غير أن هذه السلطات الثلاثة غير منفصلة عن بعضها تماماً، وأنما هو فصل مرن، فكل واحدة منها تتعاون مع غيرها لتحقيق الصالح العام، ويتجلى ذلك فيما يلي :

1-أن السلطة التنفيذية تقوم بإجراءات تكوين البرلمان، وإجراء الانتخابات وأعلان نتائجها، ولها حق حل البرلمان،و الدعوة لانعقاده، كما انها في بعض الحالات هي التي تعين أعضاء المجلس الثاني كالأعيان والشيوخ، وان الوزارة تدعو البرلمان لاجتماعات استثنائية، وحق اقتراح القوانين، ولرئيس الدولة حق الاعتراض على مشاريع القوانين الصادرة من البرلمان، وللوزارة حق إصدار قوانين ملزمة في الحالات الطارئة على أن ينظر بها البرلمان في أول دورة له، ويحق للوزراء الجمع بين وظائفهم وعضوية البرلمان، وبالتالي حق المناقشة فيه، ولرئيس الدولة حق العفو العام أو الخاص عن المحكومين.

2-حق البرلمان في حجب الثقة عن الوزارة مجتمعة أو منفردة، وحق المساءلة وطلب الإيضاحات والاستجواب، وأجراء التحقيق للوقوف على حقيقة معينة، وحق اتهام رئيس الدولة جنائياً ومحاكمته، وكذلك رئيس الوزراء والوزراء ومشاركة بعض النواب في عضوية الهيئة الخاصة لمحاكمتهم، وحق

1- رايموند كارفيلد كيتيل . المصدر السابق , ج1 ص 148- 172.

البرلمان في مناقشة الميزانية السنوية وتعديلها وأقرارها، وحق الموافقة أو الرفض للمعاهدات والاتفاقيات الدولية التي تبرمها الوزارة .

إن لجان البرلمان تساهم أيضاً في التعاون مع السلطة التنفيذية في العمل والرقابة كلجنة الشؤون الخارجية التي تنسق مع وزارة الخارجية، وتراقبها[1] .

3- حق السلطة القضائية في مراقبة السلطتين التشريعية والتنفيذية، سيما المحكمة العليا التي تنظر في دستورية القوانين الصادرة من كليهما، ومخالفة الدستور من قبل الهيئة الحاكمة وإمكانات عزل رئيس الدولة ومحاكمته، وكذلك الوزارة في حالة انتهاك الدستور، أو القيام بأعمال جنائية، فالكل مسؤولون أمام القانون شعباً وسلطة، ولكن هنالك حصانات قضائية للنواب ورئيس الدولة والقضاة أنفسهم[2] .

وتقوم السلطة القضائية بتقديم المشورة القضائية للهيئات الأخرى، خاصة الحكومية إذا ما طلبت ذلك منها[3] .

إن السلطة القضائية التي يفترض فيها الاستقلال ليست كذلك تماماً، سيما وان تعيين القضاة يصدر من السلطة التنفيذية، وهم يتبعون وزارة العدل في عملهم الوظيفي واستلام رواتبهم، ونقلهم من مكان إلى آخر، كما أن تطبيق أحكامهم لا يتحقق إلا عبر قوة تنفيذية ممثلة بالشرطة والسجون[4] .

المطلب الثالث

نظام الجمعية النيابية

وهو النظام القائم في سويسرا، ومن أهم خصائصه:

1- د.عبدالمجيد عرسان العزام، ود. محمود سامي الزعبي . المصدر السابق ص 189-201.

2- د.عاصم أحمد عجيلة ود.محمد رفعت عبدالوهاب . المصدر السابق ص 282-292.

3- محمد عبدالعزيز نصر . في النظريات والنظم السياسية . بيروت، دار النهضة العربية 1973 ص544.

4- د.عبدالمجيد عرسان العزام، ود.محمود سامي الزعبي . المصدر السابق ص 201.

أ- أن الجمعية الوطنية (البرلمان) تحصر السلطتين التشريعية والتنفيذية بيدها وهي مصدر السيادة، ويتم اختيار السلطة التنفيذية من قبل الجمعية، لأنها هي المسؤولة وفقاً للدستور في تعيين وعزل مجلس الوزراء، فهذا النظام يقوم على تركيز السلطة في هيئة واحدة، ولا يؤمن بفصل السلطات .

ب- تحدد الجمعية صلاحيات السلطة التنفيذية واختصاصاتها، ولها سلطة تعديل قراراتها أو إلغائها، ويخضع الوزراء للمسؤولية السياسية أمامها، لأنها تملك سلطة عزلهم، الأمر الذي يجعل السلطة التنفيذية ضعيفة تجاهها.

جـ- أن هذا النظام يمثل الديمقراطية الحقيقية، فالإرادة العليا للشعب الذي اختار أعضاء الجمعية، وأي خروج عن أهداف الشعب أو الدستور، أو المخالفة يكون مصيره المحاسبة، وتغيير الوزراء كلهم أو بعضهم.

د- من الممكن أن يكون هنالك مجلس أخر كما في سويسرا، وهو مجلس المقاطعات أو مجلس الولايات من منطلق كون النظام السويسري نظاماً فدرالياً ويشارك هذا المجلس الجمعية الوطنية في اختصاصاته[1] .

هـ- يتم انتخاب رئيس الدولة من قبل الجمعية، ولكن دوره واختصاصاته شرفيه وشكلية، ويتم انتخابه لمدة عام قابل للتجديد[2] .

و- للجمعية حق توجيه الأسئلة والاستجوابات للحكومة سياسياً، وعن تنفيذ القوانين. وليس للحكومة أية رقابة على البرلمان، كحق حل البرلمان على سبيل المثال .

ز- أن قرارات الحكومة تصدر بشكل جماعي .

حـ- من حق أعضاء الوزارة حضور جلسات الجمعية باعتبارهم أعضاءً فيها.

1- د.أحمد الكبسي وآخرون المصدر السابق ص 162 . أنظر أيضاً د.عاصم أحمد عجيلة، ود. محمد رفعت عبدالوهاب . المصدر السابق ص 321-324.

2- عادل ثابت . المصدر السابق ص 70.

ط- من حق أعضاء الوزارة اقتراح القوانين بسبب كونهم اكثر احتكاكاً لحاجات المجتمع، فيشاركون الجمعية في ذلك[1] .

المطلب الرابع
النظام شبة الرئاسي (المختلط)

وهو النظام الذي يجمع بين النظام البرلماني والنظام الرئاسي، وذلك من خلال تقوية مركز رئيس الدولة، وتوسيع سلطاته وصلاحياته، وهو ما تم في فرنسا وفقاً لدستور عام 1958، ومصر وفقاً لدستور عام 1971، واليمن وفقاً للدستور عام 1989م وتعديلاته . مع اختلاف بعض هذه الدساتير عن بعضها في بعض الجوانب، ويمكن تبين خصائص هذا النظام بما يلي:

1- أن رئيس الدولة يستمد قوته وصلاحياته من الدستور الذي يقضي بانتخابه مباشرة من قبل الشعب وليس من قبل البرلمان .

2- أن صلاحيات رئيس الدولة هي أكثر بكثير من صلاحيات رئيس الدولة في النظام البرلماني، فهو الذي يعين رئيس الوزراء والوزراء ويقيلهم، وله حق الاعتراض على التشريعات القانونية للبرلمان، وحق حل البرلمان بعد استشارة رئيسه، ولكن لا يجوز حله لنفس الأسباب إلا بعد سنة،وله حق اللجوء إلى الاستفتاء الشعبي في المسائل الهامة.

3- يشارك رئيس الدولة رئيس الوزراء في السلطة التنفيذية .

4- لا يكون الرئيس مسؤولاً عن ممارسته للسلطة أمام البرلمان .

5- الوزارة مسؤولة عن أعمالها أمام البرلمان الذي يمكنه حجب الثقة عنها أو عن بعض الوزراء .

1- المصدر السابق ص 70-71 .

6- لا يمكن الجمع بين عضوية الوزارة وعضوية البرلمان، وعلى الوزراء البرلمانين تقـديم استقالتهم من البرلمان حال استيزارهم .

7- للبرلمان حق التصديق على المعاهدات . وميزانية الدولة العامة، وإعلان الحرب[1] .

8- لرئيس الدولة حق رئاسة اجتماعات مجلس الوزراء[2]، فهـو بـذلك أعـلى سـلطة من الوزارة، غير أن النظام شبة الرئاسي في مصر يختلـف عـن النـظم الأخـرى في انتخاب رئيس الجمهورية، إذ يتم ترشيحه مـن قبـل مجلـس الشعـب بأغلبيـة الثلثين، ثم يعرض على المواطنين لانتخابه في استفتاء شعبي عام[3] .

1- عادل ثابت . المصدر السابق ص 72-74.
2- د. عاصم أحمد عجيله، ود.محمد رفعت عبدالوهاب . المصدر السابق ص 329.
3- عادل ثابت . المصدر السابق ص 78.

الأحـــزاب السياســة

هنالك تعريفات عديدة لمعنى (الحزب) يمكن أجمالها بتعريف واحد هو:

الحزب هو تنظيم اجتماعي دائم قائم على مبادئ وأهداف مشتركة بهدف الوصول إلى السلطة أو المشاركة فيها أو التأثير عليها، ويضم مجموعة بشرية متجانسة في أفكارها، ويمارس مختلف النشاطات السياسية وفقاً لبرنامج عام لتحقيق أهدافه وتوسيع قاعدته الشعبية على المستويات المحلية والوطنية والدولية[1] .

وهذا يعني أن هنالك عناصر أساسية في كل حزب هي:

1- أنه تنظيم اجتماعي دائم، بمعنى أنه مكون من حالة تنظيمية يحكمها دستور أو ميثاق أو نظام يحدد وجوده وأهدافه وتنظيماته، ونشاطاته، وعضويته وماليته، بشكل دائم، ويحدد علاقات الأعضاء وقيادتهم وكيفية انتخابهم، والشكل التنظيمي للسلم الهرمي بين القيادة والأعضاء والقاعدة.

1- حول تعريف الحزب أنظر المصادر التالية:

د.شمران حمادي . الاحزاب السياسية و النظم الحزبية . بغداد ,مطبعة الارشاد 1975.

د.أسامة الغزالي حرب. الأحزاب السياسية في العالم الثالث . الكويت، عالم المعرفة 1987 ص 14-17.

د.نعمان أحمد الخطيب . الأحزاب السياسية ودورها في انظمة الحكم المعاصرة . عمان، جامعة مؤته، 1994 ص 12-15.

د.طارق الهاشمي . الاحزاب السياسية . بغداد، وزارة التعليم والبحث العلمي 1990م.

د. محمد توهيل فايز هنطش . سوسيولوجيا الدولة واليات العمل السياسي .عمان , دار الحامد 1998 ص 162.

د.عبد الرضا الطعان. البعد الاجتماعي للاحزاب السياسية . بغداد ,دار الشوؤن الثقافية 1990 ص 25 وما بعدها.

2- أن له مبادئ وأهداف يجتمع عليها اعضاؤها ويسعون لتحقيقها بمختلف الوسائل الممكنة، وقد تكون هذه المبادئ عقيدة سياسية (أيديولوجية) أو مبادئ عامة، خاضعة للمراجعة والتقييم .

3- أنه يهدف إلى الوصول إلى السلطة لتحقيق أهدافها، أو المشاركة فيها أو التأثير عليها عبر الوسائل المختلفة .

4- أنه يضم جمعاً من الناس قل أو كثر، مؤمنين بعقيدة ومبادئ الحزب العامة، ويسعون إلى تحقيقها وتوسيع القاعدة الشعبية له.

5- له برنامج عام مرحلي أو دائم لغرض تطبيق .

6- أن نطاق عمل الحزب يكون على المستوى المحلي والوطني والقومي والإقليمي والدولي وفقاً للأهداف النسبية أو المطلقة .

وجاءت نشأة الأحزاب في أوروبا من خلال التكتلات والجماعات واللجان البرلمانية التي كانت تمثل مصالح مختلفة للشعب، سواء من الناحية الاقتصادية أو الاجتماعية أو الدينية، وكانت مصالحها الآنية المهنية دافعاً لها للتجمع في جماعات محددة، والتأثير على توجهات المجالس النيابية، وتشكيلات الحكومات،كما تشكلت بعض الأحزاب من خلال النقابات كحزب العمال البريطاني الذي كان أساسه نقابات العمال، والجمعيات الفكرية والاقتصادية والثقافية .

وقد نشأ حزب المحافظين الكندي بفعل الجمعيات الصناعية، ونشأ الحزب الديمقراطي المسيحي في ألمانيا من خلال الجمعيات الدينية المسيحية .

كما قامت بعض الأحزاب من خلال التبعية للأحزاب الأخرى في العالم كالأحزاب الشيوعية[1] .

1- د. نعمان احمد الخطيب . المصدر السابق ص 43-48.

المبحثُ الأول

أهداف وأهمية الأحزاب

أولاً – الأهداف:

1-الأهداف الرئيسية:

أن معظم الأحزاب في العالم تهدف إلى الوصول إلى السلطة في بلدانها من أجل تنفيذ أهدافها ومبادئها وبرامجها العامة، وفقاً للتنافس الديمقراطي وعبر صناديق الاقتراع، فإذا لم تتمكن من ذلك، فسوف تحاول المشاركة في السلطة مع أحزاب أخرى ذات أهداف قريبة من أهدافها، أو أنها تمارس المعارضة للسلطة الحاكمة، والسعي للتأثير عليها لتحقيق تلك الأهداف، وقد تحاول بعض الأحزاب الوصول إلى السلطة بصورة غير شرعية فالانقلاب العسكري والثورة الشعبية، أو الاحتلال الأجنبي، ولكن عليها أن تسبغ على تلك الحالة شرعية ديمقراطية عبر أجراء انتخابات حرة، والسماح للأحزاب الأخرى بالتنافس معها . رغم أن ذلك حالة نادرة، سيما في الدول النامية، أو دول عالم الجنوب، حيث تكثر الانقلابات العسكرية .

إن تطبيق أهداف الحزب وبرنامجه لا يتحقق بشكل كامل إلا حين وجوده في السلطة، أو مشاركته فيها، أما في حالة كونه في المعارضة، فإن جزءاً من اهدافه يمكن أن تتحقق على الصعيد التعبوي واكتساب القاعدة الشعبية، ولكن الأهداف الرئيسية والبرامج العامة سوف تبقى نظرية بانتظار استلام السلطة أو المشاركة فيها، فإذا تحقق ذلك فسوف يكون الحزب أمام التجربة، لمعرفة صحة أهدافه أو بعدها عن الواقع، وإجراء المراجعة لها تعديلاً وتثبيتاً[1] .

1-د.نعمان أحمد الخطيب . المصدر السابق ص 30-31.

2-الأهداف العامة:

وهي الأهداف التي يتضمنها دستور الحزب، وهي بدورها تتشكل من أهداف وطنية أو قومية أو دينية أو إقليمية أو دولية، وفقاً لتشكيلة الحزب وتنظيمه وانتمائه السياسي، وطبيعة أهدافه، إذا كانت مطلقة أو نسبية، عامة أو خاصة، ويمكن إجمالها بما يلي:

أ- حماية البلاد من العدوان الخارجي .

ب- تحقيق السلام والوئام في الداخل .

ج- خدمة الأفراد وتحقيق السعادة والرفاهية لهم، وسبل العيش الكريم في الجوانب الاقتصادية والاجتماعية والثقافية، والتعليمية والصحية عبر برامج معدة .

د- مراقبة الحكومة ومؤسساتها، وبيان اوجه الخطأ لمعالجتها، وأوجه الصواب لتأييدها.

هـ- تقديم الخدمات لأعضاء الحزب، وأفراد الشعب، كفتح الدورات التعليمية ومكافحة الأمية، وتشكيل اللجان الصحية، ورعاية وإعانة الفقراء .

و- نشر الوعي السياسي في صفوف الحزب، والشعب عبر الندوات والمؤتمرات، والمطبوعات الحزبية، واللقاءات، وإصدار البيانات ومذكرات الاحتجاج، والتظاهرات الشعبية، وجميع وسائل الأعلام التي تساهم في نشر فكر الحزب وأهدافه [1] . وتحديث وترشيد السلطة، واستبدالها من سلطة تقليدية (دينية وعائلية وعرقية) إلى سلطة سياسية موحدة . وقائمة على وظائف سياسية جديدة وتنمية مؤسساتها، ومشاركة واسعة فيها [2] .

1-د.كمال المنوفي . الحزب السياسي (تعريف) . في موسوعة العلوم السياسية ص 3،5 .

2 -   Samuel P. Huntington. and Joan M. Nelson. No Easy Choice, Political Participation in Developing Countries. Massachustts, Harvard Unversity Press. 1976. P 32.

ز- ترشيح الأفضل والأصلح من أعضاء الحزب للانتخابات المحلية والنيابية لتمثيله في المجالس المحلية والنيابية .

ح- تمكين الشعب من التعبير عن إرادته ومعتقداته بصورة فعالة ومنظمة[1] .

ط- تحقيق الحرية والاستقلال إذا كانت البلاد محتلة، وصيانة السياسة الاستقلالية من التدخلات الأجنبية .

ي- ممارسة نشاطات غير سياسية كالنشاطات الترفيهية والرياضية والاجتماعية والثقافية[2] .

3- الأهداف القومية:

إذا كان الحزب قومياً فإن أهدافه يتلخص بما يلي:

أ- تحقيق الوحدة القومية، سواء بين دول تنتمي إلى أمة واحدة كالأمة العربية، أو إذا كانت الأمة مجزأة بين دول تحتل أراضيها .

ب- الكفاح السلمي أو المسلح لتحقيق هدف الوحدة، أو الانفصال عن دول محتلة .

ج- نشر الوعي القومي بين جماهير الأمة .

4- الأهداف الدينية:

أ- إقامة مجتمع ديني تطبق فيه الشعائر الدينية .

ب- إقامة دولة دينية من الدول المنتمية إلى دين واحد .

جـ- نشر الوعي الديني بين أبناء الدين الواحد .

1- د. بطرس بطرس غالي ود. محمود خيري عيسى . المصدر السابق ص 269 – 270 أنظر أيضاً:
د. أحمد إبراهيم الجبير . المصدر السابق ص 299 .
د. هشام آل شاوي . المصدر السابق ص 198 .
2- سيد عبد المطلب غانم . الأحزاب السياسية – الوظائف والأيديولوجيات . في موسوعة العلوم السياسية ص 524.

5- الأهداف الدوليـة:

أ- تحقيق الأمن والسلام الدولي ونبذ الحروب .

ب- التعاون بين الدول على أسس المصلحة المتبادلة .

جـ- حل الخلافات بالطرق السلمية .

د- إقامة مجتمع إنساني واحد وفقاً لأيديولوجية الحزب .

هـ- التعاون مع الأحزاب الأخرى في العالم، سيما إذا كانت أهدافها متقاربة.

ثانيـاً: الأهميــة:

للأحزاب السياسية أهمية كبيرة في انتظام الحياة الديمقراطية، وتداول السلطة، ونشر الوعي السياسي، وخلق الرأي العام، فهي ضرورية للتعبير عن مصالح مختلف الشرائح الاجتماعية والدفاع عنها وتحقيقها على أرض الواقع في حالة تسلم الحكم أو المشاركة فيه، غير أن هذه الأهمية الإيجابية تقابلها ثغرات سلبية، ولنبدأ بالأولى .

1- الأهـداف الإيجابيـة:

أ- إنهـا ضرورة هامـة للديمقراطيـة، لأنهـا تشـيع ممارسـة الديمقراطيـة للمـواطنين، وتساهم في تكوين وتعزيز ثقافتهم السياسية، وتمكـنهم مـن المشـاركة الفعالـة في المسائل العامة، والحكم عليها بوعي وإدراك، فالأحزاب السياسية مدرسة للشعوب وفرصة لتكـوين خـبرات وعنـاصر كفـوءة قـادرة عـلى التعبـير عـن مختلـف الآراء والأفكار السياسية[1] . ولذلك قيل لا ديمقراطية بدون أحزاب سياسـية، ولا أحـزاب سياسية بدون ديمقراطية[2] .

ب- أنها أداة وصل بين الحكام والمحكـومين، لأنهـا تقـدم مرشـحيها لشـغل الوظـائف العامة في السلطات الثلاثة التنفيذية والتشريعية والقضائية، وتقدم

1- د. نعمان أحمد الخطيب . المصدر السابق ص 59 – 60 .

2- د. محمد المجذوب . دراسات في السياسة والاحزاب . بيروت . منشورات عويدات، 1972 ص 61 .

أيضاً للناخبين برامج سياسية، وطرق تنفيذها وبدائلها، فإذا ما تم انتخاب المرشحين في الانتخابات فسوف يكونون قادرين على التعبير عن راي الشعب في كل القضايا المطروحة .

والأحزاب أيضاً (خزان اجتماعي) تقدم المعلومات والأفكار السياسية لأعضائها كي يساهموا في المناقشات البرلمانية[1]، ويرفدوا الحكومات بها والتي قد تأخذ بها في معالجتها للمشاكل السياسية الداخلية أو الخارجية .

ج- إنها عامل لتكوين الرأي العام سواء لكل المسائل السياسية، أو تجاه مشكلة معينة، بل تنمية هذا الرأي العام، وجعله قادراً على تعميم كل ما يعرض عليه، وإدراك كيفية مواجهة المشاكل وحلها، وفقاً لتوجيهات الأحزاب وإعلامها، وقدرتها على كسب أغلبية الشعب[2] .

د- أنها من خلال المعارضة، تستطيع فرض رقابة لأعمال الحكومة وإلزامها بالمصلحة الوطنية، وعدم الانحراف إلى الاستبداد، ولا تكتفي الأحزاب بتبيان الأخطاء، وإنما كيفية معالجتها، فالمراقبة والمحاسبة عاملان أساسيان لالتزام السلطات الحاكمة ببرامجها ووعودها . وفي حالة عدم التزامها فإن ثقة الشعب بها تضعف وتؤدي إلى العزوف عن انتخاب أعضائها في الدورات الانتخابية القادمة .

هـ- إنها عامل استقرار الشعب ووحدة الأمة، لأنها تنظم الشعب، وتوحده على أهداف معينة، وبالتالي تكسب أغلبية الشعب، فالأعضاء في أي حزب إنما يتضامنون ويتوحدون، فهي عامل وحدة واستقرار لخدمة الصالح العام[3] .

و- إن وجود أحزاب متنافسة يمكن الشعب من الاقتصاص من الحكام الفاسدين ومكافأة الحكام الصالحين[4] .

1- د. نعمان أحمد الخطيب . المصدر السابق ص 59- 60 .

2- المصدر السابق ص 62 .

3- د. ابراهيم د رويش .المصدر السابق ص390 .

4- د. أحمد محمد الكبسي وآخرون . المصدر السابق . ص 117 .

ز- أن الأحزاب مصدر رئيسي- لتكوين القادة في البلدان المتقدمة والنامية، فقادة الأحزاب الفائزة في الانتخابات يشكلون قيادة البلاد، وصنع السياسة العامة لها[1] .

ح- قد يصبح الحزب وحدة مستقلة لها وجودها في ذاكرة وعواطف الناخبين فالهوية الحزبية، محدد أساسي للسلوك الانتخابي والتصويتي[2] .

ط- قد تشكل الأحزاب في البلدان النامية والحديثة الاستقلال القوة الرئيسية للتحديث، وتشكيل الحكومات، ورابطة أساسية بين الجماعات الاجتماعية والاقتصادية المختلفة، والجهاز الرئيسي للتعليم والتنشئة السياسية، وتعمل كقوة منظمة، وكقوة موحدة للمجتمعات المنقسمة على أسس دينية أو مذهبية أو عرقية[3] .

ي- إن الأحزاب تستطيع التأثير على أعمال السلطة التنفيذية، وتحقيق تغييرات سلمية في سياساتها ووظائفها[4] .

2- الجوانب السلبية:

أ- تفضيل المصلحة الحزبية على المصلحة الوطنية أو القومية:

وهذا واضح في سلوك معظم الأحزاب التي تجعل المعيار الحزبي أساساً لتقييم ولاء الأشخاص والأعضاء، وتقييم المصلحة الوطنية، بمعنى آخر أن الأحزاب السياسية تعمل لتحقيق مصالحها الخاصة[5]، ولذلك قالت الملكة

1- سيد عبد المطلب غانم . المصدر السابق .

2- المصدر السابق .

3- المصدر السابق . أنظر أيضاً:

د. كمال المنوفي . المصدر السابق ص 523 .

4- جاكوبسن وليبمان . المصدر السابق ص 133 . أنظر أيضاً:

د. محمد فايز عبد أسعيد . المصدر السابق ص 88 .

5- نعمان احمد الخطيب . المصدر السابق ص52.

فكتوريا ملكة بريطانيا إن الحزبية ستدمر البلاد [1] . إن هذا التفضيل للمصلحة الحزبية يشمل الأحزاب في المعارضة والحكم على حدٍ سواء، سيما أن بعضها تلجأ إلى المؤسسات والمصالح المالية والتجارية للحصول على المساعدات المالية، وبالتالي ترضخ لمصالح تلك المؤسسات، وتضعف مبادئها وقيمها التي تنادي بها [2] .

ب- تفتيت وحدة البلاد والأمة:

إن تقديم المصالح الحزبية على مصلحة البلاد والأمة سوف يؤدي إلى اختلاف الأحزاب في مواقفها، وتطاحنها مما يجعل الأفراد والمجتمعات منقسمة على نفسها، ومن ثم إلى عدم الاستقرار، والتفريط بوحدة البلاد والشعب، سيما في الدول النامية التي تلجأ فيها بعض الأحزاب إلى العنف في مواجهة خصومها بدلاً من الاحتكام إلى العقل والمنطق [3] .

ج- تضليل الرأي العام:

إن الأحزاب السياسية في تنافسها مع غيرها لا تقدم الحقيقة كما هي، وإنما تقدم ما يروق لها في الدعاية الانتخابية، بل تزيف وتشوه الحقائق والأحداث لتضليل الرأي العام وجذبها لصالحها [4]، فهي ليست مرآة صادقة للرأي العام [5] .

د- إن بعض الأحزاب تكون عميلة للدول الأخرى، فتأتمر بأوامرها، وتتلقى المساعدات منها، وتفضل مصلحة تلك الدول على المصلحة الوطنية، وقد

1- المصدر السابق .
2- د. عبد الحميد متولي . أزمة الأنظمة الديمقراطية . القاهرة، منشأة المعارف 1964 ص 75 .
3- المصدر السابق . ص 45، أنظر أيضاً:
د. أسامة الغزالي حرب . المصدر السابق ص 93 .
4- د. نعمان أحمد الخطيب . المصدر السابق ص 54 .
5- د. محمد فايز عبد أسعيد . المصدر السابق .

اعتبر (اتلي) أحد زعماء حزب العمال البريطاني بأن الشيوعيين البريطانيين أكثر اهتماماً بمصالح الاتحاد السوفيتي منهم بمصالح بريطانيا[1]، إذ أن أهداف بعض الأحزاب هي أهداف عامة ومتشابهة، ولكنها في النهاية تصب في خدمة الدولة الأم التي فيها تلك الأحزاب كالأحزاب الشيوعية التي كانت تأتمر بأوامر الحزب الشيوعي السوفيتي، وتخدم مصالح دولته .

هـ- إن الأحزاب تؤدي إلى الفساد[2]، سيما في الأحزاب التي تفتقر إلى الرقابة، لذلك حين تتولى السلطة تتبع وسائل غير مشروعة لإدامة سلطتها، والتلاعب بالمال العام، وعقد صفقات، وعقود مع شركات أجنبية تضمن لها نسبة معينة من الحصص والأموال.

ولذلك تظهر بين حين وآخر الفضائح السياسية والمالية لقادة الأحزاب.

و – أن الأحزاب السياسية تمثل حكم القلة المسيطرة على الحزب، فهي التي ترسم سياسة الحزب، وهي التي ترشح قوائم بأعضاء الحزب لخوض الانتخابات، أو تولي بعض المناصب الوزارية والإدارية في حالة فوزها، وبالتالي تشريع القوانين والأنظمة التي تخدم مصالح تلك القلة، وإلى النزوع إلى الاستبداد في الحكم من خلال السيطرة على البرلمان، وهو ما أطلق عليه البعض بدكتاتورية البرلمانات [3] .

ز- إن النواب الحزبيين لا يستطيعون إبداء آرائهم في المناقشات البرلمانية بحرية تامة لأنهم ملتزمون بالتعليمات الحزبية، فهم بذلك ليسوا ممثلي الشعب وإنما ممثلي الحزب[4]، وإذا ما خرج بعض النواب عن توجيهات

1- د. نعمان أحمد الخطيب . المصدر السابق ص 52 .

2- د. أحمد محمد الكبسي . المصدر السابق ص 194، أنظر أيضاً:

د. أسامة الغزالي حرب . المصدر السابق .

3- د. عبد الحميد متولي . المصدر السابق ص 53 .

4- د. سليمان الطحاوي . السلطات الثلاث في الدساتير العربية وفي الفكر السياسي الإسلامي . القاهرة، دار الفكر العربي 1979 ص 573 .

أحزابهم فسوف يكون مصيرهم الطرد مـن الحـزب، أو عـدم ترشـيحه للمـرة الثانية .

ح- عدم استقرار الإدارة

إن الإدارة العامة للبلاد تحتاج إلى إداريين أكفاء، واستمرارية في العمل الإداري، غير أن الذي يحدث هو قيام بعض الأحزاب الفائزة في الانتخابات باستبدال العناصر الكفوءة بعناصر حزبية غير كفوءة، أو لا تملك الخبرة، لذلك تضطرب حالة الاستقرار، وتنشأ حالة من القلق وعدم الاطمئنان، وارتباك سير العمليات الإدارية في الدولة [1] .

ط- سجل جورج واشنطن (أحد رؤساء أمريكا السابقين) مخاوف عديـدة مـن الروح الحزبية، في بلاده قائلاً: "يـؤدي الحـزب دائمـاً إلى إلهـاء المجالس العامـة، وإلى إضعاف الإدارة العامة، إنه يحرض الجماعة على مظاهر للغيرة غير ذات أسـاس، يولـد ذعراً زائفاً، يلهب العداوات، ويثير الشغب والاضطرابات، إنه يفتح الأبـواب للنفـوذ الخارجي، وللفساد الذين يصلان بسهولة إلى الحكومة نفسها من خلال القنوات التـي تتيحها الأهواء الحزبية، ولـذا فـإن سياسـة وإدارة البـلاد تخضـع لسياسـة وإرادة بلـد آخر"[2] .

ي- أن الديمقراطيـة تتعـرض للخطـر بسـبب هيمنـة الأحـزاب عـلى الحيـاة السياسية والتي تؤدي إلى إضعاف دور الفرد ومشاركته في ممارسة السلطة السياسية في البلاد، وأيضاً بسبب تزايد أهمية الأحزاب وتضاؤل أهمية البرلمان الـذي هـو مركـز الثقل السياسي في البلاد [3] .

1- د. نعمان أحمد الخطيب . المصدر السابق ص 57.

2- د. أسامة الغزالي حرب . المصدر السابق .

3- د. أحمد محمد الكبسي وآخرون . المصدر السابق ص 159 .

المبحث الثاني

وسائل الأحزاب السياسية

من المؤكد أن الأحزاب تستخدم وسائل عديدة مختلفة لتحقيق أهدافها سواء كانت شرعية أم غير شرعية، وسواء كانت سلمية أو عنيفة، وتختلف هذه الوسائل باختلاف تقدم الدول وتجاربها في الممارسة الديمقراطية، أو تخلفها عن ذلك، لذلك لا بد من استعراضها وفهمها:

1- أولاً: الوسائل السياسية: المشاركة في تمثيل الحزب في المجالس النيابية من خلال طرح أسماء المرشحين لشغل مقاعدها، وتهيئتهم للمناصب الوزارية والإدارية، والمشاركة في الانتخابات المحلية ومجالس البلديات في المدن والقرى، وبما يضمن الوجود الفعلي له في كل ذلك .

2- ترشيح من يراه الحزب للانتخابات الرئاسية .

3- المشاركة في المداولات والمناقشات السياسية مع ممثلي السلطات، وممثلي الأحزاب السياسية لبيان وجهة نظر الحزب في كل قضية ووضع الحلول لها .

4- التحالف مع الأحزاب السياسية أو تحقيق ائتلاف وطني مع بعضها .

5- المناقشة الداخلية في الحزب لانضاج الأفكار والآراء، وتوثيق عرى العلاقات مع أعضائه وكسب الأنصار له .

6- الاشتراك في الأعمال الإدارية والقضائية التي تتيح للحزب فرصة تحقيق مبادئه أو المشاركة في الحكم مع أحزاب أخرى، أو التفرد بالسلطة بعد الفوز في الانتخابات والأكثرية في المجلس النيابي، ولذلك يعهد لأعضائه الموجودين في المناصب الإدارية والقضائية لتنفيذ تلك الأهداف والمبادئ[1].

1- د. بطرس بطرس غالي، ود. محمود خيري عيسى . المصدر السابق ص 270 – 271 .

7- اللجوء إلى أساليب الهجوم على الأحزاب الأخرى سواء كان محقاً في ذلك أم كان على باطل، من أجل زيادة تماسك أعضائه، وتوحيد صفوف الحزب، عبر اعتقادهم بأن حزبهم هو الأفضل والأكثر تمثيلاً لمصلحة الشعب، غير أن هذا إن كان ينفع على المدى القصير، فإنه لا يخدم الحزب على المدى الطويل، إذ سرعان ما تتكشف الحقائق من خلال الرأي والرأي الآخر .

8- إثارة شعور الأفراد والجماعات الحزبية لكسب التأييد الشعبي[1]، ومنعاً للانشقاق في صفوف الحزب من خلال المؤتمرات والندوات السياسية .

9- رفع شعارات حزبية تؤكد الحرص على المصلحة الوطنية العليا للبلاد، والعمل على التوفيق بين المصالح الخاصة للأعضاء والمصلحة الوطنية، وتأكيد احترام الدستور والقوانين لضمان تأييد الشعب له[2] .

10- تنظيم التظاهرات السياسية والاحتجاجات، وتقديم المذكرات تأكيداً لوجهة نظر الأحزاب[3] .

ثانياً: الوسائل الاقتصادية

1- الحصول على الأموال والمساعدات التي تساعد الحزب لتغطية نفقاته من خلال تنظيم الاشتراك المالي لأعضائه، أو تقديم التبرعات المادية أو العينية في الحملات الانتخابية، مما يؤدي إلى تقوية أواصر العلاقة بين الحزب وأعضائه.

2- استثمار أموال الحزب في مشاريع انتاجيه واجتماعية، تؤدي إلى تشغيل العاطلين عن العمل، والاستفادة من الأرباح لدعم مالية الحزب ومساعدة أعضائه ورعاية أنصاره .

1- د. محمود خيري عيسى . النظم السياسية المقارنة . القاهرة، مكتبة الأنكلومصرية 1963 ص 56 .

2- المصدر السابق ص 57 . أنظر ايضاً:
محمد توهيل فايز ابو هنطش . المصدر السابق ص 168- 169 .

3- د. محمد فايز عبد أسعيد . المصدر السابق ص 89- 90 .

3- تقديم المساعدات المادية العينية لفقراء الحزب، وزيادة ارتباط المواطنين به[1] .

ثالثاً: الوسائل الاجتماعية

1- تنظيم ندوات اجتماعية لمناقشة زيادة أواصر العلاقات بين أعضاء الحزب وجماهير الشعب، كاشراك المرأة في العمل الحزبي، ورعاية الأمهات والأطفال، وتشجيع التعاون الاجتماعي والارتباط الأسري، وإيجاد حلول للقضايا الاجتماعية .

2- التأكيد على الوئام والسلام الاجتماعي، ونبذ الاختلافات الدينية والعرقية والعشائرية، إلا إذا كان الحزب يشكل طائفة معينة أو حلقة ضيقة من حلقات المجتمع .

3- تنظيم الزيارات المتبادلة بين أعضاء الحزب وبينهم وبين الجماهير .

4- تشجيع روح العمل والتضامن والتضحية في سبيل الحزب، والالتزام بالقواعد الأخلاقية والتأكيد على مبادئ الشرف والعدالة والكرامة والفضيلة .

5- ارتداء أزياء معينة ذات رموز ودلالات من أجل بث روح الحماس والوحدة بين أنصار الحزب، خاصة الشباب، وإظهار القوة كي تهاب الحزب غيرها من الأحزاب، ومن ذلك ارتداء القمصان السوداء من قبل أعضاء الحزب الفاشي في إيطاليا، والزي البني لقوات العاصفة الملحقة بالحزب النازي الألماني والزي الأسود لحرس النخبة الممتازة فيه[2] .

6- تقديم خدمات اجتماعية عبر الجمعيات والنوادي الترفيهية والرياضية والفنية خاصة في السويد[3] .

1- د. سيد عبد المطلب غانم . المصدر السابق ص 525 .

2- د. بطرس بطرس غالي، ود. محمود خيري عيسى . المصدر السابق ص 272 .

3- سيد عبد المطلب غانم . المصدر السابق ص 524 .

رابعاً: الوسائل التعليمية والثقافية:

1- إصدار الصحف والدوريات والمطبوعات التي تمثل وجهة نظر الحزب في كل القضايا السياسية والاقتصادية والاجتماعية .

2- عقد المؤتمرات العلمية والثقافية لتثقيف أعضاء الحزب وتوعيتهم، وتبصيرهم، وعدم تركهم نهباً للأفكار والتيارات الثقافية المعادية[1] .

3- فتح المدارس ومراكز مكافحة الأمية، والجامعات الأهلية والدورات المهنية لأعضاء الحزب .

4- فتح مدارس ومعاهد حزبية لغرض توعية وتثقيف الحزبيين .

خامساً: الوسائل الإعلامية والنفسية :

1- توضيح وجهة نظر الحزب عبر وسائل الإعلام المرئية والمقروءة والمسموعة خاصة في أوقات الانتخابات، ويمكن شراء الوقت اللازم من الإذاعات والقنوات الفضائية لهذا الغرض .

2- تنظيم اللقاءات والندوات التي تعالج القضايا السياسية المطروحة، وتبادل الرأي بين القيادة والقاعدة .

3- معالجة الحرب النفسية، والإعلام المضاد من قبل الأحزاب الأخرى، وذلك بالرد عليها عبر التعميمات والبيانات أو المطبوعات .

4- إبقاء جذرة الأمل بانتصار الحزب ومبادئه في نفوس أعضائه، والتهوين من شأن اخفافات الحزب في بعض المناطق الانتخابية[2] .

5- امتلاك الحزب لمؤسسات إذاعية وتلفزيونية خاصة به فضلاً عن الصحف والدوريات وتسخيرها لخدمة أهداف الحزب وأعضائه [3] .

1- هشام آل شاوي . المصدر السابق ص 200 .

2- د. محمود خيري عيسى . المصدر السابق ص 58 .

3- د. بطرس بطرس غالي، ود. محمود خيري عيسى . المصدر السابق ص 272 .

سادساً: الوسائل الدينية

1- الاحتفال بالأعياد والمناسبات الدينية تأكيداً لتوجيهات الحزب واحتراماً لكل الأديان والطوائف والمذاهب دون تمييز .

2- التأكيد على قيم الإيمان وممارسة الطقوس الدينية، وقد تكون هذه الوسائل مجرد شعارات دينية لغرض الكسب[1] .

سابعاً: الوسائل العنفية

1- ممارسة وسائل العنف ضد أعداء الحزب، أو التهديد باستخدامها كالتصفية الجسدية والاعتداء، والتحذير والإرهاب السياسي .

2- تهديد أعضاء الحزب من المعارضين أو المنشقين، واستخدام العنف ضد بعضهم لردع الآخرين .

3- استخدام العنف المستتر كالضغط الاقتصادي والضغط الاجتماعي[2] .

ثامناً: الوسائل العسكرية

إن بعض الأحزاب لها قوات خاصة بها تسمى (الميليشيات الشعبية) يستخدمها الحزب لزيادة قوته، وبث الرعب في قلوب خصومه، وهذه القوات المسلحة قد لا تكون علنية، ولكنها موجودة يمارسها الحزب بشكل أو بآخر، أو تكون علنية تعمل بموافقة السلطات، كمليشيات حزب الله في جنوب لبنان والتي استطاعت دحر الاحتلال الصهيوني في جنوب لبنان[3] .

1- المصدر السابق ص 271 .

2- د. محمود خيري عيسى . المصدر السابق ص 58 .

3- د. الشافعي أبو راس . المصدر السابق ص 308 .

المبحث الثالث
أنواع الأحزاب السياسية

المطلب الأول
التصنيفات التقليدية

وهي التصنيفات القائمة على مجموعة من المعايير هي:

أولاً: العقيدة:

1- الأحزاب العقائدية (الأيديولوجية):

وهي التي تملك أيديولوجية معينة، وعقيدة سياسية ثابتة كالأحزاب الشيوعية وحزب البعث العربي الاشتراكي، والحزب النازي في ألمانيا، والفاشي في إيطاليا، ولها مطبوعات تبين أفكار الحزب في كافة الجوانب السياسية والاقتصادية والاجتماعية، وتسمى أيضاً أحزاب المناضلين .

2- الأحزاب المصلحية:

وهي التي لا تملك أيديولوجية معينة، وإنما لها أهداف عامة، كحزب الأحرار في بريطانيا، والحزب الديمقراطي في الولايات المتحدة، وقد تتبنى هذه الأحزاب بعض المسائل التي تسترعي انتباه الجمهور لما لها من أهمية خاصة وتسمى بالأحزاب المتخصصة[1] .

ثانياً: الطبقة:

1- الأحزاب الشعبية:

وهي التي تمثل الطبقات الشعبية الفقيرة والعاملة، وتدعي كثير من الأحزاب أنها تمثل هذه الطبقة كالأحزاب الشيوعية، والاشتراكية .

1- نعمان أحمد الخطيب . المصدر السابق ص 232 – 233 . انظر ايضاً:
نظام بركات واخرون . المصدر السابق ص 240- 241 .

2- أحزاب القلة الغنيـة

وهي التي تمثل الطبقة الغنية أو القلة الغنية، سيما التجـار والملاك وأصحاب الشركات والمصارف، كحزب المحافظين في بريطانيا .

3- أحزاب الطبقـة الوسطـى:

وتمثل أصحاب الحرف والموظفين والبرجوازية الصغيرة .

ثالثـاً: الـولاء

1- الأحـزاب الشخصيـة:

وهي التي ترتبط بالولاء لرئيس الحزب الذي يضطلع بدور رئيسي فيه، ويوجـه نشاطه، وبرامجه ويغيرها، وينتشر هذا النـوع مـن الحـزب عـادة في الـدول الناميـة، وينتهي بوفاة رئيس الحزب، أو انسحابه من الحياة الحزبية، ومنها الأحـزاب المصريـة قبل ثـورة 23 يوليـو 1952[1]، والحـزب الاشـتراكي في العـراق في الخمسـينيات بزعامـة صالح جبر، فقد اختفى الحزب بوفـاته .

2- أحـزاب المبـادئ:

هي التي تملك جماهير واسعة، مرتبطة بأهداف وأفكـار معينـة . ولهـا تنظيم محكم، واجتماعات دورية، وقيادات منتخبة، وولاء أعضائها للمبادئ وليس للأشخاص .

رابعاً: الجغـرافيـة:

1- الأحـزاب القطرية:

وتكون اهتمامتها وأهدافها وسلوكها ضمن إطار الوطن الواحد التي هـي فيـه، وليس لها امتدادات خارج الوطـن، كـالحزب الـوطني الـديمقراطي في مصر، والحـزب الدستوري الاشتراكي التونسي .

1- د. بطرس بطرس غالي، ود. محمود خيري عيسى . المصدر السابق ص 274 .

2- الأحزاب الإقليمية:

وتكون أهدافها إقليمية كالحزب القومي الاجتماعي السوري الـذي يقتصر ـ هدفه في توحيد بلدان الهلال الخصيب (العراق، سوريا، لبنان، الأردن، فلسطين)[1].

3- الأحزاب الدولية:

وهي التي تكون أهدافها أبعد مـن الـوطن والإقليم، أي البعـد الـدولي ومنها الأحزاب الاشتراكية الدولية التي تضم الأحزاب الاشتراكية المعتدلة أو الديمقراطية، سيما الأحزاب الاشتراكية والأوروبية والأفريقية والآسيوية[2].

خامساً: الهوية

1- الأحزاب الوطنية:

وتكون ولاءاتها للوطن وأهدافها وطنية، خاصة بدولة واحدة كحـزب جبهـة التحرير الوطني الجزائري، وليست لها علاقة بأوطان أخرى .

2- الأحزاب القومية:

وهي مرتبطة بهدف قومي كالحزب العربي الناصري الذي له امتدادت في معظم الأقطار العربية، وتهـدف إلى تحقيق الوحـدة القومية للأمـة العربيـة، وحـزب البعـث العربي الاشتراكي الذي له تنظيمات قطرية مرتبطة بالتنظيم القومي[3].

3- الأحزاب الأممية:

وهي التي تكون أهدافها ونشاطاتها تشمل دول العالم جميعاً، لأنها لا تـؤمن بالقطرية والقومية، وإنما بتحقيق الوحدة العالمية للبشر جميعاً كالأحزاب الشيوعية التي لها امتدادات في القارات الخمس[4].

1- د. أحمد إبراهيم الجبير . المصدر السابق ص 301 .

2- محمد يوسف علوان . منظمة الدولية الاشتراكية . في موسوعة العلوم السياسية ص 1087 .

3- حزب البعث العربي الاشتراكي . التنظيم القومي . بغداد، دار الحرية 1974 .

4- د. أحمد إبراهيم الجبير . المصدر السابق .

سادساً: الديـن

1- الأحزاب الدينيـة:

وتشمل الأحزاب الدينية التي ترمي إلى تحقيق الوحدة الدينية للمؤمنين في كل مكان، كحركة الأخوان المسلمين، والأحزاب المسيحية في أوروبا . وقـد تكـون مذهبيـة كحزب الكتائب في لبنان الذي يمثل المسيحيين المارونيين [1] .

2- الأحزاب العلمانيـة:

وهي التي تؤمن بفصل الدين عن الدولة، وتسعى للاهتمام بالقضايا الحياتيـة المعاصرة كالحرية والعدالة والمساواة دون التمييز بين الأفراد بسبب ألوانهم وأديانهم وأصولهم وعقائدهم . ومعظم الأحزاب الأوروبية أحزاب علمانيـة كالحزب الاشتراكي الفرنسي [2] .

سابعاً: التنظيـم:

1- الأحزاب المنظمة:

وهي التي تملك تنظيماً دقيقاً يؤشر علاقـة القاعـدة بالقيـادة ضـمن التسلسـل الهرمي، وإجراء الانتخابات الحزبية بشكل دوري، وتنظيم الماليـة، والعضوية ووجـود قوات مسلحة مرتبطة بالحزب، فهي أحزاب الجماهير .

2- الأحزاب غير المنظمة:

وهي لا تملك تنظيماً دقيقاً للعلاقات الحزبية، وإنما هي أحزاب تجمعها مبادئ عامة وليست لها اجتماعات دورية، أو نظام للاشتراك المالي، وعضويتها مفتوحة لكل الراغبين، وليست لها قوات مسلحة، وتكون اجتماعاتها خلال المواسم الانتخابيـة لترشيح أعضائها، والنشاط لمؤازرتهم، كأحزاب الكوادر، أو أحزاب اللجان وتسمى أيضاً بأحزاب الناخبيـن [3] .

1- المصدر السابق ص 366 .
2- د. نعمان أحمد الخطيب، المصدر السبق ص 466 .
3- المصدر السابق ص 27- 28 .

ثامناً: الفاعلية

1- الأحزاب الجامدة:

وهي التي يكون نظامها الحزبي نظاماً صارماً ودقيقاً يشمل كل أعضائه من الأعلى إلى الأدنى، وعليهم أن ينفذوا سياسة حزبهم كما هي مرسومة من قيادتهم، وإلا تعرضوا لعقوبات اللوم والطرد والحرمان من الحزب ومن الوظيفة .

2- الأحزاب المرنة:

وهي التي يؤكد نظامها الحزبي على حرية أعضاء الحزب في الاستقلال برأيهم والتصويت حسبما يرونه، وليس كما يرى الحزب[1] .

تاسعاً: الفلسفة

1- الأحزاب المطلقة :

وهي أحزاب العقيدة المطلقة التي تتوجه بعقائدها لتفسير جميع الظواهر الحياتية السياسية والاجتماعية والاقتصادية محددة موقفها من ذلك بوضوح تام، بمعنى أنها قائمة على فلسفة معينة، ترتفع إلى مستوى العقيدة الدينية التي تفسر ـ الكون كله، والأحزاب الشيوعية مثال على ذلك .

2- الأحزاب النسبية:

وتسمى أيضاً غير المطلقة، فهي محددة على معالجة أمر معين، أو عدة أمور من خلال حلول تطرحها للرأي العام، وتسمى أيضاً بأحزاب البرامج الثابتة كالأحزاب المطالبة بالاستقلال في عهود الاحتلال الأجنبي[2] . وفي الحقيقة أن معظم الأحزاب في العالم لها برامج مرتبطة بأوطانها أو أقاليمها فحركة القوميين العرب استهدفت تحقيق الوحدة العربية وتحرير فلسطين، ولم تتعدى ذلك .

1- المصدر السابق ص 28 .

2- المصدر السابق ص 32- 33 .

عاشراً: الأهـداف:

1- الاحزاب المحافظة

وهي التي تسعى للحفاظ على الوضع القائم والتقاليد، وترفض التغيير وتسمى أيضاً بالتقليدية .

2- الأحزاب الليبراليـة

وهي التي تسعى لتغيير الوضـع القـائم والبحـث عـن الجديـد[1] ، وهـي أيضاً تقسم إلى قسمين:

أ- الأحـزاب الثوريـة: وهي التي تريد إحداث تغييـر جذري في بنيـة المجتمـع، في البنى التحتيـة والفوقية عبر الوسائل الثورية، وتسمى أيضاً التقدميـة[2] .

ب- الأحـزاب الاصلاحية: وهي التي تسمى إلى إحداث تغير جزئي في المجتمـع من خلال الإصلاح التدريجي والسلمـي .

الحـادي عشـر: العضـوية

1- الأحزاب المباشـرة:

إذا كان التنظيم الحزبي يقبل بانضمام الأفراد إليه مباشرة كأعضاء، فإن هيكلـه العام هو مباشر البنيان، أي أنه حزب مباشر يقبل العضوية الفردية.

2- الأحزاب غير المباشـرة:

وهـي الأحـزاب التـي تسـتند في بنائهـا إلى النقابـات والجمعيـات والمؤسسـات القائمة خارج الحزب، فالعضوية ليست مباشرة، وإنما من خلال تلك

1- عبد اللـه النقرش . التجربة الحزبية في الأردن . عمان منشورات لجنـة تـاريخ الأردن 1991 ص 15-16.

2- د. نعمان أحمـد الخطيب . المصدر السابق ص 70 .

التنظيمات الرسمية التي يعترف بها الحزب، ويقيم علاقاته مها، فالعضوية تبعية لها، وليست مباشرة، كحزب العمال البلجيكي[1] .

الثاني عشر: علاقات الأفراد

1- الأحزاب الشمولية:

وتكون علاقة الفرد بالحزب قائمة على المشاركة والفاعلية، والانغماس في كل الجوانب الحياتية، وينظم الحزب ويحدد كافة تصرفات العضو في المؤتمرات والاجتماعات والجامعات والعمل التجاري، وحتى سلوكه مع أفراد أسرته، فهو مراقب ومنظم في أدق خصوصياته .

2- الأحزاب المتخصصة _(الحرة)

وهي التي تكون علاقة الفرد العضو قائمة على المرونة، وعدم التقيد، والحرية، فلا يحتل الحزب في حياة العضو إلا حيزاً معيناً يكفي لدعم العلاقة بينهما وعدم انقطاعه[2] .

الثالث عشر: القاعدة الشعبية:

1- أحزاب الطليعة:

وهي الأحزاب التي لا تفتح أبوابها أمام كل أفراد الشعب للانضمام إليها، وإنما تسمح للطليعة منهم لأنها تعبر عن الآخرين كالأحزاب الشيوعية .

2- أحزاب الجماهير:

وهي التي تفتح أبوابها أمام الأفراد جميعاً للانضمام إلى عضويتها، لما يمثلونه من أهمية كبيرة كقاعدة شعبية لها[3] .

1- د. أحمد الكبسي وآخرون . المصدر السابق ص 190 . أنظر أيضاً:
د.نعمان أحمد الخطيب . المصدر السابق ص 25 .
د. كمال المنوفي . المصدر السابق ص 523 .

2- د. نعمان أحمد الخطيب . المصدر السابق ص 27- 28

3- المصدر السابق ص 28 .

المطلب الثاني

التصنيف الحديث

إن هذا التصنيف الحديث للنظام الحزبي يرتكز على واقع الممارسة الحزبية والموقف من الديمقراطية، وهو كما يلي:

أولاً: نظام الحزب الواحد:

وهو النظام الذي يرفض فيه الحزب الديمقراطية ولا يؤمن بالتعددية السياسية والأحزاب، وإنما يعتبر نفسه ممثلاً لجميع شرائح المجتمع، وقد ظهر في الاتحاد السوفيتي والدول الاشتراكية، وإيطاليا وألمانيا في فترة ما بين الحربين العالميتين، ويوجد اليوم في كوريا الشمالية باسم(الحزب العمالي الكوري الموحد)، ويمتاز هذا النظام بالخصائص التالية:

1- أنه يحتكر العمل السياسي، ويسلب الصفة الديمقراطية من النظام السياسي .

2- يعتبر نفسه ممثلاً لكل أفراد وهيئات وطبقات المجتمع .

3- يحتكر وسائل الإعلام ويخضعها لخدمة أهدافه .

4- يحتكر العمل في القوات المسلحة ويخضعها لقيادة الحزب .

5- يوزع أعضاءه على جميع مرافق البلاد، ويدير السلطة من خلال قيادته التي تتولى السلطة .

6- يجمع السلطات التشريعية والتنفيذية والقضائية بيده .

7- يسيطر على الاقتصاد الوطني ويسخره لخدمة أهدافه ومبادئه .

8- تكون التربية والتعليم والجامعات والمؤسسات الثقافية خاضعة لتوجيهات الحزب وأهدافه .

9- يستخدم القمع والشدة ضد المناوئين من الأحزاب والأفراد عبر شبكة جهاز أمني منفصل .

10- يشكل منظمات شعبية للعمال والفلاحين والشباب والنساء والمثقفين، هي في الحقيقة واجهات له .

11- أن الحزب يعتبر حزباً مقفلاً، لا تكون العضوية فيه مفتوحة، وإنما مقيدة بشروط تختلف شدتها من حزب لآخر[1] .

12- يسود داخل الحزب انضباط صارم ومركزية مفرطة من أجل فرض الطاعة والنظام في صفوفه، وتصل الطاعة إلى حد الطاعة العمياء[2] .

13- لا يمكن التمييز بين الحزب الحاكم والحكومة .

إن نظام الحزب الواحد يختلف من حزب لآخر، ومن دولة لأخرى، وقد وجد البعض مبرراً له في الدول الحديثة الاستقلال في عالم الجنوب، من ذلك:

1- إن الحزب أداة وحيدة لتكثيف الوحدة الوطنية ونبذ التفرقة، وبناء نظام سياسي جديد يساير التطور المنشود .

2- رفض الديمقراطية السياسية الغربية التقليدية القائمة على التعددية الحزبية خشية من انقسام المجتمع، وعدم القدرة على تطبيقها في مجتمعات نامية .

1- د. نعمان أحمد الخطيب . المصر السابق ص 237 – 239 . أنظر أيضاً:

د. فؤاد العطار . النظم السياسية والقانون الدستوري . القاهرة . دار النهضة العربية 1968.

د. مصطغى أبو فهمي زيد . المصدر السابق ص 235- 236 .

د. عبد الحميد متولي . المصدر السابق . ص 248 .

د. محسن خليل . القانون الدستوري والنظم السياسية . الاسكندرية . منشأة المعارف 1975 ص 42 .

د. بطرس بطرس غالي ود. محمود خيري عيسى . المصدر السابق ص 276 – 277 .

د. إبراهيم أحمد الجبير . المصدر السابق ص303-304 .

2- د. نعمان أحمد الخطيب . المصدر السابق ص 239 .

3- الحاجة إلى تحقيق التنمية الاقتصادية والاجتماعية، وتسريع وتائر العمل في المجالات العلمية والتعليمية والصحية والثقافية لمواكبة الدول المتقدمة .

4- ضرورات إقامة مجتمع متحرر من الاستغلال والتبعية والتخلف، في ظل وجود العصبيات القبلية والإقليمية والأسرية[1] .

5- إن نظام الحزب الواحد يرتقي بالديمقراطية أكثر من الثنائية والتعددية الحزبية وهو أكثر ارتباطاً بالحركة الوطنية والحركة القومية[2] .

6- أنه ضروري للدفاع عن الدولة ضد الأخطار الخارجية، خشية من أن تحرك القوى الأجنبية عدداً من السكان ضد الحكومة [3] .

وفي الحقيقة تتجه دول العالم ، سيما في العالم الثالث حثيثاً نحو الديمقراطية والتعددية الحزبية بعد زوال معظم النظم الحزبية الأحادية في الدول الاشتراكية، وبالتالي لم تعد تبريرات الوحدة الاجتماعية والوحدة الوطنية، وإقامة مجتمع المثل والفضائل العليا مسوغة[4]، وإنما طغت عيوب نظام الحزب الواحد على مزاياها وهي كثيرة:

1- تحول الحزب الواحد إلى وسيلة للاستبداد في ظل انعدام الرقابة الشعبية، والصحافة الحرة، وتركز السلطة، وعدم فصل السلطات، وأصبح أداة للقمع، ومحاربة الفكر، واستخدام العنف بدلاً من الحرية والتسامح والديمقراطية .

1- د. بطرس بطرس غالي ود. محمود خيري عيسى . المصدر السابق ص 279 .
2- سيد عبد المطلب غانم ود. نيفين مسعد . النظم الحزبية . في موسوعة العلوم السياسية ص 526 .
3- المصدر السابق .
4- د. رياض عزيز هادي . العالم الثالث من نظام الحزب الواحد إلى التعددية الحزبية . بغداد، دار الشؤون الثقافية العامة، 1997 ص 5 وما بعدها .

2- استشراء الفساد بكل أنواعه، خاصة لدى القلة المسيطرة على الحزب، وسرقة الأموال العامة والاختلاس في ظل عدم وجود رقابة مالية ودستورية وسياسية، وفي حالة وجودها لا تقوم بالكشف عن مصادر الفساد، وإنما تتستر عليها، ولعل حزب جبهة التحرير الوطني الجزائري خير مثال على ذلك في ظل حكم هواري بو مدين فقد سرقت أكثر من (10 مليار دولار) من قبل بعض المسؤولين عن الحزب.

3- تحقيق مصالح الحزب دون النظر لمصالح الشعب والدولة [1] .

ثانياً: نظام الحزب القائد:

وهو نظام قائم على وجود عدة أحزاب سياسية، مع تميز أحدها في مركز أقوى من غيره، ومتمتعة بنفوذ كبير، وتوليه قيادة تحالف تلك الأحزاب بعد الاتفاق على برنامج وطني عام، وهو يختلف عن الجبهة الوطنية التي تضم أحزاباً متقاربة في قوتها ونفوذها، ولذلك فإن الأحزاب المتحالفة مع الحزب القائد تمارس نشاطاتها، ولكن ضمن إطار التحالف والتنسيق مع الحزب الأقوى [2] ، ومثال ذلك نظام حزب البعث العربي الاشتراكي السابق في العراق ومعه بعض الأحزاب الكردية المتعاونة معه، والحزب الشيوعي العراقي الذي انسحب منه عام 1978، اما مبررات هذا النظام فهو العمل سوية لتحقيق إنجازات داخلية وخارجية، ودرء التدخل الأجنبي في الشؤون الداخلية، وتحقيق الاستقرار السياسي، وتوعية الشعب، وصيانة الحقوق الوطنية، والتعبير عن مصالح الشعب العليا [3] .

ونظام الحزب القائد وجد له تطبيقاً لدى بعض الأحزاب الشيوعية التي اتخذته وسيلة للانتقال إلى نظام الحزب الواحد عن طريق إنشاء جبهة أو

1- د. أحمد إبراهيم الجبير . المصدر السابق ص 304.

2- د. شمران حمادي . المصدر السابق ص 227 .

3- حزب البعث العربي الاشتراكي . الحزب القائد . بغداد، دار الحرية 1970 ص 3 وما بعدها

تحـالف مـن الأحـزاب يسـيطر عليهـا الحـزب الشـيوعي، ويـتم تصـفيتها أو محاربتها، وهذا ما حصل في الصين وفي دول أوروبا الشرقية[1]، وفي الحقيقـة زال هذا النظام في كثير من الدول الاشتراكية، وزال في العراق بانتهاء الحكم الدكتاتوري السابق في 9 نيسان 2003[2] .

ثالثاً: نظام الحـزب المسيطر:

وهـو نظام قـائم على وجود أحزاب سياسية أخرى إلى جانب حزب كبير مهيمن على أغلب المؤسسات السياسية، ومستند إلى قاعدة شـعبية كبيـرة، وبالتـالي يصـعب على الأحزاب اجتيازه، فضلاً على أن الأحزاب القائمة تكون ضـعيفة ومشتتة، وهذا لا يمنع وصول أحد تلك الأحزاب إلى السلطة لأن ذلك حـق دسـتوري لجميع الأحـزاب، وقد مثل حزب المؤتمر الهندي نظام الحزب المسيطر لفترة طويلـة مـن الـزمن بلغت أكثر من (4) عقود، قبل أن يفوز حزب جاناتا بالسلطة في السـنوات الأخـيرة . ويمكن اعتبار الحزب الوطني الديمقراطي هو الحزب المسيطر في مصر- منـذ عهد السـادات ولحد الآن، إذ أنه يهيمن على رئاسة البلاد ومجلس الشعب رغم وجود أحزاب أخـرى تمارس نشاطاتها عبر صحافتها، وممثليها في البرلمان[3]، ويطلق عليه أيضاً نظام الحـزب المهيمن، ونظام الحزب الغالب[4] .

رابعـاً: نظام الجبهـة الوطنيـة:

وهـو نظام قـائم علـى ائتلاف مجموعـة مـن الأحـزاب المتماثلـة في أهـدافها، والمتقاربة في قدراتها وأحجامها من أجل تنفيذ برنامج وطني متفق عليـه، وبنـاء علـى ذلك يتم الاتفاق على عدد المقاعد النيابية لكل حزب، والحقائب الوزارية

1- د. سليمان الطماوي . المصدر السابق ص 591 .

2- الحيـاة . 2003/4/10 .

3- د. نعمان أحمد الخطيب . المصدر السابق ص 235- 236 .

4 -   Joseph Laplmbara and Myrom Weimer. The Origin and Development of Political Parties. Princeton,

Princeton University Press 1966 . P 35

الأخرى والمناصب الأخرى . وقد أقامت أربعة أحزاب عراقية جبهة وطنية في العراق لإسقاط النظام الملكي عام 1957، وهي الحزب الوطني الديمقراطي وحزب الاستقلال وحزب البعث العربي الاشتراكي والحزب الشيوعي العراقي، ولكن هذه الجبهة تصدعت بعد ذلك بسبب الصراع على السلطة، ومن الأمثلة الأخرى نظام الجبهة الوطنية في بلغاريا بعد الحرب العالمية الثانية[1]، وحتى عام 1990. وقد تتألف الأحزاب المعارضة من حزب الأغلبية الحاكم في شكل (جبهة شعبية) كي لا يستأثر بالحكم أو يتراخي عن تحقيق الصالح العام[2].

خامساً: نظام الحزبين:

وهو نظام شائع في كثير من دول العالم إذ تنص الدساتير على حرية العمل الحزبي، وتتنافس عشرات الأحزاب في الساحة السياسية، وتعمل بكامل حريتها للوصول إلى السلطة عبر صناديق الاقتراع، سواء في الانتخابات الرئاسية أو النيابية او المحلية، وتفوز أو تخسر في معاركها الانتخابية، ولكن في الواقع العملي يتمحور الاستقطاب على حزبين كبيرين يتناوبان السلطة وفقاً للنتائج التي تحصلان عليها، والتي تكون في الأغلب متقاربة، وحين يفوز أحدهما بالأغلبية في البرلمان يمارس السلطة المحددة في الدستور، وينتقل الثاني إلى المعارضة[3]، ومثال ذلك حزب العمال والمحافظين في بريطانيا، وحزبا الديمقراطي والجمهوري في الولايات المتحدة الأمريكية .

أما مزايا النظام فهو قدرة الحزب الفائز على تشكيل الوزارة بمفرده، وتجانس أكثرية البرلمان مع الوزارة، وتجانس أعضاء أي وزارة مع بعضهم والاستمرار في الحكم طيلة سنوات ما بين الانتخابات وهي عادة (4) سنوات أو أقل أو أكثر قليلاً، وقدرة الحزب على تنفيذ المشاريع الطويلة الأجل، وتحقيق

1- د. عبد الجبار عبد مصطفى . تجربة العملف الجبهوي في العراق بين 1921- 1958 . بغداد . دار الحرية. 1978 ص 240- 271.

2- أبو اليزيد علي المتيت. مبادئ العلوم السياسية. الاسكندرية. المكتب الجامعي الحديث. 1990 ص 120.

3- د. عاصم أحمد عجيلة، ود. محمد رفعت عبد الوهاب . المصدر السابق، هـ 57- 76.

الوعود التي قطعها الحزب لنفسه لجمهور الناخبين، دون الحاجة إلى ترضية الأحزاب الصغيرة، او المتآلفة في الحكم . فضلاً عن قدرة الحزب على تحمل المسؤولية السياسية داخل البرلمان، واكتساب المرونة الواسعة في المنافسات داخل الحزب وخارجه[1] .

وخلال تلك الفترة تتميز الحالة السياسية بالثبات والاستقرار، فضلاً عن وضوح السياسة الحكومية لدى الناخبين الذين ينتخبون أعضاء البرلمان والحكومة في عملية انتخابية واحدة، وتحقيق الديمقراطية على نحو أفضل، والحيلولة دون تحول البرلمان إلى حكم للأقلية[2] .

كما أن نظام الحزبين يدفع المعارضة على اتباع سياسة مقبولة، سيما إذا كان الحزب المعارض قوياً وقادراً على تجميع الرأي العام ضد قرارات وسياسات الحزب الحاكم، كما أن هذا النظام يوفر المناخ لظهور أحزاب أخرى، وتوفير الاستقرار السياسي للبلد، وزيادة الوعي السياسي وإثارة النشاط السياسي في المجتمع[3] .

أما عيوب هذا النظام فهي:

1- أن هذا النظام يلحق غبناً بالأحزاب الأخرى التي لا تأتي في المراتب الأولى، فحزب الأحرار الذي حصل على (3) ملايين صوت عام 1964 لم يحصل سوى على (9) مقاعد في مجلس العموم البريطاني، والسبب الرئيسي ـ في ذلك يعود إلى النظام الانتخابي القائم على الأغلبية البسيطة.

2- أنه لا يعبر عن المجموع الحقيقي للاتجاهات المختلفة داخل الرأي العام، رغم أن المسائل الرئيسية يعبر عنها عبر الحزبين[4] .

1- د. نعمان أحمد الخطيب . المصدر السابق ص 410- 411 .

2- د. عاصم أحمد عجيلة، ود.محمد رفعت عبد الوهاب . المصدر السابق ص 76 .

3- د. أحمد إبراهيم الجبير . المصدر السابق ص 306 .

4- د. نعمان أحمد الخطيب . المصدر السابق ص412 . أنظر أيضاً:

د. عاصم أحمد عجيلة، ود. محمد رفعت عبد الوهاب . المصدر السابق ص 76-77 .

3- أن اطمئنان الحزب الحاكم إلى أكثريته في البرلمان قد يدفع به إلى الاستبداد، وفقاً لآراء قيادة الحزب (الحكومة) فقد تكون سياسة الحكم إزاء قضية معينة منافية للحقيقة، وتواجه بالنقد من قبل المعارضة، ولكن الحكومة تصر ـ على خطئها، وتحقق ما تريد مستندة إلى أغلبيتها في البرلمان، إذ أن سياسة رئيس الوزراء البريطاني توني بلير باستخدام القوة ضد العراق بحجة انتهاكه قرار مجلس الأمن الدولي رقم 1441 دون وجود دليل مادي، عرضه إلى انتقادات حادة من حزبه، ورفض من قبل الرأي العام البريطاني بنسبة 68%[1] فضلاً عن خروج ملايين البريطانيين بمظاهرات معادية للحرب ضد العراق في 14 شباط 2003[2] .

سادساً: نظام التعددية الحزبية:

وهو نظام وجود أحزاب متقاربة في قوتها وقدرتها وحجمها تتنافس على الوصول إلى الحكم عبر الانتخابات، ولكن أي واحد منها لا تستطيع إحراز الأغلبية لتشكيل الحكومة، لذلك تضطر إلى الائتلافات الحزبية مع بعضها لضمان الأكثرية في مجلس النواب، الأمر الذي يستدعي تنازل كل حزب عن بعض أهدافه عبر المساومات وصولاً إلى الاتفاق على مبادئ وأهداف معينة، وبالتالي تشكيل الوزارة من ممثلي عدة أحزاب، أي تقاسم الحقائب الوزارية وفقاً لقدراتها وعدد نوابها في مجلس النواب، لذلك قد تكون الوزارة من حزبين متحالفين أو ثلاثة أحزاب أو أكثر، وكلما كان العدد أكثر فإن الانسجام الوزاري يكون صعباً، وقد يؤدي إلى تصدع الوزارة وإعادة تشكيلها، أو إلى إجراء انتخابات جديدة . وتشكل إيطاليا مثالاً حياً للتعددية الحزبية منذ الحرب العالمية الثانية، وكذلك فرنسا وألمانيا ودولاً أوروبية أخرى[3] .

1- القدس العربي . 2003/1/29 .

2- الحياة 2003/2/15 .

3- د. أحمد إبراهيم الجبير . المصدر السابق ص 307 – 308 .

ويتكون هذا النظام من نوعين من الأحزاب:

1- تعدد الأحزاب الكامل أو التام:

وهو يضم عدداً كبيراً من الأحزاب الصغيرة التي يتمسك كل حزب منها بمواقفه المتشددة المعبرة عن مصالح فئة معينة، دون الاهتمام بمحاولة التوفيق بين مصالح الفئات الأخرى، ولذلك لا تحاول التكتل أو التجمع .

2- تعدد الأحزاب المعتدل:

وهو يضم مجموعة أحزاب بينها تحالف وتجانس، وغالباً ما تتشكل جبهتان كبيرتان تضم كل واحدة منها مجموعة أحزاب متقاربة في أهدافها ومبادئها واتجاهاتها السياسية المختلفة.

وهنالك ايضاً ثلاثة نماذج للتعددية الحزبية هي:

أ- النموذج الفعال: ويتميز باعتدال الاحزاب وتجنب الصراعات وسهولة تشكيل الوزارات .

ب- النموذج المتجزأ: ويتميز بتناحر الاحزاب , والمعاناة من الازمات السياسية المستمرة وصعوبة تشكيل الوزارات.

ج- نموذج السيطرة المنفردة: وهو تمكن أحد الاحزاب من احتلال نصييب الاسد في الائتلاف الحكومي[1] .

وغالباً ما تنص الدساتير على تكليف رئيس أكثر الأحزاب التي نالت مقاعد في البرلمان، وبذلك يتم التشكيل الوزاري من تحالف عدة أحزاب، قادر على نيل ثقة البرلمان بالأكثرية.

إن مزايا هذا النظام هي:

1- التعبير عن المصالح الشعبية المختلفة بعدد كبير من الأحزاب التي تخوض الحياة السياسية من خلال مبادئها وأهدافها، وتحاول كسب الجماهير

1- نظام بركات واخرون . المصدر السابق ص 230- 231.

الشعبية لها، ولكنها تؤمن بحق الأحزاب الأخرى في التنافس الحر عبر الديمقراطية والتعددية .

2- إن التعدد الحزبي الذي يعكس التناقضات السياسية والاجتماعية والاقتصادية يعني أن حل تلك التناقضات لا يكون إلا من خلال تقابل تلك المصالح والأيديولوجيات التي تقودها تنظيمات ثابتة قادرة على المنافسة السياسية من خلال الشرعية الدستورية .

3- يؤثر هذا النظام تاثيراً فعالاً في النظام السياسي سيما العلاقات بين السلطات الثلاث التشريعية والتنفيذية والقضائية باتجاه الفصل بينها .

4- يوفر للناخب مجالات واسعة في الاختيار أو الانتماء السياسي[1] .

أما عيوبه فهي:

1- عدم الاستقرار السياسي: وهو ناتج عن عدم حصول أي حزب للأغلبية المطلقة، واضطراره للتحالف مع الأحزاب الأخرى المختلفة، وما يصاحب ذلك من توزيع للمسؤوليات، وعدم استقرار وزاري نتيجة لاختلاف مصالح كل حزب، وسعيه لتحقيقها ولو على حساب الأحزاب الأخرى، أو على حساب الصالح العام مما يؤدي إلى ضعف التآلف الحزبي، وتعرضه للاهتزاز والانهيار[2] .

إن التعدد لا يعني بالضرورة عدم الاستقرار السياسي، ففي سويسرا أحزاب مستقرة ومتنافسة، وكذلك في الدول الأسكندنافية، وتتمتع بالاستقرار السياسي[3] .

2- اختلال الأعمال الإدارية بسبب كثرة التغيير الوزاري، وعدم القدرة على إنجاز السياسة العامة للحكومة، وشل المشروعات العامة، وتكبيد الدولة أموالاً طائلة بسبب عدم إتمامها .

1- د. نعمان أحمد الخطيب . المصدر السابق ص 294- 295، 300 .

2- المصدر السابق .

3- سيد عبد المطلب غانم، ود. نيفين مسعد . المصدر السابق ص 527 .

3- عدم التجانس الوزاري يؤدي إلى ضعف روح المسؤولية الوزارية .

4- ميـل الأحـزاب إلى الجمـود والصـرامة، وتقليـل حريـة التعبيـر لأعضائها، خاصـة الأحزاب الصغيرة .

5- انحـراف بعض الأحـزاب عـن مبادئهـا بسـبب تبني بعض الوسـائل الذاتيـة أو الشخصية لبلوغ هدف خاص، وقد تكون مدفوعـة باعتبارات شخصية زعمائها، وقد تكون مثاليـة الأحزاب سبباً للانحراف الجزئي، لأن غرضها السلطة، والحوار مع الأحزاب وتبني بدائل مختلفة قدتوافق أو لا توافق اتجاهات كثيرة للرأي العام[1] .

6- إن عدم الاستقرار السياسي الوزاري ينعكس أيضاً عـلى المعارضـة، سـواء الداخليـة ضمن التشكيلة الوزاريـة، أو إلى الخارجيـة عنهـا، فقـد تقصـرـ أحزابها في تنفيـذ وعودهـا، أو تتصـف بـالغموض وعـدم الوضـوح، وقـد تكـون المعارضـة متقطعـة بسـبب تعدد المصـالح داخل بعض الأحزاب للدلالة على الاعتبارات المتعـددة التي يجب مراعاتها[2] .

7- تسفيه الأحزاب أعمال بعضها ولو كانت صالحة .

8- التضحية بمصالح الشعب وعدم الاهتمام بها .

9- التشكيك بجميع خطط ومشاريع الحزب الحـاكم الـذي يسـعى إلى تنفيـذها، وتحطيم أسس إنجازاته[3] .

سابعاً: عـدم وجود أحزاب:

وهو عدم وجود أحزاب حقيقية عدا وجود جماعات متعددة غير ثابتة، ومؤقتـة ومائعـة، التي لا ينطبق عليهـا التعدديـة الحزبيـة، وكانت هذه حالـة الـدول الأوربيـة الوسطى 1919 – 1939 وغالبية الدول في أفريقيا وآسيا والشرق الأوسـط، وكثيـراً مـن دول أمريكا اللاتينية، والدول الكبرى في القرن التاسع عشر[4] .

1- د. نعمان أحمد الخطيب . المصدر السابق ص 301 – 303 .

2- المصدر السابق ص 304 – 305 .

3- د. أحمد إبراهيم الجبير . المصدر السابق ص 309 .

4- موريس دفر جيه . الاحزاب السياسية , ط 4 . بيروت , دار النهار للنشر 1983 ص 237.

الفصل الثالث

جماعات المصالح والرأي العام

المبحث الأول

جماعات المصالح (الضغط)

هي جماعات تسعى لتحقيق هدف أو أهداف معينة مرتبطة بمصالح أعضائها بكافة الوسائل الممكنة، عبر التأثير والضغط على قرارات وسياسات، السلطة السياسية ولكن ليس من أهدافها الوصول إلى السلطة[1]. وقد درج البعض على تسميتها بجماعات الضغط من منطلق الضغوطات التي تمارس على السلطات لتحقيق أهدافها، ولكنها في الحقيقة تمارس الإقناع أيضاً، والأفضل أن تسمى بـ (جماعات المصالح) لأنها فعلا فئات تبحث عن مصالحها بالدرجة الأولى بغض النظر عن الوسائل المستخدمة لتحقيقها[2].

وقد وصفها البعض بأنها تجمعات غير سياسية[3]، وهذا غير صحيح، فهي تجمعات تشمل كل جوانب الحياة الإنسانية من اقتصادية واجتماعية وثقافية ومهنية ومذهبية، وهي أيضاً تجمعات سياسية لأنها تهدف لتحقيق غاية سياسية كاللوبي الصهيوني في الولايات المتحدة، فهو لوبي سياسي اقتصادي اجتماعي، ويقول البعض أنها تجمعات غير رسميه[4]، وهذا أيضا غير صحيح فقد تكون رسمية مجازة من السلطات الرسمية كجمعيات الدفاع عن حقوق

1- د. كمال المنوفي، د. نيفين مسعد . جماعة المصلحة، الجماعة الضاغطة (تعريف) في موسوعة العلوم السياسية، ص 530.

2- د. حافظ علوان حمادي الدليمي . المصدر السابق . ص 554.

3- د. أحمد إبراهيم جبير . المصدر السابق ص 313.

4- د. عاصم أحمد عجيلة و د. محمد رفعت عبد الوهاب . المصدر السابق ص 79 .

الإنسان أو نقابات العمال وقد تكون حكومية تشكل لتحقيق هدف معين كجمعيات الصداقة بين الشعوب كما في النظم الاشتراكية الزائلة في الاتحاد السوفيتي السابق وأوروبا الشرقية، أو البيروقراطية العسكرية المرتبطة بالسلطة[1].

إن جماعات المصلحة تختلف عن الأحزاب في أهدافها ووسائل تكوينها، فهي في أهدافها تريد تحقيق مصالح مرتبطة بتكويناتها الاجتماعية والطبقية، فإذا كانت جماعات مصلحة اقتصادية كنقابات العمال فإنها تدافع عن الأجور ودعم صناديق الاكتتاب بوسائل مختلفة كالإضراب عن العمل، واحتلال المصانع، بينما تهدف الأحزاب في الوصول إلى السلطة[2]، وتكون وسائلها كسب التأييد الشعبي، والنجاح في الانتخابات، واستخدام وسائل الإعلام للترويج لمبادئها .

والأحزاب السياسية حين تفشل في الانتخابات تتحول إلى المعارضة السياسية، بينما تبقى جماعات المصلحة ساعية لتحقيق مكاسب لأعضائها سواء نجحت في ذلك أم فشلت، ولعل جماعات المصلحة أكثر نشاطاً من بعض الأحزاب، سيما أحزاب الكوادر التي لا تنشط إلا في أوقات الانتخابات، وقد تلتقي الأحزاب مع جماعات المصلحة في التنظيم والعضوية والتمويل، وربما يكون التأثير الضاغط على الحكومات لدى جماعات المصلحة أقوى من تأثير الأحزاب إذا كانت مترابطة مع بعضها، وهناك أحزاب سياسية لها جماعات مصلحة مرتبطة بها أو متحالفة معها لتحقيق بعض الأهداف المعنية[3] .

وقد تتحول بعض جماعات المصالح إلى أحزاب سياسية كنقابة التضامن البولندية التي كانت لها دور كبير في زعزعة النظام الاشتراكي الماركسي ـ في بولندا قبل انهيار الاتحاد السوفيتي، ثم تحولت إلى حزب سياسي، فاز في أول

1- د. كمال المنوفي د. نيفين مسعد . المصدر السابق ص 53.

2- محمد فايز عبد أسعيد المصدر السابق ص 96- 97 .

3- د . أحمد الكبسي وآخرون . المصدر السابق ص199.

انتخابات بعد انهيار الحكم السابق، ووصل إلى الحكم بزعامة (فاليسا)[1].

إن الوسائل التي استخدمتها جماعات المصلحة قد لا تكون علنية أو شرعية، بينما الأحزاب تستخدم أساليب معلنة ومشروعة، ومن الناحية التنظيمية، فإن جماعات المصالح قد لا تكون منظمة عكس الأحزاب السياسية التي لها هياكل تنظيمية، ولا تخضع هذه الجماعات للرقابة الشعبية، بينما تخضع الأحزاب السياسية لها[2].

المطلب الأول

أنواع جماعات المصالح

إن جماعات المصالح ليست واحدة في وجودها واستمرارها وأهدافها ووسائلها تبعاً لطبقتها وتركيبتها الاجتماعية، وتمثيلها للمصالح المختلفة، ولذلك يمكن تقسيمها وفقاً للمعايير التالية:

أولاً: طبيعتها

بعض هذه الجماعات ذات طبيعة مختلفة، ومنها:

1- جماعات المصالح السياسية، وهي التي لها مصالح سياسية بحتة، ويطلق عليها (اللوبي) كاللوبي الصهيوني الذي يساعد الكيان الصهيوني ضد العرب.

2- جماعات المصالح شبه السياسية . وهي التي لها أهداف سياسية واقتصادية في آن واحد كنقابات العمال واتحادات أصحاب الأعمال .

3- جماعات المصالح الإنسانية أو الخيرية . وهي التي تمارس نشاطات متعلقة بحقوق الإنسان، ورعاية الطفولة، وجمعيات الرفق بالحيوان[3].

1- د . نادية محمود مصطفى . نقابة التضامن في موسوعة العلوم السياسية، ص 769 – 770.

2- د . أحمد إبراهيم الجبير . المصدر السابق ص 320 – 321.

3- د. محمود خيري عيسى . المصدر السابق ص80.

4- جمعيات المصالح المهنية: وهي التي تهتم بالدرجة الأولى لتحقيق أهداف أصحاب المهنة الواحدة، كاتحاد المحامين.

ثانياً: تنظيمها

1- جمعيات المصالح المنظمة: وهي منظمة في تركيبتها وعضويتها، وتكون شبيهة بالأحزاب .

2- جماعات المصالح غير المنظمة: وهي الطبيعة الغالبة على معظم الجماعات[1] .

ثالثاً: توقيتها:

1- جماعات المصالح الدائمية: وهي التي تعبر عن مصلحة أو هدف دائم، كالنقابات المهنية والجمعيات الإنسانية .

2- جماعات المصالح الوقتية: وهي التي تتكون لتحقيق غرض معين تنفض بعده، كجمعية تخفيض أسعار سلعة معينة [2] .

رابعاً: نطاق المصلحة .

1- جماعات المصلحة الخاصة: وتعني بمصالح خاصة فئوية كجمعية جمع الطوابع.

2- جماعات المصلحة العامة: وتعني بقضايا عامة تخص الشعب كجمعية مكافحة التدخين، أو جمعية محو الأمية[3] .

خامساً: الأهداف:

1- جماعات المبادئ أو جماعات البرامج التي تهدف إلى تحقيق أهداف عامة[4], وطنية او قومية كجماعة الوحدة الأوروبية .

1- د. أحمد إبراهيم الجبير: المصدر السابق .ص 315.
2- د. كمال المنوفي ود. نيفين مسعد . المصدر السابق ص 530.
3- ابراهيم درويش. المصدر السابق ص399.
4- د. محمود خيري عيسى . المصدر السابق ص 80- 86 .

2- جماعات الحرف والمهـن، وهـي مرتبطـة بأهـداف ذات طبيعـة خاصـة كجمعيـة الدفاع عن حقوق التقاعد لكبار السن[1].

3- جماعات ذات أهداف تخريبية[2].

سادساً: تصنيف جابريل الموند

1- جماعات المصلحة الترابطية: وهي التي تعبر عن مصالح أعضائها في الأسـاس وهي النمط الشائع .

2- جماعات المصلحة غير الترابطية: والتي تكون على أساس جغرافي أو طبقي أو ديني أو لغوي أو فكري أو مهني.

3- جماعـات المصلحة المؤسسية[3]: ويغلب عليهـا الطابـع الحكومي الرسـمي كالبيروقراطية المدنية والعسكرية، لكن العاملين فيها يصبحون جماعـة مصلحة حينما يعمدون للتأثير في صانعي القرار لتحقيق منافع خاصة لهم .

4- جماعة المصلحة الفوضوية: وهي التي تعول عـلى المظاهرات والإضرابات وأعـمال الشغب، وليس لها هيكل تنظيمي، ويغلب على نشاطها التلقائية والعنف[4].

سابعاً: الولاء

1- جماعات المصالح الوطنية: وهي التي تربط بالوطن، ويكـون ولاؤهـا لـه، وتسـعى لخدمة مصالح أبنائه .

2- جماعات المصالح الأجنبية: وهي التي تكون ولاءاتها للأجنبي، وتدافع عن مصالحه وتنفق الأموال لهذا الغرض[5] كاللوبي الصهيوني في الولايات

1- د. محمود خيري عيسى . المصدر السابق ص 80- 86 .

2- عبد الله حسن الجوجو.

3- صادق الاسود . علم الاجـتماع السـياسي , اسسـه و ابعـاده بغـداد , جامعـة بغـداد – كليـة العلـوم السياسية 1990 ص 516.

4- د. كمال المنوفي، و د.نفين مسعد . المصدر السابق.

5- محمد الكبسي وآخرون . المصدر السابق ص 199.

المتحدة الذي يخدم الصهيونية وكيانها في الأرض المحتلة وليس له ولاء لأمريكا.

المطلب الثاني

وسائل جماعات المصالح

أولاً: الإقناع:

وهو أهم الوسائل التي تسعى جماعات المصلحة من خلاله كسب الاتباع، واقناع الحكومات بأهدافها، عبر اللقاءات والاجتماعات الخاصة والعامة، وعبر وسائل الإعلام بمختلف جوانبها، ويتمتع رجال الأعمال بميزة القدرة على الاقناع مستخدمين إمكاناتهم المادية وخبراتهم العملية وبذل الجهود للوصول إلى الهدف المطلوب .

وتستعين هذه الجماعات بأصحاب الخبرة من العناصر الناجحة في توليها المناصب المختلفة كالقضاة والمشرعين النزيهين بعد التقاعد، أو بالوزراء السابقين، أو كبار الموظفين مستغلة سمعتهم الجيدة للإقناع .

كما أن هذه الجماعات تؤثر على أعضاء الحكومة والبرلمان والمشرعيين عبر تقديم معلومات وبحوث ودراسات مستندة إلى الأرقام، وإن كانت غير صحيحة، واستخدام السفرات والدعوات لغرض الالتقاء والتباحث والإقناع [1]

ثانياً: التهديد

وهو من المسائل المهمة للضغط على السلطات الرسمية والتشريعية والقضائية، كإرسال الرسائل والبرقيات، ومقابلة الأشخاص المطلوب التأثير عليهم،ويأخذ التهديد أشكالاً متعددة منها التهديد بسحب الثقة من أعضاء البرلمان، وعدم تأييد العضو الرافض في المستقبل . وقد يشمل التهديد شكل

1- د. أحمد إبراهيم الجبير المصدر السابق 317.

العقوبات والقتل، وما إلى ذلك من أعمال العنف . أو خلق أزمات مالية واقتصادية للحكومات بالتحريض على عدم دفع الضرائب، أو بالتهديد باستخدام القوة ممثلة بالإضرابات عن العمل[1] .

ثالثاً: المقاضاة:

فقد تلجأ الجماعات حين تجد القنوات السياسية العادية مغلقة أمامها إلى القضاء مطالبة بحقوق لها، أو إلغاء قرارات إدارية حكومية ضارة بمصالحها[2] ، وفي كل ذلك تضع الجهات الحكومية على وجه الخصوص في حالة إرباك وانشغال قصد إجبارها على التراجع عن مواقفها تجاه تلك الجماعات.

رابعاً: الضغط على السلطات الحكومية

نظراً لأهمية السلطات الحكومية في إصدار القرارات، سيما في الجوانب الاقتصادية والاجتماعية فضلاً عن السياسية والتي تخص مصالح مختلف شرائح المجتمع، فإن جماعات المصلحة تسعى للاتصال المباشر بالمعنيين في الجهاز التنفيذي والإداري بدءاً من رئاسة الدولة والوزراء إلى المسؤولين الكبار، فقد تعمد إلى وقف تنفيذ قانون ما، فتطلب من رئيس السلطة التنفيذية ذلك عبر الرسائل والبرقيات بعدم التصديق عليه، أو التوجيه بحذف بعض مواده أو إضافة مواد أخرى له، وقد تستفيد جماعات الضغط من الخلافات القائمة بين السلطتين التشريعية والتنفيذية للتدخل لصالح إحداها عبر قنواتها التأثيرية، واللعب على خلاف بين أعضاء السلطة التنفيذية نفسها[3] أخرى له.

1- د. أحمد إبراهيم الجبير . المصدر السابق ص 317- 318.

2- احمد الكبسي وآخرون . المصدر السابق ص 202 انظر ايضاً:

د. بطرس غالي، ود. محمود خيري عيسى . المصدر السابق ص 286 – 287 .

3- د. بطرس غالي، ود. محمود خيري عيسى . المصدر السابق ص 286 – 287 .

خامساً: التأثير في أعضاء البرلمان .

لما كانت السلطة التشريعية هي المسؤولة عن تشريع القوانين في أشكال النظم السياسية، فإن جماعات المصلحة تقيم علاقات مع بعض أعضائها أو لجانها، أو رئاستها أملاً في الحصول على قانون يخدم مصلحتها، أو تعديله أو رفضه، وذلك بإقامة الحفلات والولائم، وتقديم الهدايا والرشاوى لهم، رغم أن بعض هذه الوسائل أصبحت مستهجنة.

وفي الولايات المتحدة انتشرت مكاتب خاصة لاعداد دراسات وبحوث من قبل الكتاب ورجال القانون والناشرين لتزويد اعضاء الكونكرس بها، سيما المعلومات اللازمة بشأن موضوع معين، أو أنها تطلب من أعضاء معينين بإبداء وجهات نظرهم حول تلك المعلومات أمام البرلمان، والدفاع عنها لقاء أجر ثابت أو مكافآت .

وفي أحيان كثيرة تقوم هذه الجماعات بدعم تأييد بعض المرشحين لعضوية البرلمان، وتمويل حملاتهم الانتخابية أملاً في فوزهم، والاستفادة منهم في خدمة مصالحهم [1]

سادساً: تعبئة الرأي العام

إن الحكومات تعتمد في بقائها على تأييد الرأي العام، ولذلك تسعى هذه الجماعات لتعبئته وتوجيهه بما يخدم مصالحها، كإصدار النشرات وتوزيعها، وعقد الندوات وإلقاء المحاضرات، واستخدام وسائل الإعلام المختلفة لشرح وجهة نظرها، فإذا تمكنت من تعبئة الرأي العام، طلبت من متبني أفكارها ومصالحها كتابة الرسائل والمذكرات للحكومة والبرلمان لتحقيق أهدافها بشكل قانون أو قرار أو إجراءات محددة [2].

1- المصدر السابق ص 287.
2- المصدر السابق ص 287.

سابعاً: التمويل

وهو وسيلة مهمة إذ أن الشركات والجماعات الاقتصادية التي لديها الأموال الكبيرة تستخدمها بشكل شرعي تحت عنوان المساعدات، أو غير شرعي عبر تقديم الرشاوى والعمولات والهدايا، واستغلال حاجة البعض من الموظفين إلى المال، فضلاً عن تمويل الحملات الانتخابية للمرشحين من الأفراد والأحزاب [1].

المطلب الثالث

تقييم جماعات المصالح

إن جماعات المصالح تشكل أحدى عناصر المجتمع المدني، ولذلك فإن قوتها ونجاحها ووظائفها مستمدة من وجودها الاجتماعي، بينما يكون ضعفها وفشلها نتيجة لسلبياتها، الأمر الذي يتطلب تقيمها لمعرفة كلا الجانبين فيها .

أن من أهم عناصر قوتها وحدة اعضائها وكثرة عددهم، وقدراتها المالية لتحقيق أهدافها، سواء من خلال إشتراكات الاعضاء أو التبرعات، فضلاً عن القيادة الناجحة التي تستطيع استثمار عناصر القوة فيها لصالح أعضائها، في حركتها ومفاوضاتها[2] واستخدام أفضل الوسائل للضغط على المعنيين في المجالس التشريعية والتنفيذية، ولذلك فإن لجماعات المصلحة وظائف إيجابية هي:

1. المساهمة في طرح الأراء والأفكار المهمة التي تخص شرائح مختلفة من الناس، وبلورتها عبر إشراك المختصين ورجال القانون، ومناقشتها في وسائل الإعلام المتاحة، ونشر بحوث ودراسات عنها، مما يعني تجهيز مشاريع قانونية حولها وصياغتها، ومن ثم تنفيذها من خلال السلطة التنفيذية .

1- د. أحمد إبراهيم الجبير . المصدر السابق ص 318.

2- . المصدر السابق ص 319.

2. أنها تمثل أصحاب مصالح وفئات كثيرة في المجتمع لها مشاكل قد لا يستطيع المرشحون للنيابة أو الأحزاب الإلمام بها وطرحها، ولذلك فإن هذه الجماعات تعرض مشاكلها وتنبه إليها، وتطرح حلولاً لها، وتستقطب الرأي العام حولها، وبالتالي تحقق مصالحها .

3. أن سعيها لتحقيق مصالحها تجعلها في تماس مباشر مع مسؤولي الحكومة، فتزودهم بالمعلومات التي لا غنى لهم عنها، وتنقل وجهة نظر المسؤولين إلى أعضائها ليكونوا على بينة من قضاياهم المطروحة، الأمر الذي ينمي الوعي لديهم، والفهم والإدراك والاستيعاب لكل وجهات النظر حيالها .

4. إن التناقض في طروحات جماعات المصالح يحد من سعي كل منها لتحقيق مصالحها الخاصة، فتضارب الآراء وتعارض المصالح يقلل من اتساع نفوذ بعضها إزاء البعض الآخر[1] .

5. أن وجود الجماعات وانتظامهم يجعلهم في موقع القوة لمنع بيروقراطية الجهاز التنفيذي، وتهديده لحريات وحقوق أصحاب المصالح .

6. قدرتها على استمرار الضغط على الحكومات في كل الأوقات، مقابل عجز الأفراد عن أحداث التأثير إلا في فترات الانتخابات، فالأفراد المنضوين تحت راية الجماعات يجدون ضالتهم فيها وممارسة حقوقهم داخلها[2] .

7. أن عملها لا يتعارض مع الديمقراطية بل يعززها، لأنها تحترم قواعد اللعبة الديمقراطية، وتدافع عن مصالحها بحرية تامة، وتحترم حريات وحقوق الآخرين، في حالة التزامها بالدستور والقانون والشرعية .

أما سلبياتها فهي:-

1. ان استخدم الوسائل غير الشرعية يؤدي الى الفساد، سيما الرشوة والتهديد والوعيد، وهي وسائل لا تزال تمارس بشكل خفي .

1- د. محمد الكبسي وآخرون . المصدر السابق ص 203 – 204.

2- د. بطرس غالي ود. محمود خيري عيسى . المصدر السابق ص290 .

2.أن وجود جماعات مصلحة كبيرة وقوية كنقابات العمال التي تسعى لتحقيق مصالحها ربما يكون على حساب الطبقات الأخرى كالطبقة الوسطى التي تخشى من تغليب مصالح الطبقة العاملة على ما عداها من المصالح، وتنذر بإقامة دكتاتورية الطبقة العاملة (البرويلتاريا)، ولعل هذا الأمر يصح في دول لا تعتمد الديمقراطية منهجاً .

3.ان قيادة الجماعات قد تتأثر بها فئة قليلة لا تنظر إلا لمصالحها غير مكترثة بآراء المعارضين فيها، ولو كانوا أغلبية.

4.قد يكون الولاء للجماعات على حساب الولاء للأمة والدولة[1] .

5.ان المصالح الخاصة للجماعات لا تأخذ بعين الاعتبار المصلحة العامة، فتنعكس سلبياً على مصالح الكثيرين[2] .

6.أنها قد تؤدي إلى الفرقة في المجتمع، والاختلاف على معاني الوحدة الوطنية والمصلحة العليا، سيما إذا كانت بعض الجماعات امتداداً أو جزءً أو موالياً لعناصر خارج البلاد .

المبحث الثاني
الرأي العام

ان الرأي العام يعني اتجاهات أعضاء مجموعة اجتماعية ما نحو قضية معين[3] ، أو أنه تفضيلات يفصح عنها كم يعتد به من أفراد المجتمع نحو مسألة ذات أهمية عامة[4] ، ولذلك فإن عناصر الرأي العام هي:-

1.وجود جماعة معينة من الناس، لديهم قضية معينة سواء كانت هذه الجماعة كبيرة أو صغيرة،.

1- المصدر السابق ص 289.

2- د. عبد المعطي محمد عساف . المصدر السابق ص299 .

3- سعد الدين خضر .الرأي العام و قوى التحريك. الموصل , مطابع الجمورية 1968 ص 20.

4 - Hennessey , Bernard. Puplic Opinion. Massachusetts. Duxbery Press . 1975.P 10

2.وجود رأي لهم أو اتجاه تلك القضية سواء بالقبول أو الرفض والذي يفصح عنه كتابة أو شفاهة، أو حركة باليد .

3.وجود قضية معينة تتطلب إبداء الرأي تجاهها، أياً كانت هذه القضية، عامة كانت أو خاصة [1].

4.أن يكون الرأي أو الاتجاه المعبر عنه للأغلبية من الجماعة[2].

5.أنه رأي محدد بوقت زمني، وليس رأياً دائماً[3].

لقد أصبح لمواقف الرأي العام تجاه القضايا السياسية والاجتماعية والاقتصادية الوطنية والإقليمية والدولية أهمية كبيرة في الوقت الحاضر، حيث يتم الاهتمام بمعرفة وجهة نظر الرأي العام كي يتم تبينها من قبل المرشحين للانتخابات الساعين للفوز فيها على كافة المستويات، ولذلك تجري الاستبيانات والاستفتاءات لمعرفة اتجاهات الرأي العام مسبقاً، بطرق قياس عديدة . وتكون نتائجها مهمة لرسم صورة المستقبل للسياسات والخطط والمشاريع . وهذا لا يعني اعتماد الرأي العام بشكل مطلق، فقد يتخذ الرؤساء والحكام مواقف متغايرة بعد فوزهم، أو ينحرفون عن رأي الأغلبية معرضين أنفسهم للنقد الشديد، وأوضح مثال لذلك هو موقف رئيس وزراء بريطانيا (توني بلير) الذي تجاهل الرأي العام البريطاني الرافض للحرب ضد العراق بنسبة كبيرة، بلغت 68%، وواجه معارضة قوية من حزبه (حزب العمال البريطاني) كادت أن تسقطه من منصبه [4].

ويمكن ملاحظة أهمية الرأي العام من خلال كونه قوة من قوى الحياة السياسية للمجتمع المدني، فهو تعبير عن السلوك الفردي والجماعي المتضمن طاقة وقوة معينة هي أصل وجوهر حركته، فإذا كانت هذه الحركة عامة

1- د . كمال المنوفي . الرأي العام (تعريف) في موسوعة العلوم السياسية، ص 534 .

2- د. علي محمد شمبش . المصدر السابق ص73.

3- جاكوبسن وليبمان . المصدر السابق ص 141.

4- جريدة الحياة 29 كانون الثاني 2003م.

وشعبية فإنها تدل على طاقة هائلة يعتمد عليها وجود النظام السياسي وتطوره وازدهاره في حالة الرضا، وزعزعته واضمحلاله في حالة الرفض، ولذلك فإن الرأي العام تجاه قضية معينة ينبثق من درجة التفاعل الشعبي معها وعمق ذلك التفاعل، ودرجة التماسك الاجتماعي، وتجانس المصالح تجاه تلك القضية وفاعلية وحيوية قنوات الاتصال بين الرأي العام، ومديات التأثر بوسائل الإعلام والاقناع في تبينها [1] .

المطلب الأول

أنواع الرأي العام

هنالك عدة معايير لتبين أنواع الرأي العام وهي:

أولاً: من حيث الظهور:

يكون الرأي العام على نوعين:

أ- الرأي العام العلني أو الصريح ,او الظاهر: وهو ما يعلن عنه الأفراد من خلال وسائل الإعلام أو المقابلات أو المنشورات، وهو على شكلين:

1. الرأي العام التحريري: أي يعلن عنه كتابة في الاستبيانات على سبيل المثال .

2. الرأي العام الشفهي: ويعلن عنه شفاهة أمام الآخرين .

ب- الرأي العام الخفي او الباطن : أي أن هناك رأي عام اتجاه قضية معينة ولكن لا يعلن عنه خشية من السلطات أو الأحزاب أو الأفراد وقد يسمى بالرأي العام الكامن [2] .

1- د. عبد المعطي محمد عساف . المصدر السابق ص 301 – 302.

2- د. أحمد إبراهيم الجبير . المصدر السابق ص 328 انضر ايضاً:

سعد الدين خضر . المصدر السابق ص32 33.

ثانياً: التوقيت (الزمن):

وهو على ثلاثة أنواع:

1. الرأي العام الدائمي: وهو الذي يعبر عنه بشكل دائمي، فالرأي العام تجاه قضية الوطن، هو رأي دائم ومستمر وثابت، باتجاه الدفاع عنه وخدمته في كل حين .

2. الرأي العام المؤقت: وهو المتعلق بقضية سياسية أو غير سياسية أو منهج معين للسلطة أو الأحزاب السياسية فهو مرتبط بوجود القضية المطروحة، فإذا طويت انتهى الرأي العام حولها . بمعنى أنه رأي عام متغير[1] .

3. الرأي العام اليومي: وهو الرأي العام المرتبط بالأحداث اليومية التي يكون الأفراد والجماعات رأياً حولها كالكوارث الطبيعية المفاجئة، والأزمات السياسية والاجتماعية[2]. وهو كثير التغيير .

ثالثاً: الاتجاه والتأثير:

وهو على أنواع:

1. الرأي العام القائد: ويمثل رأي النخبة السياسية والعسكرية المتميزة، وغير المتأثرة بالدعاية، ويتبنى هذا الرأي الكثيرون بسبب رجاحته، ويؤثر على وسائل الإعلام والسلطة والمعارضة .

2. الرأي العام المتعلم (المثقف): وهو رأي المتعلمين على درجات علمهم وثقافتهم، وهو يتأثر بوسائل الإعلام والدعاية، وربما يؤثر فيها .

1- سعد الدين خضر . المصدر السابق ص 33- 34.

2- هشام أى الشاوي. المصدر السابق ص 188.

3. الرأي العام المنقاد: وهـو رأي الأكثريـة السـاحقة مـن الشـعب غـير المتعلمـين أو الأميين، أو ذوي التعليم المحـدود، الـذين هـم تربـة خصبة للدعايـة والإشـاعات، وينقادون إليها انقياداً تاماً دون تمحيص[1].

رابعاً: المكـان

وهو على ثلاثة أنواع:

1. الرأي العام الـوطني (الجـزئي): ويـرتبط بحـدود الـوطن والدولـة، وتكـون قضايـاه وطنيـة كالحريـة والاسـتقلال والتنميـة والعدالـة، ويمكـن ان يكـون رأى حـزبي او طبقي[2].

2. الرأي العام الإقليمي: ويـرتبط بحـدود منطقـة جغرافيـة معينـة، وتكـون القضية إقليمية كالنزاعات والحروب الإقليمية، والـرأي العـام يمثل آراء الشـعوب في تلـك المنطقة الجغرافية .

3. الرأي العام العالمي: أي رأي شعوب العالم في قضية معينة، دولية كانت أو إقليميـة أو وطنية[3]، كموقف الرأي العام العالمي من القضية الفلسطينية، أو قضية التمييز العنصري أو التفجيرات النووية[4].

خامساً: الفاعلية:

وهي على نوعين:

1. الرأي العام النشط: ويتكون من خـلال عوامـل عديـدة، ويعبر عـن نفسه بشكل واضح ونشط ومتواصل في كل مرة .

1- سعد الدين خضر. المصدر السابق . ص36.

2- المصدر السابق ص32.

3- هشام ال شاوي . المصدر السابق ص189.

4- الفريد صوفي .الرأى العام ,ترجمة د.كامل عياد . دمشق , دار دمشق للطباعة و النشر- 1962 ص 24 –25 .

2. الرأي العام المهمل: وهو رأي الأغلبية مـن النـاس الـذين لا يفضلون التعبير عنـه لأسباب كثيرة .

سادساً: من حيث التمثيل:

وهو على عدة أنواع :

1- الأغلبية البسيطة: بمعنى أن تأييد قضية معينة يمثل بنسبة 51% فأكثر .

2- الأغلبية الساحقة: بمعنى أن التأييد يمثل نسبة عالية من 80 – 100% .

3- الأغلبية النسبية: بمعنى أن التأييد يمثل أعـلى الأصـوات للقضية المطروحـة، كـان يمثل نسبة 45% مقابل 20% و35% للآراء الأخرى .

4- أغلبية الثلثين: بمعنى أن رأي الشعب يمثل الثلثين وهو 66% .

5- رأي الأقلية: وهو رأي الجمهور في قضية معينة دون الأغلبية البسيطة، أي اقل من 50% [1]

6- الرأى الأئتلافي: وهـو رأى يتكـون مـن مجموعـة اقليـات ,وحـدت بينها المصلحة المشتركة, ولكنها عرضة للتفكك والتمزق اذا اصابها طارى [2]

سابعاً: نوع القضية:

وهو على نوعين:

1- الرأي العام العام: بمعنى رأي المواطنين في قضية عامة كالحريات العامة، وهـو رأي معظم الأفراد والجماعات .

2- الرأي العام الخاص: بمعنى رأي المواطنين في قضية خاصة، كحريـة المـرأة وحقوقهـا السياسية، أو هو رأي جماعة خاصة في حدث معين كـرأي الطلاب في التعليمات الجامعية، أو في قضية سياسية عامه. [3]

1- د. أحمد إبراهيم الجبير . المصدر السابق ص 327.

2- سعد الدين خضر المصدر السابق ص 34 – 35.

3- عبد المعطي محمد عساف . المصدر السابق ص 302.

ثامناً: الحقيقة:

وهي على ثلاثة أنواع:

1- الرأي العام الحقيقي: أي أن الشعب يعبر عن نفسه برأي حقيقي وسليم دون تدخل من جهات أخرى .

2- الرأي العام الشكلي: وهو الذي لا يعبر عن حقيقة رأي الجمهور، وإنما يمثل رأي السلطة السياسية التي تدعي أن الرأي العام يؤيده، وهو رأي أشبه ما يكون بالرأي الرسمي [1]، وكذلك الرأي العام الحزبي الذي يرغب الحزب في إظهاره ويطلب من أعضائه أو يلزمهم على ذلك .

3- الرأي العام المضلل: وهو الرأي العام المتأثر بالدعاية الحزبية، والإشاعات ووسائل الإعلام الأخرى الرسمية وغير الرسمية التي تريد التأثير في أراء الآخرين باتجاه مضلل كسباً للأصوات فهو لا يمثل الرأي السليم والصحيح [2] .

تاسعاً: الوجود

1. رأى عام موجود بالفعل: وهو ناتج عن وقوع الاحداث وتظهر آثاره في التعليقات والمناقشات.

2. رأي عام متوقع وجوده: وهو غير موجود اصلاً، ولكن يتوقع وجوده عقب بعض الاحداث والمشاكل [3] .

عاشراً: الصفة

1. رأي عام واقعي يعبر عن حقيقة واقع المشكلة المعينة .

2. رأي عام عاطفي يعبر عن التصورات العاطفية للمشكلة دون واقعها [4] .

1- المصدر السابق .

2- د. أحمد إبراهيم الجبير . المصدر السابق 329.

3- فؤاد دياب . الرأي العام وطرق قياسه . القاهرة ، الدار القومية 1962ص 11-12.

4- سعد الدين خضر . المصدر السابق ص 32 .

المطلب الثاني

تكوين الرأي العام وقياسه

يتكون الرأي العام من مجموعة عوامل ومؤثرات داخلية وخارجية، بعضها مرتبطة بالتكوين الشخصي، والبيئة المحيطة به، وهي عامة عند كل الناس، والبعض الآخر منها تفرض على الأفراد لأسباب آنية أو مصلحية، فتؤثر على رأيهم وسلوكهم سلباً أو إيجاباً . ومن هذه المؤثرات مايلي:

أولاً: الأسرة:

وهي المكون الأول إذ أن الفرد يتلقى معظم عاداته وتقاليده منها، ويمارس خبراته الأولى من الأب والأم والأقارب، وتتكون شخصيته وتنمو باتجاه مرتبط بكل رموز تلك المرحلة الأولية .

ثانياً: الدين:

وهو مؤثر هام في السلوك الإنساني، ولعل تأثيره في المجتمع العربي أكبر، من غيره، فالدين الإسلامي يشكل مقياساً للسلوك الأقوم، لما يحتويه من قيم الإيمان والمثل العليا والأخلاق السامية .

ثالثاً: المدرسة:

وهي تتكامل مع الأسرة والدين، إذ أن تعلم القراءة والكتابة ودروس التاريخ والجغرافية والعلوم الأخرى تخلق أنماطاً سلوكية معبرة عن التراث والواقع، والانتماء إلى الأرض، وتقديس الرموز البطولية، وبذلك يتم صقل الشخصية، وتهيئتها لتلقى المؤثرات الأخرى بما يتفق وعوامل وعناصر ذلك التكوين والتنشئة الاجتماعية والسياسية .

رابعاً: وسائل الإعلام

وهي التي يتلقاها الأفراد بشكل دائم ومستمر، سيما في الوقت الحاضر،

حيث تتنافس وسائل الإعلام لكسب الرأي العام بكل الوسائل الممكنة، وبالتأكيد فإنها تتضمن الغث والسمين، والدعاية والإشاعات، ومن الصعب تجاوزها في الحياة العامة[1]

خامساً: الأحداث الهامة

وهي التي تترك بصماتها في حياة الناس كالحروب والمعاهدات والسلام والثورات والانقلابات، والكوارث الطبيعية، والاكتشافات العلمية والابتكارات التكنولوجية التي يتذكرها الناس بآلامها وأفراحها مؤثرة على أفكارهم وسلوكهم،ولا عجب أن شعوب العالم تعلن رفضها للحروب والعدوان سيما شعوب أوروبا التي ذاقت مرارة المآسي والحروب العالمية، فهي ترنو إلى السلام، وترفض استخدام العنف والقوة .

سادساً: الأحزاب السياسية وجماعات المصالح

وهي التي تقوم بحملات واسعة لكسب الرأي العام لأفكارها ومصالحها المختلفة كتثقيف أعضاء الحزب ومؤيديه بشكل عام، أو توجيههم باتجاه معين ازاء القضايا المطروحة، أما جماعات المصالح فإنها تسخر أجهزة الإعلام لصالحها، وتحرص على خلق رأي عام مؤيد لتبني أفكارها، ولذلك فإن الإيمان بفكرة سياسية أو أيديولوجية معينة، إنما ينبع من العقائد الحزبية وجماعات المصالح والضغط[2] .

سابعاً: القيادة:

تلعب القيادة دوراً مهماً في التأثير على الرأي العام للأفراد والجماعات، سيما في الدول النامية، حيث تبرز الزعامات الكارزمية التي تعبئ الرأي العام

1- أحمد إبراهيم الجبير . المصدر السابق ص 335 – 336 انظر أيضاً:

د. سيد عبد المطلب غانم الرأي العام . في موسوعة العلوم السياسية . ص 536.

2- هشام آل الشاوي . المصدر السابق ص 194.

لصالح القضايا الوطنية والقومية، فينقاد الشعب لتوجيهاتها، ويطيع قراراتها ويحارب من أجلها .

أما قياس مدى تأثير هذه العوامل على الرأي العام فيتم بطرق عديدة هي:

1- طريقة الاستقصاء:

وهي توجيه أسئلة مكتوبة إلى مجموعات من الناس تنتمي كل منها إلى فئة أو طبقة من الشعب، وأخذ أرائها حول موضوع معين، ثم دراسة أجوبة كل فئة من حيث الكم والكيف، ومن ثم تبين اتجاهات الرأي العام حوله، كأن يختار فئة الأساتذة، أو طبقة العمال، أو الأدباء، وبالتالي تعلن النتائج لنؤكد اتجاهات الأغلبية في الموضوع المحدد .

وقد تكون هذه الطريقة قائمة على الاستقصاء العشوائي، أي معرفة اتجاه الناس بشكل عام، كأن تؤخذ عينة عشوائية من الناس باختلاف فئاتهم وأعمارهم وثقافتهم لمعرفة تأييدهم لأحد المرشحين أو لغيرهم، وتقوم بها معاهد مشهورة كمعهد (كالوب) الأمريكي لقياس الرأي العام الذي يطرح استبياناً بنعم أو لا، أو المفاضلة بين شخصين، أو مدى تأييد الشعب للحرب أو السلام[1] , وقد تكون هذه الطريقة عبر الهاتف أو الإنترنت لغرض السرعة .

2- طريقة مقاييس وجهات النظر .

وتكون طريقة الأسئلة الموجهة إلى الناس معنية بمعرفة مدى قناعتهم بالرأي الذي يبدونه، أو مدى معارضتهم لمشروع ما مع بيان الأسباب . وهي طريقة جيدة ودقيقة، ولكنها ليست سريعة كالاستقصاء .

3- طريقة المقابلات الشخصية

أي الاتصال المباشر بالأفراد لتبين رأيهم تفصيلاً، وهي تحتاج إلى وقت أكثر إذا أريد معرفة رأي عدد كبير من الناس[2] .

1- د. بطرس غالي ود. محمود خيري عيسى . المصدر السابق ص 292.

2- محمود دياب . المصدر السابق ص 60- 62 .

4- طريقة المناظرات والمناقشات

وتتم عبر مجموعة من الأفراد في اطار واحد، كأن يكونوا علماء أو مثقفين وإجراء مناقشة علنية بينهم حول موضوع معين، وقد يساهم فيها الجمهور، ثم يظهر من خلالها اتجاهات الرأي العام، ورغم بساطة هذه الطريقة وقلة كلفها، فإن نتائجها تتأثر بآراء أبرز المناقشين، ولكنها في الوقت ذاته تفرز آراء صائبة إلى حد كبير .

5- الدراسة الإحصائية – التاريخية

هي طريقة قائمة على جمع الحقائق التاريخية، ودراستها واستخلاص اتجاهات عامة منها تصلح اساساً جيداً للتوقع المستقبلي [1] .

6- طريقة تحليل المضمون

وتتم عبر دراسة اتجاهات الصحف والمجلات والكتب وبرامج الاذاعة والتلفزيون , باعتبارها تمثل اتجاهات متعددة للرأي العام [2] .

المطلب الثالث

خصائص الرأي العام ووظائفه

أولاً: الخصائص:

1- عدم الثبات: لأن الرأي العام يتبع تغير الأحداث والمعلومات فإذا كان معارضاً لموضوع معين، فقد يؤيده إذا استجدت أحداث أو معلومات مختلفة أو حقائق جديدة.

1- بطرس بطرس غالي و محمود خيري عيسى . المصدر السابق . ص 292- 293 أنظر ايضا:

د. محمد فايز عبد اسعيد . المصدر السابق ص 114 .

هشام ال شاوي . المصدر السابق ص195- 196 .

2- محمود دياب . المصدر السابق ص 66 .

2- العلنية: إن الرأي العام هو ما يعلن عنه بعد استخدام طرق قياسه،أما الرأي العام غير المعلن فهو وإن كان موجوداً في عقول الناس، إلا أنه لا يعرف ولا يقاس إلا بعلنيته .

3- وجود قضية معينة أو عدة قضايا: إذا لم تكن هناك مشكلة مطروحة أو مسائل معينة، فسوف لا يكون هنالك رأي عام .

4- يتناسب الرأي العام تناسباً طردياً مع تقدم المجتمع وازدياد التعليم والمعرفة والحضارة، ويعبر عن آراء سليمة، وبالعكس فإن التخلف لا يعبر إلا عن أراء منسجمة معه[1] .

5- أن الرأي العام مرآة تعكس رأي الأكثرية من الناس في القضايا المطروحة، ومؤشر على موجبات الإصلاح، أو تغيير المناهج والخطط والسياسات لتتوافق مع الرأي العام . وهو أيضاً دليل الرضا والقبول للاستمرار في مشاريع قائمة، وسياسات متبعة .

6- أن الرأي العام ليس ظاهرة فردية بل ظاهرة شعبية جماهيرية تتعلق بحياة الأفراد وشاكلهم وأمنهم، ووجودهم، التي تهمهم في الداخل والخارج[2] .

ثانياً: الوظائف:

1- رعاية المثل الاجتماعية، ودعم القيم الأخلاقية للمجتمع، فالشعب الذي له جذور قيمية دينية وأخلاقية يرفض الخروج عليها لأنها تمثل الفضائل والممارسات الحقة، ويرفض أية محاولات لإنتهاكها بأية وسيلة من الوسائل.

2- أن الرأي العام يذكي الروح المعنوية للأفراد، ويؤكد على سلامة الموقف الوطني والسيادة والاستقلال والحرية، وعدم التهاون في كل ذلك .

1- د. أحمد إبراهيم الجبير . المصدر السابق ص 330- 332.

2- د. علي محمد شمبش . المصر السابق ص75.

3- أنـه ضروري للنظـام السـياسي ومؤسسـاته في العمـل والنشـاط[1]، وبدونـه يسـير النظـام السـياسي في اتجـاه معـاكس قـد يـؤدي بـه إلى الهاويـة، فهـو كالبـارومتر السياسي تكيف السلطات الحاكمة سياستها تجاهه.

4- أنه أساس في إسباغ الشرعية القانونية على الممارسات السياسية للسلطة التنفيذية والسلطة التشريعية في حالة إقرار توجيهاته قانونياً، سيما وأن الـرأي العـام هـو رأي الأغلبية القائمة على الثوابت الوطنية .

5- أنه يمثل وظيفة ديمقراطية قائمة عـلى تربيـة الشـعب وتعويـده عـلى الممارسـات الديمقراطيـة، واحـترام كـل الآراء المؤيـدة والمخالفـة، وإرسـاء قواعـد الحريـة الاجتماعية والسياسية والاقتصادية .

6- أن الـرأي العـام يعـبر عـن تفـاعلات مسـتمرة بـين مختلـف التيـارات والآراء والاتجاهـات المتصـارعة في المجتمـع، والـذي يـنعكس عـلى السـلوك الفـردي والجماعي تعـديلاً وتغيـيراً وصـولاً إلى حالـة مـن الانسـجام في البيئـة العامـة، واستجابة لحاجات المجتمع المختلفة، وبذلك يتوسع أفـق الأفـراد والجماعـات، وتتوضح الأهداف والمصالح، وينفتح البعض عـلى الـبعض الآخـر، ويتحـرر مـن الفردية الضيقة، ودائرة الإنتماء الأصغر، وصـولاً الى الأهـداف العامـة، كـما أن هذا التفاعـل ، والانفتـاح، يـوقظ الكثـير مـن المـواطنين مـن اللاأباليـة، وعـدم الاكثرات بالقضايا العامة إلى التحرر من الإنغلاق عـلى الـذات، والانكفـاء عـلى الخاص، وبذلك تذوب الكثير من الفوارق العرقية والطائفية والطبقية ويوحـد الصفوف الى آفاق انسانية عالية[2] .

1- د. أحمد أبراهيم الجبير . المصدر السابق ص 332 – 333.

2- د. عبد المعطي محمد عساف . المصدر السابق 303- 304 .

المطلب الرابع

تقييم الرأي العام

وجه للرأي العام نقود عديدة من قبل المهتمين في دراسات الرأي العام، فقالوا بأنه ليس بعام، وليس برأي، لأن الآراء السائدة تمثل في الغالب أقلية قليلة من الخاصة ذوي المصالح، ومن الرؤساء الموجهين، أما عامة الشعب فأغلبه غير مكترث أو جاهل، أو غير مطلع على حقائق والأمور، ولذلك فإن اسناد صفة العمومية إلى الرأي العام لا يتفق مع الواقع، وهو أيضا ليس برأي، لأن المفروض بالرأي أن يكون وليد معلومات وافية دقيقة في موضوع مطروح على البحث والمناقشة بغية الوصول إلى أحكام ناضجة متزنة أو صحيحة، بينما أكثر ما يطرح هو نتيجة لتأثيرات وسائل الإعلام والدعاية التي تفتقر معلوماتها للدقة والصواب، فضلاً على أن الرأي العام ليس في حقيقته إلا إتجاهاً أملاه التعصب والمعتقدات الموروثة والتقاليد البدائية، فقلة من الأفراد يمتلكون المعلومات الصحيحة، بينما أكثرهم يستوحون أفكار غيرهم من دون وعي منهم، ويتوهمون أنها من بنات أفكارهم.

ولذلك فإن الرأي العام الصحيح الذي يكون له وزنه ونفوذه، لابد أن تتوفر فيه شروط معينه، كأن يكون أفراد المجتمع على درجة من الوعي والذكاء، والحذر على الدوام من تقبل الآراء المعروضه أو رفضها، والتي تمس الشؤون العامة، وأن تتوفر لهم وحدة المصالح والتجانس في اللغة والدين والطبقة والبيئة العامة، لأن الاختلاف في كل ذلك يقلل من تكوين رأي عام منسجم، ولا بد من توفر حرية الرأي والكلمة، وأن تعطى الأقليات نصيبها في التعبير عن آرائها، وأن تكون وسائل الإعلام نزيهة أمينة في عرضها للأفكار، ولا تسعى لمنفعة خاصة فئوية لها طابع الاستغلال والأنانية[1].

1- بطرس بطرس غالي . ود. محمود خيري عيس . المصدر السابق ص 284.

وإذا كانت قوة الرأي العام مسألة واضحة في النظم الديمقراطية، فإن النظم الشمولية تسعى لفرض إرادتها وأفكارها على الرأي العام عبر وسائل الإعلام الموجهة محاولةً إقناع الرأي العام بصحة طروحاتها، وقد أوضح قادة الحزب الشيوعي السوفيتي رفض السير وراء الجماهير، وإنما قيادتها وفقاً للأهداف والوسائل، وربطها بالحزب[1]، وهذا لا يعني أن السلطات الحاكمة في الدول الديمقراطية لا تسعى لقيادة الجماهير وراءها، فهي تحاول كسب رضا الجماهير بكل إمكاناتها ووسائلها الإعلامية[2].

1- د. محمد فايز عبد أسعيد. المصدر السابق . ص115-117.

2- جاك دونديو دوفابر . المصدر السابق ص 113.

الباب الرابع

الشؤون السياسية الخارجية

ان سعة هذا الموضوع وتشعبه , وامكانية تنا وله من زوايا مختلفه تفرض الإيجاز أولا , والبحث عن تقسييم ملائم لكافة جوانبه , يتضمن العلاقات بين الدول والقانون الدولي في وقت السلم والحرب , والعلاقات الدبلوماسية والقنصلية ,وعلاقات المنظمات وعلاقات الأ فراد في الإطار الدولي , فضلا عن السياسة الدولية التي تتضمن السياسة الخارجية , والنظام السياسي الدولي وظواهر السياسة الدولية المعاصرة .

العلاقات السياسية الدولية

نقصد بالدول الوحدات الدولية المتكونة من الإ قليم والشعب والسلطة السياسية والسيادة , والتي تتمتع بالأهلية لعقد المعاهدات والإ نضمام الى المنظمات الدولية , والتي لها شخصية دولية متميزة ومعترف بها , وتمارس سلطاتها في الداخل والخارج , وتتمتع بالحقوق , وتلتزم با لواجبات الدولية , وتتحمل المسؤولية الدولية عن أعمالها السياسية , سواء وقت السلم أوالحرب , وتشكل جزءا من النظام الدولي القائم , وتتفاعل معه سلبا أو ايجابا لتحقيق المصلحة الوطنية والحفاظ على أمنها واستقلاها .

المبحث الأول

الحقوق والواجبات والمسؤولية الدولية

المطلب الأول

الحقـــوق

وهي التي أقرها القانون الدولي لجميع الدول صغيرها وكبيرها وهي :

- أولا : حق البقاء :

وهو حق الدول في اتخاذ ما تشاء من الإجراءات لحماية وجودها , ودفع التهديدات عنها , ويشمل حقها في التقدم , وتنمية وزيادة الإنتاج لثروا تها , ورفع مستوى المعيشة للسكان , ونشر التربية والتعليم والثقافة ومكافحة الأمراض , وحماية الأمن الداخلي , ودرء العدوان الخارجي , والتحالف ,

والإ نضمام الى المنظمات الدولية , وحق الإستقلال والسيادة الا قليمية , والحرية في اتخاذ قراراتها الداخلية والخارجية دون تدخل من الدول الأخرى , وتشريع القوانين والأنظمة وتطبيقها , واحترام الدول لسيادتها , غير أن هذا الحق ليس مطلقا , بل مقيد بالمعاهدات والإلتزامات الدولية[1] .

ثانيا : حق الدفاع الشرعي عن النفس :

في حالة الإعتداء الخارجي على الدولة حق الدفاع عن نفسها بكل الوسائل اللازمة, وحق منع التوسع العدواني من قبل الدول الكبرى على الدول الصغرى[2]

ثالثا : حق الاستقلال :

وهو رفض التدخل الاجنبي في الشؤون الداخلية للدول الاخرى , رغم وجود مبررات للتدخل الانساني في بعض الحالات .[3]

رابعا : حق المساواة :

وهو تمتع الدول بحقوق متساوية أمام القانون الدولي العام , وتمتعها بالحقوق والواجبات المقررة لغيرها من الدول , ومنها حق التصويت في المؤتمرات والهيئات الدولية بصوت واحد مهما كان حجمها وموقعها , وحق استخدام لغتها الخاصة بها , وعدم الخضوع لقضاء دولة أجنبية إلا في الحالات الإستثنائية , وبرضاها , ولكن هذا لا يعني المساواة الفعلية في الواقع الدولي , فهنالك حق النقض لخمس دول أعضاء دائميين في مجلس الأمن الى جانب عشر دول ليس لها هذا الحق[4].

1- علي صادق ابو هيف . المصدر السابق ص 171

2- د. عبد المجيد عباس . القانون الدولي العام . بغداد , مطبعة النجاح 1947 ص 197 – 223

3- المصدر السابق ص 230- 231

4- علي صادق ابو هيل المصدر السابق ص 184 – 198

خامسا : الحرية :

وهي حـق حرية تصرف الـدول في شؤونها بمحض اختيارها , ولكنـه مقيد بـإحترام حريـات وحقوق الـدول الأخرى . غير أن بعض الدول الخاضعة للتبعية والاحتلال والإنتداب والوصاية , والدول المحايدة مقيدة ببعض القيود . كـما أن هنالك قيد التدخل في الشؤون الداخلية في حالة موقف يضر ـ بالرفاهيـة العامـة والعلاقات الودية بين الدول,كقيام دولة بزيادة تسـلحها بـأكثر مـما يستلزمها الـدفاع عن نفسها , أو قيام مؤامرة في اقليم دولة مجاورة لها , أو ثورة يخشى من انتشارها على سلامة الدول المجاورة لها, أو تصريـح يرمي لبسط نفوذهـا على جيرانها , أو التدخل لحماية رعايا دولة في دولة أخرى لم تكفل لهم الحماية الضرورية , أوالتدخل دفاعا عن الإنسانية في حالة اضطهاد دولة للأقليات[1] .

وفي الحقيقةأن معظم التدخلات هي مبررات للعدوان عـلى الـدول الصغرى , فالعدوان الأمريكي البريطاني على العراق عام 2003 جاء بحجة وجود اسـلحة دمـار شامل , رغم عدم وجودها .

سادسا : حق الإحترام المتبادل

وهو حق احترام الدول بعضها للبعض الأخر في حدودها , وعدم الإعتداء عليها , واحترام أنظمتها السياسية والإجتماعية وعقائدها الدينية ,وعـدم تحريض رعاياهـا على سلطا تها الشرعية , والإمتناع عن الدعاية ضدها , وعدم القيام بأعمال تجسسية , ومراعاة كرامة الدول وهيبتها , واحترام مبعوثيها وعلمها واسمها وشاراتها الرسـمية[2] .

1- عبد المجيد عباس . المصدر السابق ص 242- 261

2- د. عدنان طه الدوري , د . عبد الأمير العكيلي . القانون الـدولي العـام , جـ1 , ط2. طـرابلس , منشورات الجامعة المفتوحة 1995 ص 178 – 179

سابعا : حق الملكية للاقليم وما عليه .

ثامنا : حق الاختصاص في ممارسة السلطة على الاقليم 1.

المطلب الثاني

الواجبات

أولا : الواجبات القانونية

وهي الواجبات التي أقرتها المواثيق الدولية ولها صفة الإلزام , وأن عدم التقيد بها يجيز اجبارها على ذلك بكافة الوسائل التي يقررها القانون الدولي وهي -:

1- مراعاة احكام القانون الدولي في علاقة كل دولة بغيرها .

2- تسوية الخلافات الدولية بالوسائل السلمية , وطبقا لأحكام القانون والعدالة .

3- الإمتناع عن التدخل في الشئون الداخلية أو الخارجية للدول الأخرى .

4- الإمتناع عن مساعدة أية دولة تلجأ الى الحرب , أو الى استخدام أخر غير مشروع للقوة , وكذلك أية دولة تتخذ الأمم المتحدة ضدها اجراءات القسر .

1- عبد المجيد عباس . المصدر السابق ص 275- 343 . انظر ايضا :

حسن الجلبي . المصدر السابق ص 426- 444

5- الإمتناع عن الإعتراف بأية زيادات اقليمية قد تحصل عليها احدى الـدول نتيجـة للحرب أو استخدام غير مشروع للقوة .

6- الإمتناع عن تشجيع الثورات الأهلية في اقاليم الدول الأخرى.

7- ضمان أن تكون الأحوال في اقليم كل دولـة علـى نحـو لا يهددالسـلام والنظـام الدولي .

8- معاملـة جميـع الأشخاص الخاضعين لولاية الدولة علـى أسـاس احـترام حقـوق الإنسان والحريات الرئيسية لهم جميعا دون تمييز بسبب الجنس أو اللغـة أو الدين .

9- تنفيذ الدولة بحسن نية لإلتزاماتها الناشئة عن المعاهـدات وغيرهـا مـن مصـادر القانون الدولي .

10- عدم الإلتجاء الى الحرب أو أي استخدام غير مشروع للقوة [1]

11- واجب التعاون مع الأمم المتحدة في نظام الأمن الجماعي والذي يعني التصدي الجماعي للمعتدي,ونجدة المعتدى عليه ضمانا للسلم والأمن الدولي .

وقد نص ميثاق الأمم المتحدة على تقديم الدول كل ما وسعها مـن عـون الى الأمم المتحدة في أي عمل تتخذه وفق الميثاق , والإمتناع عن مساعدة أية دولة تتخذ ضدها عملا من أعمال القمع .

12-احترام حقوق الإنسان وحرياته الأساسية , سـيما مـن قبـل المؤسسـات الرسـمية التي ينتمي الأفراد اليها .[2]

1- د .علي صادق أبو هيف . المصدر السابق ص 211 – 212

2- د . عدنان طه الدوري , د . عبد الأمير العكيلي . المصدر السابق ص 185 – 186 انظر ايضا : حسن الجلبي . المصدر السابق ص 441- 442

ثانيا : الواجبات الأدبية :

وهي تستند إلى فكرة العدالة والإنسانية والمجاملة ، ولذلك فهي
ليست ملزمة، ولا جزاء لها إلا حكم الرأي العام، والمقابلة بالمثل، وليست لها
حدود معينة، وهي تدور حول فكرة واحدة هي تحقيق أكبر قسط من
العدالة، والتعاون بين الدول، في مختلف النواحي، ومن هذه الواجبات:

1-التعاون على تحسين الحالة الصحية العامة باتخاذ اجراءات مشتركة كفيلة
بمكافحة الأمراض والأوبئة , وتخفيف آلام المرضى والجرحى , وعلى رفع مستوى حياة
الأفراد بمحاولة القضاء على البؤس والحرمان والفقر , وتنظيم العمل وتوفيره
للقادرين عليه , والعمل على ارتقاء النواحي الأدبية والروحية للشعوب وغير ذلك .

2- معاونة الدول التي تصاب بنكبة من النكبات الطبيعية، كالزلازل
والفياضانات والأمراض والأوبئة، أو حاجة الدول للحصول على مساعدات على أثر
حرب استنفدت كل مواردها، أو أزمة اقتصادية جعلتها في حاجة إلى عون خارجي.

3-التكاثف ضد الإجرام , والعمل على عدم إفلات المجرم من العدالة بتيسير
تبادل تسليم المجرمين الهاربين , وبعقد مؤتمرات للنظر فيما يجب من وسائل
لمكافحة الجريمة في صورها المختلفة .

4-إيواء السفن الأجنبية في الموانىء البحرية في حالة احتمائها بها من الزوابع
والأعاصير , والسماح لها باصلاح ما أصابها من أضرار نتيجة تقلبات البحر , والتزود
بالوقود والمواد الغذائية .

5-انقاذ السفن والمراكب الأجنبية في حالة تعرضها للغرق في مياهها الإقليمية ,
أو قريبا منها واعادة من تنقذهم الى أوطانهم .

6-مراعاة الأخلاق العامة في علاقات الدول, وتجنب الكذب والخداع ,
والحفاظ على الوعود التي تصدر منها , وتوخي الإعتدال في ممارسة حقوقها,
واستخدام نفوذها وقوتها .

7- مراعاة روح العدالة في التعامل الدولي بين الدول الكبيرة والصغيرة , ومناصرة الدول الصغرى في حالة الإعتداء عليها , وعدم قدرتها على الدفاع بمفردها[1] .

ثالثا: المسؤولية الدولية

ويقصد بها الإخلال بالواجبات الدولية التي التزمت بها الدول التزاما قانونيا بعد استقلالها وانضمامها الى الأمم المتحدة ووكالاتها , والمنظمات الدولية والإقليمية , والمعاهدات التي وقعتها والتزمت بها , ولا تشمل هذه المسؤولية الدول نا قصة السيادة , وإنما الدول صاحبة السيادة والإستقلا ل , كما أن هذه المسؤولية ليست معنية بالمسؤولية الأدبية , لأن الأخيرة لا جزاء لها سوى الجزاءات المعنوية .

والمسؤولية الدولية تقتضي وجود دولتين أو أكثر أو وجود منظمات دو لية لها شخصية قانونية وأهلية في التعامل الدولي , ولا يدخل ضمن هذا النطاق الدول أو الولايات الأعضاء في اتحاد فدرالي أواتحاد فعلي , ولكنه يشمل دول الإتحاد الشخصي والإتحاد الكونفدرالي لأن أعضاءهما يتمتعون بالشخصية الدولية[2] .

ان المسؤولية الدولية هي عن كل فعل غير مشروع يتسبب عنه ضرر للغير يوجب التزام فاعله بإصلاح هذا الضرر , وعلى ذلك يقتضي قيام المسؤولية الدولية توافر بعض الشروط وهي :

1- أن يكون هنالك ضرر جدي قد لحق بدولة ما, كالإعتداء على حدود الدولة أو احدى سفنها

2- أن يكون الضرر نتيجة فعل غير مشروع , واخلال بالواجبات القانونية, وقد يكون الإخلال بقيام الدولة بعمل لاحق له فيه , أوالإمتناع عن عمل

1- د .علي صادق أبو هيف . المصدر السابق ص212 -213

2- المصدر السابق ص 214 - 217 انظر ايضا :

حامد سلطان . المصدر السابق ص306- 310

كان عليها أن تقوم به , أما إذا كان الضرر نتيجة لمباشرة الدولة لحقوقها الطبيعية في الحدود المقررة لها , ودون تعسف في استخدامها , فلا تكون عليها مسؤولية , كقيامها بتصرفات داخل اقليمها استنادا الى حق الدفاع الشرعي .

3- أن يكون الخطأ متعمدا أو نتيجة اهمال منها , وعلى ذلك فإن الضرر نتيجة قوة قاهرة أو ظرف طارىء , أو خطأ من الدولة المتضررة فإن المسؤولية تنتفي[1] .

ويمكن معالجة آثارها بالوسائل التالية :

1- الترضية : في حالة كون الضرر أدبيا كالإعتداء الدبلوماسي , أو معاقبة المتسببين بالضرر في موظفيها .

2- التعويض العيني : وهي اعادة الأشياء الى حالتها الأولى كرد الأموال المصادرة بدون وجه حق , أو اتخاذ اجراءات قانونية لإزالة آثار العمل المخالف للقانون الدولي .

3- التعويض المالي : وهو دفع العوض المالي النقدي لتعويض الضرر الذي أصاب الدولة المعنية[2] .

المبحث الثاني

مبادئ العلاقات الدولية

كانت مبادىء العلاقات الدولية في الحقبة الاستعمارية قائمة على حق الفتح , ولذلك تمكنت الدول الاستعمارية الأولى وهي أسبانيا والبرتغال وبلجيكا وهولندا ثم فرنسا وبريطانيا استعمار معظم أقطار القارة الأمريكية

1- المصدر السابق ص 216 – 218 –

2- د . عبد الواحد عزيز الزنداني . المصدر السابق ص 232 انظر ايضا :

شارل روسو . القانون الدولي العام , نقله الى العربية شكر اللـه خليفة . بيروت , الاهلية للنشر. 1987 ص 130- 135

الجديدة بعد اكتشافها ثم توسعت نحو أسيا وأفريقيا واستراليا , وكانت الحجة المتداولة هي (رسالة الرجل الأبيض) لتمدين الشعوب الأخرى , ولذلك نشبت الحروب الاستعمارية التي عمت أوربا في عهد نابليون , ثم الحربين العالميتين الأولى والثانية , وقد غلفت احتلالها بدواعي الإنتداب والوصاية , رغم أن هذا الحق حرم بعد انشاء عصبة الأمم , واتفاقية كيلوج - برياند عام 1948 .[1] ومن تلك المبادئ حق السيادة الوطنية , وحرية التعامل مع القوى الخارجية , والدفاع عن المصالح الوطنية[2] . وحرية التجارة عبر البحار , وحق الوصول الى جميع أنحاء العالم , والدعوة لإلغاء الإمتيازات الممنوحة للشركات لتعارضها مع تقدم التجارة والملاحة البحرية[3] . أما المبادىء الجديدة للعلاقات الدولية فهي :

أولا : تحريم الحرب وعدم الإعتداء :

وقد ادرج ذلك في ميثاق باريس عام 1928 م , وتطور هذا المبدأ الى تحريم الإستعدادات من اجل الحرب , ومنع التهديد بإستخدام القوة أو استخدامها ضد سلامة الأراضي أو الإستقلال السياسي لأية دولة ,أو على أي وجه لا يتفق مع مقاصد الأمم المتحدة . ووفقا لميثاق الأمم المتحدة لا يمكن استخدام القوة إلا في حالتين :

1- الإجراءات الجماعية التي تتخذ بقرار من مجلس الأمن , لمنع تهديد السلم والأمن الدولي , أو ادانة أعمال العدوان .

2- الدفاع الشرعي عن النفس , الفردي والجماعي في حالة العدوان المسلح ويتبع تحريمه الحرب تحريم الدعاية لها , والتحريض عليها .[4]

1- د . عبد الواحد الزنداني . المصر السابق ص 144

2- د . عبد المعطي محمد عساف . المصدر السابق ص 342

3- د. أدمون جوف . علاقات دولية , ترجمة منصور القاضي . بيروت , المؤسة الجامعية للدراسات والنشر والتوزيع 1993 ص16

4- د . عدنان طه الدوري , د . عبد الأمير العكيلي . المصدر السابق ص 93 -113

ثانيا : المساواة في السيادة :

وقد نص ميثاق الامم المتحدة على هذا المبدأ ويقصد بها المساواة القانونية , وليست الفعلية , لأن تركيبة مجلس الامن الدولي لا تؤكد البمساواة الحقيقية . ومن مظاهرها الحصانة , اي عدم الخضوع لقضاء دولة اخرى , ومبدأ المعاملة بالمثل , ومبدأ عدم التمييز بين الدول في منح التسهيلات والمزايا[1] .

ثالثا : حق تقرير المصير :

هو حق كل الشعوب في تقرير مصيرها بحرية كاملة , و تأكيد مستقبلها السياسي بعيدا عن أية وصاية يمكن أن تمارس عليها من قبل قوى خارجية , والهدف اقامة دولة مستقلة أ والإ نضمام الى دولة أخرى , أوالإستقلال الذاتي ضمن دولة متعددة القوميات , وينصرف الذهن باستمرار الى حق تقرير المصير للشعوب الخاضعة للإحتلال , غير أنه يتصرف أيضا الى(حق تقرير المصير الداخلي)أي حق وحرية الدولة في إدارة شؤونها الداخلية على النحو الذي ترتضيه لنفسها , وتراه متلائما مع مصالحها , دون تدخل أوانتهاك لسيادتها[2] .

وقد طرح الرئيس الأمريكي (ولسون) مبدأ حق تقرير المصير معاهدة الصلح في باريس 1919ولم تعره الدولة الإستعمارية المنتصرة في الحرب العالمية الأولى اهتماما ولم يمنع ذلك نضال شعوب العالم وثوراتها المستمرة لنيل الإستقلال , ولكن الغريب أن المندوب الأمريكي تحفظ على حق تقرير المصير في مناقشات الدورة الثامنة لحقوق الإنسان عام 1952[3] . غير أن

1- د. منصور ميلاد يوتس . مقدمة لدراسة العلاقات الدولية . طرابلس , جامعة ناصر 1991 ص 177-182

2- د. اسماعيل صبري مقلد . حق تقرير المصير . في " موسوعة العلوم السياسية " ص 786

3- د . عدنان طه الدوري , د . عبد الأمير العكيلي . المصدر السابق ص 101

الإتفاقيات والمنظمات الدولية اعترفت به , فقد أكدت الجمعية العامة للأمم المتحدة أن مبدأ حق تقرير المصير لا يقبل الجدل , وأن من واجب الدول المسؤولة عن ادارة الأقاليم غير المتمتعة بالحكم الذاتي تطبيقه , ويتبع ذلك قرار جديد عام 1960 م يؤكده , وينوه بعدم التذرع بعدم كفاية النضج السياسي والإقتصادي والإجتماعي والثقافي لتبرير تأخير منح الإستقلال للشعوب[1] . وكانت أخر ممارسة لهذا الحق هو استفتاء شعب تيمور الشرقية التابعة لأندونيسيا والذي اختار الإستقلال عام 2000م .[2]

رابعا : حل المنازعات بالطرق السلمية

وقد أكد على هذا المبدأ ميثاق عصبة الأمم , وميثاق الأمم المتحدة , والمنظمات الدولية , وحددت الطرق السلمية للتسوية بالوسائل السياسية والقانونية وهي :-

1- الوسائل السياسية وهي :

أ - المفاوضات المباشرة : أي التفاوض بين ممثلي الدول المتنازعة , والبحث عن الفرص والإمكانيات القائمة لحل المشاكل وجها لوجه دون وسطاء , وتسمى بـ(المفاوضات المباشرة) وعادة تكون المفاوضات تمهيدية تتبعها مفاوضات تفصيلية , وطرح الحلول وفي حالة نجاحها تستكمل اجراءات الصياغة القانونية , والتوقيع على معاهدة حول ذلك بالأحرف الأولى , تمهيدا للتصديق عليها بالطرق الدستورية[3] . ما في حالة الفشل فسوف تستكمل المفاوضات بينهما بشكل غير مباشر تتولاها دولة ثالثة .

ب - المساعي الحميدة , أو الخد مات الودية , أو تقوم دولة بتقديم خدماتها للجمع بين الطرفين أو الأطراف المتنازعة من خلال العمل على تقريب

1- المصدر السابق ص 103 - 104

2- الحياة 23 / 5 / 2002م

3- غي أنيل . قانون العلاقات الدولية , ترجمة نور الدين اللباد . القاهرة , مكتبة مدبولي 1999 ص 131

وجهات النظر لإستئناف المفاوضات دون أن تشترك فيها[1]. وتمتاز هذه الوسيلة بكونها تدخلا كتوما وموقرا , ومصرحا من قبل الدول المتنازعة , وتنتهي مهمة المساعي الحميدة بقبول الطرفين على الإلتقاء والنقاش[2].

جـ - الوساطة : وهي عرض احدى الدول نفسها للتوسط بين الطرفين , واقتراح صيغ للتسوية بينهما بعد اجراء اتصالات أولية , وقبولهما لها بالحد الأدنى دون أن تكون ملزمة بها , والوسيط لا يتمتع بأية سلطة قرار , ولكنه يجب أن يحوز بثقة الطرفين ويعتمد نجاح الوساطة على قدرة تأثير الدولة الوسيطة وممثليها , وتنتهي الوساطة في حالة رفض طرف واحد لها أو الطرفين , أو اعلانها الفشل , أما نجاحها فسوف يؤدي الى مشاركة الوسيط في التوقيع على اتفاقية بين البلدين , ولا بد من القول أن الوساطة لا تخلو من مصالح متحققة للدولة الوسيطة رغم ادعاء النزاهة , كما أنها تقدم الإغراءات والمساومات لضمان نجاحها[3].

د - التحقيق : وهو اجراء يهدف الى المعرفة الكاملة لوقائع النزاع , ويتم عادة بتشكيل لجنة أو جهاز من أفراد ينتمون الى الدول المتنازعة , ودول أخرى , لهم خبرة واختصاص في مجال النزاع , وتباشر اللجنة بالفحص , والتقصي ـ لكل جوانب النزاع والتدقيق في حجج الطرفين أو الأطراف , ومن ثم اتخاذ اجراءات على ضوء النتائج التي يتم التوصل اليها , غير أن للتحقيق صفة غير ملزمة[4].

هـ - التوفيق أو المصالحة : وهو قيام دولة أو مجموعة من دول بتولي فض المنازعات بين الدول , وبحث الوقائع والمشاكل القانونية , وصياغة تقرير

1- د . علي صادق ابو هيف . المصدر السابق ص 636

2- غي أنيل . المصدر السابق ص 133

3- المصدر السابق ص 134

4- د . مصطفى سلامة حسين . العلاقات الدولية . الأسكندرية , دار المطبوعات الجامعية 1984 ص 222-

يتضمن أوجه الإختلاف , والمقترحات لحلها , ويستمد قوته من رضا الأطراف المتنازعة , فهو يبحث في كيفية مراعاة مصالحها بعيدا عن الإعتبارات القانونية , ولكنه غير ملزم[1] .

و- اللجوء الى المنظمات الدولية : وفي مقدمتها مجلس الأمن الذي يدعو الأطراف المتنازعة لتسوية خلافاتهم بالطرق السلمية المعروفة أو اللجوء الى المنظمات الدولية والإقليمية واذا اخفقت فإن على مجلس الأمن التدخل , سيما اذا كان النزاع يعرض للخطر الأمن والسلم الدولي , ومن حق أي دولة تنبيه مجلس الأمن لذلك , وكذلك يحدد الأمين العام للأمم المتحدة , وعلى ذلك يبحث المجلس في اجراء تحقيقات وتقديم توصيات لحل النزاع , أو يعهد للأمين العام بتعيين ممثل له لبحث المشكلة وبإمكان الجمعية العامة القيام بنفس المهمة وتشكيل لجنة لحل المشاكل , تجنبا لإستخدام الفيتو في مجلس الأمن وبإمكان المنظمات الإقليمية التدخل والتوسط كل القضايا المتنازع عليها[2] .

2- الوسائل القضائية :

وهي التسوية التي تقوم بها جهات قضائية تكون قراراتها ملزمة , وتهدف الى تأكيد العدالة بين الأطراف المتنازعة وهي نوعين :

أ- التحكيم , ويتم من خلال اختيار محكم محايد بواسطة الطرفين أو الأطراف المتنازعة أو تشكيل لجنة من أعضاء متشاورين من طرفين مع تدخل محكم مرجح في حالة عدم الإتفاق , أو هيئة جماعية من محكمين يمثلون الطرفين المتنازعين ومحكمين محايدين , ولكن المهم اتفاق الطرفين أو الأطراف المتنازعة على اللجوء الى التحكيم والإلتزام بنتيجة القرار , ولا يجوز الطعن أو الإستئناف فيه[3] .

1- المصدر السابق ص 224
2- المصدر السابق ص 225 – 238
3- غي أنيل . المصدر السابق ص 148 - 152

ب - القضاء الدولي : وهو جهة دائمة للفصل في المنازعات الدولية بقرار ملزم لأطرافها , ويتمثل بمحكمة العدل الدولية أو أية محاكم إقليمية أو نوعية , ويتم اللجوء اليه باتفاق الدول المتنازعة أما عبر اتفاقيات تنص على ذلك أو القبول المسبق لولاية المحكمة على الطرفين , وفي هذه الحالة تكون قرارات القضاء الدولي ملزمة للأطراف , غير ان اختصاص المحكمة في الأصل اختياري , أما اجراءات المحكمة فهي تعيين موضوع النزاع وأخطار الأمم المتحدة به , وتعيين أطراف النزاع وكلاء عنهم, والإستعانة بمستشارين أو محامين , والنظر في الدعوى في جلسات علنية , وتبادل المذكرات التحريرية والشفهية , وسماع الشهود والخبراء, واتخاذ اجراءات مؤقتة لحفظ حق الخصوم , وتستعين المحكمة بالإتفاقيات والعادات الدولية , ومبادىء القانون العام , واحكام المحاكم, ويحق الفصل وفقا لمبادىء العدل والإنصاف , ويصدر القرار بالأغلبية ويكون مسببا , والقرار نهائي غير قابل للإستئناف[1] .

خامسا : التعايش السلمي

وهو مبدأ قائم على امكانية التعايش بين أنظمة سياسية واقتصادية واجتماعية مختلفة وقبول كل طرف بالأخر , وعدم التدخل في الشؤون الداخلية , وعدم الإستعداد للحرب , والتهديد بها أو استخدامها , نظرا للأثار المدمرة للحروب , سيما أسلحة الدمار الشامل . وقد نادى بهذا المبدأ الرئيس السوفيتي الأسبق (خروشوف) عام 1956 م , متراجعا عن فكرة (حتمية الحرب) بين النظامين الرأسمالي , والشيوعي وكان لهذا الاعلان دور كبير في تخفيف التوتر الدولي بين الكتلتين الشرقية والغربية . وفتح سبل

1- د . علي صادق أبو هيف . المصدر السابق ص 661 – 668 انظر ايضا :
شارل روسو. المصدر السابق ص 305- 313

الحوار بينهما وتطبيع العلا قات خدمة للمصالح المشتركة , واحلال التنافس السلمي بدلا من الحرب الباردة[1].

وقد ورد مبدأ التعايش السلمي في وثائق دولية كثيرة , منها التصريح السوفيتي الصيني المشترك عام 1954 , وقرارات قمة باندونغ عام 1955 م والجمعية العامة للأمم المتحدة عام 1957 [2].

سادسا : نزع السلاح :

وهو مبدأ ارتبط بالرغبة في اقامة سلام دائم في العالم , فقد أدى سباق التسلح الى الحربين العالميتين , والحرب الباردة والحروب الإقليمية , لذلك نشأت لجان نزع السلاح منذ عام 1925 م وقد أكد ميثاق الأمم المتحدة على تنظيمه , ولكنه حرم استخدام وصنع الأسلحة النووية , وكل أسلحة الدمار الشامل[3] . وقد اتفقت الولايات المتحدة الأمريكية والإتحاد السوفيتي السابق على تفادي الحرب النووية في اتفاقيه عام 1971 , 1973 م , وعلى تحريم وتخزين الأسلحة الكيماوية والبيولوجية عام 1972 , والتي وقعتها (94) دولة , واتفاقية الحد من الأسلحة الإستراتيجية (سولت الاولى) و(سولت الثانية) عام 1979 م , واتفاقية موسكو لحضر التجارب النووية عام 1963 م[4].

ولكن الدول لم تلتزم بهذه الإتفاقيات , واستمرت في امتلاك مختلف أنواع الأسلحة المحرمة دوليا , بسبب عدم المساواة بين الدول , فالدول المالكة

1- اسماعيل صبري مقلد . التعايش السلمي , في " موسوعة العلوم السياسية " ص 777 – 778 . انظر ايضا :

حسين فهمي مصطفى . التعايش السلمي ومصير البشرية . القاهرة , الدار القومية 1966 ص 5 وما بعدها

2- د . عدنان طه الدوري , د . عبد الأمير الكليلي . المصدر السابق ص 106

3- د . كاظم هاشم نعمة . العلاقات االدولية . بغداد , جامعة بغداد – كلية العلوم السياسية 1987 ص 343- 385

4- د . اسماعيل صبري مقلد , قضايا الأمن الإستراتيجية في " موسوعة العلوم السياسية , ص628 - 636

لها لا تخضع لرقابة الوكالة الدولية للطاقة النووية , بينما الـدول غـير النوويـة الموقعة لإتفاقية منع انتشار الأسلحة النووية تخضع للرقابة بشكل صارم[1] .

سابعا : عدم التدخل في الشؤون الداخلية والخارجية :

وهو مبدأ معترف به ويقضي بعدم شرعية التـدخل في شـؤون الـدول الاخـرى , سواء بالاكراه او ممارسة الضغوط السياسية والاقتصادية من قبل الدول الكبرى عـلى الدول الصغرى بما يتنافى مع حق السيادة والاستقلال[2] .

المبحث الثالث

العلاقات الدبلوما سية والقنصلية

المطلب الأول

العلا قات الدبلوماسية

إن العلاقات الدبلوماسية بين الدول قديمة , سواء بشكل وجود سفارات مؤقتـة أو دائمة , وقد استقرت هذه العلاقات في مؤتمر فينا عام 1815م بين الدول الأوربية , وامتدت لتشمل الدول جميعا , ولكن القانون الدبلوماسي تجسـد في اتفاقيـة فينـا عام 1961 , والذي فصل وجود البعثات الدبلوماسية وامتيازاتها وحصاناتها , وكل مـا يتعلق بالتمثيل والتفاوض الدبلوماسي .

وقد أكدت ديباجة الإتفاقيـة عـلى تحقيـق السـلم والأمـن الـدولي , وتوثيـق العلاقـات الوديـة بـين الأمـم مهـما كانـت الإختلافـات بـين نظمهـا الدسـتورية والإجتماعية , وبناء على ذلك فإن اقامة العلاقات الدبلوماسية بين الدول

1- د . محمد السعيد الدقاق , د . مصطفى سلامة حسين . القانون الدولي المعاصر . الأسكندرية , دار المطبوعات الجامعية 1997م ص 436 - 437

2- دانيال كولار . العلاقات الدولية , ترجمة خضر خضر . بيروت , دار الطليعة 1985 ص 51- 52

تتم بـتراضي الطرفين الـدوليين , وقد أكدت المـادة (3) أن مهـام البعثـات الدبلوماسية تنحصر فيما يأتي :

1- تمثيل الدولة المعتمدة لدى الدولة المعتمد لديها .

2- حماية المصالح الخاصة بالدولة المعتمدة ورعاياها في الدولة المعتمد لـديها في الحدود المقبولة في القانون الدولي .

3- التفاوض مع حكومة الدولة المعتمد لديها .

4- الإحاطة بكل الوسائل المشروعة بأحوال الدولة المعتمد لديها , وبتطورات الأحداث فيها , وموافاة الدولة المعتمدة بتقرير عنها .

5- توطيد العلاقات الودية , وتدعيم الصلات الإقتصادية والثقافية والعلميـة بين الدولة المعتمد لديها والدولة المعتمدة .

وعادة يتم تعيين رئيس البعثة الدبلوماسية بعد موافقة الدولة المعتمد لديها , ويجري أخطارها بذلك , ويمكن تعيين أعضاء البعثة والملحقين العسكريين وغيرهم بعد موافقة الدولة المعتمدة لـديها . ويتم تبليغ وزارة الخارجيـة للدولـة المعتمـد لديها بكل اجراءات التعيين , والدخول والرحيل مقدما . ولا بد مـن وجود كتـاب الإعتماد من قبل وزارة خارجية الدولة المعتمدة وتقديمها الى وزارة خارجية الدولة المعتمد لديها , وتقديم اوراق الإعتماد لرئيس الدولة وفق مراسيم خاصة .

وهنالك مراتب لرؤساء البعثات الدبلوماسية , تبدأمن السفراء , ثم المبعوثين والوزراء المفوضين ثم القائمين بالأعمال , وعادة يتم الإتفاق عـلى مسـتوى التمثيـل الدبلوماسي ومن الضروري تسجيل تـاريخ وسـاعة تـولي رؤسـاء البعثـات لمهماتهـم لأهميته في ترتيب الأسبقية في الإجتماعات والمؤتمرات .

وأجازت المادة (20) للبعثة الدبلوماسية ورئيسها وضع علـم دولتـه وشعارها على أماكن البعثة ومكان اقامة رئيس البعثة ووسائل المواصلات الخاصـة بـه وعلى الدولة المعتمد لديها تسهيل تملك أو ايجار الأماكن اللازمة للبعثـة , وسـكن أعضـائها بشكل لائق ,وحماية حرمة أماكن البعثة , واتخاذ التدابير اللازمة لمنع

أية أضرار بها , أو بأعضائها , فلا يجوز تفتيشها أواقتحامها , أوالتعرض لموجوداتها ووسائل نقلها بالمصادرة أو الحجز لأي إجراء تنفيذي .

وأقرت المادة (23) امتيازات رئيس البعثة , باعفائه من جميع الضرائب والرسوم , وكذلك أماكن البعثة , باستثناء الضرائب الخاصة لقاء خدمات خاصة . وأوجبت المادة (25) على الدولة المعتمد لديها فتح كافة التسهيلات اللازمة لقيام البعثات بمهامها , وحرية التنقل والمرور مع مراعاة القوانين واللوائح الوطنية التي تحرم دخول الأجانب الى المناطق المتعلقة بالأمن الوطني. واقرت المادة (27) السماح للبعثات بحرية الإتصالات للأغراض الرسمية مع حكوماتها وقنصلياتها والبعثات الأخرى حيثما وجدت , واستخدام الرسائل الرمزية , وحريةاستخدام الحقيبة الدبلوما سية التي لايجوز فتحها أو حجزها على أن تحتوي الوثائق الرسمية أو أشياء للإستعمال الرسمي , وفي حالة وجود عبوات منها يجب أن تحمل علامات ظاهرة تدل عليها , وحصانة حامل الحقيبة (الرسول الدبلوماسي) الذي يجب أن يحمل مستندا رسميا تدل على صفته .

وفي المواد (28 – 36) تأكيد للإمتيازات التي تخص أفراد البعثات وأسرهم ومساكنهم ومراسلاتهم , والمادة (37) تدور حول امتياز ات الأعضاء الإداريين الفنيين للبعثات ومستخدميها والخدم العاملين فيها.

وهناك مواد تعالج مدة الإستفادة من تلك الإمتيازات , وهي من بداية مباشرتهم العمل الى حين انتهاء مهماتهم الدبلوماسية أو الإدارية .

وتشمل الأشياء التي يتمتع بها الدبلوماسيون الأقاليم والدول التي يمرون منها , مع واجب احترام القوانين الوطنية , وعدم التدخل في الشؤون الداخلية , وأوجبت المادة (41) عدم استخدام مقرات البعثات بما يتنافى مع مهامها , وعدم ممارسة نشاط مهني أو تجاري بغرض الكسب الشخصي .

وتنتهي مهام المبعوثين الدبلوماسيين بإخطارمن الدولة المعتمدة الى المعتمد لديها بإنتهاء مهماتهم أو من الدولة المعتمد لديها إذا كان شخصا غير مرغوب فيه , ورفض الإعتراف به كعضو في البعثة .

أما في حالة النزاع المسلح فعلى الدولة المعتمد لديها تقديم كافة التسهيلات لمغادرة اعضاء البعثة , مع تمتعهم بالمزايا والحصانات الى حين مغادرتهم . أما في حالة قطع العلاقات الدبلوماسية بين دولتين بصفة مؤقتة أو دائمة فيجب احترام وحماية اماكن البعثة الدبلوماسية وأموالها ومحفوظاتها, وتسليمها الى دولة ثالثة ترتضيها الدولة المعتمد لديها والتي تقوم برعاية مصالحها ومصالح رعاياها فيها .

ويجوز للدول تطبيق مبدأ المعاملة بالمثل مع بعضها سواء في التعامل الإيجابي أوالسلبي , والإنفاق على معاملة أفضل[1] .

المطلب الثاني

العلاقات القنصلية

أما العلاقات القنصلية بين الدول فقد نظمتها اتفاقية فينا للعلاقات القنصلية عام 1963 م والتي تقع في (79) مادة , وقد كانت هذه العلاقات موجودة بين الدول قبلها وفقا للقواعد العرفية والمعاهدات الثنائية , وتختص برعاية القضايا الإقتصادية والتجارية والثقافية للدول .

ونصت المادة (2) منها على ان اقامة العلاقات القنصلية بين الدول تنشأ بناء على اتفاقها المتبادل , وان قطع العلاقات الدبلوماسية لا يترتب عليه تلقائيا قطع العلاقات القنصلية واكدت المادة (3) على ان ممارسة الأعمال القنصلية تكون عبر بعثات قنصلية , ويمكن ممارستها بواسطة بعثات دبلوماسية .

ونصت المادة (4) على أن انشاء العلاقات القنصلية وتحديد مقر البعثة ودرجتها واختصاصها واجراء تعديل عليها , وافتتاح قنصليات اخرى تقتضي موافقة الدولة المستقبلة , أما وظائفها فهي : -

---

1- هارولد نكلسون . الدبلوماسية , ترجمة محمد مختار الزقزوقي . القاهرة , مطبعة الأنكلو مصرية 1972 . المواد من 1 - 48 ص 5 وما بعدها

1- حماية مصالح الدولة الموفدة ورعاياها أفرادا أو هيئات , وتقديم العون والمساعدة لهم

2- تنمية العلاقات التجارية والإقتصادية والثقافية والعلمية , ومعرفة ظروف وتطور الحياة التجارية والإقتصادية والثقافية والعلمية في الدولة الموفد اليها , وإرسال التقارير بشأنها .

أ- اصدار جوازات السفر ووثائقها لرعايا الدولة , ومنح تأشيرات السفر للراغبين بالسفر اليها , والقيام بالأعمال الإدارية الأخرى .

ب- تمثيل رعايا الدولة أمام القضاء في الدولة الموفد اليها , وضمان حقوقهم ومصالحهم , وحماية القاصرين .

جـ - ممارسة حقوق الرقابة والتفتيش على سفن الملاحة البحرية والنهرية التابعة لجنسية الدولة الموفدة وطائراتها وتقديم المساعدة اللازمة لها .

د- ممارسة جميع الأعمال الأخرى التي توكل اليها .

أكدت المواد (6 – 7) على امكانية ممارسة الوظائف القنصلية خارج دائرة اختصاصها , وممارستها في دولة ثالثة أو لحساب دولة ثالثة بموافقة الدول الموفد اليها

أما درجات البعثة القنصلية فقد حددتها المادة (9) بأربع درجات هي القناصل ا لعامون, والقناصل ونواب القناصل والوكلاء القنصليون .

ويتم تعيين وقبول رؤوساء البعثات القنصلية وفقا لأسبقية منحهم الإجازة القنصلية, وأكدت المادة (17) على امكانية قيام الموظفين القنصليين بأعمال دبلوماسية في حالة عدم وجود بعثة دبلوماسية لها . وتخضع العلاقات القنصلية في كثير من اعمالها , كالتعيين والرحيل والإنتهاء وحماية مبانيها لإجراءات مماثلة للبعثات الدبلوماسية , سيماالتسهيلات والسكن والإمتيازات والحصانات وحرية التنقل والإتصالات وما شاكل ذلك[1] .

1- د . عدنان البكري .العلاقات الدبلوماسية والقنصلية , الكويت , دار الشراع1985 ص 155- 206

المبحث الرابع

التعاون الدولي

المطلب الأول

التعاون الدولي في أوقات السلم

هنالك شبكة واسعة من علاقات التعاون بين الدول تشمل كافة الميادين السياسية والإقتصادية والإجتماعية والثقافية والعلمية والعسكرية والدينية عبر اتفاقيات ثنائية أو جماعية , أو ضمن مؤتمرات إقليمية ودولية , وهي تزيد أواصر العلاقات الودية , وتساهم في حل الخلافات والمشاكل بالطرق السلمية , وتحقق المصالح المشتركة لها بشكل عام . غير أن الإتفاقيات والمعاهدات الدولية المعقودة التي تعبر عن حاجات الدول ومصالحها قد لاتكون متكافئة في كثير من الأحيان لأسباب تتعلق بحجم الدول وامكاناتها الإقتصادية والعسكرية والتكنولوجية , وهذا لا يشمل المعاهدات بين الدول ناقصة السيادة والدول الأخرى . ويمكننا تبين أوجه التعاون الدولي فيما يلي :

1- التعاون بين الدول المتجاورة الذي يأخذ شكل اتفاقيات ثنائية أو جماعية تتعلق بتحديد الحدود البرية والنهرية والبحرية , والإستفادة المشتركة من المياه , واقامة السدود , وصيد السمك , والملاحة البحرية , وانتقال الأشخاص , والرعي , ووضع علامات الحدود , واقامة المخافر الحدودية, وتسهيلات السفر , والإقامة للمواطنين , وتبادل المجرمين .[1]

2- التعاون الإقتصادي: وهو كل ما يتعلق بالصادرات والواردات , وانتقال رؤوس الأموال والخبراء والأفراد , وعمل اللجان المشتركة والشركات , وتحديد التعامل بالعملات المحلية أو الأجنبية والسماح بإقامة مشاريع مشتركة في المجالات الزراعية والصناعية , والخدمية , والمساهمة في

1- شارل روسو . المصدر السابق ص 165- 166

مشاريع التنمية , وعقـود المقاولات , واستخـدام الأيـدي العاملـة , والإستفادة من المواد الأولية , واستثمار الثروات المختلفـة , سيما في مجالات النفط والغاز والمعادن الأخرى , والإتفاق على مـنح مزايا (الدول الأكثر رعاية) والتسهيلات المصرفية لمـنح القروض وفوائـدها أو الإستدانة , وتـدريب الأيـدي العاملـة , وفـتح الـدورات وإقامـة الأسواق المشتركة , والمناطق الحرة , وتخفيض الرسوم والضرائب عـن السلع التجارية , وتحديد كمياتها وأنواعها.[1]

3- الجانب السياسي : ويشـمل التعاون والتحـالف السـياسي , وتنسيق المواقـف , والزيارات المشتركة لمسؤولي الدول , وعقد معاهدات الصداقة والتشاور في مختلف القضايا السياسية , سيما القضايا والمشاكل الثنائية والإقليمية والدولية , والسـعي لحلهـا بـالطرق السـلمية المعروفـة , والإنفـاق عـلى الإجتماعـات واللقاءات , ودعم حركات التحـرر والإستقلال , والإعـتراف بالـدول والكيانـات الجديدة , وتنشيط العلاقات الدبلوماسية وتطويرها.[2]

4- الجانب العسكري : وهو التعاون العسكري بـين الـدول في مجـالات التـدريب العسكري وتجارة السلاح , وتبـادل الخبـراء العسكريين , والزيـارات الميدانيـة والمناورات العسكرية المشتركة , والتصنيع العسكري لمختلف أنـواع الأسـلحة والعتـاد , والتنسـيق في مجـالات الخطـط العسـكرية , ورفـع كفـاءة الأداء العسكري.[3]

5- الجانـب العلمـي والتكنولـوجي : ويتعلـق بتبـادل الخبـرات العلميـة والتكنو لوجية , والمساهمة في البحوث والندوات والمؤتمرات العلمية ,

---

1- د. عبد الواحد محمد الفار . احكام التعـاون الـدولي في مجـال التنميـة الاقتصادية . القاهرة , عـام الكتب ص 261 – 304

2- محمد السيد سليم . المصدر السابق ص 103

3- المصدر السابق ص 289 . انظر ايضا :

د. فاضل زكي محمد . السياسة الخارجية وابعادها في السياسة الدولية . بغداد , مطبعة شفيق 1975 ص 109 – 110

والتدريب ونقل التكنولوجيا الحديثة في كافة المجالات , والعمل على تطوير الإمكانات والقدرات العلمية والتكنولوجية , وفتح المعاهد العلمية المشتركة , والقبول في الدراسات الجامعية الأولية والعليا .[1]

6- الجانب الثقافي والحضاري : وهو التعاون في المجالات الثقافية , سواء في الصحافة أو الإذاعة أو التلفزيون , وتبادل الخبرة فيها , واقامة المعارض المشتركة في الجوانب الفنية والمباريات الرياضية , والعمل المسرحي , واقامة معارض الكتب والآثار , والمهرجانات الموسمية , والمشاركة في الإحتفالات والندوات والمؤتمرات , ورفع كفاءة الأداء , واكتساب الخبرات , والسماح بالتنقيب عن الآثار وصيانة الشواخص الأثرية القديمة .[2]

7- الجانب الأمني : وهو التعاون لحماية الأمن الداخلي من خلال تعرف كل طرف على المشاكل الأمنية للطرف الأخر , وتزويده بالخبرات والخبراء , والتعاون المشترك لنبذ الإرهاب , وتبادل المعلومات عن الحركات السرية المسلحة , وملاحقة المجرمين عبر اتفاقيات تسليم المجرمين .[3]

8- الجانب الإجتماعي : ويشمل علاقات التعاون في مجالات العمل والأسرة والمرأة ورعاية المسنين , وتأهيل الشباب للعمل في كل القطاعات , ودعم القيم الدينية والأخلاقية , ورعاية دور العبادات والأماكن المقدسة , وتقديم العناية الطبية , ومكافحة الأوبئة , والأمية , ونشر التعليم واقامة الدورات المهنية , وتبادل الوفود الشبابية , والزيارات .

1- منصور ميلاد يونس . المصدر السابق ص 155 – 156
2- المصدر السابق ص 161 – 162
3- عبد الله بالقزيز . الامن القومي العربي . عمان , منتدى الفكر العربي 1989 ص 14 – 27 . انظر ايضا :
د. سمير خيري . الامن القومي العربي . بغداد , دار القادسية 1983 ص 43 – 49

المطلب الثاني

العلاقات في زمن الحرب

تستمر العلاقات الدولية زمن الحرب امتدادا لزمن السلم , فالقتال يحتاج الى مفاوضات واتصالات ولقاءات دبلوماسية لوقف الحرب , والإتفاق على مبادىء معينة , أو شروط محددة سواء انتهت الحرب بانتصار أحدالطرفين أو بصيغة لا غالب ولا مغلوب .

لقد اكدت الدول في علاقاتها , ومعاهداتها ومواثيقها الدولية على نبذ الحرب وعدم شرعيتها إلا في حالة الدفاع عن النفس , أو في حالة قرار من الأمم المتحدة يسبغ الشرعية عليها , كما حرمت ترتيب أية مكاسب وحقوق دولية أو اقليمية أو أية تبدلات جغرافية , ولكن الواقع يختلف تماما لأن الكثير من الدول العظمى أو الكبرى أو المحتمية بها تحصل على مكاسب حقيقية من جراء الحرب , وأخرها العدوان الأمريكي البريطاني على العراق الذي لم يكتسب أية شرعية دولية , غير أن مجلس الأمن في قراره 1483 اسبغ الشرعية على الإحتلال , وفوض سلطة الإحتلال التحكم بالإقتصاد العراقي[1] .

ولما كانت الحرب أمرا واقعا فقد جاء (قانون الحرب) من منطلق الضرورة وفكرة الإنسانية للمحافظة على السكان المدنيين من أهوالها ويمكن إيجاز المبادىء الواردة فيه كما يلي:-

1- يتم تعطيل العلاقات الدبلوماسية في حالة إعلان الحرب بين دولتين أو أكثر ويسفر الدبلوماسيون الى بلدانهم , مع توفير الإحترام , والتمتع بالحصانات والإمتيازات الى حين رحيلهم .

2- تلغى كافة الإتفاقيات والمعاهدات بين الدول المتحاربة عدا اتفاقيات الحدود .

1- انظر نص قرار مجلس الأمن 1483 الصادر في 22 آيار 2003 في صحيفة الحياة 2003/5/23م

3- تقيد حركة الرعايا للدول المتحاربة , سواء كانوا من رعايا الدولة نفسها أو الدولة المتحاربة معها , أو الدول المحايدة لضمان عدم انتقالهم واتصالهم بالأطراف الأخرى , وقد يطرد رعايا الدولة العدوة أو يحتجزون , خاصة القادرين على أداء الخدمة العسكرية

4- لا تمس أموال الرعايا والمحايدين , إلا بقدر ما تفرضه أعباء الحرب من وضع اليد عليها , وفي حالات الضرورة , مع وجوب التعويض , ويمكن احتجاز السفن والقطارات , ولكن الديون الرسمية لا تلغى[1] .

5- عدم المساس بالأفراد غير المقاتلين كأفراد الفرق الطبية ورجال الدين والمراسلين على أن يحملوا علامة مميزة لأن مهمتهم مهمة انسانية سواء كانوا في القوات البرية أو البحرية أو الجوية .

6- المحافظة على الأسرى والجرحى والغرقى , وعدم الإجهاز عليهم بعد استسلامهم والإحتفاظ بهم الى حين نهاية الحرب وتسليمهم الى بلدانهم أو تبادلهم .

7- منح صفة المحاربين للشعب المقاتل الرافض للإحتلال .

8- عدم استخدام الأسلحة المحرمة دوليا كأسلحة الدمارالشامل النووية والكيماوية والبيولوجية وما يتبعها من الرصاص المتفجر (دمدم) والسموم والقذائف الحارقة

9- عدم تدمير الممتلكات العامة كأماكن العبادة والمنشأت الخيرية والفنية والعلمية او النصب التاريخية والمستشفيات , أما الجسور والمواصلات التي يمكن أن يستفيد منها العدو فيجوز تدميرها .

10- لا يجوز ضم الأراضي أو الأقاليم الى الدول كنتيجة للحرب , ويمكن ادارتها أو السماح للإدارة السابقة بالعمل مع الإشراف عليها , وعدم اتخاذ أية اجراءات لتغيير معالم المدن والأقاليم .

1- علي صادق أبو هيف المصدر السابق ص 679 – 694

11- احـترام الدسـتور والقـوانين وعـدم الغائهـا أو اسـتبدالها إلا بضرـورة ملحـة، واستمرار الهيئات القضائية باصدار أحكامها , وعدم ارغامها على عكس ذلك .

12- احترام حياة السكان ومعتقداتهم وعدم اجبارهم على الإدلاء بمعلومـات عـن قواتهم المسلحة وعدم تكليفهم بخدمات لصالح جيش الإحتلال , إلا ما يلـزم لسد حاجاته . وعدم إجبارهم على القتال ضد وطنهم .

13- حماية المتفاوضين أثناء الحرب , واحترام الهدنـة المؤقتـة لإخلاء الجرحى والقتلى والغرقى , والهدنة الدائمية .

14- عدم التعرض للسفن التجارية وطائرات النقل غـير المشـتركة في القتال, مـع إمكانية تفتيشها , وعدم التعرض لسفن الصيد والبريد والمستشفيات ومـا يماثلها .

اما قواعد الحياد فهي عدم مشاركة القوات البريـة والبحريـة والجويـة للـدول المحايدة في الحرب , إلا في حالة الدفاع عن النفس , وعليهـا عـدم السـماح لقـوات الدول المتحاربة بالإستفادة من أراضيها وموانئها ومياهها الإقليمية وأجوائهـا إلا في حالات الضرورة كحالات اصلاح العطب , أو هياج البحر , ويجب مغادرتها خـلال مدة قصيرة , مع تقديم احتياجات المعيشة لها, وعلى الدول المتحاربة احترام حياد تلك الدول وعدم التعرض لها , وصيانة تجارتها إذا كانت ترفع علم بلادها , على أن لا تتضمن بضائع مهربة أو مـواد حربيـة[1] . وتنتهي حالـة الحـرب بإبرام الصـلح , أو اتفاقيات الهدنة , وتتناول معاهدات السلام تسوية جميع المشاكل التي كانت سببا للحرب , ومسألة التعويضات والعلاقـات المسـتقبلية بـين الطرفـين أو الأطـراف المتحاربة , وإطلاق سراح الأسرى وانهاء الإحتلال , وسحب القوات الى

1- المصدر السابق ص 700 – 805

الحـدود الدوليـة , والعـودة الى الإتفاقيـات والمعاهـدات المعطلـة, وعـودة العلاقات السلمية, ورفع القيود عن الدول المحايدة[1] .

غير أن بعض الـدول المتحاربـة لا تعلـن الحـروب بصـورة رسـمية كي لا تعتبر مسؤولة عن بدء الأعـمال الحربيـة , وتـتهم كـل دولـة الطـرف الأخـر ببـدء الحـرب , وتتجنب تعطيل العلاقات الدبلوما سية والمعاهدات ,كما جرى في الحـرب العراقيـة الإيرانية 1980 – 1988 كما لم تعلن الولايات المتحدة الأمريكيـة وبريطانيـا الحـرب على العراق في 20 آذار 2003م , وإنما أعلنت بدء العمليات العسكرية وانتهائها .

_____

1- المصدر السابق

الفصل الثاني

علاقات المنظمات الدولية

ظهرت فكرة التنظيم الدولي منذ القدم من أجل تحقيق السلام والأمن في العالم , والتعاون بين الدول , ففي العهد الروماني وجدت مصطلحات (قانون الشعوب) و(الدولة العالمية)[1]. ودعا الفارابي الى اقامة اتحاد عالمي فيما (سماه) بـ (المعمورة الفاضلة)[2] . ودعا دانتي في القرن الرابع عشر الى اقامة حكومة عالمية تعترف بها جميع الدول , ويخضع لها العالم , واستمرت الدعوات في أوربا لإقامة سلام دائم في ظل منظمة دولية تشمل دول العالم جميعا[3] .

غير أن الحروب توالت حتى وقعت الحرب العالمية الأولى , وظهرت على أثره (عصبة الأمم) من أجل تطبيق مشاريع السلام والتعاون , ولكنها هي الأخرى لم تصمد أمام الحرب العالمية الثانية التي أنتجت منظمة أقوى هي (الأمم المتحدة) , وهي منظمة اتحادية أشبه بالدولة العالمية لها سلطة تنفيذية (مجلس الأمن) وتشريعية (الجمعية العامة) وسلطة قضائية (محكمة العدل الدولية).

إن العلاقات الدولية القائمة بين الدول والحكومات مبنية على أساس استقلال كل دولة , والإعتراف بها , أما المنظمات فهي ذات صفات متعددة منها الدولية والإقليمية , وغير الحكومية , والشركات متعددة الجنسية , ولذلك فإن أدوارها في الساحة الدولية ليست واحدة , وهذا يقتضي دراسة كل منظمة وفقا لتكوينها وأهدافها وأدوارها .

1- د . حسن الظاهر . المصد رالسابق ص 88

2- أبو نصر الفارابي . اراء اهل المدينة الفاضلة . المصدر السابق ص 25

3- د . بطرس بطرس غالي , د . محمود خيري عيسى , المصدر السابق ص 403

المبحث الأول

المنظمات الدولية الرسمية

وهـي مـنظمات تتمتـع بالشخصية القانونية , بمعنى الحقـوق والواجبـات والمسؤولية الدولية , ولها أهداف مدونة في مواثيقها , وتستطيع ممارسة حقوقها وواجباتها وفقا لصلاحياتها , والتعامل مع الـدول ومقاضاتها , ومع ذلك فإنها لا تتمتع بصفات الدولة , فقراراتها لاتحمل الصفة الإلزامية رغم موافقة الدول عليها .

سواء كانت بـالإجماع أو الأغلبيـة , ولذلك فـإن قراراتها في الأغلب توصيات للعمل بموجبها ,غيـر أن الـدول تلتـزم بها وفقا لإراداتها المستقلة , ووفائها بما التزمت به في الإنضمام إليها[1] .

ويثبت عدم الإلتـزام بتلـك القـرارات والتوصيات في مواقف الـدول الدائمـة العضوية في مجلس الأمن , والتي لها حق الفيتو في رفض أي قرار يمـس مصالحها , كما يتوضح في الرفض المستمر للكيان الصهيوني لقرارات الأمم المتحدة دون عقوبات , بسبب حمايته من الدول الغربية عامة , والولايات المتحدة خاصة , أمـا الـدول الصغيرة فمن السهولة اجبارها على الإنصياع للقرارات الدولية كالعراق عام 1990 – 2003

المطلب الأول

عصبــة الأمـم

أقيمت العصبة في معاهدة فرساي عام 1919 م ودخل ميثاقها حيز التنفيذ عام 1920 واستهدفت توثيق التعاون بين الأمم وضمان السلم والأمن الدولي , وعدم الرجوع الى الحرب , والتزام الدول بذلك , واحترام قواعد القانون الـدولي , وتحقيـق العدالة واحترام الإلتزامات المقررة في المعاهدات, واقامة

1- د. عبد القادر محمد فهمي , نظرية السياسة الخارجية . الحديدة , جامعة الحديدة 2001 ص 37 – 39

العلاقات بين الدول علانية على أساس العدالة والشرف , وفتحت الباب مفتوحا لإنضمام الدول اليها بشرط الإلتزام بميثاقها , وقد تكونت هيئاتها من :

1- الجمعية العامة : وتضم مندوبي جميع الدول الأعضاء فيها .

2- مجلس العصبة : وتضم (9) دول من الأعضاء منهم (5) دائمون يمثلون دول الحلفاء الكبرى الخمس وهي (بريطانيا , فرنسا , ايطاليا , روسيا , اليابان), و(4) دول تنتخب مناوبة .

3- الأمانة العامة : ويتولاها أمين عام منتخب يكون اداة الإتصال بين العصبة والدول واختيرت جنيف مقرا لها , واعتبر ممثلي الدول والموظفين فيها مشمولين الإمتيازات والحصانات الدبلوماسية .

وقد واجهت العصبة مشاكل عديدة , في مقدمتها عدم التزام الدول بميثاقها , خاصة في تخفيض التسلح , وضمان سلامة أقاليم الدول واستقلالها السياسي ضد العدوان الخارجي , فقد اعتدت ايطاليا على الحبشة بالقوة العسكرية واحتلتها وهي عضو في العصبة , ولم يستطع مجلس العصبة وقف ذلك العدوان ولم ينجح في فض المنازعات بالطرق الودية . أما العقوبات والجزاءات , فقد طبقت على إيطاليا لإعتدائها على الحبشة عام 1936 م ولكنها لم تكن فعالة , ولم تطبق العقوبات العسكرية على أية دولة , وطبقت عقوبة الطرد على روسيا لإحتلالها فنلندة عام 1939 . وأقرت العصبة علانية المعاهدات وتسجيلها لإستبعاد الخطر الناجم عن سرية المعاهدات , وأباحت اعادة النظر بها إذا أصبحت غير صالحة للتطبيق بتغير ظروفها , وسجلت الغاء أية معاهدة تتنافى مع ميثاق العصبة .

أما في مجال التعاون الدولي فقد اهتمت بالشؤون الإقتصادية والمالية الدولية وسعت الى تقريب النظم الكمركية وتوحيدها وتعاون الدول على مكافحة الأمراض وتحسين حالة الصحة العامة , واهتم بالمسائل الإجتماعية والإنسانية لتحسين حالة العمال وتنظيم ساعات العمل , ومقاومة الفقر ,

ومحاربة الأتجار بالرقيق والنساء والأطفال ومقاومة المخدرات , ونجحت بتشجيع التعاون الفكري بين الشعوب , وعقد مؤتمرات علمية وثقافية , والإهتمام بتدوين القانون الدولي . وقد اقتضى كل ذلك تشكيل لجان عديدة ومتخصصة .

أما في الجانب الإداري فقد اقرت العصبة بنظام الإنتداب , وطلبت من الدول المنتدبة تقديم تقارير سنوية عن الأقاليم الخاضعة للإنتداب , ومناقشتها , وكانت منطقة (حوض السار) قد سلمت الى فرنسا لتعويضها عن خسارة مناجمها خلال الحرب وبإشراف العصبة , ثم اعيدت الى ألمانيا بعد استفتاء جرى عام 1935 وكذلك ميناء (دانزك) الذي اشركت بولندا في حكمها , ولكن ألمانيا أعادته بالقوة , وقررت العصبة حماية الأ قليات وفقا لمعاهدات الصلح بعد الحرب , واحاطتها علما بكل اخلال بحقوقها .

وجاءت نهاية العصبة عام 1946 بعد فشلها في منع الدول الكبرى من العدوان على الدول الصغرى , سيما غزو ألمانيا للنمسا وجيكوسلوفاكيا وبولندا , وفشلها في اتخاذ مواقف حازمة من الدول المعتدية , فضلا عن قصور ميثاقها , وفعاليته في معالجة المنازعات الدولية , فقد اخفقت في تنفيذ برامج تحديد التسلح , مما أتاح لبعض الدول زيادة تسلحها , والإخلال بمبدأ توازن القوى , كما أنها افتقرت لوجود ادارة تنفيذية لتنفيذ قراراتها , سيما القوة العسكرية لردع الدول المعتدية واحترام ميثاق العصبة وقراراتها[1] .

المطلب الثاني

منظمة الأمم المتحدة

ولدت هذه المنظمة عام 1945 وأريد بها تلافي أوجه القصور في ميثاق العصبة , والسعي لتحقيق السلم والأمن الدولي , واتخاذ تدابير مشتركة فعالة

1- علي صادق أبو هيف . المصدر السابق ص 527 – 532 أنظر أيضا :
أحمد حسن الرشيدي , عصبة الأمم في " موسوعة العلوم السياسية " ص 1009 – 1010

لمنع الأسباب التي تهدد الأمن وقمع أعمال العدوان , وانماء العلاقات الودية بين الدول , وتحقيق التعاون بينها في مختلف النواحي .

وقد جاءت مباد ئها مؤكدة على مبدأ المساواة في السيادة بين الدول , وتنفيذ الدول لإلتزاماتها بحسن نية , وحل الخلافات والمنازعات بالطرق السلمية والإمتناع عن التهديد بإستعمال القوة أو استخدامها ضد سلامة الأراضي والإستقلال السياسي لأية دولة , وتقديم العون للأمم المتحدة في أي عمل تتخذه وفق الميثاق , والاقتناع عن مساعدة اية دولة تتخذ الأمم المتحدة ازاءها أعمال المنع أو القمع , وأن على الدول غير الأعضاء السير وفقا لهذه المبادىء بقدر ما تقتضيه ضرورة حفظ الأمن الدولي وعدم تدخل الأمم المتحدة في الشؤون الداخلية التي هي من صميم السلطان الداخلي لأية دولة .وفتح الميثاق للدول طلب العضوية فيها , وقرر (6) فروع لها هي :

1- الجمعية العامة , وتضم جميع الاعضاء , ولها انتخاب رئيس ومساعد ين له للقيام بوظائفها , ولها الحق في منا قشة كل الشؤون السياسية , وتقديم توصيات الى مجلس الأمن بشأنها , عدا تلك القضايا التي ينظر فيها مجلس الأمن . وفي حالة إخفاق مجلس الأمن في اتخاذ موقف معين بسبب استخدام الدول لحق الفيتو , فإن على الجمعية العامة معالجة الموقف انقاذا للسلام العالمي .

ومن وظائفها انتخاب اعضاء المجلس الإقتصادي والإجتماعي , ومجلس الوصاية , وقضاة محكمة العدل الدولية بالمشاركة مع مجلس الأمن , وتعيين الأمين العام بناء على توصية مجلس الأمن, وقبول وطرد الدول الأعضاء , والإشراف على الشؤون المالية , وتقديم توصيات لتنمية التعاون الدولي , وهي التي تقرر تعديل الميثاق , ولها لجان مختلفة لكل تلك الوظائف . ولكل دولة صوت واحد فيها .

2- مجلس الأمن : وهو أداة الأمم المتحدة في الحفاظ على السلم والأمن الدولي , وله حق مناقشة أية قضية تهدد السلم والأمن الدولي , واتخاذ

قرارات بشأنها , ويتكون من خمسة أعضاء دائميين هم (بريطانيا , فرنسا , والولايات المتحدة الأمريكية , وروسيا , الصين) و(10) أعضاء غير دائميين ينتخبون من قبل الجمعية العامة لمدة سنتين , ويحتفظ الأعضاء الدائمون بحق الفيتو .

3- المجلس الإقتصادي والإجتماعي : ويعمل على تحقيق مستوى أعلى للمعيشة والتطور الإقتصادي والإجتماعي , وحل المشاكل المتعلقة بذلك , وتعزيز التعاون الدولي في أمور الثقافة والتعليم , والعمل على اشاعة احترام حقوق الإنسان والحريات الأساسية للمجتمع وينتخب أعضاؤه الـ (27) من قبل الجمعية العامة وله فروع ولجان عديدة

4- مجلس الوصاية : ويشرف على تنفيذ الوصاية للأقاليم , وقدانجز أهدافه في انهاء الوصاية عل الأقاليم التابعة له .

5- محكمة العدل الدولية : وهي الأداة القضائية للأمم المتحدة , وتتكون من (15) قاضيا ينتخبون بغض النظر عن جنسيتهم من ذوي الصفا ت الخلقية العالية والحائزين على المؤهلات المطلوبة كالكفاءة , ويمنع عليهم إشغال أية وظائف سياسية أو ادارية او العمل بالمهن , أو العمل كوكلاء ومحامين ومستشارين لأية قضية , وللمحكمة وظائف الفصل في النزاعات القانونية , والإفتاء في أية قضية قانونية , وعلى الدول الموافقة علىولاية المحكمة مسبقا , وتقديم الوثائق والادلة التي تخص القضايا المطروحة امامها , وعلى المحكمة اصدار الأحكام في جلسات علنية واخطار الأمم المتحدة بها.

6- الامانة العامة : وهو جهاز يضم الأمين العام الذي ينتخب لمدة (5) سنوات من قبل الجمعية العامة بعد توصية مجلس الأمن , ويقوم بتسيير أمور الأمم المتحدة وفقا للميثاق , وتعيين موظفي الأمانة العامة , والإشراف على مكاتب الإدارات التابعة له , ويتولى أعماله في كل إجتماعات مجالس الأمم المتحدة , ويقدم تقارير سنوية للجمعية العامة حولها , وينبه مجلس الأمن الى كل مسألة

تهدد الأمن والسلم الدولي , ويحضر- مشروع الميزانية , ويوجه الدعوات للدول ويسجل المعاهدات , ويتولى تمثيل الأمم المتحدة أمام المحاكم والمنظمات الدولية الأخرى , وليس للأمين العام تلقي أية تعليمات من أية حكومة أو سلطة خارجية , وعلى الدول حترام مسؤوليات الأمين العام , وعدم السعي للتأثير عليه[1] .

أما واقع الأمم المتحدة فقد كانت غيرقادرة على تحمل مسؤولياتها بسبب حق الفيتو الذي استخدمته الدولتان الإتحاد السوفيتي والولايات المتحدة خلال الحرب الباردة , ثم اصبحت أسيرة الولايات المتحدة الأمريكية تستخدمها كأداة من أدوات سياستها الخارجية في فرض هيمنتها على العالم, ولذلك حين تعرض الأمين العام السابق بطرس بطرس غالي على ممارسات الكيان الصهيوني رفضت الولايات المتحدة التجديد له , فانتخب كوفي عنان بد له , والذي قلما يعترض على السياسة الأمريكية أو يستنكر تدخلها في الشؤون الداخلية لدول العالم .

المطلب الثالث

المنظمات والوكالات المتخصصة

هنالك مجموعة كبيرة من المنظمات والوكالات المتخصصة التي تستهدف تحقيق التعاون الدولي في كل ميادين الحياة الدولية , وفقا لميثاق الأمم المتحدة في تساوي الدول صغيرها وكبيرها في الحقوق والواجبات , وتحقيق مستوى

1- د . علي صادق أبو هيف . المصدر السابق ص 534 – 564 . انظر ايضا :
حامد سلطان . المصدر السابق ص 905 – 1085

معيشة أعلى , وتوفير الإستخدام الأفضل للموارد , وتحقيق التطور والتقدم الإقتصادي والإجتماعي ومن هذه المنظمات :-

1- هيئة العمل الدولية : وتتشكل من ممثلي الحكومات والعمال وأصحاب الأعمال الذين يساهمون في وضع سياساتها واصدار قراراتها , ومركزها في جنيف ولها مكاتب اقليمية ولجان متعددة , وقد أقرت مؤتمراتها أكثر من (100) اتفاقية دولية خاصة بالعمل والعمال , وساعات العمل والأجور والإجازات وحرية الإجتماع والتعبير عن رأي العمال , وتحريم تشغيل النساء والأحداث ليلا في المناجم وتحريم العمل الإجباري والسخرة , أما تنفيذها فمرتبط بمصادقة الدول الموقعة عليها , وتساعد الحكومات بوسائل شتى كمناهج التدريب والبعثات , والأبحاث , ورفع مستوى المعيشة والإقتصاد لزيادة الإنتاج

2- هيئة الأغذية والزراعة : تعمل على تحسين تغذية السكان في كافة الأقطار, ورفع مستوى الكفاءة في الزراعة والغابات ومصائد الأسماك , وتحسين أحوال القرويين ومعاونة الشعوب لرفع مستوى المعيشة فيها , وتقدم المساعدات الفنية لمن يطلبها , وتعد دراسات خاصة حول الزراعة والغذاء, كالمحافظة على التربة ومقاومة الأمراض , وحرائق الغابات وما شاكل , وتساعد الدول المتجاورة أو التي تهمها مشاكل واحدة , وتنظم برامج مشتركة لمكافحة الجراد ولجان اقليمية للغابات و مجالات صيد الأسماك , ولها مكاتب اقليمية عديدة .

3- اليونسكو (هيئة الأمم المتحدة للتربية والتعليم والثقافة) : تستهدف تنمية التعاون الدولي في ميادين التربية والعلوم والثقافة , واحترام سيادة القانون , وحقوق الإنسان العالمية , وحرياته الأساسية بدون تمييز , وتقوم بالمساعدة على تبادل المعرفة والتفاهم بين الشعوب , وتشجيع البحث العلمي , وحرية الإعلام من أجل اقامة مجتمع عالمي متضامن , وتوحيد جهود العلماء ورجال الفن والتربية , وتقديم العلم , والقضاء على الأمية , وتقدم المعونات المالية

الى الهيئات في كافة الميادين الثقافية , واقامة المعارض المتنقلة , وتوثيق الصلة في جميع بقاع العالم[1] .

4- الهيئة الصحية العالمية : وتعمل على تنفيذ برامج واسعة لمساعدة الأمم على تعزيز الخدمات الصحية العامة, والإستشارات الفنية للدول , وبرامج التدريب والإرشاد لمكافحة الأمراض وايفاد الخبراء , وتقديم المنح الدراسية للأطباء والممرضات , واجراء البحوث , وتقرير أفضل الوسائل للقضاء على الأمراض المتفشية ,واصدار نشرات متخصصة في الميادين الصحية .

5- البنك الدولي للإنشاء والتعمير : ويقوم بتمويل عمليات تعمير المناطق التي دمرتها الحرب , والنهوض بالمناطق المتخلفة , وتقدم القروض مباشرة الى الدول , لغرض تحسين المرافق الأساسية كالطرق وسكك الحديد , والمشاريع والخدمات الضرورية .

6- صندوق النقد الدولي : ويسعى لتشجيع التعاون النقدي الدولي , وتوسيع التجارة الدولية والعمل على تثبيت وتنسيق نظم التعامل النقدي الدولي بين الأعضاء , ومنع التنافس في تخفيض العملة , والمساعدة على قيام نظام مرن للدفع وعقد الصفقات , ويقوم بتوفير النقد الأجنبي وبيعه للأعضاء , وتقديم المشورة في شؤون النقد .

7- المؤسسة المالية الدولية : وغرضها تحقيق التنمية الإقتصادية بتشجيع الإنتاج الأهلي (القطاع الخاص) للدول الأعضاء . وتوظيف أموالها في المشروعات الخاصة مع المستثمرين بشروط معقولة .

8- هيئة الطيران المدني الدولي : وتقوم بدراسة مسائل الطيران المدني الدولي , ووضع مشروعات الإتفاقات الخاصة بالطيران والنقل الجوي , وتأمين الطيران وأعمال البحث والإنقاذ والتسهيلات الضرورية لسلامة الطيران ,

---

1- المصدر السابق ص 567 – 572

وتقديم المعونة المالية أو الفنية للمحافظة على الملاحة الجوية ,وتوفير كافة المعلومات الخاصة بالطيران المدني

9- اتحاد البريد العالمي : وهدفه تنظيم تيسير نقل الرسائل البريدية بين مختلف الدول الأعضاء فيه , بحيث يصبح العالم منطقة بريدية واحدة .

10- الإتحاد الدولي للمواصلات السلكية واللاسلكية : وتهدف الى وضع القواعد الدولية المنظمة لشؤون الإذاعة والبرقيات وتقدمها وتوسعها بأقل نفقة وتوزيع الموجات الإذاعية وتسجيل الذبذبات وتنسيق نشاط الدول في هذا المجال[1] .

11- الهيئة العالمية للأرصاد الجوية : وتتمثل أهدافها في تيسير التعاون على نطاق عالمي بإنشاء شبكات محطات الرصد الجوي , والظواهر الجغرافية المتعددة وصيانتها , وتبادل المعلومات الجوية بين الدول , وتوحيد مراقبة الأرصاد الجوية وتنسيق نشراتها واحصاءاتها , والإستفادة منها في الطيران والملاحة البحرية , والزراعية , وكل أوجه النشاط الإنساني , وتشجيع البحث والتدريب .

12- الوكالة الدولية للطاقة الذرية : وأهدافها هي تنمية مساهمة الطاقة الذرية وتوسيعها للأغراض السلمية , والتأكد أن المساعدات المقدمة لا تستخدم لأغراض عسكرية.

13- الهيئة الإستشارية الدولية للملاحة البحرية : وترمي الى توفير اداة التعاون بين الحكومات , وتقديم المساعدات الفنية لتأمين السلامة في عرض البحار , وازالة القيود التي تضعها بعض الحكومات , وتبادل المعلومات , ووضع مشاريع الإتفاقيات الدولية بهذاالشأن .

14- الهيئة الدولية للتجارة : وتستهدف تنمية التجارة الدولية وتوسيع نطاقها وتشجيع التقدم الإقتصادي في البلدان النامية , فضلا عن الرسوم الكمركية والحصص التجارية , والتصدير والنقل والإجراءات الكمركية , واتفاقيات

1- المصدر السابق ص 572 - 580

تجارة السلع واستثمار رؤوس الأموال الأجنبية , وفض المنازعات التجارية.[1]

15- صندوق الأمم المتحدة للأطفال (اليونسيف) : ويهتم برعاية برامج رعاية الأطفال والعناية بصحتهم في المناطق النامية : ويقدم مساعدات طارئة لإنقاذ الأطفال في المناطق التي تحل بها الكوارث , وكذلك مساعدة الدول لإقامة خدمات دائمة لرعاية الأطفال والأمهات والعناية بصحتهم وارسال الخبراء والإمدادات والمواد الغذائية والعمل على النهوض بتعليم الأسر الريفية مبادىء التغذية السليمة , وتحويل بعض المشاريع لهذا الغرض[2] .

16- مكتب مندوب الأمم المتحدة السامي لشؤون اللاجئين : وقد أنشأ لحماية اللاجئين الذين يعيشون خارج وطنهم الأصلي بسبب الخوف من الإضطهاد , فهو مكتب إنساني اجتماعي يسعى لتقديم المساعدات للاجئين وبرامج التدريب المهني ورعاية المسنين منهم , والسعي لإعادتهم الى أوطانهم بشكل اختياري .

17- وكالة الأمم المتحدة لإغاثة اللاجئين الفلسطينيين وتشغيلهم (الأونروا), وتقوم برعاية اللاجئين الفلسطينيين الذين طردوا من بلادهم من قبل القوات الصهيونية , و توزعوا في الأقطار العربية المجاورة لفلسطين, وكذلك تقدم الوكالة لهم الغذاء والخدمات الصحية والتعليم والسكن والتدريب , وتحصل الوكالة على الأموال من خلال التبرعات .

18- صندوق الأمم المتحدة الخاص : وقد أنشأ عام 1985م لدعم اقتصاديات الدول المتخلفة , وتنفيذ برامج المعونة الفنية , وتمويل المشاريع الإقتصادية والتدريب والبحث لتخريج العلماء , وقد قدم مساعدات مهمة للدول[3] .

1- المصدر السابق ص 581 – 586

2- د. غالب الداوودي , مذكرات في مبادىء العلوم السياسية جـ 3 . البصرة , دار الطباعة الحديثة 1996ص 184 – 186

3- المصد السابق ص 187 - 192

19- مؤتمر الأمم المتحدة للتجارة والتنمية (الأونكتاد) وقد أقيم عام 1964 م من أجل تعزيز التجارة ودعم التنمية الإقتصادية في مختلف الدول , سيما النامية , ولها لجان عديدة تتولى تنسيق برامجها , والعمل على نقل التكنولوجيا الى الدول الأخرى[1] .

20- منظمة الأمم المتحدة للتنمية الصناعية (اليونيدو) : وتهدف الى تعزيز التنمية الصناعية بين الدول الأعضاء , سيما الدول النامية , وتشجيع التعاون والإستفادة من الموارد الطبيعية للنهوض بالصناعة , وتقدم مساعداتها في تحقيق الأساليب الحديثة في الإنتاج والتخطيط والبرامج والمساعدة الممكنة في مجال الصناعة[2] .

21- المنظمة الدولية للشرطة الجنائية (الأنتر بول) . وهدفها تأكيد وتشجيع وتقديم المعونة المتبادلة بين أجهزة الشرطة , والإعلان العالمي لحقوق الإنسان, ودعم المؤسسات لمنع الجرائم , وإقامة أجهزة تتعاون مع الدول لمكافحة الجرائم , والقاء القبض على المجرمين الفارين من وجه العدالة[3] .

22- الإتفاقية العامة للتجارة والتعريفات (الجات) : وتهدف الى إلغاء كافة القيود التي تعرقل حرية التجارة الدولية , والعمل على تخفيض الرسوم الكمركية وتطبيق مبدأ المساواة في التعامل بين الدول4.

23- برنامج الأمم المتحدة للتنمية : وهو أضخم برنامج لتقديم المعونة متعددة الأطراف الى الدول النامية , سيما الخبرة الفنية والتجهيزات اللازمة لإقامة

1- أحمد حسن الرشيدي . الاونكتاد . في " موسوعة العلوم السياسية " ص 1024

2- أحمد حسن الرشيدي .منظمة الأمم المتحدة للتنمية الصناعية . في " موسوعة العلوم السياسية " ص 1053 - 1054

3- أحمد حسن الرشيدي. المنظمة الدولية للشرطة الجنائية . في " موسوعة العلوم السياسية" ص 1056

4- أحمد حسن الرشيدي. الإتفاقية العامة للتجارة والتعريفات (الجات) . في " موسوعة العلوم السياسية . ص1062

مشاريع تنموية في كل القطاعات الإقتصادية والإجتماعية وتشجيع الدول النامية لرصد اعتمادات مالية مقابل المعونة المقدمة لها[1].

24- برنامج الغذاء العالمي : ويعمل على للقضاء على الجوع وسوء التغذية ومتابعة أوضاع الغذاء في العالم وبحث مشكلاتها وحلها . ويقدم مساعدات غذائية الى الدول الأكثر فقرا في العالم[2].

25- المنظمة العالمية للملكية الفكرية : وتعمل على كفالة واحترام حقوق الملكية الفكرية , وما يتصل بها من براءات الإختراع والتصميمات وذلك عن طريق التعاون بين الدول والهيئات والمنظمات الدولية , وتعزيز حماية الملكية الفكرية في شتى انحاء العالم3 .

26- هيئة التنمية الدولية : وتهدف الى تقديم قروض طويلة الأجل بفوائد قليلة للدول النامية الحديثة العهد بالإستقلال وبشروط مرنة لتحقيق التنمية الإقتصادية ورفع مستوى معيشة السكان[4] .

المطلب الرابع

المنظمات الإقليمية

وهي المنظمات الدولية الإقليمية التي نشأت لتحقيق المصالح المشتركة للدول المتماثلة في مصالحها , والتي ترتبط مع بعضها بروابط شتى , ولذلك تعمل على التنسيق والتعاون مع بعضها في شتى المجالات . ويمكن تقسيمها الى عدة أقسام هي :

1- د . حسن نافعة . الأمم المتحدة في نصف قرن ,دراسة في تطور التنظيم الدولي منذ 1945. الكويت , عالم المعرفة

2- المصدر السابق ص 238

3- أحمد حسن الرشيدي . المنظمة العالمية للملكية الفكرية . في " موسوعة العلوم السياسية " ص 1067

4- رياض الداودي . هيئة التنمية الدولية . في " موسوعة العلوم السياسية . ص 1069

أولا : - المنظمات القارية :

وهي المنظمات المختصة بقارات محددة , والتي تترابط مع بعضها جغرافيا وسكانيا واقتصاديا , ومنها :

1- اتحاد الدول الإمريكية : نشأت عام 1889 لتنسيق العلاقات التجارية في مختلف بلاد القارة الجديدة , ولكنه تطور ليشمل التعاون السياسي والتشريعي والإجتماعي والثقافي . وفي عام 1940 م اتفقت دول الإتحاد على اعتبار أي عدوان من خارج القارة على أية دولة أمريكية عدوانا عليها جميعا . وغدا منظمة تعمل على حماية السلم في القارة الإمريكية , وحل النزاعات مع بعضها حلا سلميا , وتحقيق التعاون في كل المجالات.(7)

2- الإتحاد الأفريقي : وقد أقيم عام 2001 م على انقاض منظمة الوحدة الأفريقية التي اقيمت عام 1963 من أجل تقوية روابط دول القارة في كل المجالات السياسية والإقتصادية والإجتماعية والثقافية , وقد أقامت مؤسسات جديدة كمحكمة العدل الأفريقية , والبنك الأفريقي , فضلا عن مؤتمرات الرؤساء واللجان المختصة تمهيدا لتحقيق الإتحاد بين الدول الأفريقية1 .

ثانيا : المنظمات الإقتصادية :

1- منظمة الأقطار المصدرة للنفط (الأوبك) . أنشأت عام 1960 م لحماية أسعار النفط من التدهور , وقد ضمت أقطارا متباعدة جغرافيا ولكنها متضامنة اقتصاديا لتحديد سقف الإنتاج والأسعار .

1- رانيا حسين خفاجة . الإتحاد الأفريقي خطوة جديدة في مسيرة القارة في مجلة " السياسة الدولية " العدد (150) أكتوبر .

2- مجموعة الأنديز : وتشمل تشيلي وكولومبيا وفنزويلا وبيرو والأكوادور من أجل تنشيط التكامل الإقتصادي بينها , وتشجيع التنمية المتوازنة , وتيسير المشاركة في التكامل على أساس التجارة الحرة مع بعضها[1] .

3- منظمة الأسيان :وهي منظمة اقتصادية تضم اندونيسيا وفيتنام وكمبوديا ولاوس وماليزيا وسنغافورة و ماينمار والفلبين وتايلاند وبروناي , تهدف الى التنمية الإقتصادية وفقا لإقتصاد السوق والتنسيق بين الدول الأعضاء في مجالات الرسوم الكمركية والإنتاج والمواد الأولية وتبادل الخبرات والإستثمار[2] .

4- مجلس المساعدات الإقتصادية المتبادلة (الكوميكون) سابقا وقد اقيمت بين بلدان أوربا الشرقية والإتحاد السوفيتي لتحقيق التكامل الإقتصادي بين أعضائه , واحترام المصالح الوطنية, وتنسيق السياسات الإقتصادية , وتبادل الخبرات وزيادة الإنتاج . وقد انهار بعدانهيار المعسكر الإشتراكي[3] .

ثالثا – المنظمات القومية والوحدوية :

1- جامعة الدول العربية : أقيمت عام 1945 للتعاون والتنسيق في كافة القضايا السياسية والإقتصادية والثقافية وعلى أساس مبدأ احترام سيادات الدول الأعضاء , وعدم التدخل في الشؤون الداخلية , وحل الخلافات بالطرق السلمية والمساواة بين الدول , والمساعدة المتبادلة[4] .

2- مجلس التعاون لدول الخليج العربية : أقيم عام 1981 م بين السعودية والكويت والبحرين والإمارات وقطر وعمان , ويهدف الى التنسيق والتكامل

1- د . إبراهيم عوض . مجموعة الأنديز , في " موسوعة العلوم السياسية " ص 1037

2- غي أنيل . المصدر السابق ص 84

3- عبد المعز نجم . مجلس المساعدات الإقتصادية المتبادلة (الكوميكون سابقا , في " موسوعة العلوم السياسية " ص 1073- 1074

4- د . أحمد حسن الرشيدي . جامعة الدول العربية , في " موسوعة العلوم السياسية " ص1042

بين الدول الأعضاء في جميع الميادين وصولا الى وحدتها[1] . وقد انجز قوة مشتركة " درع الجزيرة " ويعمل على تحقيق منطقة كمركية واحدة ونقد واحد .

3- اتحاد المغرب العربي : أقيم عام 1989م بين ليبيا وتونس والجزائر والمغرب وموريتانيا من أجل تمتين علاقات الأخوة والتعاون وصيانة استقلال دوله, وتحقيق التنمية وانتهاج سياسة مشتركة , والعمل تدريجيا لتحقيق حرية التنقل للأشخاص والخدمات والسلع ورؤوس الأموال , والتعاون في كل المجالات[2] .

4- مجلس التعاون العربي أقيم عام 1989م بين مصر والعراق واليمن والأردن لتحقيق التكامل الإقتصادي والسياسي واقامة سوق مشتركة والتعاون في كل المجالات , ولكنه تجمد بعد حرب الخليج الثانية[3] .

5- الإتحاد الأوربي : أقيم عام 1948م وفقا لميثاق بروكسل , ثم تطورالى مجلس أوربا والسوق الأوربية المشتركة, ويهدف الى إقامة دولة أوربية فدرالية عبر خطوات تدريجية , وقد استطاع تكوين البرلمان الأوربي و المجلس التنفيذي السياسي , ولجان وزارية كالخارجية والدفاع والإقتصاد والزراعة وما شاكل ذلك , وقد انجز السوق المشتركة والنقد الموحد (اليورو) والموافقة على دستور موحد له , بانتظار استكمال الجوانب الأخرى[4] .

6- حركة عدم الإنحياز : أقيمت في بلغراد عام 1961 م من أجل اتحاد موقف الحياد بين الكتلتين الدوليتين المتصارعتين الغربية والشرقية , ونبذ الحرب ,

---

1- د. عبد اللـه الأشعل . مجلس التعاون لدول الخليج العربية . في " موسوعة العلوم السياسية " ص 1043

2- د. عبد اللـه الأشعل . اتحاد المغرب العربي . في " موسوعة العلوم السياسية" ص1045

3- د. عبد اللـه الأشعل . مجلس التعاون العربي . في " موسوعة العلوم السياسية " ص 1046 - 1047

4- د . علي صادق أبو هيف . المصدر السابق ص 610 – 618

وتحقيق التعاون بين الدول الأعضاء , وحل مشاكلها بالطرق السلمية[1] . وقد توسعت هذه الحركة لتضم 116 دولة في قارات العالم الخمسة[2] . ولكنها ضعفت بسبب انتهاء الصراع بين الكتلتين وانتهاء الحرب الباردة بسبب فقدان مبرر وجودها , ولكنها تمسكت بهدف التعاون بين دول الجنوب النامية التي تمثلها لمقاومة هيمنة دول الشمال الصناعية على مواردها وسياساتها .

رابعا : المنظمات الدولية العسكرية والأمنية

وهي الأحلاف العسكرية والأمنية التي عقدت في فترة الحرب الباردة ومن أهمها :

1- حلف الأطلسي : أقيم بين بلدان أوربا الغربية والولايات المتحدة الأمريكية وكندا لدرء الخطر السوفيتي الذي التهم نصف أوربا , وشكل رادعا قويا للإتحاد السوفيتي[3] . ولكن هذا الحلف استمر رغم انهيار الإتحاد السوفيتي, وقد استخدم ضد العراق عام 1991 ويوغسلافيا عام 1999 .

2- حلف جنوب شرق أسيا : وقد ضم الولايات المتحدة وبريطانيا وفرنسا واستراليا ونيوزيلندا وباكستان وتايلاند لمواجهة التهديد السوفيتي الشيوعي, ولكنه فشل في ضم دول أسيوية أخرى اليه , وتم حله عام 1977[4] .

3- حلف المعاهدة المركزية (حلف بغداد سابقا) : أقيم ببغداد عام 1955 م من العراق وتركيا وإيران وباكستان و بريطانيا , لمواجهة التهديد السوفيتي (الشيوعي) ولكن العراق انسحب منه عام 1959 م . وحل عام 1979 م بعد قيام الثورة الإسلامية في ايران[5] .

1- د . محمود خلف . المصدر السابق ص 63

2- الحياة 26 شباط 2003 م

3- د . اسماعيل صبري مقلد . حلف شما ل الأطلسي . في " موسوعة العلوم السياسية " ص 703 - 704

4- غي أنيل . المصدر السابق ص 83

5- د . اسماعيل صبري مقلد . حلف المعاهدة المركزية . في " موسوعة العلوم السياسية "ص 705- 706

4- حلف وارشو: أقيم في وارشو عـام 1955 م مـن الإتحـاد السـوفيتي ودول أوربـا الشرقية لمواجهة حلف الأطلسي . وحل عام 1990

5- مؤتمر الأمن والتعاون الأوربي : أقيم عـام 1973 بعـد الإنفـراج الـدولي , وضـم دول أوربا الشرقية والغربية من أجل نبذ استخدام القوة في العلاقات الدولية , وتوفير مناخ سياسي ودي للترتيبات الأقليمية للأمن الأوربي[1] .

المبحث الثاني

المنظمات شبه الرسمية

وهي منظمات غير رسمية وغير حكومية , ولكنها شبه رسمية حكومية لأنها مـنظمات أهلية ولكنها مرتبطة بشكل أو بـأخر بالحكومات , فمنظمـة الصليب(الهـلال) الأحمرموجـودة في كـل دول العـالم , ويعـين أفرادهـا مـن قبـل الحكومات , ويتلقون أجورهم منها) ويوفدون الى الخارج للقيام بمهـمات انسـانية كالإغاثة في الحوادث , والكوارث الطبيعية , أو حضور مؤتمرات وندوات دولية , ومنهاأيضا منظمات الصداقة بين الشعوب , وتكاد تكون رسمية في النظم السياسية الشمولية التي تـأمر بإنشائها , ومنها منظمات أنصارالسلام في الـدول الإشـتراكية السابقة في أوربـا وروسيا , وتتلقى الـدعم والمسـاعدة مـن الحكومات والأحـزاب الحاكمة بشكل كبير , ومنها أيضا المنظمات الشبابية والرياضية والفنيةالمرتبطة ببعض الحكومات , وان كانت تعمل على نطاق اقليمي أو دولي , غير أن بعض هذه المنظمات ترتبط بمنظمة عالمية مستقلة كاللجنة الدولية للصليب الأحمر التي أقيمت عـام 1880 م لإغاثة الجرحى , والتي تقتصر عضويتها على الرعاياالسويسريين , وتضطلع بدور مهم في تطبيق اتفاقيات جنيف لحماية ضحايا الحرب , وتشجيع تأسيس لجان لها في كل دولة .

1- غي أنيل . المصدر السابق ص 76

وهنالك الإتحاد الدولي لجمعيات الصليب الأحمر والهلال الأحمر الذي أقيم عام 1919م ويضم كل الإتحادات الوطنية لجمعيات الصليب والهلال الأحمر كحركة تنظيمية انسانية على نطاق دولي , وتتكون الجمعية العامة فيه من ممثلي الجمعيات الوطنية , وكذلك مجلسه التنفيذي , ولذلك فإن أعضاؤه هم أفراد رسميون ممثلون للجمعيات الوطنية في بلدانهم , غير أن الإتحاد مستقل بذاته ,وتتكون ماليته من مساهمات الجمعيات الأعضاء فيه , وتقوم بتنفيذ خدمات التدريب للمنظمات الحكومية , وغير الحكومية والإغاثة , وتخفيف معاناة الإنسان في كل مكان , ومساعدة الجرحى في الحروب[1] .

وهنالك المنظمة الدولية الإشتراكية التي تضم (50) حزبا إشتراكيا وعماليا في كل أنحاء العالم . وكان الهدف من انشائها ايجاد جبهة اشتراكية موحدة ضد الرأسمالية , ولكنها مالأت الغرب في مواقفها , ولم تتميز بالحياد, ولذلك فهي منظمة شبه رسمية لأنها تضم أحزابا حاكمة في كثير من بلدان العالم[2] .

ويمكن اعتبار المنظمات الصهيونية في الولايات المتحدة واوربا , ودول أخرى منظمات شبه رسمية لأنها مرتبطة بالكيان الصهيوني , وتنفذ اهدافه التوسعية في فلسطين والوطن العربي , وتدعمه ماديا وسياسيا , وتأخذ صفة (اللوبي) في الضغط على مراكز صنع واتخاذ القرار في الولايات المتحدة , وتسخير الإعلام الأمريكي لصالحها , والعمل خلف الكواليس وبمختلف الوسائل المشروعة وغير المشروعة لتنفيذ مآربها , كالتهديد والرشوة والإبتزاز ووسائل الإمتناع المختلفة[3] .

1- صالح عطية سليمان . اللجنة الدولية للصليب الأحمر . في " موسوعة العلوم السياسية " ص 1088

2- محمد يوسف علوان . المصدر السابق ص 1087 . انظر ايضا :

بيير جربيه . المنظمات الدولية , ترجمة محمد احمد سليمان . القاهرة , مؤسسة سجل العرب 1963 ص 103- 104

3- د . محمود خلف . المصدر السابق ص 398 - 400

وقد استطاعت هذه المنظمات فعلا التحكم في القرارات السياسية , ومنها اعلان الحرب الأمريكية – البريطانية على العراق في 20 آذار 2003 من خلال المجموعة اليمينية المتصهينة المحيطة بالرئيس الأمريكي بوش , سيما وزير الدفاع رامسفيلد ومساعده بول وولفتز , ونائب الرئيس (شيني).

ومن هذه المنظمات أيضا (الإتحاد العالمي للديمقراطية المسيحية) الذي يضم أحزابا وتجمعات مسيحية في أوربا وأمريكا اللاتينية , وقد وصلت بعض هذه الأحزاب الى السلطة في ألمانيا وايطاليا وبلجيكا وهولندا , وشاركت في السلطة في أسبانيا[1] . وكذلك (الإتحاد الليبرالي العالمي) الذي يستهدف تشجيع الأقطار الليبرالية ومقاومة الشيوعية , ويضم أحزابا عديدة في أوربا وأمريكا والهند وفلسطين المحتلة [2].

ومنها الفدرالية النقابية العالمية) التي أقيمت عام 1940 ولكن الشيوعية العالمية سيطرت عليها .(والكونفدرالية الدولية للتنظيمات والنقابات الحرة) التي تضم (184) نقابة وطنية في (136) دولة , ولكنها ذات ميول غربية ليبرالية للدول الصناعية في ألمانيا وبريطانيا وبعض الدول الأوربية الأخرى[3] . وهي جميعا مسيرة من قبل دول معينة .

المبحث الثالث

المنظمات غير الرسمية

المطلب الأول

المنظمات غير الحكومية

وهي منظمات أو تجمعات أو حركات غير حكومية , تتشكل بشكل دائمي من قبل أفراد ينتمون الى بلدان مختلفة في سبيل أهداف لا تتوخى الربح[4] .

1- المصدر السابق ص 321 - 322
2- المصدر السابق ص 323
3- المصدر السابق ص 329
4- أدمون جوف . المصدر السابق ص 98

وانما التعاون في كافة المجالات الإجتماعية , والدفاع عن القيم والمباديء التي يقوم عليها المجتمع الدولي , وعادة ما يتم تمويلها من اشتراكات أعضائها , أو من المعونات المقدمة من هيئات ومؤسسات يعنيها نشاطاتها غير الحكومية كمنظمات الغرفة الدولية للتجارة , والصليب الأحمر الدولي .

أما اكتسابها للصفة الدولية فهي بسبب عدم ارتباطها بجنسية معينة فضلا عن كون نشاطاتها وخدماتها لا تنحصر في اقليم دولة بذاته[1] . وقد تميز دور هذه المنظمات بالحيوية والإتساع , وشملت ميادين عديدة , ولكنه دور اختياري وتطوعي , وتلقائي وتعاوني لتحقيق احتياجات وتطلعات الأفراد وهو في الوقت ذاته يتجسد بالتضامن الدولي , لأن أفراد هذه المنظمات يمارسون نشاطات غير مرتبطة بدولة معينة , وانما تحقيق أهداف ذات بعد انساني - عالمي , ولذلك فإن مساهمات الأفراد في هذا الإطار تعبر عن الحيوية والتفاعل والمشاركة في أعمال ونشاطات مستمرة , وخلق نسيج اجتماعي دولي يزيد من فرص التعاون والتقارب , ويمكن لهذه المنظمات لعب دور ودي في حالة انقطاع العلاقات بين دولتين أو عدة دول بالسعي لإعادة الصلة بينها .

ولا تتمتع هذه المنظمات بصفة قانونية دولية تتناسب مع طبيعة عملها , وانما تخضع لقانون الدولة الداخلي القائمة على أرضها , ولكنها في الجانب السياسي تتمتع بشخصية دولية , وتحمل مسميات (جمعيات , اتحادات , هيئات , منظمات , مؤسسات , وكالات) ولها وضع استشاري تستخدمها المنظمات الدولية للإستشارة والإستفادة منها في مجالات تخصصها[2] .

وقد اعتبرت هذه المنظمات أشخاصا دولية بسبب أدوارها وممارساتها الفكرية والمادية في الساحة الدولية , وضخامة اعدادها التي تتجاوز بصفة آلاف , وخدمتها لملايين البشر في دول مختلفة ,ولكن بأهداف مشتركة , فضلا

1- أحمد عبد الونيس . المنظمات الدولية غير الحكومية . في " موسوعة العلوم السياسية " ص 1084
2- د . محمود خلف . المصدر السابق ص 258

عـن تنـوع اختصاصاتها مـن علميـة وتربويـة وثقافيـة وسـياحية وقانونيـة وتقنية وصحية ورياضية واجتماعية ومالية .[1]

ومما يعيق أعمالها تـدخل الحكومـات في شـؤونها والنشـاطات التـي تمارسـها بسـبب عـدم تمتعهـا بالوضـع القـانوني الـدولي , الـذي يسـمح لهـا بمواجـه تلـك الحكومـات , ولكنهـا مـع ذلـك تـرتبط مـع تلـك الحكومـات بعلاقـات التعـاون والإستشارة , وتقديم المساعدات المختلفة , وتبادل المعلومات .

ان هذه المنظمات تضم قوى شعبية مختلفة منهـا القـوى الدينيـة كرابطـة العالم الإسلامي في مكة المكرمة , والكنيسة الكاثوليكية في روما , والكنـائس الأخـرى كالقبطيــة في مصرــ والأرثوذوكســية والبروستســتانتية , والمــنظمات اليهوديــة , والديانةالهندوسية والكونفوشية , ومنها أيضا حركـة (بوغـواش Pugwash) التـي تخـتص بقضـايا السـلام ومنـع نشـوب الحـروب , وتنـوير الـرأي العـام العـالمي بمخاطرهـا , وكـان مـن أبـرز دعاتهـا الـرئيس الهنـدي السـابق (نهـرو) , والمفكـر البريطاني (راسل)[2] .

وهنالك تنظيمات شعبية تهتم بالتنمية الإقتصادية بالدرجـة الأولى ولكنهـا لا تطمح بالكسب المادي كغرفة التجارة الدوليـة [3] . ومـنظمات انسـانية كمنظمـة العفـو الدوليـة التـي تعنـي بحقـوق الإنسـان ,وضـمان محـاكمات عادلـة وعاجلـة للسجناء السياسيين , وطلب الإفـراج الفـوري عـن سـجناء الـرأي[4] . واللجنـة الدوليـة للحقوق[5] .

ومنظمة أطباء بلا حدود ومنظمة مراسلين بـلا حـدود[6] . وبرلمـان الثقافـات , شركاء في الإنسانية[7] .

1- منصور ميلاد يونس . المصدر السابق ص 119 – 124

2- محمود خلف . المصدر السابق ص 321 - 396

3- المصدر السابق ص 302

4- محمد يوسف علوان . منظمة العفو الدولية . المصدر السابق ص 1089

5- محمد يوسف علوان . اللجنة الدولية لحقوقيين في " موسوعة العلوم السياسية " ص 1088

6-

7- الحسن بن طلال . رسالة الى الشباب العربي . في " الحياة " 13/ حزيران 2003 م

المطلب الثاني

حركات التحرر الوطنية

وهي حركات سياسية بالدرجة الأولى ترمي الى تحرير الأوطان من السيطرة الأجنبية, وتحقيق الحرية والإستقلال لشعوبها, وتستخدم وسائل الكفاح المسلح لطرد قوات الإحتلال, أو الكفاح السلمي كالمظاهرات والإضرابات عن العمل, والعصيان المدني, وعدم التعاون مع القوات الأجنبية المختلفة.

وقد ظهرت حركات التحرر على مدى التاريخ, وسجلت انتصارات على القوى الغازية ولكنها تعاظمت في القرن العشرين, وتولت المقاومة المسلحة في افريقيا واسيا وامريكا اللاتينية في الخمسينيات, واستطاعت أن تحصد ثمار كفاحها في اقامة حكومات وطنية مستقلة.

وقد تعاملت الدول مع هذه الحركات وفقا لمصالحها, فقد أيدتها الدول الإشتراكية وساعدتها ماديا ومعنويا, بينما رفضتها الدول الإستعمارية, وحاربتها, غير أن نجاح هذه الحركات اجبرت تلك الدول الرافضة على الإعتراف بها, والتي تحولت الى سلطات رسمية لدول مستقلة انضمت الى الأمم المتحدة وفروعها ووكالاتها المتخصصة وغيرها من المنظمات الدولية.

ان شرعية حركات التحرر الوطنية نبعت من كونها حركات وطنية وشعبية تدافع عن الأرض والشعب ضد الغزاة, ودعمت الأمم المتحدة هذه الشرعية بالقرار (1514) عام 1960 في اعلان تصفية الإستعمار, ومنح الإستقلال للبلدان والشعوب المستعمرة[1].

وشفعتها بقرارات أخرى كالقرار (1654) بمنع استخدام القوة ضدها من قبل المستعمر, والقرار الخاص بالحق الشرعي للشعوب المستعمرة بممارسة

1- د. محمود خلف. المصدر السابق ص 211

الكفاح من أجل تقرير مصيرها واستقلالها , والقرار (2105) بتقديم الدعم المادي والمعنوي لحركات التحرر الوطني , ودعوةأجهزة الأمم المتحدة والمنظمات الدولية المتخصصة للمساعدة في ذلك , والقرار (2621) باستخدام جميع الوسائل الضرورية من أجل الإستقلال

وقد اعترفت الأمم المتحدة بالحركات الوطنية , معتبرة على سبيل المثال المقاتلين الفلسطينيين حركة تحرير وطنية , وان منظمة التحرير الفلسطينية هي الممثل الشرعي والوحيد للشعب الفلسطيني , واعترفت الجمعية العامة بحركات التحرير في انغولا وغينيا بيساو , وجزر رأس الأخضر وحركة سوابو , بعد أن اعترفت بها كل من جامعة الدول العربية ومنظمة الوحدة الإفريقية[1] .

ولم يتم الإعتراف بحركات أخرى كجبهة البوليساريو في الصحراء الغربية , وحركات التحرير الوطني الإرتيري بسبب اعتراض المغرب والدول العربية على الأولى , واعتراض اثيوبيا والدول الإفريقية للثانية .

وفي السبعينات وافقت الأمم المتحدة على قبول حركات التحرر أعضاء مراقبين فيها , ودعوة مندوبيها للمشاركة في نشاطات الأمم المتحدة , و منحت هذه الصفة لـ (18) حركة تحرر وطنية . وفي خطوة أخرى دعا مجلس الأمن بعض حركات التحرر للمشاركة في مداولاته , سيما منظمة التحرير الفلسطينية عام1976 . كما أن منظمة العمل الدولية وافقت على مشاركة أولئك المندوبين في أعمالها , وتقويم المساعدات المادية لها[2] . وقد ترتب على ذلك شمول أولئك الممثلين بالحصانات والإمتيازات الدبلوماسية[3] . وقد التزمت حركات التحرر بالإتفاقيات الدولية , ومنها اتفاقية جنيف حول تطبيقات أحكامها على النزاعات المسلحة , وقد أضيفت اليها بروتوكلين إضافيين لتوسيع محيط تطبيق أحكامها لتشمل حركات التحرر, ومن ذلك

1- أدمون جوف . المصدر السابق ص 132

2- المصدر السابق ص 132 - 137

3- د . محمود خلف . المصدر السابق ص 219

منظمة سوابو , والمؤتمر الوطني الأفريقي ومنظمة التحرير الفلسطينية , وهذا يعني حقها في اعتبار مقاتلها متمتعين بقانون الحرب , وتبادل الأسرى والإعتناء بهم , وسمح لها بعقد معاهدات مع الدول الإستعمارية لنيل استقلالها , كاتفاقية ايفيان بين فرنسا وجبهة التحرير الوطني الجزائري عام 1962, واتفاقيات عديدة بين حركات التحريرالأفريقية والدول المستعمرة والتي اعترفت باستقلالها[1] . ان منظمات التحرير الوطنية أوجدت لنفسها بمرور الزمن هيئات تشريعية وتنفيذية وقضائية , وعلاقات خارجية , ومكاتب اقتصادية وسياسية وثقافية وعسكرية ولكنها أولت الجانب الكفاحي سياسيا وعسكريا الأهمية الأولى , وبالتالي اصبحت نواة لدولة عصرية تكاملت فيها كل الجواتب التي تمكنها من اقامة الدولة الحقيقية على أرضها , وحين استقلت انتقلت من صفة المراقب في المنظمات الدولية الى صفة الدولة فيها[2].

ولابد الإشارة الى أن هنالك حركات كثيرة في العالم تعمل على الإستقلال .من خلال الإنفصال عن الدول التي هي جزء منها أو الحصول على الحكم الذاتي , ولكنها لا تحظى بدعم واسع لإعتبارات سياسية , فالدول التي لها علاقة واسعة وامكانات كبيرة تحجم دور تلك الحركات , بل أن الولايات المتحدة اعتبرت الكثير منها حركات ارهابية , ومنها حزب الله في لبنان , وحركة حماس والجهاد الإسلامي في فلسطين , ومنظمة مجاهدي خلق في إيران والحزب الديمقراطي الكردي في تركيا , بينما نالت بعضها الدعم من بعض الدول كجبهة التحرير السودانية بزعامة (جون قرنق) والحزب الديمقراطي الكردستاني في العراق , بل ان الولايات المتحدة دعمت الحركات الأفغانية الشمالية في عدوانها على أفغانستان عام 2001 , وساهمت في اجراء استفتاء حق تقرير المصير لشعب تيمور الشرقية وفصلها عن اندونيسيا عام 2002 .

1- المصدر السابق ص 215 – 218

2- منصور ميلاد يونس . المصدر السابق ص 93- 119

المطلب الثالث

الشركات المتعددة الجنسية

وهـي شركـات اقتصـادية رأسـمالية تبتغـي تحصيل الـربح , تتميـز بطابعهـا الوطني قانونيا , وتعدد جنسياتها , وأعمالها ونشاطاتها ذات الطابع العالمي , ولكنها لا تتمتع بشخصية قانونية دولية , ولا يعترف القانون الـدولي بوجودهـا , فهي شركات وطنية كبيرة , غير متخصصة في قطاع محدود .

وقد ظهرت الشركات الرأسمالية المتخطية للحدود الوطنية منذ وقت مبكر , كشركة الهند الشرقية البريطانية التي خدمت المصالح الإستعمارية البريطانية في كل أنحاء العالم , غير أن الشركات الحالية المتعـددة الجنسية تـدير مجموعـة مـن المؤسسـات الإنتاجيـة في عـدة بلـدان , وتمـارس نشاطات انتاجيـة أو خدميـة عديدة سواء في الموارد المالية أو البشرية وفق استراتيجية مشتركة , ولذلك فـإن سماتها المشتركة هي ضخامة الحجم والإمتداد الإقليمي الجغرافي , وتعدد مجالات الإنتاج والنشاط , والإدارة المركزية لها , وقدرتها عـلى خلـق واحتكار التكنولوجيا المتقدمة[1] . ومن أمثلة هذه الشركات (جنرا ل موتورز), و(كوكاكولا) و(فيليبس)[2]. و شركة (تويوتا) وهيتاشي , وأكسون وفورد , ورويال داتـش[3] . ولهذه الشركات علاقات واسعة مع الدول , فهي علاقات مصالح متبادلة , ولكنها أيضا علاقات سلبية استغلالية من قبل الشركات ويمكن تبين ذلك من خلال :

1- عوني محمد الفخري . التنظيم القانوني للشركات متعددة الجنسيات والعولمة . بغداد , بيـت الحكمة 2000 ص 5- 11 انظر ايضا :

د . محمود خلف . المصدر السابق ص 261 – 279

2- أدمون جون . المصدر السابق ص 100 –1001

3- د . محمود خلف . المصدر السابق ص 271

1- العلاقات الإيجابية :

ان الدول الصناعية المتقدمة هي التي أفرزت الشركات الكبرى المتعددة الجنسيات وأجازتها , ولذلك فإن علاقة هذه الدول بتلك الشركات تتسم بالتعاون والتفاهم المتبادل , سيما وأن هذه الدول تستخدمها كأداة طيعة بيدها ضد حكومات دول أخرى والتي هي بدورها تدعم هذه الشركات وتستغلها في صراعها التنافسيـ مع الدول الأخرى كالدعم المعنوي والغطاء الدبلوماسي لإعانتها في عملياتها خارج حدودها الوطنية, كالشركات النفطية الأمريكية الكبرى التي تدعمها الولايات المتحدة في صراعها مع الشركات النفطية الأخرى في العالم , سواء في أوربا او اليابان , وتقدم معظم الشركات دعما ماليا واعلاميا وبشريا في الإنتخابات الرئاسية والبرلمانية والبلدية للأحزاب السياسية التي ترتبط معها بعلاقات التفاهم والتعاون , فقد دعمت شركة (فليك الألمانية الحزب الإشتراكي الديمقراطي عندما كان في الحكم ثم دعمت الحزب الديمقراطي المسيحي[1] . وبالمقابل تحصل هذه الشركات على امتيازات اقتصادية , أو تحافظ على امتيازاتها السابقة .

أما في الدول التي تتواجد فيها هذه الشركات , فإنها تناسق مع حكوماتها , وتدعمها بالمال , مقابل سماح تلك الحكومات لها باستثمار مواردها المالية , وهي في معظم الحالات تدعم حكومات الدول الأم من أجل السيطرة على ثروات وأسواق العالم , ومنافسة شركات الدول الأخرى , وتدعم الإقتصاد الوطني والعملة الوطنية لها .

2- العلاقات السلبية

وهي التي تنشأ بسبب تعارض مصالحها مع مصالح دولها الأم , أودول مقراتها مما يؤدي الى خلق حالة عدم استقرار اقتصادي , يؤدي بدوره الى

1- د . محمود خلف . المصدر السابق ص 280 – 281

البطالة عجز ميزان المدفوعات , سيما حين تحول الشركات ارباحها الى الخارج وتحاول معظم الشركات التهرب من دفع الضرائب جزئيا على نشاطاتها في الداخل , والتهرب الكامل من دفع الضرائب على عملياتها الخارجية بعد الإقرار بها وفي بعض الأحيان وبسبب استراتيجيتها العالمية , تمارس هذه الشركات عمليات التلاعب الإحتكارية وتسبب أزمات كبيرة لدولها , كما حصل في الأزمات النفطية , وفي حالات أخرى وبسبب التوجه لتحقيق الأرباح تفتح هذه الشركات فروعا لها في الخارج سعيا وراء اليد العاملة الرخيصة , والمواد الأولية , والبحث عن الأسواق , ومواقع للإنتاج أقل كلفة , مما يؤدي الى التصادم مع حكوماتها الأصلية بسبب عرقلتها لخطط التنمية الإقتصادية , وتسريح العمال , وتفاقم المشاكل الإقتصادية بسبب اضرابات العمال ضد حكوماتها , مما يؤدي الى فرض قيود على عمل الشركات .[1] فضلا عن سيطرتها على التجارة الخارجية لدولها والتجارة الدولية بشكل عام , وضغوطاتها على جميع دول العالم الغنية والفقيرة , والتي تؤدي الى صراعات الدول الرأسمالية الكبيرة علىالأسواق الداخلية والعالمية كالصراع الحاصل بين الولايات المتحدة وأوربا الغربية واليابان .

ومن مخاطر هذه الشركات تلاعبها بأسواق النقد العالمية بما تملكها من سيولة نقدية وتحويلها من دولة الى أخرى للإستفادة من فروقات الأسعار والمضاربة عليها , الأمر الذي يهدد عملات دول كثيرة دون تمييز , والى هبوط حاد في أسعار بعضها , كما حدث للدولار في مطلع السبعينات .

وكانت تأثيرات هذه الشركات على الإتحاد السوفيتي السابق والدول الإشتراكية كبيرة , فقد تسللت الى أسواقها , وأقامت مؤسسات مختلفة بعضها على أساس تقديم التكنولوجيا لها , وحصلت بولندا ورومانيا ويوغوسلافيا على دعم مالي وتكنولوجي من الشركات الغربية, وفتحت الصين أبوابها أمامها , ودعتها للمشاركة في التصنيع والتحديث مقابل فتح أكبر سوق عالمية أمامها ,

---

1- المصدر السابق ص 282 - 283

وكانت لنشاطات هذه الشركات أثر كبير في تحويلها الى دول رأسمالية بعد الإنقضاض على نظمها الإشتراكية .

أما الدول النامية , حديثة الإستقلال فقد كانت بحاجة ماسة اليها لبناء اقتصادياتها , فقدمت لها التسهيلات والإمتيازات لإستخراج ثرواتها الطبيعية وتسويقها وتصنيعها , وتشغيل الأيدي العاملة فيها ,والحصولة على العملات الصعبة لشراء احتياجاتها من الأسواق العالمية , وإذا كانت بعض هذه الدول قد حافظت على سياداتها واستقلالها النسبيين , وأخضعت هذه الشركات لمراقبتها وسيطرتها إلا أن البعض الأخر لم تستطع مقاومة اغراءاتها فاضطرت الى التبعية لها بسبب اتفاقياتها غير المتكافئة معها وبذلك اصبحت مواردها نهبا لها , وخرجت شركاتها الوطنية من حلبة المنافسة معها بسبب ضعفها , وغادرت رؤوس أموالها الى الخارج , وكذلك خبراتها , واصبحت الأيدي العاملة الرخيصة التي تقدمها مسخرة لخدمتها , فسيطرت على تجارتها الخارجية , واربكتها بالديون وفوائدها , والعجز في موازين مدفوعاتها .

أما من الناحية السياسية فلم تعد هذه الدول قادرة على مقاومة ارادة تلك الشركات خشية من انهيارها الإقتصادي , ولم تعد قادرة على التهديد بالتأميم , سيما وان الدول الأم للشركات تتدخل لصالحها بشكل أو بأخر , ولعل اخطر النتائج السلبية للشركات هو التدخل في الشؤون الداخلية ودعم بعض الجماعات والأحزاب ضد البعض الأخر , وتوجيه خطط التنمية بما تتلاءم مع مصالحها , ودعم وانشاء الحكومات الدكتاتورية وتمويلها للحروب الأهلية كما حدث في الكونغو بدعم الحركة الإنفصالية في (كاتاجا) , وفي نيجيريا بدعم الإنفصاليين في (بيامرا) , فضلا عن مساهمة هذه الشركات في عمليات الفساد بدفع الرشاوي , والممارسات الملتوية للتخلص من الضرائب والرقابة المالية وقد دعمت هذه الشركات نظام التمييز

العنصري في جنوب افريقيا , وناهضت حركات التحرر الوطنية في افريقيا وأسيا حماية لمصالحها .

وقد أقرت الأمم المتحدة بخطورة هذه الشركات على الدول النامية , فقدم المجلس الإقتصادي والإجتماعي مقترحات , وشكلت لجانا دولية لمتابعتها وتنظيم نشاطاتها لمنع تدخلاتها في الشؤون الداخلية لها , واكدت على حق هذه الدول بتأميم ثرواتها الطبيعية وانتزاعها من يد الشركات المتعددة الجنسية , واستطاعت الدول المصدرة للنفط اقامة منظمة (أوبك) لحماية ثرواتها واسعارها ونجحت في ذلك الى حد كبير . ولكن تبقى هذه الشركات ذات قوة تأثيرية كبيرة عليها سياسيا واقتصاديا[1] .

1- المصدر السابق ص 285 - 296

علاقات الأفراد الدولية

إذا كانت السياسة تضم العلاقات بين الـدول والمـنظمات , فمـن البـديهي انها تطال الأفراد أيضا , لإنهم جزء من مجتمعاتهم , ولهم نشاطات في دولهم , وخارجها , ولذلك فلهم حقوق وواجبات ومسـؤوليات أقرتها القـوانين الداخليـة , والدوليـة , تمنع اضطهادهم واهانتهم , وتحافظ على حياتهم وكرامتهم , وتوفر لهم سبل العيش اينما كانوا , وحرية التنقل , والتعبير عن أرائهـم , دون أن يخـل ذلك بـالأمن العـام للدول والحكومات ولما كان الأفراد يتبعون دولهم , فإن كل المنازعات الدوليـة التـي تكون دولهم طرفا فيها تمسهم بشكل أو بآخر , والتي مـن واجباتهـا الأساسية تـأمين حمايتهم [1] .

المبحث الأول

حماية الأفراد

للفرد حقوق طبيعية وفقا للقانون الدولي , متصلة بآدميته , والتـي يتسـاوى فيها جميع بني الإنسان بغض النظر عن ألوانهم ولغاتهـم ومعتقداتهم , وأجناسـهم , وأصولهم , ولذا يتوجب احترام حرية الإنسان وكيانه , وارادتـه في أن يعيش حـرا كريما , ولا يسمح لأية جهة انتهاك حقوقه وحريته وآدميته .

1- أدمون جوف . المصدر السابق ص 109

المطلب الأول :

مظاهر حماية الأفراد

أولا : مكافحة الرق والعبودية :

يعتبر الرق والعبودية اهدارا لأدمية الإنسان , واعتداءا على حقوقه الأساسية ,
ومنها حقه في أن يكون حرا , وقد اخذت الدول منذ القرن التاسع عشرـ في العمل
بالقضاء على تجارة الرقيق , وكانت أول خطوة في هذا الشأن هو تصريح رسمي
من قبل دول مؤتمر فينا في 8 شباط 1815 , والذي حرم تجارة الرقيق الأسود
والعمل على مكافحتها . ولما كانت افريقيا مركزا لهذه التجارة فقداقر مؤتمر برلين
1885 الإلتزام بالقضاء عليها , سيما في اقليم الكونغو , وتوالت الإتفاقيات الدولية
بهذا الشأن , وتعاهدات الدول التي كانت تمارس السيادة على الأقاليم الأفريقية
ببذل كل الجهود للقضاء عليها برا وبحرا , ومنها جهود عصبة الأمم المتحدة التي
حرمت صورا أخرى اعتبرتها في حكم الإسترقاق , كارغام الأفراد على العمل دون أجر
, أو الحاقهم بالأرض التي يعملون فيها , وانتقالهم مع ملكية الأرض بالأرث أو
التصرف , أو رهن الأشخاص للوفاء بالدين , واستغلال الأطفال بحجة التبني وبيع
الزوجات , أو التنازل عنهن كرها , وقد نظمت هذه الأمور اتفاقية جنيف عام 1956
[1]
.

وشملت القوانين الدولية مكافحة الرقيق الأبيض , أي الأتجار في أعراض النساء
والقاصرات , والعمل في الدعارة وفقا لإتفا قيتي باريس 1904 و 1910 والمؤتمرات
والإتفاقيات اللاحقة . وكانت هذه التجارة منتشرة في بلدان الشرق الأقصى .

1- د . علي صادق أبو هيف . المصدر السابق ص 240 - 241

ثانيا : مكافحة المخدرات :

وهي منع تعاطي المخدرات والأدمان عليها لضررها البليغ على حياة الفرد وكيانه, وتحقق ذلك في اتفاقية لاهاي 1912 التي حرمت تجارة الأفيون ومشتقاته , ثم تواصلت الجهود في عهدي عصبة الأمم والأمم المتحدة, وتم التوصل الى بروتوكول عام 1948 واتفاقية موحدة للمخدرات عام 1960 , وعهد الى الأمين العام للأمم المتحدة بتطبيقها بمساعدة لجنة المخدرات .

ثالثا : مكافحة الأمراض والأوبئة :

وهي مكافحة الأمراض السارية كالكوليرا والطاعون والحمى الصفراء, وتتولى منظمة الصحة العالمية العناية بالشؤون الصحية لعموم الجنس البشري كحق أساسي لكل انسان أيا كان عنصره أو دينه أو ميوله السياسية أو مركزه الإقتصادي والإجتماعي .

رابعا : تنظيم انقاذ الغرقى في البحر :

وقد نظمته اتفاقية الإنقاذ البحري عام 1914 , واتفاقية لندن 1929 من منطلق انساني , وترتيب وسائل مساعدة الغرقى .

خامسا : حماية الملكية الأدبية والصناعية :

ويقصد بها حماية النشاط الإنتاجي للإنسان ليتمتع بثمرة كده وتعبه, وقد ضمنت اتفاقية برن 1886 حماية الأعمال الفنية و الأدبية , وتوالت بعد ذلك الإتفاقيات لحماية حقوق المؤلفين , وحماية الملكية الصناعية وحقوق المخترعين .

سادسا : تنظيم العمل وشؤون العمال :

وقد سعت هيئة العمل الدولية منذ عام 1919 لتحسين شروط العمل ورفع مستوى العمال وظروف معيشتهم , وابرمت الكثير من الإتفاقيات حول ذلك .

سابعا : حماية الأقليات :

قد تقرر حماية الاقليات في مؤتمر الصلح بعد الحرب العالمية الأولى, وتشمل الحماية مايلي :

1- حماية الأفراد وحرياتهم الدينية والشخصية
2- تمتعهم بالحقوق المدنية والسياسية الثابتة للرعايا الأخرين
3- حق استخدام لغاتهم الأصلية في علاقاتهم الشخصية والتجارية , ومحاربة طقوس دياناتهم , و في مجتمعاتهم وصحفهم , والسماح لهم بإنشاء مؤسسات خيرية أو دينية أو صناعية أو تعليمية[1] .

ويمكن تمييز مركز الفرد في القانون الدولي من خلال تزايد الإهتمام به في القانون الدولي المعاصر , بعد أن كان القانون الدولي التقليدي يتعامل مع الفرد عبر الدولة التي هو فيها , بينما أصبح في الوقت الحاضر يتعامل معه في صور واشكال عديدة منها :

1- الصورة الخاصة بتطبيق القانون الدولي على الفرد من خلال الدولة وأجهزتها المختلفة , سيما المحاكمات المتضمنة عنصرا أجنبيا .
2-صورة الحماية الدولية للفرد , أو طوائف معينة كالحماية الدولية للعمال , الحماية الدولية للمقاتلين , حماية سكان الأقاليم التي خضعت للإنتداب والوصاية الدولية .
3- الحماية الدولية لحقوق الإنسان وحرياته الأساسية , ولم تعد هذه الحقوق موضوعا متروكا للسلطان الداخلي للدول , وانما موضوعا أساسيا في القانون الدولي المعاصر , كما أن كثيرا من المنظمات الدولية تخاطب الأفراد[2] .

1- المصدر السابق ص 242 – 250

2- د. محمد سامي عبد الحميد . العلاقات الدولية , مقدمة لدراسة القانون الدولي العام . بيروت , الدار الجامعية ص 225 انظر ايضا :

د. احمد حسن الرشيدي . مركز الفرد في نطاق القانون الدولي . في " موسوعة العلوم السياسية " ص 982

وقد منحت محاكم ولجان التحكيم للأفراد من رعايا الدول المحاربة والمحايدة حق الإلتجاء اليها , سيما بعد الحرب العالمية الأولى , وأمام محكمة العدل الدائمية , وتعزز هذا الأمر بعد الحرب العالمية الثانية فقد أكدت المحكمة الإدارية للأمم المتحدة والمحكمة الإدارية لمنظمة العمل الدولية ان من حق الموظفين في الأمم المتحدة مقاضاة المنظمة التي يعملون فيها , وقد نظررت محكمة العدل الدولية في عدة قضايا ومنازعات متصلة بالأفراد, وافتت في قضايا أخرى لها علاقة بالأفراد[1] .

ويعتبر الأفراد العاملون في المنظمات الدولية اشخاصا دوليين لأنه يتم اختيارهم وتعيينهم من قبل تلك المنظمات حسب شروط معينة , وبدون تدخل مباشر من دولته ولا يخضع ولاؤه لدولته , بل لمنظمتة, وعمله ذو طابع دولي[2] . وهنالك أفراد لعبوا دورا مهما في العلاقات الدولية , سيما الامناء العامون للأمم المتحدة ومنهم (داغ همرشولد) , والوسيط الدولي (برنادوت) الذي اغتاله الصهاينة عام 1948(اولوف بالمه) الذي كان وسيطا بين العراق وايران خلال الحرب العراقية الايرانية , والذي اغتيل عام1986[3] . واقر القانون الدولي العناية الخاصة بوضع المرأة وحماية الطفل , وحق اللجوء الانساني السياسي لحماية الافراد من عسف الحكومات الاستبدادية والحفاظ على حياتهم وسلامتهم البدنية وحريتهم , وطلبت من الحكومات منح اللجوء اليهم , وعدم اكراههم على العودة الى بلادهم , أورفض السماح لهم بالدخول عند الحدود[4] .

1- د. احمد حسن الرشيدي . مركز الفرد في نطاق القضاء الدولي .في "موسوعة العلوم السياسية" ص 983 - 984

2- د.محمود خلف . المصدر السابق ص 412

3- المصدر السابق ص 412 - 413

4- د. علي صادق ابو هيف . المصدر السابق ص 249 - 250

المطلب الثاني

حقوق الإنسان وحرياته الأساسية

لقد شهدت الحرب العالمية الثانية جرائم عديدة ضد الجنس البشري لأسباب عنصرية , واستخدمت وسائل وحشية في القتل شملت المدنيين كالقتل الجماعي بالرصاص أو الغازات السامة أو المجاعة , والى ممارسة التعذيب , والحرمان من العناية الطبية , ونقل السكان من أوطانهم الى أماكن نائية , واجبارهم على العمل القسري , وقد جرت محاكمات نورمبرغ في ألمانيا لمعاقبة المسؤولين عنها , ولغرض توضيح الحقوق والحريات العامة ثم تدوين ذلك في وثيقة حقوق الإنسان التي أقرتها الأمم المتحدة عام 1948م , وسجلت حقوق الحياة والحرية والمساواة والتقاضي والتملك والتعليم , والحصول على العمل , وحرية الفكر والتنقل والإقامة بغض النظر عن الإختلافات بسبب الأصل أو الجنسية أو اللغة أو الدين , ورغم أن هذه الوثيقة ليست لها صفة الزامية , الا انها تملك صفة الزامية أدبية , وقد سجلت الأمم المتحدة كل الحقوق المدنية السياسية والإقتصادية والإجتماعية والسياسية في اتفاقية 1966. وأقر وضع المرأة وحماية الطفل , وحق اللجوء السياسي في حالة تعرض حياة البشر لعسف الحكومات الإستبدادية , وحرمت الأمم المتحدة ابادة الجنس البشري عام 1946 م , واقرت اتفاقية دولية للقضاء على التمييز العنصري عام 1965 م [1]. وقد منحت معاهدة حقوق الإنسان والحريات الأساسية في اطار المجلس الاوربي عام 1950 تقديم أية شكاوي موجهة الى الأمين العام للمجلس الأوربي من قبل الأشخاص أو المنظمات غير الحكومية , أو أي مجموعة من الأفراد يدعون أنهم ضحية انتهاك لحقوقهم المعترف بها في المعاهدة [2]. وقد أقر

1- المصدر السابق ص 251 – 252 انظر أيضا

د . محمد سعيد الدقاق , د . مصطفى حسين سلامة . المصدر السابق ص 361 – 381

2- أدمون جوف . المصدرالسابق ص 111 – 112

مؤتمر هلسنكي من أجل الأمن والتعاون في أوربا عام 1975 بإحترام حقوق الإنسان وحرياته الأساسية, وأكد (كريستوفر وارن) وكيل الخارجية الإمريكية عام 1987 أهمية تقديم المساعدات الإقتصادية والغذائيه لبلدان تعاني

من مشاكل خطيرة فيما يتعلق بحقوق الإنسان , واقرت ادارة كارتر الغاء برامج المساعدة العسكرية للأنظمة الدكتاتورية بسبب انتهاك حقوق الإنسان فيها[1] . كما اقرت معظم المنظمات الدولية لحقوق الإنسان ومنها منظمة الوحدة الأفريقية التي أقرت الميثاق الأفريقي لحقوق الإنسان والشعوب عام 1981 , ومع ذلك فان انتهاكات حقوق الإنسان قائمة على قدم وساق في كل أنحاء العالم , وتشهد بذلك تقارير منظمة العفو الدولية بشكل دوري .

المطلب الثالث

الهجرة والأبعاد وتسليم المجرمين

اولا الهجرة :

ان الهجرة هي مغادرة الشخص لأقليم دولته , او الاقليم الذي يقيم فيها الى اقليم دولة اخرى بصفة دائمه لاعتبارات عديدة منها الدينية والسياسية او العنصرية او لدوافع متعلقة بالبيئة والمناخ ,أو لأسباب اقتصادية بطلب الرزق والثروة في بلاد غنية, فالهجرة حق من الحقوق الطبيعية للانسان , ومظهر من مظاهر سعيه للبقاء والارتقاء , ولكنها ليست حقا مطلقا لأنها مرتبطة بالقيود التي تفرضها الدولة للمحافظه على سلامتها . اما المركز القانوني للمهاجر فهو الاحتفاظ بجنسيته , وعدم فقدانها طالما انه لم يكتسب جنسية جديدة للدولة التي هاجر اليها , غير ان بعض الدول تشترط فقدان جنسيته الاصلية بمجرد مغادرته لوطنه بقصد الهجرة , أواذا طالت غيبته في الخارج عن اجل معين ,

---

1- المصدر السابق ص 406 - 413

كالنمسا والمجر والسويد والـدانمرك وروسيا ,حرصا منهـا على عـدم تسرب رعاياها , غير ان وصول المهاجر الى بلد اخر لايعني حصوله على جنسيته مباشرة , ولذلك فانه عمل تعسفي ان يفقد جنسيته الاصلية بمجرد مغادرته بلاده ,لأنه سوف يبقى عديم الجنسية الى امد معبين ريثما يحصل على جنسية جديدة , وهذا امـر غير مستساغ قانونا , ولذلك فأن جميع المعاهدات التي ابرمت لتنظيم الهجرة تاخذ بقاعدة المحافظة على جنسيته ورعويته الاولى لحين الحصول على جنسية جديدة , وهذا يعني خضوعه لسيادة دولته , والتزامـه بـالحقوق والواجبات كدفع الضرائب واداء الخدمة العسكرية , ويتمتع بحماية ممثلي دولته من الدبلوماسيين والقناصل في الحدود التي يقررها القانون الدولي . وتبقى علاقته مع الدولة التي يقيم فيها على اساس خضوعه لقوانينها ونظمها وسلطاتها مقابل تمتعه بحماية شخصه وممتلكاته , وعليه مراعاة القيـود التـي تفرضـها تلـك الـدول , وعـدم القيـام بعمل يمس امنها وسلامتها , وإلا تعرض للجزاء والابعاد . كما انه يتمتع بالحريات الفردية في عـدم التعرض له ,وحرية الفكر والعقيدة , وحق التملك والتصرف في ماله ,وحق الـزواج والتوارث والتعاقد والتقاضي , ولكنـه لايتمتع بممارسة الحقوق السياسية , وتولي الوظائف العامه , ويعفى من اداء الخدمة العسكرية ,ولكن يمكن الاستفادة منـه في بعض الشؤن الفنيه كالخبرة في جوانب معينه .

ثانيا الأبعاد :

ان الأبعاد هو حق للدولة , وهو الطلب من الأجنبي مغادرة البلاد بدون رضاه , اذا كان في بقائه تهديدا للأمن وسلامة البلاد, وعادة فإن الـدول تنظم الأبعاد مـع بعضها في اتفاقيات ثنائية أو جماعية , وفي حالة عدم وجودها فإن الدول هي التي تقرر الأبعاد , ومن المبررات المعروفة للأبعاد هو ارتكاب الأجنبي لجناية أو جنحة , والتسول والتشرد , والبغاء , والإتجار بالأعراض , ونشر الدعاية ضد النظم السياسية أو الإجتماعية للدولة أو دولة صديقة ,

وأعمال الجاسوسية وما شابهها , وتزداد عمليات الإبعاد خلال الحرب أكثر منها في السلم . ويجري الإبعاد بقرار من وزارة الداخلية , وتقوم الأجهزة الإدارية بتنفيذها , ولا يجوز الإعتراض عليه إلا لأسباب خاصة بشخصية المبعد أو بجنسيته أو بصحة الوقائع التي بني عليها الأمر , ويراعى في ذلك عدم اللجوء الى اجراءات شاذة أو قاسية , ومنح المبعد مهلة معينة للمغادرة , وتخييره البلد الذي يغادر إليه , أو دولته الأصلية ويمكن عودة المبعد إذ زال سببه , ولكن في حالة التحايل وعدم تنفيذ الأمر يخضع للعقوبات .

أما اذا كان الإبعاد تعسفيا , واتبعت في تنفيذه اجراءات شاذة فإن على الدولة التي ينتمي اليها المبعد أن تحتج وتطلب التعويضات اذا كان الإبعاد دون مبرر مشروع[1] .

ثالثا : تسليم المجرمين :

وهو قيام الدول بتسليم المجرمين الذين لجأ وا اليها من دول مجاورة أو غيرها بسبب ارتكابهم جرائم تتطلب محاكمتهم , وتنفيذ العقوبات بحقهم , ورغم ان هذا العمل لا يتلقى تأييد الفقهاء القانونيين باعتباره اخلالا بالثقة التي أولاها اللاجئ الى الدولة التي هو فيها , واعتداء على حرية الفرد بسبب تتبعه الى المكان الذي هو فيه , إلا أن الرأي الأخر هو أنه يقوم على فكرة العدالة , بتسليم الشخص القائم بأعمال مخلة بالقانون كي ينال عقابه , ولا يفكر بأنه سيكون بمنجاة عن العقوبة في دولة أخرى , والإ سادت الفوضى وانتشر الإجرام , وهو أيضا يقوم على فكرة المصلحة العامة والمشتركة للدول, في منع الجرائم , وعدم ايواء المجرمين . وعلى الدولة المعنية تسليمهم , ولكن ليس لغير سبب , كأن تكون الدولة الطالبة للتسليم لاترغب في شخص معين , إذ يمكن الإعتذار عن التسليم بسبب

1- المصدر السابق ص 257 – 259

عدم احقيته وعدالته , هذا في حالة عدم وجود معاهدة لتسليم المجرمين بين دولتين أو أكثر . أما إذا كانت موجودة فليس لها حق رفض التسليم . ولكن الأشخاص المطلوب تسليمهم لا يشمل رؤساء الدول , إلا بعد زوال صفتهم الرئاسية . كما لايجوز تسليم الدبلوماسيين الى أية دول سوى دولتهم الأصلية لتتولى محاكمتهم . أما الأشخاص الأخرون من رعايا الدولة طالبة التسليم فيمكن تسليمهم , وكذلك رعايا دولة ثالثة بعد اخطارها بذلك من باب المجاملة , أما إذا كان الشخص من رعايا الدولة التي هو فيها فينطبق عليه مبدأ عدم جواز تسليم الرعايا , وفي هذه الحالة يجب محاكمته في بلده عن التهمة المنسوبة اليه . أما إذاكان لجوء الشخص للدولة اضطراريا فلا يجوز تسليمه لأغراض انسانية , إلا إذا نصت معاهدات تسليم المجرمين الى غير ذلك . أما الجريمة نفسها فيجب أن تكون عليها عقوبات في كلا الدولتين , ولا يجوز تسليمه اذا كان العرف السائد هو عدم التسليم به , كما يتم التسليم في حالات الجرائم الموجهة ضد الدين , والجرائم العسكرية كالفرار من الخدمة العسكرية , أما الجرائم السياسية فالمبدأ عدم جواز التسليم لإنها قائمة على العقيدة الوطنية , والرغبة في الإصلاح , ولإن مرتكبي الجرائم السياسية لا ينظر اليهم كمجرمين دائما . بل قد يعتبرون وطنيين عند البعض الأخر .

وتقتضي اجراءات التسليم حماية الشخص بالسماح له باصطحاب محام عنه , وأن تكون التهمة واضحة , وقائمة على المستندات الثابتة , وأن ينص على ذلك في المعاهدات الثنائية . وفي حالة التسليم والمحاكمة لا يجوز محاكمته بغير الأسباب المعلنة , غير أن المعاهدات الخاصة بتسليم المجرمين توضح الكثير من الحالات التي يمكن أن تثير امكانية أو عدم امكانية التسليم [1] .

1- المصدرالسابق ص 262 – 273

المبحث الثاني

حماية الشعوب والجماعات

المطلب الأول

حماية الشعوب

نصت المواثيق الدولية على حماية السكان والشعوب من القتل والتدمير , والإبادة , بسبب المجازر التي تعرضت لها سكان القارة الإفريقية الأصليين من الهنود الحمر على يد المستوطنين والمهاجرين اليها , وكذلك الشعوب الإفريقية التي هجرها الإمريكيون بالقوة ونقلوهم في سفن مكتضة الى امريكا للعمل في المزارع والمعامل دون مقابل . كما ان نظام جنوب افريقيا العنصري السابق ارتكب القتل والإبادة بحق السود , واتبع سياسة التميز العنصري ضدهم , وحرمهم من حقوقهم وحرياتهم لفترة طويلة , ولذلك حرم القانون الدولي ابادة الجنس البشري , فقد اصدرت الجمعية العامة للأمم المتحدة عام 1948 م قرارا يقتضي باعتبار فعل ابادة الجنس البشري جريمة ضد القانون الدولي سواء وقع وقت السلم أو وقت الحرب , واعتبر كل فعل يرتكب بقصد القضاء كليا أو جزئيا على مجموعة وطنية أو جنسية أو عنصرية أو دينية من الناس جريمة بحق الإنسانية , وتعهدت الدول الموقعة عليه بمقاومة هذه الأفعال وبعقاب مرتكبيها سواء كانوا حكاما أو أفرادا عاديين , ومعاقبة كل اشتراك فيها أو تحريض أو تشجيع على ارتكابها[1] . وقد ارتكبت مجازر عديدة بعد هذا القرار ضد الشعب الفلسطيني من قبل الكيان الصهيوني منذ عام 1948 , و لحد الأن , وقتل (1.700) مليون كمبودي على يد الخمير الحمر في كمبوديا بين عامي 19755 - 1979[2] .

1- د . علي صادق أبو هيف . المصدر السابق ص 250

2- الحياة 2003/6/5م

ومجازر ضد المسلمين في يوغسلافيا , والاكراد في العراق في عمليات الأنفال 1985 - 1991 م , باستخدام الأسلحة الكيمياوية[1] . ولكن المحكمة الجنائية الدولية التي شكلت أخيرا , ومحكمة لاهاي لم تعاقب الصهاينة ولم تحاكمهم , عدا محاكمة المسؤولين عن المجازر في يوغسلافيا والبوسنة[2] .

واخيرا تقرر محاكمة الخمير الحمر بالتعاون بين السلطات الكمبودية والأمم المتحدة[3] . أما التمييز العنصري فقد اقرت الجمعية العامة عام 1965 م اتفاقية دولية للقضاء على كل اشكال التمييز العنصري في العالم[4] . واقرت الجمعية العامة للأمم المتحدة عام 1988م تقديم المساعدات الإنسانية لضحايا الكوارث الطبيعية والحالات الطارئة , وطلبت من الدول والمنظمات الدولية والمنظمات غير الحكومية تقديم المساعدات الى المنكوبين[5] . واكد القانون الدولي حق الشعوب في تنظيم نفسها وتقرير مصيرها , وحقها في التصرف بثرواتها , وحرية نموها الإقتصادي والإجتماعي والثقافي , وحق الشعوب في تنمية العلا قات السياسية والسلمية والصداقة مع الشعوب الأخرى , ودعت الدول الى تفهم افضل لأنماط العيش المختصة بكل شعب , وفي مجال الحقوق الإجتماعية .

واكد اعلان الجزائر عام 1976 م على ممارسة روح التضامن بين الشعوب مع الأخذ بعين الإعتبار المصالح الخاصة لكل منها .

1- رفعت سيد أحمد . مذابح ونيران , انفجار الخليج العربي . القاهرة , مكتبة مدبولي الصغير 1991 ص 40 - 41

2- د . أحمد الرشيدي . النظام الجنائي الدولي من لجان التحقيق الموقتة الى المحكمة الجنائية الدولية في مجلة " السياسة الدولية" العدد (150) اكتوبر 2002م ص 8 - 21

3- الحياة المصدر السابق

4- د . علي صادق أبو هيف . المصدر السابق ص 251

5- د . أدمون جوف . المصدر السابق ص 113

ولا شك أن كل دول العالم والمنظمات الدولية تؤكد في دساتيرها على الشعب وحقوقه , وعلى العدالة والحرية[1] . ولكن التطبيقات تختلف من دولة الى أخرى , وفقا للنظم الديمقراطية أو الشمولية , وإعتبارات سياسية واقتصادية وقد ظهر واضحا أن الرأي العام العالمي عبر عن نفسه في مظاهرات شعبية عارمة في كل ارجاء العالم يوم 14 شباط 2003 والأيام التي تلتها رافضة منطق الحرب الذي تبنته الولايات المتحدة الأمريكية وبريطانيا للعدوان على العراق , فقد انطلقت ملايين من البشر , سيما في اوربا وأمريكا وفي (600) مدينة طالبة السلام , ولكن الحكومتين الأمريكية والبريطانية شنتا العدوان على العراق[2] . في 20 آذار 2003م بحجة امتلاكه لأسلحة الدمار الشامل , وخطورتها على أمنيهما, ثم ظهر بعد الحرب أنها كانت خدعة , لعدم وجود تلك الأسلحة رغم قيام الخبراء الأمريكيين بالبحث عنها في كل مكان[3] .

المطلب الثاني

الجماعات

هنالك جماعات عشائرية وقبلية ترتبط أبناؤها مع بعضهم بوشائج النسب والقربى , وتتميز حياتهم بالتضامن والتعاون والتناصر ازاء التجمعات الأخرى , سيما في المناطق الصحراوية , كقبائل البربر في المغرب العربي , وقبائل شمر في العراق وسوريا والأردن والسعودية ودول الخليج , وقد جاءت الحدود الدولية بين هذه الدول لتفصل بين أبناء العشيرة

1- المصدر السابق ص 114 – 125

2- صحيفة الحياة 15/ 2 / 2003م

3- الشرق الأوسط . 10/ 6 / 2003م

الواحدة , ومع ذلك فإن بعض هذه العشائر والقبائل تتنقل بين هذه الدول , وتتجاوز الحدود , بسبب امتداد الحدود لمسافات طويلة , وعدم القدرة على حراستها , بل أن كثيرا من أبناء القبيلة الواحدة يحتفظون بجنسيات هذه الدول , ويتزاورون ويتصاهرون , وكانت العلاقات العشائرية تحتم في بعض الأحيان غزو بعضها للبعض الأخر , أو لجوء بعضها الى بلدان أخرى بسبب التمردات أو المنازعات, ولذلك فقد اتفقت هذه الدول في معاهدات ثنائية أو جماعية على منع الغزو عبر حدودها , كما حدث بين العراق والسعودية عام 1928[1] . ولكنها تساهلت في اجتيازها لغرض التجارة والزيارة والرعي والصيد , وكذلك الأمر بين الدول الأخرى , كما أن ا لقبائل الكردية في العراق وتركيا وايران اعتادت على اجتياز الحدود الواسعة بين هذه الدول لأغراض شتى كالتجارة والتهريب , أو دعم الحركات المسلحة على السلطات الرسمية , وفي الواقع أن معظم دول العالم تعاني من هذه الحالات وتنظمها من خلال اتفاقيات دولية سيما في افريقيا[2] .

أما الجماعات الدينية والمذهبية فهي أيضا موزعة على كل دول العالم , ولها اتصالات مع بعضها , فالمارونيون في لبنان لهم صلات مع اتباعهم في المهجر , والدروز موزعون بين سوريا ولبنان وفلسطين المحتلة , وتحتم عليهم عاداتهم وتقاليدهم التزاور والتعاون والزواج , وممارسة الشعائر الدينية , والإنقياد الى رئيس ديني أو مذهبي , وهنالك جماعات الغجر التي تجوب أوربا والشرق الأوسط , وتمتهن الغناء والموسيقى والرقص الشعبي , والبيع والشراء , وليست لها مواطن ثابتة .

1- عبد الرزاق الحسني . تاريخ الوزارات العراقية , جـ2 , ط 3 , بغداد , دار اشؤون الثقافية العامة 1998 ص 180

2- د . محمود خلف . المصدر السابق ص 406

المبحث الثالث

الرأي العام العالمي

ان الرأي العام العالمي تعبير عن ارادة الشعوب حول قضية معينة أو عدة قضايا , لذلك يظهر في تيار شعبي عام , ومجموعات من الأشخاص تعمل أما على تغيير رأي حول حدث , أو ايجاد رأي مؤازر لأخر , وتقوم جهات شعبية أو منتسبة الى منظمات أو جماعات ضغط دولية بالإعراب عن نفسها ورأيها من خلال المظاهرات , والطلبات , والملصقات , والإعلانات في وسائل الإعلام المختلفة . وقد وجدت تيارات تمثل أراء مختلفة حول الوحدة السياسية الاوربية , واستطاعت منظمة الوحدة الإفريقية تكوين رأي عام افريقي وعالمي حول أحقية حركات التحرر في الحرية والإستقلال , وكذلك حركة عدم الإنحياز في كولوميو عام 1976 , التي اعلنت بأن عدم الإنحياز يرمز الى رغبة البشرية في اقامة السلام والأمن بين الأمم ..

وقد عبر أحد المفكرين (شتراتيس) حول حقوق الإنسان وحق تقرير المصير بان "الرأي العالمي هو الذي اعطاه هذا الطابع الإلزامي "[1] . واصبحت قضايا السلام الدولي , وحماية الحريات الأساسية والحرية وغيرها مجالا لبروز رأي عام دولي مناصر لها . وظهر أشخاص مثل (سارتر) يطالبون باقامة محاكم الشعوب لمحاكمة منتهكي حقوق الإنسان , منها دعوة (برتراند راسل) لإنشاء محكمة دولية ضد جرائم الحرب الإمريكية في فيتنام . وقد عقدت (محكمة روسل) في استكهولم عام 1967 وادانت حكومة الولايات المتحدة , وكانت بذلك تتوجه الى (الضمير العالمي) قبل أي شيء .

1- أدمون جوف . المصدر السابق ص 139 – 140

وفي عام 1958 ظهرت حركة مناهضة للقنبلة الذرية أدت الى تجمعات واسعة ومسيرات حاشدة لتفادي خطرها , ويمكن القول أن الرأي العام العالمي أثر على قرارات الدولتين العظميين الإتحاد السوفيتي والولايات المتحدة في انصياعهما لإرادة الرأي العام العالمي بتخفيض التسلح , وحظر التجارب النووية , والتقدم نحو الوفاق الدولي[1]. ومع ذلك فإن الرأي العام العالمي رغم قوته كما ظهرت في مظاهرات الملايين في كل انحاء العالم ضد الحرب على العراق, ورغم قوته وجبروته في الولايات المتحدة وبريطانيا لم يستطع منع العدوان على العراق في 20 آذار 2003 .

المبحث الرابع

حقوق المواطنين والأجانب

المطلب الأول

حقوق المواطنين

المواطن هو الذي يتمتع بالجنسية الوطنية , وهو المعيار الذي يميزه عن الأجنبي في الحقوق والواجبات العامة , وترتب الجنسية له مجموعة من المزايا كالحقوق السياسية , ومنها حق الإنتخاب والترشيح وتقلد الوظائف الرئيسية في الدولة , والحقوق المدنية كتملك العقارات والأراضي الزراعية , ويتمتع بحماية دولته له اينما وجد , وتسارع دولته الى التدخل الدبلوماسي اذا لحق به ضرر , والعمل لدى الدولة المسؤولة للحصول على حقوقه أو تعويضه , ولها أن تتبنى شكوى المواطن المتضرر . وعلى الدولة استقبال المواطن المبعد من دولة أجنبية باعتباره أحد رعاياها[2] .

1- المصدر السابق ص 140- 142

2- د . هشام صادق علي صادق , د. حفيظة السيد الحداد . مبادئ القانون الدولي الخاص . الأسكندرية , دار المطبوعات الجامعية 2001 ص 4 – 5

أما الحقوق الطبيعية للمواطن فتتضمن حق الحياة والتعلم والعمل والسفر , والمساواة والتمتع بحريات عامة هي حرية العقيدة والرأي والتفكير والكتابة والنشر , أما الواجبات فهي خدمة العلم (العسكرية) للدفاع عن البلاد , وخدمة الشعب والسلطة عبر تقلد الوظائف العامة , وحماية مصالح البلاد[1] . ويحق للمواطن السفر الى الخارج واكتساب جنسية دولة ثانية والتنازل عن جنسيته الأصلية , وتسمح بعض الدول باكتساب المواطن لأكثر من جنسية , ولكنها لاتنزع الجنسية عن المواطن دون حصوله على غيرها , اذ يصبح في هذه الحالة عديم الجنسية , وهي حالة مرفوضة في القانون الدولي الخاص[2] . وقد حرمت الكويت جنسيتها على اعداد كبيرة من مواطنيها وتركتهم بدون جنسية والذين يسمون بـ (البدون) أي بدون جنسية رغم انهم عاشوا في الكويت وعملوا في دوائرها لسنين طويلة .

وهنالك شروط للتجنس قد تكون شديدة وصعبة في بعض الدول , وقد تكون سهلة للبعض الأخر , ومن هذه الشروط الإقامة لمدد معينة والولادة والعمل والزواج من احدى مواطنات البلد المعني أو العكس[3] . وتتحفظ بعض الدول في منح كافة الحقوق للمتجنس , وتضع مدة معينة من أجل التأكد من حسن نية المتجنس وحسن سلوكه , سيما وأن بعض الأجانب ربما يحاولون اكتساب الجنسية لأغراض تخريبية أو تجسسية لخدمة بلدانهم الأصلية[4] . بينما يمكن منح الجنسية لأفراد قدموا خدمات جليلة للدولة المعنية[5] . وهنالك نصوص حول إزالة الجنسية واستردادها .

1- د . قحطان أحمد سليمان الحمداني . النظرية السياسية المعاصرة . عمان , دار الحامد 2003 ص 136

2- غي أنيل . المصدر السابق ص 30

3- د . ممدوح عبد الكريم . القانون الدولي الخاص . بغداد , مطبعة جامعة بغداد , 1980 ص 82

4- د . هشام صادق علي صادق , د. حفيضة السيد الحداد . المصدر السابق ص 118

5- المصدر السابق ص 121 – 122

أما الإقامة فهنالك اقامة دائمة واقامة مؤقتة , ويخضع المواطن المقيم في دولة أخرى الى قوانين وأنظمة الدولة التي هو فيها , سواء كانت للدراسة أو العمل أو السياحة .

المطلب الثاني

حقوق الأجانب

الأجنبي هو الذي يقيم في أراضي دولة أخرى ولا يتمتع بالحقوق والواجبات إلا في حدود قوانين وانظمة الإقامة كالعمل في ميادين التجارة والإقتصاد والتدريس والدراسة والتدريب في القطاع الحكومي أو القطاع الخاص, وتؤكد الإتفاقيات الدولية على ضرورة معاملة الأجانب معاملة جيدة والإعتراف بالشخصية القانونية له , سيما بعد تطور الفكر الإنساني الذي اعترف بانسانية الإنسان بغض النظر عن لونه وجنسه وعقيدته ودينه ولغته , سيما وبعد زوال نظام الرق والعبيد , وتعترف الدول للأجنبي بحقوق لاغنى عنها لحياته فيها , وتتوسع بعض الدول في حقوق الأجانب فتسمح لهم بالإستثمارات والتملك , أو تمنحهم حقوقا وحريات مقاربة للمواطنين , وفي الحقيقة أن أية امتيازات للأجانب انما تتحدد في نصوص معاهدات ثنائية أو اقليمية , كما في الإتحاد الأوربي الذي يمنح للأجانب حقوقا واسعة في العمل والتنقل والإقامة . ومنها أيضا ماتتضمنها بعض المعاهدات من شروط

(الدولة الأولى بالرعاية) , أو انها تتعامل مع الأجانب على أساس مبدأ (المعاملة بالمثل) . وكل تلك المعاهدات تخضع لإعتبارات سياسية مرتبطة بتحسن العلاقات بين الدول أو توترها[1] .

1- ممدوح عبد الكريم حافظ . المصدر السابق ص 200- 223 انظر ايضا :
اوستن رني . المصدر السابق , جـ1 . ص 232- 240

السياسة الدولية

السياسة الدولية : حصيلة تفاعل سياسات الدول الخارجية مع بعضها[1] , سلبا وايجابا , سلما أو حربا , صراعا أو تعاونا , والمتعلقة بالأحداث الدولية , أو الأحداث الداخلية للدول , والعلاقات مع المنظمات الدولية والإقليمية , وغير الحكومية , والشركات المتعددة الجنسية , والأفراد والجماعات والشعوب وحركات التحرر الوطنية والإنفصالية في كافة الميادين السياسية وافقتصادية والإجتماعية والثقافية والعلمية والتكنولوجية هذا التفاعل المعبر عنه بـ (السياسة الدولية) هو تفاعل مستمر ويشمل كل مظاهر الحياة ولذلك يمكن دراسة السياسة الدولية من خلال معرفة السياسات الخارجية وأهدافها, ودراسة النظام السياسي الدولي , وتتبع ظواهر السياسة الدولية البارزة .

المبحث الأول

السياسة الخارجية

السياسة الخارجية للدول هي نشاطاتها وسلوكها السياسي الخارجي المرتبط بأهداف معينة والتي تعبر عن مصالحها , ويتم صنعها واتخاذ قراراتها من قبل الهيئات المسؤولة في الدول وفقا لنصوص دساتيرها , وليست الدولة وحدها التي تمارس حق التخطيط والتنفيذ للسياسة الخارجية , وانما هنالك منظمات دولية واقليمية , وقوى ومنظمات غير حكومية وشركات متعددة

1- د. فاضل زكي محمد . المصدر السابق ص 29 .

الجنسية تتعدى الحدود الوطنية للدول [1] . لها اهدافها وسياساتها اتجاه الدول والمنظمات الدولية وقد سبقت الإشارة الى مناهج صنع القرار, والتي من أهمها منهج صنع القرار , والمنهج السلوكي , والمنهج النظمي , غير أن تحليل السياسة الخارجية لأية دولة تتطلب دراستها من خلال عدة مناهج مترابطة مع بعضها , ووفقا للنظم السياسية السائدة في الدول سواء كانت ديمقراطية أو شمولية , أو أن جهة اتخاذ القرار زعيم متفرد , ولذلك تتداخل دراسة سلوك اصحاب القرار مع الجوانب الأخرى المرتبطة بها

المطلب الأول

العوامل المؤثرة في السياسة الخارجية

هنالك مجموعة من العوامل المؤثرة في السياسة الخارجية لأية دولة , ويمكن تلمسها كعوامل ثابتة وأخرى متغيرة , أو تصنيفها كعوامل خارجية واخرى داخلية , وهي جميعا تؤثر على اداء الدولة سلبا أو ايجابا , وهذه العوامل بمجملها تحدد أهداف السياسة الخارجية كتعبير عن مصالحها الأساسية والعامة , والوسائل التي تستخدمها لتنفيذ سياستها وصيانة مصالحها , وسد الثغرات التي تكتنف تطبيقها , ونظرا لنسبية تلك التأثيرات

1- لتفاصيل تعريف السياسة الخارجية انظر :

Frankel , Joseph . The Making of Foreign Policy. London, Oxford University Press 1968 p7-10

Snyder, Richard C. and Others. Foreign Policy Decision Making . New York , The Free Press of Galenco 1983 P 12 –15

Kuct, London' The Making of Foreign Policy .New York, Lippin coH Com. 1965 p22-6

د . فاضل زكي محمد .المصدر السابق ص 14

د. مازن الرمضاني . المصدر السابق ص 8 – 10

د . زايد عبد الله مصباح . السياسة الخارجية . مالطا 1995 ص 30 – 35

James Rosenau . International Politics and Foreign Policy .N . The Free Press 1972 131 – 136

Holsti ,K.J International Politics, AFramework for Analysis . Prentice Hail mc. 1967 . p 8 –11

وارتباطها بقدرة صانعي القرار في توظيفها وتكييفها , وتقليل أثارها السلبية , وزيادة أهميتها الإيجابية فسوف نتاولها بشكل عام .

أولا :العامل الجغرافي :

وهو يحدد الى درجة كبيرة مسارات السياسات الخارجية للدول , ولكنه مرتبط بالعوامل الأخرى , وقد قال موسوليني عام 1924 " ماكانت السياسة الخارجية أمرا مبتكرا لكنها خاضعة لمجموعة من العوامل الجغرافية والتاريخية والإقتصادية[1] .

ولذلك فإن المواقع الجغرافية والمساحات والتضاريس الأرضية والبحار والمضائق والجبال هي مفردات تقوي أو تضعف ارادة القائمين عليها , فضلا عن مناخها الشتائي الذي اعتبره البعض عاملا استراتيجيا ,فقالوا ان الجنرال شتاء ساهم في دحر القوات الألمانية الغازية لموسكو خلال الحرب العالمية الثانية كما أن الموقع الجزري لبريطانيا أملى عليها بناء قوة بحرية كبيرة لتأمين الحماية لطرقها التجارية الموصلة الى مستعمراتها في القرون الماضية , غير أن امتداد السهول البولندية مع ألمانيا وروسيا ادى الى نتيجة سلبية فقد تعرضت لإحتلالها , وتقاسمها لأراضيها مرارا , كان أخرها في الحرب العالمية الثانية[2] . كما ان الدول االحبيسة التي لا تطل على البحار تبقى اسيرة سياسة الدول المحيطة بها الى حد كبير . أما الجبال والوديان والبحار فانها تشكل حدودا طبيعية تمنع اختراق اقاليم الدول من قبل الجيوش البرية وهي بذلك عوامل ايجابية[3] .

ومع ذلك فإن بالإمكان تغيير بعض الجواتب الجغرافية , كردم المستنقعات , وتغيير مجاري الأنهار , ومكافحة التصحر واقامة البحيرات الإصطناعية , والسدود , والأنفاق , والحواجز الترابية .

1- د . بطرس بطرس غالي , د. محمود خيري عيسى . المصدر السابق ص 310

2- د. عبد الواحد الزنداني . المصدر السابق

3- د . عبدالقادر محمد فهمي . نظرية السياسة الخارجية . المصدر السابق ص 73 – 78

ثانيا : العامل الإقتصادي :

ويشمل الموارد الطبيعية كالمعادن والزراعة والمراعي والغابات , والصناعة والتجارة والخدمات المرتبطة بها , ويشكل النفط والغاز الطبيعي والحديد والمعادن النفيسة والتي توفر للدولة موارد اقتصادية تساعدها في تعزيز قدراتها الدفاعية , وتقوية سياستها الخارجية , وقد قال الرئيس الفرنسي الأسبق كليمنصو في الحرب العالمية الأولى (نقطة من البترول تعادل نقطة دم من دماء جنودنا)[1].

وقال المسؤولون الأتراك أن قطرة من الماء تعادل قطرة من النفط , مما يعني أهمية المياه في الحياة الدولية , اذ أن بعض الدول تتحكم في منابع مياه الأنهار كتركيا التي تتحكم في منابع دجلة والفرات وتقيم عليها السدود للإضرار بكل من سوريا والعراق .

وليس سرا ان كثيرا من الحروب تشن لأسباب اقتصادية , فالعدوان الأمريكي البريطاني على العراق عام 2003 م لم يكن من اجل حقوق الإنسان والديمقراطية ونزع أسلحة الدمار الشامل , وانما من أجل الإستحواذ على نفط العراق .

ان تأثير العامل الإقتصادي لا يكمن في وجود الموارد الطبيعية فحسب بل بالقدرة على استثمارها وتطويرها وتصنيعها , والحصول على أفضل أنواع التكنولوجيا عبر التبادل التجاري المتكافىء , والعلاقات الإقتصادية المتبادلة التي تخدم المصالح المشتركة للدول , بعيدا عن الوقوع في التبعية الإقتصادية للدول الكبرى والتي تؤدي الى التبعية السياسية .

ان الدول التي تريد اتباع سياسة خارجية مستقلة هي التي تسيطر على مواردها واقتصادها , وتتبع سياسة الإكتفاء الذاتي النسبي , وتعتمد على

1- د . بطرس بطرس غالي , د . محمود خيري عيسى . المصدر السابق ص 311

قدراتها الإقتصادية دون أن تقع في العزلة أوتحت تأثير احتياجاتها الإقتصادية المستوردة من دول معينة [1].

وبهذا المعنى فان العامل الإقتصادي متغير في حركتـه نحو الإستثمار الأفضل للموارد الثابتة والتقدم الصناعي والزراعي والتجاري , وحتى الموارد تتطور وتتغير من خلال توسيع الرقعة الزراعية وتصنيع البلاد , والبحث عن موارد جديدة , واستثمار ماهو موجود لتحقيق الإزدهار الإقتصادي , ورفاهية السكان والعامل الإقتصادي يؤثر على السياسة الخارجية , ولكنه يتأثر ايضا بالقرار السياسي الداخلي والخارجي في سبيل تنميته وتطويره.

ان العامل الاقتصادي اصبح اكثر حيوية في ظل العولمة والاعتمادية المتبادلة , ولكنه يميل لصالح الدول الكبرى والصناعية التي تستخدمه كقدرة تأثيرية لخدمة مصالحها [2].

ثالثا : السكان

ان عدد السكان ونوعيته زيادة ونقصانا ذات تأثير كبير على سياسات الدول الخارجية , وبالتأكيد فإن الدول القوية والكبرى في العالم هي الدول التي تتميز بكثرة السكان كالصين والولايات المتحدة وروسيا , ولكن هنالك دول مكتظة السكان كالهند , ولكنها ليست من الدول الكبرى بسبب ضعف نوعية السكان وانتشار الأمية , غير أن الكثرة السكانية كما ونوعا توفر الأيدي العاملة للزراعة والصناعة والخدمات , واقامة جيش كبير وقوي للدفاع عن البلاد , وهنا يأتي عامل التقدم التكنولوجي الذي يختزل الحاجة الى كثير من الأيدي العاملة . غير أن وجودهما معا يزيد قوة الدولة في كل المجالات , ومن هنا فإن السياسة الخارجية التي تعتمد على شعب كبير متعلم متقدم هي اقوى من

_____

1- زايد عبيد اللـه مصباح . السياسة الخارجية . طرابلس , منشورات Elga 1994 ص 87- 88 .

2- د. احمد نوري النعيمي . السياسة الخارجية . بغداد , وزارة التعليم العـالي والبحـث العلمـي 2001 ص 277- 278

السياسات الخارجية لدول أقل عددا في سكانها , وادنى درجة في تقدمها مع ارتباطها بالمتغير الإقتصادي والسياسي كما أن تجانس السكان عرقيا ودينيا ومذهبيا أمر ملازم لقوة الدول والعكس صحيح [1] .

رابعا : النظام السياسي

ان قوة النظام السياسي تعكس قوة الدولة وسياستها الخارجية , فالنظام المستند الى شرعية دستورية , ديمقراطية , وحرية الشعب في اختيار ممثليه , وتداول السلطة , وتمتع السكان بالحقوق والحريات العامة , والإهتمام بالكفاءات السياسية والإدارية والإقتصادية والثقافية وتوظيفها بشكل ملائم, وسيادة القانون والنظام , والحفاظ على الأمن والإستقرار , والمساواة السياسية والإقتصادية بين الأفراد كلها عوامل تؤدي الى سياسة خارجية رصينة معبرة عن مصالح الشعب , وقادره على الحركة والإستجابة والتفاعل مع حركة السياسة الدولية [2] . أما النظم الشمولية والفردية المطلقة التي تكتم الأفواه وتمنع الأحزاب السياسية من العمل , وتقمع الرأي والرأي الأخر , وتفرض ارادتها بالقوة عبر القوات المسلحة والأمن , وتحتكر وسائل الإعلام لصالحها , فإنها تعبر عن مصلحة ضيقة متمثلة بالسلطة الحاكمة , وبعكس ذلك فإن العقيدة السياسية للنظام السياسي , ومعتقدات السكان وقيمهم الدينية والسياسية وطموحاتهم الوطنية والقومية تساهم في تحديد اهداف وسياسات الدول وقد تكمن قوة النظام السياسي في قيادة كارزمية ملهمة لها اعتبارها الوطني والدولي , وفي وجود خبرات دبلوماسية وطنية مؤثرة في السياسة الدولية , وقادرة على الاقناع والحوار , وتحقيق انجازات سياسية مهمة .

1- زايد عبيد الله مصباح المصدر السابق ص 91- 92

2- د . محمد السيد سليم . المصدر السابق ص 238 . انظر ايضا :
  زايد عبيد الله مصباح . المصدر السابق ص 98

ان هذه العوامل الرئيسية تتبعها عوامل اخرى قد تكون اكثر اهمية, كالدين والعقيدة كما في ايران , أو اقل اهمية كالعوامل الحضارية والإجتماعية والثقافية , وفقا لأهداف ومصالح وتوجهات كل دولة .[1]

المطلب الثاني

أهداف السياسة الخارجية

وبناء على العوامل السابقة تتحدد الأهداف لتعبر عن مصالح الدولة والشعب , وتبعا لذلك تختلف اهداف الدول المتقدمة عن الدول النامية , والدول الكبرى عن الدول الصغرى , ولكن جميع الدول حين تضع اهدافها وتعمل على تنفيذها , انما تضع أولويات لها , وتأتي في مقدمتها اهداف حماية المصالح العليا والحيوية لها , وهي الأهداف الثابتة والمباشرة كالدفاع عن البلاد وحماية أمن وسيادة الدولة وسلامة أراضيها ورعاياها وتحقيق الرفاهية ومقاومة العدوان الخارجي على أراضيها , ولذلك فهي لاتفرط بها ولا تساوم عليها , ولا تمانع من خوض الحرب في سبيلها[2]

اما الأهداف الأخرى غير المباشرة , فهي كالأهداف المتعلقة بتعزيز المكانة الدولية والإقليمية لها وتفعيل نشاطها وروابطها الإقتصادية والإجتماعية والثقافية .[3] وحل المشكلات والمنازعات , وعقد المعاهدات , وهنالك أهداف بعيدة المدى كالتنمية والتقدم في المجالات العلمية والتي تأخذ حيزا زمنيا طويلا لإنجازها , وهنالك أيضا التكامل والتعاون مع مختلف دول العالم .[4] غير ان أولويات السياسة الخارجية تتغير عبر التفاعلات الدولية والإقليمية فقد تقفز بعض الأهداف الى المقدمة , أو تتغير أولوياتها سيما زمن الحرب , أو وقوع أحداث خطيرة . في دول الجوار والدول الأخرى . وعلى ضوء أهداف الدول

1- مازن الرمضاني . المصدر السابق ص 187- 189

2- د . أحمد الكبسي وآخرون . المصدر السابق ص 235

3- المصدر السابق

4- عبد القادر محمد فهمي . المصدر السابق ص 56

وسياساتها تنشأ التحالفات السياسية والعسكرية والإقتصادية , والتعاون بين الدول التي تتشابه أهدافها . أو تنشأ الخصومات السياسية والحروب والصراعات بين الدول التي تتعارض أهدافها ومصالحها الحيوية والثانوية .[1]

وهنالك أهداف الحالة الناشئة التي تتخذها الدول كنتيجة للأوضاع الدولية الجديدة التي تظهر فجأة نتيجة أزمات أو سياسات دولية أو قضايا تعرض على المنظمات الدولية , ولذلك تتعامل معها الدول استنادا الى أهدافها ومبادئها العامة , وتكييفها وفقا لمصالحها .[2]

المطلب الثالث
صنع واتخاذ القرارات السياسية الخارجية

ان عملية صنع السياسات الخارجية هي تكوين وصياغة السياسة الخارجية من خلال جمع المعلومات واعدادها , والأراء ووجهات النظر ودراستها وتحليلها والخروج منها بنتائج معينة تساعد على اتخاذ القرار من قبل الجهة الرسمية المخولة به وفقا للدستور, كأن يكون رئيس الوزراء , ولذلك فإن الأجهزة والمؤسسات المتصلة بالسياسة الخارجية تمارس نشاطها وظيفيا مستمرا في حلقات كثيرة تمس مصالح الدولة في علاقاتها الخارجية , أو قضايا ومشاكل اقليمية ودولية وتلعب وزارة الخارجية في كل دولة دورا كبيرا في هذا المجال من خلال دوائرها وسفاراتها في الخارج , ثم الوزارات الأخرى كالدفاع حين يتعلق الأمر بالسياسات الأمنية والدفاعية ووزارة الإقتصاد , فيما يتعلق بالإمكانات والقدرات الإقتصادية , وأجهزة المخابرات والأمن , ومجلس الأمن القومي , أو مجلس الدفاع الأعلى في بعض الدول , والمستشارين ومراكز البحوث والدراسات السياسية والإستراتيجية ولجنة العلاقات الخارجية في البرلمانات , وقد تتنافس هذه الأجهزة في تقديم المشاريع والصياغات المطلوبة لإتخاذ القرار السياسي بشأنها , غير أنها في المحصلة النهائية تضع الحلول والتوصيات والبدائل وسلم أولوياتها , والفوائد المرجوة منها , والخسائر

1- مازن الرمضاني . المصدر السابق ص 323- 328
2- احمد الكبسي واخرون . المصدر السابق ص 236

المتوقعة . ولذلك فإن انجاز القرار يعني اختيار صانع القرار وفقا لإدراكه بديلا واحدا من مجموعة من البدائل المهيأة أمامه, والذي يعتقد أنه البديل الأفضل لتحقيق هدف السياسات الخارجية , لأنه يتضمن ربحا أعلى , وخسارة أ قل , وحماية أفضل لمصالح الدولة , والأقرب الى الصواب , والأ نسب من غيرها , وبالتأكيد فإن هذا القرار يخضع لشخصية صانع القرار , والبعد الذاتي والنفسي. وتأثير البيئة الداخلية والخارجية في ادراكه وتصوره[1].

المطلب الرابع

وسائل تنفيذ السياسات الخارجية

1- الدبلوماسية :

الدبلوماسية هي احدى وسائل تنفيذ السياسة الخارجية , بل هي أهمها وأقدمها في زمن السلم , ولكنها لا تنقطع في زمن الحرب , ولذلك فإن وزارة الخارجية تنفذ القرارات السياسية الخارجية عبر أجهزتها الداخلية , واتصالاتها بسفراء وممثلي الدول والمنظمات الدولية , أو عبر سفرائها وممثليها في الخارج . وتعتبر المفاوضات السرية والعلنية التي يجربها الدبلوما سيون والحصول على نتائج مثمرة من خلالها هي الأفضل لأنها عملية سلمية, ولو أنها غير بعيدة عن الضغوط السياسية والإقتصادية والعسكرية , ولكنها عملية أخذ وعطاء وتعاون وصراع لكل طرف من اجل الحصول على الأهداف أو جزء منها , وما تتخللها من مساومات واغراءات وتهديدات مبطنة , وافعال محدودة .[2]

وتستخدم دبلوماسية المفاوضات خلال الأزمات والحروب من أجل وقفها عبر شروط مرضية للأطراف المتحاربة لأن الحرب استمرار للسلام ولكن بوسائل أخرى , والعمل الدبلوماسي لا يقتصر على وزارة الخارجية , وإنما يشمل المفاوضات بين قيادات الدول ومسؤوليها , ومبعوثيها الخاصين . وقد تطورت

1- د . عبد القادر محمد فهمي . المصدر السابق ص 104 – 113 . انظر ايضا : احمد النعيمي . المصدر السابق ص 155- 162

2- مازن الرمضاني . المصدر السابق ص 391- 396

اسس الكفاءة والخبرة , وهنالك الدبلوماسية الجماعية أو دبلوماسية المؤتمرات للتشاور في مشكلة أو اتخاذ موقف معين , واتباع المناورات السياسية للإقناع , والدبلوماسية البرلمانية , ودبلوماسية المنظمات الدولية ودبلوماسية القمة والدبلوماسية الشعبية أو دبلوماسية الإعلام [1] .

ودبلوماسية المنظمات الدولية والدبلوماسية الوقائية [2] . ودبلوماسية حقوق الإنسان ودبلوماسية الإتصالات الإلكترونية والمعلومات , ودبلوماسية الكوارث , ودبلوماسية الجنازات والمصافحة , ودبلوماسية الأزمات [3] . ودبلوماسية المناسبات التي تشمل حالات كثيرة خارج نطاق البعثات الدبلوماسية الدائمة المعتمدة [4] . وهنالك الدبلوماسية المالية التي يقصد بها تقديم المساعدات المالية والقروض وحتى الرشاوي لإقناع الدول الأخرى باتباع سياسة معينة [5] .

2- الوسيلة العسكرية :

وهي التهديد باستخدام القوة أو استخدامها فعلا لتحقيق اهداف السياسة الخارجية , غير أن الإستخدام غير المباشر للقوة العسكرية أكثر أهمية لأن التلويح أو التهديد باستخدامها قد يؤدي الى الردع والارغام فتضطر الدولة التي يقع عليها التهديد الى الإنصياع لإرادة الدولة المهددة خشية من نتائج استخدام القوة [6] . والتي تعني سفك الدماء والإحتلال وفقدان السيادة , ولذلك تضطر الدول الصغيرة الى تنفيذ اهداف سياسية خارجية مطلوبة من قبل الدول الكبرى , كما هو حال الولايات المتحدة مع معظم دول

1- د . بطرس بطرس غالي , د. محمود خيري عيسى . المصدر السابق ص 315 – 322

2- ثامر كامل محمد . الدبلوماسية المعاصرة واستراتيجية أدارة المفاوضات . عمان , دار المسيرة 2000 ص 67 – 73

3- د . علي عبد القوي الغفاري . المصدر السابق ص 175 – 198

4- د . محمود خلف . الدبلوماسية , النظرية والممارسة . عمان . دار زهران 1997 م ص 347

5- د. حسن البزاز . العالم الرابع . بغداد , مركز البحوث والمعلومات 1983 ص 12

6- مازن الرمضاني . المصدر السابق ص430- 431

العالم التي تعتبرها اعداء أو اصدقاء , ولا يشترط الإعلان عن التهديد , وانما قد يمارس بشكل خفي , سيما مع الأصدقاء , للحصول على النتائج المرجوة .

اما في حالة استخدام القوة العسكرية فان الدولة المستخدمة لها تختار الوقت المناسب والظروف السياسية الدولية التي توفر الغطاء لها , وغالبا ما تسعى الحصول على موافقة الأمم المتحدة , وفي كثير من الأحيان يتم التدخل العسكري دون الحصول على الشرعية الدولية , ويستعاض عنها ا بالتحالف الغربي عبر حلف الناتو , أوبدونه , غير أن هذا الأسلوب يجابه برفض الدول المسالمة , ورفض الشعوب التي تعبر عن ذلك بالمظاهرات الشعبية . وتعتمد الدول الكبرى على تقديم المساعدات العسكرية والأسلحة , والتدريب , واقامة القواعد العسكرية والمعاهدات الأمنية والتحالف , وارسال

الخبراء العسكريين لغرض التأثير على السلوك السياسي للدول , وبالمقابل تحاول الدول المتلقية للأسلحة والمساعدات تنويع مصادر اسلحتها[1] .

واقامة منشأت عسكرية لإنتاج السلاح والذخيرة وتطويرها لمقاومة الضغوط الأجنبية عليها مثل كوريا الشمالية التي طورت اسلحتها الصاروخية والنووية لردع التهديدات الأمريكية ضدها .

3- الوسيلة الإ قتصادية :

وهي وسا ئل ذات أهمية بالغة في التأثير, تلجأ اليها معظم الدول لفرض سياساتها وخدمة مصالحها , منها فرض الضرائب الكمركية على الواردات كوسيلة انتقامية أو أداة للمساومة والضغط والإغراء ,أو تخفيض حصص محدودة من الواردات للحد من تدفقها أو سياسة الحظر الجزئي والكلي على المبادلات التجارية من أجل الحاق الأذى بالدولة المعنية , والحظر الإقتصادي بشكل عام , كما حدث ضد العراق بعد العدوان عليه عام 1991

1- محمد السيد سليم . المصدر السابق ص 102 . انظر ايضا :

زايد عبيد الله مصباح . المصدر السابق ص 139- 155

وحتى عام 2003 م وهنالك أسلوب المقاطعة الإقتصادية من أجل الضغط على الدول الأخرى , وهنالك تقديم المساعدات والقروض , واغراء الدول المتلقية لها لإتخاذ سياسات خارجية متوافقة مع أهداف الدول المانحة لها, وقد تربط الدول تلك المساعدات بشروط معينة تقيد استقلال الدول[1] .

وبشكل عام فإن الوسيلة الإقتصادية تساهم في تنفيذ السياسات الخارجية للدول وبدرجات متفاوتة تبعا لقدراتها وتأثيراتها ,وتوظيفها في الأوقات المناسبة .

4- الوسيلة الإعلامية والدعائية :

وهي تكتسب أهمية كبيرة في الوقت الحالي نظرا لقدرتها على التأثير المباشر على العقول , وتغيير القناعات حول قضية سياسية معينة أو عدة قضايا , وهي تتجاوز الحدود الوطنية للدول سواء عبر الإذاعات أو الفضائيات , فضلا عن الصحف والمطبوعات , وتبدو هذه الأهمية في اوقات الأزمات والحروب اذ تقوم الدول المعنية بتعبئة الكراهية ضد الطرف الأخر , وخلق رأي عام مؤيد ومناهض , ولا تخلو هذه الوسيلة من الدعاية الكاذبة , وخداع الرأي العام وقد وضح مدى الكذب الذي مارسته الولايات المتحدة وبريطانيا في العدوان على العراق في 2003 حين أعلنتا أن أسلحة الدمار الشامل في الحرب تهددهما والعالم بأجمعه, ثم ظهر عدم وجود تلك الأسلحة رغم قيام الخبراء الأمريكيين بالبحث عنها بعد سقوط النظام العراقي في 9 نيسان 2003 ولعدة أشهر .

وتعتمد الدعاية والإعلام على الترديد والتكرار , وتستخدم برامج التبادل الثقافي والعروض الثقافية , وتعليم اللغة الوطنية , وفتح كليات التعليم والثقافة لغرس الفكر الثقافي الموالي للدولة المعنية , وتحاول الدول الغربية استخدام العولمة الثقافية كأداة للإستعمار والإحتلال[2] .

1- د . عبد القادر محمد فهمي . المصدر السابق ص 125 – 127

2- المصدر السابق ص 128 – 13 . انظر ايضا :

زايد عبيد الله مصباح . المصدر السابق ص 155- 167

المبحث الثاني

النظام السياسي الدولي

ان النظام السياسي الدولي هو نتاج التفاعلات الدولية , وعلاقات التأثير والتأثير بين الدول , والتي تجسد توزيع مصادر القوة والنفوذ بينها . وهو بذلك لا يتميز بالثبات , وانما حالة متغيرة باستمرار , وهو أيضا ليس حالة نظام بمعنى الإنضباط والإلتزام بقواعد سلوكية ملزمة من جهة عليا, ولكنه عملية انتظام للسلوك الدولي يفرضه واقع العلاقات الدولية القائم على الصراع والتنافس والتعاون , وفقا لإمتلاك القدرات التأثيرية بين الدول, والتي تتمثل بالقوة العسكرية والقدرة الإقتصادية والنفوذ السياسي , والعوامل الثقافية والعلمية والتكنولوجية , والموقع والمساحة والكثافة السكانية[1] .

وبناء على ذلك يمكن تصور النظام السياسي الدولي في الماضي والحاضر كما يلي :

1- نظام توازن القوى (التعددية القطبية) :

وهو النظام الذي ساد في العالم منذ نشأة الدول القومية والوطنية في أوربا في العصر الحديث بعد معاهدة وستفاليا 1648 , فقد كانت الدول الأوربية تتنافس وتتصارع سلميا وعسكريا للأستحواذ على المستعمرات أوالإحتفاظ بها , عبرتطوير قدراتها الإقتصادية والعسكرية , والتحالف مع بعضها , ولذلك حدث نوع من التوازن في صراعاتها , وحين كان يختل التوازن لصالح دولة أو مجموعة دول , تبادر الدول الأخرى الى اعادة التوازن من

1- د . عبد القادر محمد فهمي . النظام السياسي الدولي . بغداد دار الشؤون الثقافية العامة 1995 ص 5 – 18

خلال التسلح والتحالف [1] . أو شن الحروب على الدول الأخرى كما حدث في الحرب العالمية الأولى , حيث تغيرت موازين القوى بانتصار الحلفاء (بريطانيا, وفرنسا ., ايطاليا , والولايات المتحدة , واليابان) وخسارة المانيا والدولة العثمانية وامبراطورية النمسا والمجر)1914 – 1918 م , واقيمت عصبة الأمم للابقاء على توازن القوى , والتعددية القطبية , ورغم نهوض المانيا من جديد فان التوازن والتعددية القطبية استمرت , وتشكلت احلاف وقوى عديدة , بين المانيا وايطاليا من جهة , وفرنسا وبريطانيا من جهة أخرى , فضلا عن الولايات المتحدة والإتحاد السوفيتي واليابان وحين بدأت ألمانيا بالتوسع الإقليمي وضمت النمسا اليها , وتقاسمت بولندا مع الإتحاد السوفيتي , واحتلت جيكوسلوفاكيا , اختل التوازن لصالحها , لذلك بدأت الحرب العالمية الثانية بين الحلفاء(بريطانيا, فرنسا , الولايا المتحدة , الإتحاد السوفيتي , ودول المحور (ألمانيا , ايطاليا , اليابان) 1939- 1945 م وانتهت بانتصار الحلفاء [2] .

2- نظام الأمن الجماعي (القطبية الثنائية) :

وهو النظام الذي تمحور في وجود كتلتين دوليتين متصارعتين هما الإتحاد السوفيتي ومعه دول المنظومة الإشتراكية ممثلة بحلف وارشو , ودول الكتلة الغربية بقيادة الولايات المتحدة الإمريكية ممثلة بحلف الأطلسي (الناتو) وحلف جنوب شرقي أسيا وحلف المعاهدة المركزية (حلف بغداد سابقا) وقد أكد ميثاق الأمم المتحدة على حماية السلم والأمن الدولي بشكل جماعي من قبل الدول الكبرى الدائمة العضوية في مجلس الأمن وهي (الولايات المتحدة وبريطانيا وفرنسا والإتحاد السوفيتي والصين) والتي لها حق استخدام الفيتو , وحق التدخل لمنع الإخلال بالأمن والسلم الدولي بشكل جماعي وقد استطاع

1- د . محمود خلف . المصدر السابق . ص 69 – 70
2- بطرس بطرس غالي , د . محمود خيري عيسى . المصدر السابق ص 307

هـذا النظـام الصـمود لفـترة طويلـة 1945 – 1990 م بفضـل تكـاتف الـدول وتضامنها لمنع الحروب العالمية رغم انها سمحت وشـاركت في الحـروب الإقليميـة في كوريا وفلسطين وفيتنام[1] .

ويمكن تقسسيم هذا النظام الى قسمين هما :

1- النظام الثنائي القطبي الجامد :

وهوالنظام الذي ساد بعـد الحـرب العالميـة الثانيـة وحتـى مرحلـة التعـايش السلمي في نهاية الخمسينات , وامتـاز بـالحرب البـاردة , وسـباق التسـلح وامـتلاك أسلحة الدمار الشامل , والأحلاف العسكرية , وكانت القوى الدولية الأخرى تتمحور حول الكتلتـين الشرـقية والغربيـة , وكانـت الإسـتراتيجية الدوليـة تطـرح مـن قبـل الدولتين العظميين كاستراتيجية الردع للرئيس الأمريكي الأسبق ترومان , واسـتراتيجية الإنتقام الشامل لوزير الخارجية الأمريكي الأسبق جون فوستر دالاس , ومفهوم (توازن الرعب النووي) واستراتيجية حافية الهاوية[2] .

2- النظام القطبي الثنائي المرن :

وهو النظام الذي يتميز بوجود اقطاب اخرى أقل قوة من القطبين الرئيسين , فقد اصبحت الصين قوة كبرى بعد خروجها عن اطار التحالف مع الإتحاد السـوفيتي , وانسحاب فرنسا من الجانب العسكري في حلـف الأطلسيـ , وبـدء رحلـة التعـايش السلمي بين الكتلتين الدوليتين , والوصول الى الوفاق الدولي , والإتفـاق عـلى خفـض الأسلحة التقليدية , وحظر الأسلحة النوويـة , وظهـور حركـة عـدم الإنحيـاز كقـوة عالمية ثالثة تدعو الى نبذ الحرب والإلتزام بالحياد بـين الكتلتـين , فضـلا عـن ظهـور دول أخرى امتلكت السلاح النووي كبريطانيا وفرنسا والصين والهند[3] .

1- د . عبد القادر محمد فهمي . المصدر السابق ص 42 – 45

2- د . اسماعيل صبري مقلد . العلاقات السياسية الدولية . المصدر السابق ص 181- 186

3- د . محمود خلف . المصدر السابق ص

3- النظام القطبي الأحادي :

ظهر هذا النظام بشكل تدريجي بعد تراجع الإتحاد السوفيتي عن دوره
العالمي عام 1989 وتخليه عن حلفائه من الدول الإشتراكية التي نشبت فيها ثورات
شعبية أطاحت بنظمها الماركسية وحولتها الى الرأسمالية , ومن ثم الغاء حلف
وارشو , وشن العدوان على العراق من قبل الولايات المتحدة وحلفائها برضى من
الإتحاد السوفيتي , ومن ثم انهيار الإتحاد السوفيتي الى مجموعة دول مستقلة ,
وظهور روسيا الإتحادية كوريثة للإتحاد السوفيتي , فاصبحت الولايات المتحدة
الأمريكية هي القوة العظمى الوحيدة في العالم التي اعلنت مولد (النظام الدولي
الجديد) الذي لم يكن الا النظام الأمريكي المتفرد في العالم . واصبحت القوات
ألأمريكية تنتشر في معظم أنحاء العالم , سيما في الخليج العربي , والجمهوريات
الإسلامية المنسلخة من الإتحاد السوفيتي , وأوربا الشرقية , وبدأت الولايات المتحدة
تتدخل في الشؤون الداخلية لهذه الدول , فقد تدخلت في البلقان , وحاربت في
الصومال 1993, وغزت يوغسلافيا 1999 [1] . وافغانستان 2001 والعراق 2003 م [2] .
ولم تكن المعارضة التي واجهتها إلا معارضة ضعيفة غير قادرة على منعها , ورغم
أن الولايات المتحدة وحليفتها بريطانيا لم تحصل على موافقة مجلس الأمن الدولي
للعدوان على العراق , إلا أنها شنت العدوان عليه واحتلته , واجبرت الأمم المتحدة
على الإعتراف بشرعية احتلالها في قرار مجلس الأمن الدولي 1384 في 22 آيار 2003 [3] .
كما فرض الحصار على مجموعة من الدول بدء بالعراق عام1990 , وليبيا عام
1992م والسودان ويوغسلافيا وايران وكوريا [4] .

1- غي أنيل . المصدر السابق ص 84
2- فاتك الرديني الحروب الأمريكية خلال النظام العالمي الجديد . في " قراءات سياسية " وكالة الأنباء
اليمنية (سبأ) مركز البحوث والمعلومات العدد (8) 2003/3/2م ص 17 – 18
3- الشرق الأوسط 2003/5/23م
4- فاتك الرديني . المصدر السابق

وهي مستمرة في فرض ارادتها على المجتمع الدولي , واضعاف دور الأمم المتحدة , وقد تلاشت حركة عدم الإنحياز بعد زوال مبرر وجودها , ولم تعد اجتماعاتها بذات أهمية في السياسة الدولية .

المبحث الثالث

ظواهر السياسة الدولية

تتميز كل مرحلة تاريخية بظواهر سياسية معينة , فقد كانت الحرب الباردة والأحلاف العسكرية من أهم تلك الظواهر عقب الحرب العالمية الأولى , ثم ظهرت مفردات (التعايش السلمي) والوفاق الدولي , وحركة عدم الإنحياز , وحركات التحرر الوطنية , واقامة المنظمات الدولية الإقليمية بعدها , حتى زوال الحرب الباردة وسقوط الإتحاد السوفيتي وتغير القطبية الثنائية الى قطبية احادية امريكية سائدة حتى هذا اليوم , ولذلك سوف نتناول هنا ظواهر السياسة الدولية المستجدة كالعولمة والإرهاب, والإعتمادية المتبادلة , وافول السيادة , والنظام الدولي الجديد , والأصولية وحوار الحضارات والثقافات والأديان , والحروب الأهلية , وقضايا الهجرة , واللجوء السياسي والانساني , وسوف نعالج كل ذلك في ايجابياتها وسلبياتها على الدول وسياساتها .

1- العولمة :

العولمة مصطلحا هي جمع دول العالم قاطبة في اطار عالمي واحد , تحكمه قوانين اقتصادية وسياسية وثقافية واجتماعية واحدة , خالية من القيود التي تعرقل وصولها الى الهدف . أما حقيقتها فهي امتداد لسعي القوى الإستعمارية بالسيطرة على العالم واستغلالها ثروات الشعوب في الدول النامية , وفرض الأنماط الثقافية والسياسية واقتصاد السوق فيها دون اعتبار لخصوصياتها [1].

1- السيد ياسين . في مفهوم العولمة . في كتاب (العرب والعولمة) بيروت , مركز دراسات الوحدة العربية 1998 م ص 30

وقد برز هذا المفهوم بقوة بعد انهيار الإتحاد السوفيتي 1991 وانتهاء الحرب الباردة , فالعولمة انتصار للرأسمالية من أجل رسملة العالم على مستوى العمق والإنتقال من عالمية التبادل والتوزيع والسوق التجارية الى عالمية الإنتاج وقوى الإنتاج العالمية [1].

ان جوهر العولمة هو جوهر اقتصادي يتمثل في سهولة حركة الناس والمعلومات والسلع ورؤوس الأموال , والتدفق الحر للأفكار والأفراد , وعبر دول العالم[2] . والتي من شأنها تقريب المسافات واختزال الزمن في الإتصال والتواصل بين الأفراد والشعوب والدول , بما يدفع بالعالم لأن يكون اشبه بقرية أو مدينة واحدة[3] .

ولا شك أن للعولمة اثارها الإيجابية والسلبية , فقد قيل في ايجابياتها أنها تعمق آثار الثورة العلمية والثقافية , والتطورات الكبرى في عالم الإتصالات, وتحقيق الإعتماد المتبادل بين الدول واقتصادياتها , ووحدة الأسواق المالية , ووتعميق المبادلات التجارية بعد نزع الرسوم المفروضة عليها , وتؤدي الى سقوط الشمولية والأنظمة الإستبدادية , والتوجه نحو الديمقراطية واحترام حقوق الإنسان , وشيوع المعرفة والثقافة من خلال الفضائيات التلفزيونية والأنترنت [4] .

أما سلبياتها فهي كثيرة , ومنها رفع مستوى البطالة بسبب تكنولوجيا الإتصالات وعدم تحقيق المساواة بين الدول , والأفراد [5] . فالدول المتقدمة

1- صادق جلال العظم . ماهي العولمة ؟ تونس 1996م ص 13

2- د .عفاف علي ندا . العولمة والعلم . في صحيفة (الأهرام) 3 ابريل 1999 م ص10

3- ناصر محمد علي الطويل . انعكاسات العولمة على مستقبل السيادة الوطنية . في مجلة (شؤون العصر) العدد (60) يناير - مارس 2002 ص 95

4- الشاذلي العياري . ظاهر ة العولمة والمسألة الإجتماعية . في (المنتدى) العدد (163) آذار 1999 ص 98

5- هانز بيتر مارتين , وهارلد شومان . فخ العولمة , الإعتداء على الديمقراطية والرفاهية . الكويت , عالم المعرفة 1998 م ص 28

تفرض سلعها المتميزة على سلع الدول النامية التي لاتستطيع مضاهاتها , وبذلك تزداد الدول الصناعية غنى , وتزداد الدول الفقيرة فقرا , كما أن الأفراد لا يحصلون على المساواة في المجتمع الواحد فالإغنياء يستفيدون , والفقراء يسحقون , وهذا يعني الظلم الإجتماعي , وعدم القدرة على تحقيق العدالة وحماية البيئة , ومكافحة الجريمة إلا بصعوبة بالغة [1]. والعولمة تعني اضعاف القيم الدينية والقومية , والخصائص الحضارية والثقافية للدول النامية , والقبول بالتبعية الإقتصادية والسياسية والثقافية للغرب والتدخل في شؤونها الداخلية , واضعاف سيادتها واستقلالها [2]. اما في التطبيق فان الدول الغربية تضع القيود أمام سلع الدول الأخرى , وتتدخل لحماية أسواقها من السلع الرخيصة الثمن , وتمنع الدول النامية من الحصول على الأسلحة المتقدمة وخاصة اسلحة الدمار الشامل , رغم انها تمتلكها فعلا وتطبق المعايير المزدوجة في التعامل الدولي , فتتساهل مع بعض الدول الصديقة لها , وتتشدد مع الدول المناهضة لها [3]. وازاء ذلك وكظاهرة قائمة يرى البعض أن لا مناص من التعامل معها باعتبارها تفتح افاق مرحلة جديدة في تاريخ البشرية , ولا يوجد أي خيار أمام الشعوب الا قبولها, وكأنها أمر واقع [4].

غير أن الحقيقة غير ذلك فلا توجد دولة تقبل بالعولمة رغما عنها , وانما توازن كل دولة الإيجابيات التي تحصل عليها , والسلبيات التي تنتقل اليها , وتتخذ الموقف الملائم لمصلحتها الوطنية , والدليل على ذلك ان دولا كثيرة لم تنضم الى منظمة التجارة العالمية التي ترفع شعار العولمة والغاء القيود على التجارة . وعلى الصعيد الشعبي جوبهت العولمة بمقاومة ضارية , خاصة في

1- منير الحمش . في مناقشة رقم (4) على بحث السيد ياسين في (مفهوم العولمة) في كتاب (العرب والعولمة) ص54

2- د .سياركوكب الجميل . تعقيب رقم (3) على بحث السيد ياسين في كتاب (العرب والعولمة) ص 41

3- د . مصطفى النشار . ضد العولمة . القاهرة دار قباء للنشر 1999م ص 5 وما بعدها

4- الحبيب الجنحاني . ظاهرة العولمة الواقع والأفاق . في مجلة (عالم الفكر) العدد (2) اكتوبر - ديسمبر 1999م ص10

اجتماع منظمة التجارة العالمية في سياتل عام 1999 فخرج عشرات الآف المحتجين , وأجبروا المجتمعين على الإنفضاض , وهم من العمال وطلاب الجامعات والجماعات الدينية الذين احتجوا على استغلال العمال وجماعات حماية المستهلك وحماية البيئة [1]. وحذر المؤتمر الدولي العاشر لمنع لجريمة بأن العولمة تسهل هروب المجرمين من العدالة [2].

ويرى البعض ان المعركة ضد العولمة لها علاقة بالمعركة ضد الإيدز والأوبئة الأخرى فالدول الصناعية قادرة على مكافحتها بامكاناتها الهائلة, بينما تفتك هذه الأمراض بشعوب عالم الجنوب , وتحتاج الى معالجة جماعية عبر السلطات والمنظمات والمؤسسات , بينما يهرب اصحاب الشركات الخاصة والممولين المتخوفين من الأوبئة ,من الدول النامية , ويلقون العبىء الأكبر على الدولة , في حين يصر أصحاب القرار في زمن العولمة على تقليص دورها[3].

وهنالك من يرى أن الدول الصناعية , لا سيما الولايات المتحدة تصدر هذه الأمراض الى شعوب عالم الجنوب لإرباكها وتهديدها واضعافها كي تبقى مفاتيح المعالجة لديها , فهي سلاح سياسي واقتصادي للتدخل وفرض العولمة على الأخرين .

الارهاب الدولي :

الإرهاب هو استخدام القوة والعنف والتهديد غير المشروع ضد الأفراد والجماعات والدول من قبل مجموعة من الأفراد والدول لتحقيق مكاسب غير

1- جيري بريشر . تيم كوستيلو , برندان سميث .

2- ابو السعود ابراهيم . نشاط الأمم المتحدة , في " السياسة الدولية " العدد (141) يوليو 2000 م ص 303

3- شيرين ج ربابة . المعركة ضد الإيدز بوصفها معركةضد العولمة . عرض لكتاب :

في (Adids in The Twenty First Ceutury . by Tony Barnett and Alan White side . London Palgrave 2003)

صحيفة الحياة في 15 حزيران 2003

مشروعة , كالحصول على الأموال , والإرهاب الدولي جريمة دولية هدفه اثاره الذعر والفزع لدى شخصيات عامة , أو أفراد من المجتمع , ويمارس من قبل جماعات منظمة ,كالدول مثلا , ويؤدي الى خسائر في الأرواح والممتلكات وهدر الحريات الإنسانية , وخرق حقوق الإنسان , وتهديد لعلاقات التعاون بين الدول , والتعايش والسلام بين الدول والشعوب[1] .

ولا يشمل الإرهاب حركات التحرر الوطنية التي تقاتل في سبيل حرية شعوبها وبلدانها من السيطرة الإستعمارية والإستيطان والتمييز العنصري , اذ أن مقاومة الإحتلال أمر مشروع

ان الإرهاب هو ظاهرة العصر , رغم جذوره القديمه , فقد اتسع كما وكيفا , واصبح الإرهابيون يمتلكون السلاح والمال , ويستخدمون الوسائل التكنولوجية الحديثة , فهو ظاهرة خطيرة تهدد حياة واستقرار المجتمعات الداخلية الدولية , وتؤثر على الحياه الإقتصادية وخطط التنمية , وتعرقل السياحة , وتقلص الإستثمارات الأجنبية [2].

أما اسبابه فهو الأزمات الإقتصادية والإجتماعية والتفاوت الطبقي , وانتشار الفساد والفقر , وازدياد عدد العاطلين عن العمل , ووجود أنظمة استبدادية وقمعية ويتمثل في الحاق الأذى بالأفراد والممتلكات والبيئة والمؤسسات المدنية والعسكرية , وتعطيل القوانين من خلال الأسلحة بمختلف أنواعها , كاختطاف الطائرات والسفن ووسائل النقل البرية , وحجز أفرادها أو قتلهم أو اغتيال الشخصيات السياسية والدبلوماسيين , وأخذهم كرهائن , ولذلك أقرت الإتفاقيات الدولية , ومنها اتفاقية منع الجرائم لعام 1973 ا لتي تقضي بمحاكمة مرتكبي جريمة الإرهاب أو تسليمهم للعدالة [3] .

1- محمد يوسف علوان . الإرهاب في القانون الدولي . في " موسوعة العلوم السياسية " ص 939

2- أحمد أبو الروس . الإرهاب واتطرف والعنف الدولي . الأسكندرية , المكتب الجامعي الحديث 2001 م ص 29 -

3- محمد يوسف علوان . المصدر السابق ص 94

والصفة المميزة للإرهاب الدولي هي ارهاب الدولة الذي تأخذ اشكالا منظمة كالإرهاب الإسرائيلي ضد الفلسطينين القائم على طردهم من ديارهم. وقتلهم وقتل أفرادهم ورموزهم , وهدم منازل الفدائيين , وتجريف اشجارهم[1] . والإرهاب الأمريكي ضد دول العالم النامي عبر تدبير الإنقلابات العسكرية . والإغتيالات , والإحتلال , والحصار والإبادة الجماعية , والتمييز العنصري , ورعاية الإرهاب في أي بلد مناهض للسياسة الأمريكية , ودعم الإرهاب الصهيوني وتبريره[2] . وهنالك دول متواطئة مع منظمات الإرهاب الدولي , وتضع تحت تصرفها امكانات واسعة لتنفيذ مخططاتها , أو تسخر بعض الدول الصغرى لممارسته بالوكالة , وهناك المئات من تلك المنظمات التي تتكاثر بسرعة , وتنفذ ارهابها في كل انحاء العالم[3] .

غير أن أكثرها منظمات ارهابية سياسية كمنظمة الجيش الأحمر الياباني , ومنظمة الألوية الحمراء الإيطالية , ومنظمة (بادر ماينهوف) في المانيا , ومنظمة ايلول الأسود , وشبكة الإرهاب اليهودي , ومن أشهر الإرهابيين (كارلوس) المحكوم عليه بالسجن في فرنسا , ومن أهم العمليات الإرهابية احتجاز وزراء النفط العرب في النمسا عام 1975 كرهائن[4] . و تفجير طائرة بان امريكان فوق قرية (لوكربي) الأسكتلندية عام 1986 واعلان ليبيا مسؤوليتها عنها وتعويض الضحايا بمبلغ (10) ملايين دولار لكل ضحية[5].

وتعتبر تفجيرات 11 أيلول 2001 في واشنطن ونيويورك أكبر وأخطر العمليات الإرهابية في العالم , والتي اسقطت برجي مركز التجارة العالمي في

1- أحمد موسى . المصدر السابق ص 77 – 119

2- المصدر السابق ص 127 – 132

3- اسماعيل صبري مقلد . الإرهاب الدولي في " موسوعة العلوم السياسية " ص 639

4- خضر الدهراوي . انتشار الإرهاب الدولي . في مجلة " السياسة الدولية " العد (77) يوليو 1984 . ص 143 – 146

5- مجلة المشاهد السياسي . العدد (375) السنة (8) 18 –24 آيار 2003م ص 12

نيويورك , وأدت الى مقتل أكثر من (3000) شخص بطريقة متقنة .[1] وقد اتهم تنظيم القاعدة بذلك , ولكن بعض الأوساط الأمريكية تتهم كل الحركات الإسلامية بالتطرف والفاشية .[2]

3- الإعتمادية الدولية المتبادلة :

وهي نتيجة التقدم العلمي والتكنولوجي في العالم , سيما في الصناعة والزراعة , ووسائل الإتصالات والخدمات , والتعاون الدولي الواسع في كافة الميادين , وتشابك مصالح الدول , وتوسع التجارة الدولية الى حد كبير , ولذلك لم تعد الدول والشعوب قادرة على العزلة , والإكتفاء الذاتي , فقد أصبح العالم قرية صغيرة لا يستغني كل فرد فيها عن الأخر , وأصبحت الشركات متعددة الجنسية أشبه بالأمبراطوريات , فهي تخترق حدود الدول وتمتلك رؤوس الأموال الطائلة , وبالتالي تمتلك النفوذ الإقتصادي والسياسي وأصبحت لها مواطئ اقدام في العديد من الدول تبعا لقربها من المواد الأولية, أو رخص الأيدي العاملة فيها , أو امتلاكها للخبرة والتكنولوجيا .

ان التفاعل الإستراتيجي بين الدول نتيجة لتشابهها في نظمها السياسية والإجتماعية والإقتصادية والثقافية أفرز العديد من مجالات التعاون الوظيفي, والإنتظام في نظمات اقليمية ودولية , وتحقيق التكامل والأندماج بينها محققة نتائج كبيرة لصالحها جميعا[3] كدول الإتحاد الأوربي , ومنظمة النافتا بين الولايات المتحدة وكندا والمكسيك .

ان الإعتماد المتبادل بين الدول القائم على الحوار بين الدول يمكن أن يعوض عن العولمة المطلقة التي تتجاوز الحدود الجغرافية أمام رجال الأعمال,

---

1- جورج طرابيشي . عرض كتاب (الإرهاب الأعظم , الحرب الجديدة) تأليف فرانكس هايسبورغ 2003 م في جريدة الحياة 22 حزيران 2003م

2- فرانسوا فوكوياما . هدفهم العالم المعاصر . في " نيوزويك " 25 ديسمبر 2001م ص 16

3- Edward L . Morse Interdependence in World A ffairs in the (James Rosenau (Op-cet) p600- 660)

واندماج الشركات والأموال والتي تقيم القيود والحدود أمام تحركات البشر- بحثا عن فرص العمل , ولذلك نهضت مجموعات سياسية واقتصادية في عالم الجنوب لبحث امكانيات التعاون والإعتماد المتبادل وتقليل الأثار السلبية للعولمة , ومن ذلك قمة مجموعة الـ (15) في القاهرة عام 2000 وقمة مجموعة الـ (77) في كوبا عام 2000 والمؤتمر العاشر لمجموعة (الإنكتاد) في بانكوك عام 2000 والتي اصدرت قرارات للحد من نفوذ الشركات العملاقة واندماجاتها , وتدهور شروط التبادل التجاري بين الأغنياء والفقراء ودعت الى تشجيع الإستثمارات , وتحقيق التنمية فيها .[1] ويلاحظ أن مؤتمرات عديدة عقدت لتحقيق التعاون المتبادل في مجالات المياه والطاقة وحقوق الإنسان والبيئة والتنمية .[2]

4- النظام الدولي الجديد :

وهو النظام الذي بشر به الرئيس الأمريكي الأسبق جورج بوش الأب في نيسان 1991 بعد انتهاء حرب الخليج الثانية , فقد أعلن ولادة نظام دولي جديد يتسم بالحيوية والتعاون الدولي , ونبذ الصراعات , وردع العدوان , وعلى التزام بلاده بالأمن والسلام في العالم[3].

غير أن بعض المحللين السياسيين رفضوا هذا المصطلح , وفضلوا عليه مصطلح (الوضع الدولي الجديد) باعتباره ليس نظاما , وانما هو وضع جديد نشأ بعد حرب الخليج الثانية , وانهيار الإتحاد السوفيتي , وانتهاء الحرب الباردة والقطبية الثنائية , فغدا العالم أمام قطبية أحادية تتربع عليها الولايات المتحدة كدولة عظمى وحيدة مهيمنة على معظم ارجاء العالم, وقد نتج عن ذلك استقلال دول البلطيق عن الإتحاد السوفيتي , وتشظي الإتحاد السوفيتي الى (15) دولة بينها الإتحاد الروسي , وخروج الدول الإشتراكية في اوربا الشرقية عن نظمها السياسية الإشتراكية , وتبنيها الليبرالية الديمقراطية في سياساتها الداخلية , والتحالف مع الغرب في سياساتها الخارجية , واعتماد اقتصاد السوق في توجهاتها الإقتصادية[4] . أما دول العالم

1- نزيرة الأفندي . الأعتماد المتبادل لمجابهة العولمة . في مجلة " السياسة الدولية " العدد (141) يوليو 2000م ص 142- 143

2- محمد علاء عبد المنعم . مستقبل التعاون الدولي . في مجلة " السياسة الدولية" المصدر السابق ص 252 – 258 أنظر أيضا

3- عبد المنعم سعيد . العرب و النظام الولي الجديد . القاهرة, مركز الدراسات السياسية والإستراتيجية 1991م ص 7

4- د . مصطفى علوي محمد . النظام الدولي الجديد . في "موسوعة العلوم السياسية " ص 876 – 879

الثالث فقد فقدت صفتها لتصبح دول العالم النامي مقبل الدول الصناعية , وتهميش دور حركة الإنحياز بعد زوال مبررات عدم الإنحياز .

غير ان الوضع الدولي الجديد هو وضع مؤقت يفتقر الى الأسس والأحكام القانونية الدولية , وهو مرهون بوضع الولايات المتحدة القوي في العالم , ولكنه مهدد بظهور قوى دولية كبرى تؤدي الى التعددية القطبية , فضلا على ان منظمة الأمم المتحدة لم تنهض بدورها الفعال لإرساء اسس العلاقات الدولية على مبادىء العدالة والحرية والإستقلال والتكافؤ , ولم يتم اصلاحها بالشكل الذي يجعلها قوية وفاعلة تعمل مع المجموعة الدولية لردع المخالفين لميثاقها , وفقا لشرعية دولية جديدة عادلة , وليس على أساس مصالح القوى الكبرى المهيمنة عليها .

5- الأصولية :

يستخدم هذا المصطلح للتعبير عن نزوع الجماعات الدينية والمذهبية نحو التطرف في فهمها , واللجوء الى أساليب القوة والعنف لتحقيق اهدافها , بدلا من لغة الحوار , والمصطلح بحد ذاته استخدام غربي لا يعبر عن الحقيقة , لأن الأصولية هي العودة للأصول الأولى للديانات والمذاهب والتمسك بها , فهي ليست سبة , بينما التطرف والغلو مرفوضان من قبل الشريعة الإسلامية والأديان السماوية الأخرى .

وفي الحقيقة سعت الدوائر الغربية والصهيونية لإظهار الإسلام بمظهر العنف والإرهاب من أجل محاربته , فقد دعمت وكالة الإستخبارات الأمريكية بمبالغ مالية كبيرة مدير مركز دراسات الشرق الأوسط في جامعة هارفارد اليهودي (نداف سفران) لعقد مؤتمر دولي عن (الأصولية الإسلامية) وحرصت الولايات المتحدة والدول الغربية على إنشاء عشرات المراكز البحثية تحت مسميات مختلفة لتشويه صورة الإسلام , ووصمه بالتعصب والجمود والنفعية , وتصيد أخطاء وممارسات الجماعات الإسلامية , وتخويف .

المجتمعات الغربية والعالمية وحكوماتها من الإسلام والمسلمين [1]. وهذا لا يعني عدم وجود منظمات اسلامية متطرفة كجماعة التكفير والهجرة وغيرها [2]. غير ان هنالك جماعات يهودية متطرفة تمارس الإرهاب ضد الشعب الفلسطيني كمنظمة كاخ وحزب شاس ويهودا هاتوراه في الأرض المحتلة [3].

وجماعات مسيحية متطرفة في اوربا والولايات المتحدة الأمريكية , فالرئيس الأمريكي جورج بوش الأبن , وقبله الرئيس الأسبق رونالد ريغان ومساعديهم آمنوا بصحة الروايات التوارتية التي تتنبأ بوقوع معركة (هر مجدون) [4]. في فلسطين , وانتصارهم على المسلمين , ولذلك فإن اليمين المسيحي المتطرف المتكون من بوش ونائبه (تشيني) ورامسفيلد وزير الدفاع , و (ولفوفتيز) نائبه , وأخرين هم غلاة المسيحيين المعادين للعرب والمسلمين [5]. وقد حرضوا بوش بالعدوان على العراق من منطلق أصولي ديني , ويروجون لمواجهة كل الحركات الإسلامية بحجة مكافحة الإرهاب [6]. بعد أن شجعت امريكا الأصولية الإسلامية وحركاتها ضد الوجود السوفيتي في افغانستان طيله الثمانينات , وزودتهم بالأسلحة لمقاتلة السوفيت . وهنالك أصوليات بوذية هندية تمارس العنف ضد الحكومة الهندية وهنالك الأصولية

1- عبد الوارث سعيد . مقدمته لكتاب الأصولية في العالم العربي , تأليف ريتشارد هرير دكمجيان , وترجمة وتعليق عبد الوارث سعيد .القاهرة , دار النشر للجامعات المصرية 1989 م ص 1410

2- المصدر السابق ص 247

3- أحمد أبو الروس . المصدر السابق ص 82 – 99

4- أمين محمد جمال الدين . هرمجدون أخر بيان يا أمة الإسلام - القاهرة , المكتبة التوفيقية 2001 م ص 6 – 66

5- محمد المنصور . اسطورة الرئاسة الأمريكية . في مجلة " الموقف" العدد (34) مارس 2003 ص42. أنظر ايضا

عصام عبد الشافي . مؤسسات لصنع القرار وادارة الأزمة العراقية . في مجلة " السياسة الدولية " العدد (152) ابريل 2003 ص 98

6- عصام محفوظ . والإرهاب بين السلام والإسلام . بيروت , دار الفارابي 2003م ص 45

البروتستانتية في الولايات المتحدة والتي تدعو الى دعم (اسرائيل) أدبيا واخلاقيا بحكم وجود تراث مسيحي يهودي مشترك واخلاق مسيحية يهودية مشتركة [1].

6- حوار الحضارات والأديان والثقافات :

عقدت مؤتمرات حوار الحضارات والثقافات والأديان في العالم بسبب الحاجة الى نزع جذور التعصب والعنصرية والطائفية الدينية والمذهبية بين شعوب ودول العالم , واحلال لغة التسامح والتعاون والتفاهم بين مختلف الأطراف المعنية بها , وقد عقد مؤتمر أوربا والعالم حوار الحضارات في لشبونة في أيلول 1990 [2]. وعقدت مؤتمرات حوار الأديان وحوار الثقافات في أوربا والوطن العربي غير أن كتابات بعض الكتاب الأمريكيين ومنهم صاموئيل هنتنغتون عن (صدام الحضارات) [3] حفزت دعاة الحوار للرد عليها , لأنها دعوة صريحة للحروب بحجة حتمية الصدام , وقد حددت الجمعية العامة عام 2001 عاما لحوار الحضارات حيث عقد مؤتمر (حوار الحضارات) في ابريل عام 2001 في (فلينوس) عاصمة لتوانيا , و تم التأكيد على ضرورة تعزيز العلاقات الودية بين الدول , واحترام التباينات الثقافية والحضارية واللغوية والعقائدية بين الأمم والشعوب , وتم انشاء الصندوق الإستثماري لتمويل (حوار الحضارات) واعلن الأمين العام للأمم المتحدة عام 2000م ضرورة البحث عن القيم المشتركة للشعوب وتعزيزها , وليس لمضاعفة الخلافات , وقد استقطبت دعوات الحوار الكثير من المثقفين والمفكرين والشخصيات السياسية , ومنهم

1- سمير مرقص . رسالة في الأصولية البروتستانية والسياسة الخارجية الأمريكية . القاهرة , مكتبة الشروق 2001م ص 40 وما بعدها

2- السيد ياسين . حوارالحضارات , تفاعل الغرب الكوني مع الشرق المتفرد . القاهرة , ميريت للنشر والمعلومات 2002م ص23

3- صاموئيل هنتنغتون . صدام الحضارات . ترجمة مالك عبد الله شهيوه، ومحمود محمد خلف، طرابلس، دار الجماهيرية 1999، ص 333 وما بعدها

الرئس الإيراني محمد خاتمي الذي اعلن في الجمعية العامة للأمم المتحدة عام 1998م ضرورة اقرار مبدأ حوار الحضارات والشعوب كبديل عن الصراع والتصادم [1].

ان صراع الحضارات له آثار سلبية على العلاقات الدولية, لأنه يكرس منطق العدوان والحرب بدلا من منطق السلام والحوار والتعايش بين الدول والنظم السياسية المختلفة [2]. ولابد من توفر شروط الحوار وأسسه بين أطراف متكافئة, يعترف كل طرف بالأخر, ويسعى الى بناء حضارات انسانية عالمية وثقافية متعددة والى اتفاق الأديان السماوية علىالتفاهم والتعايش .

7- الحروب الأهليـة :

ان الحروب الأهلية ظاهرة اخرى من ظواهر السياسة الدولية , وهي في البلدان النامية أكثر من غيرها بسبب التخلف والفقر والجهل , واختلاف العناصر السكانية المتكونة من اعراف واثنيات واديان ومذاهب كثيرة ووفرة السلاح الذي يستخدم في النزاعات القبلية , فضلا عن التركة الإستعمارية التي رسمت حدود الدول , خاصة في افريقيا , مقسمة القبائل في عدة كيانات متجاورة , ومتبعة سياسة فرق تسد التي عمقت الخلافات بينها , وتركت السلطة بيد جماعات دون أخرى [3] , وتمثل الكونغو مثالا صارخا للحرب الأهلية بين عرق البانتو وأقلية التوتسيـ في الشرق , بينما هذه الأقلية نفسها تحكم في رواندا وبورندي , ولها صراعات دامية مع الهوتو فيهما , وتتفاقم الحرب الأهلية في منطقة البحيرات العظمى التي تضم اضافة الى الكونغو كلا من انجولا وبورندي وافريقيا الوسطى ورواندا والسودان وتنزانيا واوغندا

2- عمر راشد . التقرير الإستراتيجي الإيراني . في مجلة " شؤون الأوسط " العدد (110) ربيع 2003م ص 198

Mark Salter . Barbarian and Civilization . London Barne Sard Noble . 2003 p 721

3- شارل زورغبيب . الحرب الاهلية , ترجمة احمد برو . باريس . منشورات عويدات 1980 ص 5 وما بعدها

وزامبيا والكونغو برازافيل , وقد ذهبت ضحية الحرب الأهلية مليونا شخص خلال أربع سنوات وادت الى التدخل الأجنبي , سيما وان الكونغو دولة غنية بمواردها مما يجعلها مطمعا من جانب القوى الداخلية والأقليمية والدولية . وقد تدخلت فعلا الولايات المتحدة وفرنسا وبلجيكا في الشأن الكونغولي ,الى جانب الدول المجاورة .[1]

وهنالك الأن حروب أهلية في ليبيريا والسودان وسيريلانكا والجزائر والصومال وكولومبيا وسيراليون وبورندي وانجولا , وافغانستان والفلبين وفنزويلا , وهي حروب مغذاة من قبل الجهات الخارجية , وهي ايضا فرصة للتدخلات الأجنبية من أجل مزيد من التهميش لهذه البلدان , وتشجيع الحركات الإنفصالية فيها .

وهنالك حروب أهلية في روسيا كالحرب في الشيشان وداغستان وتتارستان والأنغوش , والحرب الأهلية في جورجيا , والحروب السابقة في لبنان والبلقان وجمهوريات امريكا الوسطى .

8- الهجرة واللجوء السياسي والإنساني :

هنالك هجرة مستمرة من دول الجنوب النامية الى دول الشمال المتقدمة , بسبب تفاقم الأزمات الإقتصادية والسياسية والإجتماعية , وانتهاكات حقوق الإنسان , وفقدان العدالة الإجتماعية , والرغبة في العيش بأمان واستقرار والتنعم باجواء الحرية والديمقراطية , وحرية العمل .[2]

والهجرة قد تكون مؤقتة للعمل في مواسم معينة حيث يحتفظ المهاجرون بجنسياتهم , ويعودون الى بلدانهم بعد انتهاء العمل كالعمال الأتراك في ألمانيا اما الهجرة الدائمة والمستمرة فانها تصيب الدول المستقبلة

1- خالد حنفي علي . البحيرات العظمى ومستقبل السلام في مجلة " السياسة الدولية " العدد (150) اكتوبر ص 154 – 155

2- اوستن رني . المصدر السابق , جـ1 ص 241- 250

لها بالخوف من ان يشكل المهاجرون اعدادا كبيرة تؤثر على الساحة السياسية والإقتصادية , وهنالك دول ترحب بالمهاجرين نظرا لقلة الكثافة السكانية فيها , والحاجة الى أيد عاملة فنية أو غير فنية مثل كندا واستراليا ونيوزيلندة , ودول أخرى استقطبت اصحاب الشهادات والخبرات العلمية والتكنولوجية للإسفادة منهم , كالولايات المتحدة والدول الأوربية , ودول أخرى توافق على اعداد معينة كالدول الأسكندنافية , وهنالك دول أخرى ترفض المهاجرين لأسباب مختلفة ,منها الحفاظ على الوجود السكاني فيها ,وعدم استساغة التعايش مع الغرباء , وخاصة المسلمين , ونظرا لإختلاف العادات والتقاليد والعقائد , والخشية من نشاطاتهم السياسية . وقد ظهرت حركات عنصرية مناهضة للمهاجرين في كل من ألمانيا وايطاليا والنمسا وفرنسا , هاجمت مساكن المهاجرين , وقتلت وجرحت الكثيرين منهم , وازاء الرفض الرسمي لدخولهم , نشطت الهجرة غير الشرعية اليها عبر الوسطاء والمهربين , وهي الأن احدى المشاكل الرئيسية التي تواجه الإتحاد الأوربي , وتحاول معالجتها بتشديد الحراسة على حدودها وقدأدت الهجرات غير الشرعية الى حوادث مأساوية كغرق العبارات التي تنقلهم عبر السواحل , أو اختباؤهم في مخازن الشاحنات والقطارات , أو حجزهم في معسكرات لمدد طويلة .

أما الهجرات الجماعية بسبب الحروب فهي وان كانت مؤقتة , إلا أنها تشكل ضغطا سياسيا من قبل الدول المستقبلة لها . لإعادة المهجرين , وتؤدي الى تدخل المنظمات الإنسانية التابعة للأمم المتحدة لإيوائهم والعناية بهم , سيما ان هؤلاء في حالة بقائهم أو عودتهم يشكلون عبئاأمنيا للدول التي تستضيفهم أو دولهم الأصلية , كالمهاجرين العراقيين في تركيا وايران .

أما اللجوء السياسي فإن القوانين الوطنية في معظم الدول تجيز قبولهم لفترات معينة حفاظا على حياة اللاجئين السياسيين بشترط عدم القيام بأية نشاطات سياسية ضد بلدانهم الأصلية في الأراضي

التي تتم الموافقة على لجوئهم اليها , وهذا النوع من اللجوء يستخدم كورقة ضغط ضد الدول سلبا أو ايجابا لتحقيق أهداف سياسية , كالحصول على امتيازات اقتصادية أو سياسية مقابل منعهم من من النشاط السياسي , وعلى ذلك وفي بعض الأحيان تشكل المعارضة السياسية المقيمة في الخارج اداة مهمة للمساومات السياسية , وبذلك تكون فائدتها ودعمها أو كبحها وسيلة لتحقيق اهداف سياسية معينة , فقد دعمت بريطانيا والولايات المتحدة المعارضة العراقية ضد النظام الدكتاتوري في العراق , وسمحت لهم بعقد مؤتمرات عديدة لشرح وجهات نظرهم , وساهمت في تقديم المساعدات المالية لهم , فقد اجاز الكونكرس الأمريكي قانون (تحرير العراق) عام 1999 , وشاركت الولايات المتحدة مع بريطانيا في شن الحرب على العراق بحجة تحرير العراق من الدكتاتورية

وهنالك اللجوء الإنساني , اذ ان بعض المحكومين باحكام الإعدام أو السجن لجأوا الى الدول الأخرى بذريعة (الإنسانية) لأن عودتهم الى بلدانهم تعني اعدامهم أو سجنهم لأمر غير محدود .

9- التكامل الدولي

وهو التعاون المكثف بين الدول والشعوب في جميع القطاعات الحيانية من اجل تحقيق مصالحها في الرفاه والسلام والإندماج , ويجد فرصته في التكامل الإقتصادي والتفاعل السياسي , متجاوزا الكيانات الوطنية والقومية وصولا الى كيانات اكبر أو تكاملات أوسع[1] . وقد ساعدت عوامل كثيرة على تبلور التكامل , منها تزايد العلاقات الدولية الإقتصادية والسياسية الودية, وتشابك مصالح الدول من خلال الإعتمادية المتبادلة ,

1- جيمس دورثي . النظريات المتضاربة في العلاقات الدولية , ترجمة د . وليد عبد الحي . الكويت داركاظمة للنشر 1985 م ص 271

وتطـور العلـوم والتكنولوجيـا ووسـائل الإتصـالات , وتضـخم مؤسسـات الشركات المتعددة الجنسيات , وانسيابها الى معظم بلدان العالم .

ومن أمثلة التكامل - الإندماج تحقيق الوحدة الألمانية مجددا عام 1990 بين شطري المانيا الغربية والشرقية كنتيجة مباشرة لزوال الحرب الباردة , وانطلاقة الشعب الألماني في المانيا الشرقية بهدم جدار برلين , ومن ثم سقوط الحكومة الماركسية , وقيام سلطة ليبرالية جديدة ابرمت الوحدة مع المانيا الغربية .[1] رغم ان دولا اخرى شهدت العكس , أي التجزئة , كما في ا لإتحاد السوفيتي ويوغسلافيا وجيكوسلوفاكيا , إلا أن التكامل الدولي استمر بشكل متدرج , فالإتحاد الأوربي في طريقه الى الإنجاز بعد سلسلة طويلة من المكاسب و التطورات وصلت الى حد الموافقة على دستور أوربا , أما التكتلات الدولية الكبرى فقد استمرت بالتوسع والإ زدياد , فهناك منظمة (النافتا) عام 1994م .[2] والسوق الواحدة داخل الإتحاد الأوربي , والمنطقة الصناعية الأوربية بين النمسا وفنلندا وايسلندا ولنششتاين والنرويج والسويد , واتفاقية التجارة الحرة بين الإتحاد الأوربي ودول البلطيق , ودول ميثاق الأنديز , والسوق المشتركة لإمريكا الوسطى , والتكامل الإقتصادي لمجموعة (أسيان) في جنوب شرق أسيا , والتعاون الإقتصادي لأسيا والمحيط الهندي , ومنظمة التعاون الإقتصادي (ايكو) لدول اسيا الوسطى وتركيا وإيران وباكستان وافغانستان .[3] وعلى النطاق العربي هنالك مجلس التعاون الخليجي ,

---

1- ثناء فؤاد عبد الله . المانيا الموحدة بين البناء الداخلي والمتغيرات الدولية . في مجلة " السياسة الدولية " العدد (103) يناير 1991م

انظر بيان المجلس الأوربي في 20 / 6 / 2003 م

2-د . عبد الواحد العفوري . العولمة والجات , والتحديات والفرص . القاهرة , مكتبة مدبولي 200م ص 229

3- المصدر السابق

واتحاد المغرب العربي , والسوق العربية المشتركة , واعلان قيام منطقة التجارة الحرة العربية عام 1998 م خلال (10) سنوات .[1]

وقد تعززت مكانة العديد من المنظمات الدولية والإتحادات , فعلى سبيل المثال تعززت الفرانكفونية التي تضم الدول الناطقة باللغة الفرنسية , وبدأت نشاطات واسعة في السنوات الأخيرة فقد عقدت مؤتمرات متلاحقة بين أعوام 1997 – 2002 , وكانت قمة بيروت التاسعة لها عام 2003 اخر مظاهرها والتي بحثت التنسيق السياسي والإقتصادي والثقافي بين دولها .[2] ومنها أيضا منظمة الكومنولث البريطاني .[3] ومنظمة الدول المستقلة المنسلخة عن الإتحاد السوفيتي السابق .

وقد تعززت مكانة منظمة التجارة العالمية (الجات) بعد جولة أورغواي وتوقيع اتفاقية مراكش عام 1994 لتحرير التجارة الدولية من الرسوم , وايجاد نظام متكامل لتسوية المنازعات التجارية , والتزام الدول الصناعية الكبرى بدعم الدول النامية فنيا وماليا .[4]

10- أفوال السيادة الوطنية :

وهو تحصيل حاصل التشابك في العلاقات الدولية , والتعاون والتنسيق في المنظمات الدولية الرسمية وغير الرسمية , وتنامى الإعتمادية المتبادلة , وتوسع التجارة الدولية , وتواجد الشركات العملاقة المتعددة الجنسية التي اوجدت لها مواطىء اقدام في دول كثيرة متخطية سيادتها , وحدودها , وتطور

1- سليمان المنذري . السوق العربية المشتركة في ظل العولمة . القاهرة , مكتبة مدبولي 1999م ص 98

2- د . فريد الأنصاري . الفرنكفوتية المفروضة والصيغة المرفوضة . في مجلة " البيان " العدد (177) يوليو – اغسطس 2002م

3- د . اسماعيل صبري مقلد . رابطة الكومنولث البريطانية . في " موسوعة العلوم السياسية " ص 1040

4- د . ابراهيم العبسوي . الفات واخوانها . بيروت , مركز دراسات الوحدة العربية 1995 ص 15 وما بعدها

وسائل الإتصالات , وشبكة المعلومات , والإعلام [1] , غير أن كل هذا التشابك والتداخل في العلاقات الدولية يتم بإرادة الدولة , ولا تفرض عليها , أو أن الإنضمام للمعاهدات والإتفاقيات الدولية , تقيدها بالقوانين الدولية وأعرافها, وبالتالي تضعف السيادة الوطنية الصارمة , وتحل محلها سيادة مرنة , وتزداد هذه الحالة لدى الدول الصغيرة في حجمها وسكانها ومواردها .

غير أن أفول السيادة الوطنية الحقيقي يظهر في تدخلات الدول الكبرى ضد الدول الأخرى بدواعي حقوق الإنسان , وحماية حقوق الأقليات , واتهامات الإضطهاد القومي , وامتلاك اسلحة الدمار الشامل , وتستخدم الأمم المتحدة ومنظماتها ووكالاتها الدولية والإنسانية لإتخاذ قرارات بالتدخل الإنساني لحماية السكان , وتأخذ التدخلات شكل الضغوط السياسة والإعلامية والمقاطعة الإقتصادية , والتهديد بإستخدام القوة , وتصل الى حد العدوان المسلح بتفويض من الشرعية الدولية (الأمم المتحدة) أو بدونها , ولعل تدخلات الولايات المتحدة العسكرية في امريكا اللاتينية وامريكا الوسطى والبلقان والشرق الأوسط خير دليل على ذلك . وقد جاء عدوانها على يوغوسلافيا عام 1999 بقرار من حلف الناتو , بينما كان قرارها بغزو افغانستان عام 2001 [2] من خلال عمل عسكري منفرد مدعوم من قبل حلفائها الأوربيين , أما غزو العراق عام 2003 فقد تم بتواطئ مع بريطانيا دون شرعية دولية أو أطلسية [3] .

1- ولتر ب . رستون . افول السيادة , ترجمة سمير عزت نصار وجورج خوري . عمان , دار النسر للنشر والتوزيع 1994 ص 13 وما بعدها
2- فاتك الرديني . المصدر السابق ص 25 – 30
3- د . اسامة الغزالي حرب الزلزال العراقي . في مجلة " العلوم السياسية الدولية " العدد(152) ابريل 2003م ص 6 – 7

المصادر

اولاً : المصادر العربية

1- القرآن الكريم.

2- ابدوريا. المدخل الى العلوم السياسية، ترجمة نوري محمد حسين. بغداد، مطبعة الديوان 1998.

3- ابراهيم أحمد شلبي. اديان الهند الكبرى. القاهرة، مكتبة النهضة المصرية 1981.

4- ـــــــــــ. مبادىء القانون الدولي العام. بيروت، الدار الجامعية 1986.

5- ابراهيم درويش. علم السياسة. القاهرة، دار النهضة العربية 1975.

6- ابراهيم عبد العزيز شيحا. مبادئ الانظمة السياسية. بيروت، الدار الجامعية 1998.

7- ابراهيم عوض. مجموعة الأنديز. في "موسوعة العلوم السياسية " الكويت 1993 – 1994.

8- ابراهيم العيسوي. الغات واخواتها. بيروت، مركز دراسات الوحدة العربية 1995.

9- ابراهيم محمد البرايري. الإشتراكية الديمقراطية التعاونية. القاهرة، الدار القومية 1967.

10- ابن تيمية. السياسة الشرعية في اصلاح الراعي والرعية. القاهرة، كتاب الهلال 1981.

11- ابن حزم. الامامة والسياسة الشرعية. بيروت، دار المعرفة 1975.

12- ـــــــــ. الفصل في الملل والأهواء والنحل، تحقيق أحمد محمد شاكر. القاهرة، مكتبة السلام العالمية.

13- ابن خلدون. مقدمة ابن خلدون. بيروت، دار احياء التراث العربي 1970.

14- _____. _____. بيروت، دار مكتبة الهلال للطباعة والنشر 1996.

15- ابن رشد. مناهج الأدلة في عقائد الملة، تحقيق محمود قاسم، القاهرة، مكتبة الانكلومصرية 1955.

16- ابن سينا. رسالة السياسة. في كتاب (مجموع في السياسة) تحقيق ودراسة د. فؤاد عبد المنعم احمد. الاسكندرية، مؤسسة الشباب الجامعية 1982.

17- ابن قتيبة الدينوري. الإمامة والسياسة، تحقيق طه محمد الزيني. القاهرة، مؤسسة الحلبي 1960.

18- ابن كثير. البداية والنهاية. القاهرة، مطبعة البابي الحلبي 1956.

19- _____ _____ بيروت، دار الكتب العلمية 1994.

20- ابن منظور. لسان العرب. بيروت، دار احياء التراث العربي 1996.

21- ابن النديم. الفهرست. بيروت، دار المعرفة 1978.

22- ابن هشام، السيرة النبوية، القاهرة، دار الفجر للتراث، 1999.

23- ابو السعود ابراهيم. نشاط الأمم المتحدة. في مجلة "السياسة الدولية "العدد (141) يوليو 2000.

24- أبو اليزيد علي المتيوت. مبادئ العلوم السياسية. الإسكندرية المكتب الجامعي الحديث 1990.

25- احسان عبد العظيم. محمد عبده. في " موسوعة العلوم السياسية " الكويت 1993 - 1994.

26- أحمد ابراهيم الجبير. مبادىء العلوم السياسية. طرابلس، الجامعة المفتوحة 1995.

27- أحمد البغدادي. الماوردي. في " موسوعة العلوم السياسية " الكويت 1993 - 1994.

28- أحمد أبو الروس. الارهاب والتطرف والعنف الدولي. الأسكندرية، المكتب الجامعي الحديث ،2001.

29- أحمد جامع. المذاهب الاشتراكية،مع دراسة خاصة عن الاشتراكية في الجمهورية العربية المتحدة. القاهرة، المطبعة العالمية 1967.

30- أحمد حسن الرشيدي. الاتفاقية العامة للتجارة والتعريفات (الجات) في " موسوعة العلوم السياسية " الكويت 1993 - 1994.

31- ________. منظمة الامم المتحدة للتنمية الصناعية في " موسوعة العلوم السياسية " الكويت 1993 - 1994.

32- ________. المنظمة الدولية للشركات الجنائية في " موسوعة العلوم السياسية " الكويت 1993 - 1994.

33- ________. المنظمة العالمية للملكية الفردية في " موسوعة العلوم السياسية " الكويت 1993 - 1994.

34- ________. النظام الجنائي الدولي في " موسوعة العلوم السياسية " الكويت 1993 - 1994.

35- ________. الاونكتاد في " موسوعة العلوم السياسية " الكويت 1993 - 1994.

36- ________. جامعة الدول العربية. في " موسوعة العلوم السياسية " الكويت 1993 - 1994.

37- ________. عصبة الأمم. في " موسوعة العلوم السياسية " الكويت 1993 - 1994.

38- ________. مركز الفرد في نطاق القضاء الدولي. في " موسوعة العلوم السياسية " الكويت 1993 - 1994.

39- _____. مركز الفرد في نطاق القانون الدولي. في " موسوعة العلوم السياسية " الكويت 1993 - 1994.

40- _____. النظام الجنائي الدولي من لجان التحقيق المؤقتة الى المحكمة الجنائية الدولية في مجلة " السياسة الدولية العدد (150) اكتوبر 2002.

41- احمد رفيق. علم الدولة، 2 جـ القاهرة، مطبعة النهضة 1934.

42- احمد سويلم العمري. بحوث في السياسة. القاهرة، جامعة القاهرة 1953.

43- احمد الشايب. تاريخ الشعر السياسي. القاهرة، مكتبة النهضة المصرية 1967.

44- احمد الشرباصي وآخرون. الاسلام دين الاشتراكية. القاهرة، الدار القومية 1961.

45- احمد عباس عبد البديع. اصول علم السياسة. القاهرة، مكتبة عين شمس 1977.

46- احمد عبد السلام. دراسات مصطلح السياسة عند العرب. تونس، الشركة التونسية 1978.

47- احمد عبد القادر الجمال. مقدمة في اصول النظم الاجتماعية والسياسية. القاهرة، مكتبة النهضة المصرية 1958.

48- احمد الونيس. مجلس الوصاية. في " موسوعة العلوم السياسية " الكويت 1993 - 1994.

49- _____. المنظمات الدولية غير الحكومية. في " موسوعة العلوم السياسية " الكويت 1993 - 1994.

50- احمد محمد الكبسي وآخرون. مبادىء العلوم السياسية. صنعاء، الوكالة اليمنية للدعاية والإعلان 1998.

51- _____. نظـام الحكـم في الجمهوريـة اليمنيـة 1990 – 2002 صـنعاء، الوكالة اليمنية للدعاية 2002.

52- احمد المذيري. اخوان الصفا وازمة العصر. تونس، دار التقدم.

53- احمـد نـوري النعيمـي. السياسـة الخارجيـة. بغـداد، وزارة التعليـم العـالي والبحـث العلمي 2001.

54- اخوان الصفا. رسائل اخوان الصفا وخلان الوفا. بيروت، دارصادر 1957.

55- ارسطو. السياسة، ترجمة أحمد لطفي السيد. الرياض، منشورات الفاخرية.

56- اركان عبادي. مقدمة في السياسة. بغداد، مطبعة العاني 1952

57- اسامة الغزالي حرب. الأحزاب السياسية في العالم الثالث. الكويت, عالم المعرفة 1987.

58- _____. الزلزال العراقي. في مجلة " السياسة الدولية " العدد (152) ابريل 2003.

59- اسماعيل صبري مقلد. الارهاب الدولي. في " موسوعة العلـوم السياسـية " الكويت 1993 – 1994.

60- _____. التعـايش السـلمي. في " موسـوعة العلـوم السياسـية " الكويـت 1993- 1994.

61- _____. حلف شمال الاطلسي. في " موسوعة العلوم السياسـية " الكويت 1993 – 1994.

62- _____. حلـف المعاهـدة المركزيـة. في " موسـوعة العلـوم السياسـية " الكويت 1993 – 1994.

63- _____. حـق تقريـر المصيـر. في " موسـوعة العلـوم السياسـية " الكويت 1993 _ 1994.

64- _____. رابطة الكومنولث البريطانية. في " موسوعة العلوم السياسية " الكويت 1993 – 1994.

65- _____. العلاقات السياسية الدولية. الكويت، منشورات دار السلاسل 1986.

66- _____. قضايا الأمن والإستراتيجية. في " موسوعة العلوم السياسية "الكويت 1993 – 1994.

67- اسماعيل علي سعد. علم السياسة، دراسة نظرية ميدانية. الأسكندرية، دار المعرفة الجامعية 1989.

68- اصف دراكوفيتش.(مدير المركز الطبي لأبحاث اليورانيوم في لندن) مقابلة مع قناة الجزيرة الفضائية في 7 تشرين الثاني 2002.

69- افلاطون. الجمهورية، ترجمة صالح عبد الحسين عيسى ـ التويجي. بغداد،مكتبة الكتاب العربي 1987.

70- النان ولد المامي. اتحاد المغرب العربي وآفاقه المستقبلية. رسالة ماجستير في كلية العلوم السياسية – جامعة بغداد 1996.

71- الأمم المتحدة. ميثاق الأمم والمبادئ الأساسية لمحكمة العدل الدولية. نيويورك – الأمم المتحدة 1975.

72- أماني محمود فهمي، جيكوسلوفاكيا وأزمة التكامل، في "السياسة الدولية" العدد (111) يناير 1993.

73- أميرة حلمي مطر. الفلسفة السياسية من افلاطون الى ماركس. القاهرة، دار غريب 1999.

74- امين محمد جمال الدين. هرمجدون،آخر بيان يا أمة الإسلام. القاهرة، المكتبة التوفيقية 2001.

75- امين محمود عبد الله. في اصول الجغرافية السياسية. القاهرة، مكتبة النهضة المصرية 1977 .

76- أنيل، غي. قانون العلاقات الدولية، ترجمة نور الدين اللباد. القاهرة، مكتبة مدبولي 1999.

77- بريشر، جيري، وتيم كوستيليو وبرندان سميت. العولمة من تحت - قوة التضامن، ترجمة أسعد كامل الياس. الرياض، مطبعة عبيكان 2003.

78- بريللو، مارسيل. علم السياسة، ترجمة محمد برجاوي. بيروت، منشورات عويدات 1974.

79- بطرس بطرس غالي، مبادئ العلوم السياسية. القاهرة، جامعة القاهرة 1962 - 1963.

80- د. محمود خيري عيسى، المدخل في علم السياسة، القاهرة، مكتبة الإنكلو مصرية، 1976.

81- بوتول، غاستون. علم الإجتماع السياسي. بيروت، المنشورات العربية 1976.

82- بوردو. جورج. الدولة، ترجمة د. سليم حداد. بيروت، المؤسسة الجامعية 1987.

83- بوركينو، فرانز. الإشتراكية، قومية أم دولية، ترجمة محمود شوقي الكيال. القاهرة، الدار القومية.

84- ثامر كامل محمد. الدبلوماسية المعاصرة واستراتيجية ادارة المفاوضات. عمان، دار المسيرة 2000.

85- ثروت بدوي. نظرية النظم السياسية. القاهرة، دار النهضة العربية.

86- ثناء عبد الله. آليات التغيير الديمقراطي في الوطن العربي. بيروت، مركز دراسات الوحدة العربية 1997.

87- ثناء فؤاد عبد الله. المانيا الموحدة بين البناء الداخلي والمتغيرات الدولية. في مجلة " السياسة الدولية " العدد (103) يناير 1991.

88- جاكوبسن وليبمان. العلوم السياسية، ترجمة مهيبة مالكي الدسوقي. بيروت، دار الثقافة 1968.

89- جرييه، بيير. المنظمات الدولية، ترجمة محمد احمد سليمان. القاهرة، مؤسسة سجل العرب 1963.

90- جمال الدين الأفغاني. خاطرات جمال الدين الأفغاني، جمعها وحررها محمد باشا المخزومي. بيروت 1931.

91- _____ ومحمد عبده. العروة الوثقى. القاهرة، المركز العربي للبحث دار النشرـ 1984.

92- جمال الدين محمد سعيد. الإشتراكية العربية ومكانها في النظم الإقتصادية. القاهرة الدار القومية 1962.

93- الجماهيرية العربية الليبية الإشتراكية العظمى، الثورة الليبية 1969 – 1989. بنغازي اللجنة الشعبية العامة للاعلام 1990.

94- جمهورية اليمن الديمقراطية الشعبية. عشر سنوات مجيدة 1967 – 1977. عدن، مؤسسة 14 اكتوبر 1977.

95- جواد علي. تاريخ العرب قبل الإسلام، 10 جـ بغداد، مطبعة المجمع العلمي العراقي 1952.

96- جورج طرابيشي. عرض كتاب (الإرهاب الأعظم، الحرب الجديدة) تأليف فرانكس هايسبورغ 2003 في جريدة الحياة 22 حزيران 2003.

97- جوف، أدمون. علاقات دولية، ترجمة منصور القاضي، بيروت المؤسسة الجامعية للدراسات والنشر 1993.

98- جولاي، جول فورد. انشاء جمهورية المانيا الإتحادية، ترجمة حسين الحوت. القاهرة، الدار القومية 1962.

99- الجويني، ابو المعالي. غياث الأمم في التيات الظلم : تحقيق د. مصطفى حلمي، د. فؤاد عبد المنعم. الأسكندرية، دار الدعوة 1979.

100- د. جهاد تقي الحسني. الفكر السياسي العربي الإسلامي. بغداد، دار الكتب للطباعة والنشر 1993.

101- حافظ علوان حمادي الد ليمي. المدخل الى علم السياسة. بغداد، جامعة بغداد، وزارة التعليم العالي والبحث العلمي 1999.

102- حامد سلطان. القانون الدولي العام في وقت السلم. القاهرة، دار النهضة العربية 1969.

103- الحبيب بو رقيبة. نحو اشتراكية اصيلة. تونس 1965.

104- الحبيب الجنحاني. ظاهرة العولمة، الواقع والآفاق. في مجلة (عالم الفكر) العدد (2) اكتوبر – ديسمبر 1999.

105- حزب البعث العربي الإشتراكي. الحزب القائد. بغداد، دار الحرية 1976.

106- _____. التنظيم القومي. بغداد، دار الحرية 1974.

107- حسان محمد شفيق. الدستور. بغداد، كلية القانون والسياسة 1980.

108- حسن البزاز، العالم الرابع، بغداد، مركز البحوث والمعلومات 1983.

109- الحسن بن طلال. رسالة الى الشباب العربي. في صحيفة الحياة 12 حزيران 2003.

110- حسن الجلبي. القانون الدولي العام. بغداد، مطبعة شفيق 1964.

111- حسن صعب. علم السياسة، بيروت، دار العلم للملايين 1977.

112- حسن الظاهر. دراسات في تطور الفكر السياسي. القاهرة، مكتبة الأنكلو مصرية 1992.

113- حسن نافعة. الأمم المتحدة في نصف قرن. الكويت، عالم المعرفة 1995.

114- د. حسين عثمان محمد عثمان. النظم السياسية والقانون الدستوري. الأسكندرية، دار المطبوعات الجامعية 1998.

115- حسين فهمي مصطفى. التعايش السلمي ومصير البشرية. القاهرة, الدار القومية 1962.

116- الحطيئة. ديوان الحطيئة. بيروت، شركة الأرقم بن أبي الأرقم 1996.

117- الحكومة العراقية. القانون الأساسي. بغداد، مطبقة الحكومة 1925.

118- _____. القانون الاساسي العراقي مع تعديلاته. بغداد، مطبعة الحكومة 1944.

119- حمدي حافظ. توحيد المانيا، القاهرة، الدا ر القومية 1962.

120- خالد حنفي. البحيرات العظمى ومستقبل السلام. في مجلة " السياسة الدولية، العدد (150) اكتوبر 2002.

121- خضر الدهراوي. انتشار الإرهاب الدولي، في مجلة " السياسة الدولية. العدد (77) يوليو 1984.

122- الخليل بن احمد الفراهيدي. كتاب العين، تحقيق د. مهدي المخزومي، د. ابراهيم السامرائي، بغداد، دار الشؤون الثقافية العامة 1984.

123- الخنساء. ديوان الخنساء. بيروت، دار صارد 1996.

124- دال، روبرت. التحليل السياسي الحديث. ط 5. الأسكندرية 1993.

125- د كمجيان، ريتشارد هرير. الأصولية في العالم العربي، ترجمة وتعليق عبد الوارث سعيد. القاهرة دارالنشر للجامعات المصرية 1989.

126- د فرجيه، موريس. الأحزاب السياسية. بيروت، دار النهار للنشر 1983.

127- _____. مدخل الى علم السياسة، ترجمة سامي الروبي. دمشق, دار دمشق 1964.

128- _____. المؤسسات السياسية والقانون الدستوري، ترجمة جورج سعد. بيروت، المؤسسة الجامعية 1992.

129- دورثي، جيمس. النظريات المتضاربة في العلاقات الدولية، ترجمة د.وليد عبد الحي. الكويت، دار كاظمة لنشر 1985.

130- دوفابر، جاك دونديو. الدولة، ترجمة " سموحي فوق العادة. بيروت، منشورات عويدات 1982.

131- دويتش، كارل. تحليل العلاقات الدولية،ترجمة شعبان محمد محمد شعبان. القاهرة، الهيئة المصرية للكتاب 1983.

132- دورندان، غي. الدعاية والدعاية السياسية، ترجمة رالف رزق الله. بيروت، المؤسسة الجامعية 1983

133- ديورانت، ول. قصة الحضارة، (50 جـ), ترجمة محمد بدران. القاهرة 1970

134- ذوقان عبيدات. د. عبدالرحمن عدس، د. كايد عبد الحق. البحث العلمي، مفهومه وادارته واساليبه، عمان دار الفكر 1996.

135- راسل، برتراند. القوة، ترجمة عبد الكريم أحمد، القاهرة، مكتبة الإنكلو مصرية.

136- _____ . مشاكل الفلسفة، ترجمة د. عبد العزيز البسام ود. محمود ابراهيم محمد. القاهرة مكتبة نهضة مصر ومطبعتها.

137- رانية ابراهيم الدسوقي. الإتحاد الأفريقي، خطوة جديدة في مسار القارة، في مجلة " السياسة الدولية " العدد (150) اكتوبر 2002.

138- رستون، ولتر ب. افول السياسة، ترجمة سمير عزت نصار وجورج خوري. عمّان، دار النسر للنشر 1994.

139- رفاعة رافع الطهطاوي. الأعمال الكاملة لرفاعة رافع الطهطاوي، تحقيق د. محمد عمارة، بيروت، المؤسسة العربية للدراسات والنشر 1973.

140- رفعت سيد احمد.مذابح ونيران، انفجار الخليج العربي. القاهرة، مكتبة مدبولي الصغير 1991.

141- رني، اوستن. سياسة الحكم، 2جـ ترجمة د. حسن علي الذنون. بغداد، مطبعة أسعد 1964.

142- روسو، جان جاك. في العقد الاجتماعي، ترجمة ذوقان قرقوط. بغداد، مكتبة النهضة 1983.

143- روسو، شارل. القانون الدولي العام. نقله الى العربية شكر الـلـه خليفـة. بـيروت، الاهلية للنشر والتوزيع 1987 .

144- ريـاض الـداوودي. هيئـة التنميـة الدوليـة. في " موسـوعة العلـوم السياسية " الكويت 1993 - 1994.

145- رياض عزيز هـادي. العـالم الثالـث مـن الحـزب الواحـد الى التعدديـة. بغداد، دار الشؤون الثقافية العامة 1995 .

146- زايد عبيد الـله مصباح. السياسية الخارجية. طرابلس، منشورات Elga 1994 .

147- زلمـي، خليـل زادة. التقيـيم الاسـتراتيجي. ابـو ظبـي، مركـز الامـارات للدراسـات والبحوث الاستراتيجية 1997.

148- زورغبيب، شارل. الحرب الاهلية. ترجمة احمد بـرو. بـاريس، منشورات عويدات 1981.

149- الزبيدي، مرتضى. تاج العروس. بيروت، دار الفكر 1994.

150- سعد الدين خضر. الرأي العام وقوى التحريك. الموصل، مطابع الجمهورية 1968.

151- سليم عبد الاحد. مبادئ علم السياسة. القاهرة، مطبعة الهلال 1915.

152- سليمان المنذري. السوق العربية المشتركة في ظل العولمة. القـاهرة، مكتبـة مـدبولي 1999.

153- سـليمان الطمـاوي. السـلطات الـثلاث في الدسـاتير العربيـة، وفي الفكر السـياسي الاسلامي، القاهرة، دار الفكر العربي 1979.

154- سموحي فوق العادة، موجز المذاهب السياسية. دمشق، دار اليقظة 1972.

155- سمير خيري. الامن القومي العربي. بغداد، دار القادسية 1983.

156- سمير مرقص. رسالة في الأصولية البروتستانتية والسياسة الخارجية الامريكية. القاهرة، مكتبة الشروق 2001.

157- سياركوكب الجميل. تعقيب رقم (3) على بحث (مفهوم العولمة) في كتاب (العرب والعولمة) بيروت، مركز دراسات الوحدة العربية 1998.

158- سيد محمد الهواري. الادارة، الاصول والاسس العلمية. القاهرة مكتبة عين شمس 1973.

159- سيد ياسين. في مفهوم العولمة. في كتاب (العرب والعولمة) بيروت، مركز دراسات الوحدة العربية 1998.

160- ___ حوار الحضارات، تفاعل الغرب الكوني مع الشرق المتفرد. القاهرة، بيروت للنشر والمعلومات 2002.

161- الشاذلي العياري. ظاهرة العولمة والمسألة الاجتماعية. في مجلة (المنتدى) العدد (163) 1999.

162- الشافعي ابو راس. النظم السياسية. القاهرة 1992.

163- شمران حمادي. الاحزاب السياسية والنظم الحزبية، ط2. بغداد، مطبعة الارشاد 1975.

164- شعيب احمد الحمداني. قانون حمو رابي. بغداد، جامعة بغداد، بيت الحكمة 1989.

165- شيرين.ج ربابة. العولمة ضد الايدز, معركة ضد العولمة. عرض للكتاب Aids in Twenteeth First Century.by Tony Bannet and Alan White side. London algrave 2003 في صحيفة الحياة 15 حزيران 2003.

166- صادق الاسود. علم الاجتماع السياسي، اسسه وابعاده. بغداد، جامعة بغداد، كلية العلوم السياسية 1990.

167- صادق جلال العظم. ما هي العولمة ؟ تونس، 1996.

168- صالح احمد العلي. محاضرات في تاريخ العرب. بغداد، مطبعة المعارف 1950.

169- صالح عطية. اللجنة الدولية للصليب الاحمر في " موسوعة العلوم السياسية " الكويت 1993- 1994.

170- صوفي، الفريد. الرأي العام، ترجمة د. كامل عيادة. دمشق، دار دمشق للطباعة 1962.

171- طارق الهاشمي. الاحزاب السياسية. بغداد، وزارة التعليم العالي والبحث العلي 1990

172- الطبري، جرير. تاريخ الأمم والملوك، 10 جـ تحقيق محمد ابو الفضل ابراهيم. القاهرة، دار المعارف 1989.

173- طعيمة الجرف. نظرية الدولة والاسس العامة للتنظيم السياسي. القاهرة مكتبة القاهرة الحديثة 1973 .

174- طه باقر. مقدمه في تاريخ الحضارات القديمة، 2 جـ بغداد، شركة التجارة والطباعة 1955.

175- عادل ثابت. النظم السياسية، دراسة للنظم الرئيسية المعاصرة، ونظم الحكم في بعض الأقطار العربية. الاسكندرية، دار الجامعة الجديدة للنشر 1994.

176- عادل فتحي ثابت عبد الحافظ. النظرية السياسية المعاصرة. الاسكندرية، الدار الجامعية 2000.

177- عاصم احمد عجيله، ود. محمد رفعت عبد الوهاب. النظم السياسية. القاهرة 1991 .

178- عبد الحميد متولي. ازمة الانظمة الديمقراطية. القاهرة، منشأة المعارف 1964 .

179- عبد الجبار عبد مصطفى. الجبهة الوطنية في العراق. بغداد، دار الحرية 1980 .

180- عبد الرحمن بدوي. المثالية الالمانية. القاهرة، دار النهضة العربية 1965.

181- عبد الرزق الحسني. تاريخ الوزارات العراقية. (10جـ) بغداد، دار الشؤون الثقافية العامة 1988.

182- عبد الرزق عباس حسين. الجغرافية السياسية مع التركيز على المفاهيم الجيو بوليتيكية. بغداد، مطبعة اسعد 1976 .

183- عبد الرزاق الهلالي. معجم العراق، جـ1. بغداد، مطبعة النجاح 1953.

184- عبد الرضا الطعان. الفكر السياسي في العراق القديم. بغداد، دار الرشيد 1981 .

185- ________. البعد الاجتماعي للاحزاب السياسية. بغداد، دار الشؤون الثقافية العامة 1990.

186- ________ ود.صادق الاسود. مدخل إلى علم السياسة. الموصل، موسسة دار الكتب 1970.

187- عبد العزيز صالح. الشرق الادنى القديم. القاهرة، مكتبة الانكلو مصرية 1990.

188- عبد الغني بسيوني عبد الله. النظم السياسية. الاسكندرية، الدار الجامعية 1985.

189- عبد الفتاح حسنين العدوي. الديمقراطية وفكرة الدولة. القاهرة، مؤسسة سجل العرب 1964.

190- عبد القادر محمد فهمي. النظام السياسي الدولي. بغداد، دار الشؤون الثقافية العامة 1995 .

191- .________ نظرية السياسية الخارجية. الحديدة، جامعة الحديدة 2001 .

192- عبد الله الاشعل. اتحاد المغرب العربي. في موسوعة العلوم السياسية. الكويت 1993 - 1994.

193- ________. مجلس التعاون العربي. في موسوعة العلوم السياسية. الكويت 1993- 1994.

194- _____. مجلس التعاون لـدول الخليج العربيـة. في موسوعة العلـوم السياسية. الكويت 1993-1994.

195- _____. منظمة المؤتمر الاسلامي. في موسوعة العلوم السياسية. الكويت 1993 - 1994.

196- عبد الله بلقزيز. الامن القومي العربي. عمّان، منتدى الفكر العربي 1989.

197- عبد الله حسن الجوجو. الانظمة السياسية المقارنة. طرابلس، الجامعة المفتوحة 1997.

198- عبد الله النقرش. التجربـة الحزبيـة في الاردن. عمان، منشورات لجنة تاريخ الاردن 1991.

199- عبد المجيد عباس. القانون الدولي العام. بغداد، مطبعة النجاح 1947.

200- عبد المجيد عرسان العزام، ود. محمود سامي الزعبي. دراسـات في علـم السياسـة. عمان، دار الحامد 1988.

201- عبد المطلب غانم. التنظير في علم السياسة، الثورة والموضع والمستقبل. في كتاب (اتجاهـات حديثة في علـم السياسـة) القـاهرة، جامعـة القـاهرة، مركـز البحـوث والدراسات السياسية 1987.

202- _____ الاحـزاب السياسيـة (الوظـائف والايـديولوجيات) في موسوعة العلـوم السياسية. الكويت 1993 ــ 1994.

203- _____ الراى العام. في موسوعة العلوم السياسية. الكويت 1993- 1994.

204- _____ علم السياسـة (تعريـف) في موسوعة العلوم السياسية. الكويت 1993-1994.

205- _____ ود. نيفين مسعد. النظم الحزبية. في موسوعة العلـوم السياسية. الكويت 1993- 1994.

206- عبد المعز نجم. مجلس المسـاعدات الاقتصادية المتبادلـة. (الكوميكون سابقاً) في موسوعة العلوم السياسية. الكويت 1993 ــ 1994.

207- عبد المعطي محمد عساف. مقدمة إلى علم السياسة. عمان، دار زهران للنشر والتوزيع 1999.

208- عبد المنعم سعيد. العرب والنظام الدولي الجديد. القاهرة، مركز الدراسات السياسية والاستراتيجية 1991.

209- عبد المنعم عبد الوهاب. جغرافية العلاقات السياسية. القاهرة، وكالة المطبوعات 1980.

210- عبد الواحد عزيز الزنداني. السير والقانون الدولي. صنعاء، الافاق للطباعة والنشر

211- عبد الواحد العفوري. العولمة والجات، التحديات والفرص. القاهرة، مكتبة مدبولي 2000.

212- عبد الواحد محمد فار. احكام التعاون الدولي في مجال التنمية الاقتصادية. القاهرة، عالم الكتب.

213- عبد الوارث سعيد. مقدمة في كتاب (الاصولية في العالم العربي) تأليف ريتشارد هرير دكمجيان، ترجمة وتعليق عبد الوارث سعيد. القاهرة، دار النشر للجامعات المصرية 1989.

214- عدنان البكري. العلاقات الدبلوماسية والقنصلية. الكويت، دار الشراع 1985.

215- عدنان طه الدوري، ود. عبد الأمير العكيلي. القانون الدولي العام، 2جـ طرابلس، منشورات الجامعة المفتوحة 1995.

216- العراق. الدستور الموقت. بغداد، دار الحرية 1970.

217- عزت قرني. عبد الرحمن الكواكبي. في (موسوسة العلوم السياسية، الكويت 1993 ـ 1994

218- ________. افلاطون. في " موسوعة العلوم السياسية ". الكويت 1993-1994.

219- ________. ارسطو في " موسوعة العلوم السياسية ". الكويت 1993-1994.

220- عزمي عبد الفتاح اسماعيل البشندي. نظرية الدولة بين نظام اشتراكية الدولة والاشتراكية الديمقراطية دراسة في الفكر السياسي المعاصر. الاسكلندرية. الهيئة المصرية العامة للكتاب 1979 .

221- عزيزة محمد السيد. السلوك السياسي، النظرية والواقع، دراسة في علم النفس السياسي. القاهرة، دار المعارف 1994 .

222- العسكري ابو هلال. الفروق في اللغة. تحقيق عادل نويهض. بيروت، دار الافاق الحديثة 1973 .

223- د. عصام سليمان. مدخل الى علم السياسة. بيروت، 1986 .

224- عصام عبد الشافي. مؤسسات صنع القرار الامريكية، وادارة الازمة العراقية، في مجلة (السياسة الدولية) العدد (152) ابريل 2003.

225- عصام العطية. القانون الدولي العام. بغداد، مطبعة جامعة بغداد 1982.

226- عصام محفوظ. الارهاب بين السلام والاسلام. بيروت، دار الفارابي 2003.

227- عفا ف على ندا. العولمة والعلم. في صحيفة (الاهرام) 3 ابريل 1999

228- علا ابو زيد. السلوكية (مابعد) في (موسوعة العلوم السياسية) الكويت 1993 ــ 1994.

229- على بن ابي طالب. منهج البلاغة، وهو ما جمعه السيد الشريف الرضي من كلام سيدنا أمير المؤمنين على بن ابي طالب عليه السلام، شرح الأستاذ الاكبر الشيخ محمد عبدة، بيروت، دار البلاغة للطباعة والنشر 2000.

230- على الدين هلال. مفاهيم الديمقراطية في الفكر السياسي الحديث. في كتاب (ازمة الديمقراطية في الوطن العربي) بيروت، مركز دراسات الوحدة العربية 1984.

231- _____. العامل السياسي واثره على التكامل الاقتصادي العربي في اطار النظرة
العامة للتكامل الاقليمي في كتاب د. محمد لبيب شقير (الوحدة الاقتصادية العربية)
بيروت،مركز ودراسات الوحدة العربية 1986.

232- علي حسين شبكشي. العولمة، نظرية بلا منظر. القاهرة، مطابع الشركة ـــ مدينة
السادس من اكتوبر 2001.

233- علي صادق ابو هيف. القانون الدولي العام. الاسكندرية، منشأة المعارف 2000.

234- علي عبدالقوي الغفاري. الدبلوماسية القديمة والحديثة. دمشق، دار الاوائل 2003
.

235- علي عبد المجيد. الاصول العلمية للادارة والتنظيم. القاهرة، مطابع الاسلام 1974 .

236- علي محمد شمبش. العلوم السياسية. طرابلس، المنشأة العامة للنشرـ والتوزيع
والاعلان 1982 .

237- علي محمد لاغا. الشورى والديمقراطية. بيروت، المؤسسة الجامعية 1983 .

238- عمر راشد. التقرير الاستراتيجي الايراني. في مجلة (شؤون الاوسط) العدد (110)
ربيع 2003.

239- عوني محمد الفخري. التنظيم القانوني للشركات متعددة الجنسيات والعولمة.
بغداد، بيت الحكمة 2002.

240- غازي فيصل. منهجيات وطرق البحث في علم السياسة. بغداد، جامعة بغداد -
كلية العلوم السياسية 1990.

241- غالب الداوودي. مذكرات في مبادئ العلوم السياسية. البصرة، دار الطباعة
الحديثة 1966.

242- الغزالي، ابو حامد. احياء علوم الدين، 4جـ بيروت، دار المعرفة للطباعة والنشر.

243- _____. التبر المسبوك في نصيحة الملوك. القاهرة، مكتبة الجندي.

244- فاتـك الرديني. الحـروب الامريكيـة خـلال النظـام العـالمي الجديـد. في (قـراءات سياسية) وكالة الانباء اليمنية (سبأ) العدد (9) 2003/2

245- الفارابي. أراء أهل المدينة الفاضلة. بيروت، المكتب التجاري 1970

246- _____. رسالة في السياسة. بيروت 1988 .

247- _____. السياسة المدنية. بيروت 2000 .

248- فارس أشتى. مدخل إلى العلم بالسياسة. بيروت، دار ميسان 2000 .

249- د. فاضل زكي محمـد. السياسـة الخارجيـة وابعادهـا في السياسـة الدوليـة. بغـداد، مطبعة شفيق 1975 .

250- _____. الفكـر السياسي العربي الاسلامي بـين ماضيه وحاضره. بغداد، منشورات وزارة الاعلام 1976.

251- فافر، بيير، وجان لوكان. دراسات في علـم السياسـة، ترجمـة د. نـاظم عبـد الواحد الجاسور. عمان، مكتبة دار الثقافة 2000 .

252- فايز صالح ابو جابر. الفكر السياسي الحديث. بيروت، دار الجيل 1985

253- فخري جاسم. الديمقراطية الموجهة. بغداد، نشر وتوزيع دار الاهالي 1959 .

254- فريد الانصاري. الفرنكفونية المفروضة والصيغة المرفوضة. في مجلة (البيان) العـدد (177) يوليو ـ اغسطس 2000.

255- فؤاد دياب. الرأي العام وطرق قياسه. القاهرة، الدار القومية 1962.

256- فؤاد العطار. النظم السياسية. القاهرة، دار النهضة العربية 1968.

257- فؤاد مرسي. الرأسمالية تجدد نفسها. الكويت، دار المعرفة 1988.

258- فوكوياما، فرانسوا. هدفهم العالم المعاصر. في (نيوزويك 25 ديسمبر 2001).

259- الفيروزأبادي، محمد. قاموس المحيط. القاهرة 1913.

260- فيصل شطناوي. النظم السياسية والقانون الدستوري. عمان، دار الجامعة 2003.

261- فيفيلد، يل. برسي اتزل. الجيوبو ليتيكا، ترجمة يوسف مجلي، ولويس اسكندر. القاهرة، الكرنك للنشر.

262- قاسم جميل قاسم. علاقة السياسة بالادارة. بيروت، مؤسسة الرسالة 1983.

263- د. قحطان احمد سليمان الحمداني.النظرية السياسية المعاصره. عمان، دار الحامد 2003.

264- د. ــــــــــــ. الوحـدة العربيـة، دراسـة سياسـية تحليليـة لتجاربهـا وواقعها ومستقبلها. رسالة دكتوراه غير منشورة - كلية العلوم السياسية ــ جامعة بغداد 1989.

265- قدامة بن جعفر. السياسة من كتاب الخـراج وصـناعة الكتابـة، تحقيـق مصـطفى الحياري. عمان، شركة المطابع النموذجية.

266- كارنيو، روبرت. نظرية في نشأة الدولة في مجلة (الفكر العربي) العدد (22) 1981.

267- كـاظم هاشـم نعمـة. العلاقـات الدوليـة. بغـداد، جامعـة بغـداد - كليـة العلـوم السياسية 1987.

268- الكتاب المقدس. كتاب المعارف. القاهرة GC. Conter (الانجيل كما دونه لوقا).

269- كروسلاند، س. 1.و. مستقبل الاشتراكية. القاهرة. الدار القومية 1966

270- كريك، بيرنارد. السياسة بين اصدقائها واعدائها، تعريب خيري حماد. القاهرة، الدار القومية 1963 .

271- كمال المنوفي. الحزب السياسي (تعريف) في موسوعة العلوم السياسية، الكويت 1993 - 1994.

272- ـــــــــ. مدخل الوظيفية. في موسوعة العلوم السياسية، الكويت 1993 - 1994

273- ـــــــــ. مقدمة في مناهج وطرق ابحث في علم السياسة، الكويت، وكالة المطبوعات 1999.

274- ـــــــــ. ونيفين مسعد. جماعة المصلحة، الجماعة الضاغطة (تعريف) في موسوعة العلوم السياسية، الكويت 1993 ـ 1994.

275- ـــــــــ.الرأى العام (تعريف) في موسوعة العلوم السياسية، الكويت 1993 - 1994.

276- كنج، بولتن. الوحدة الايطالية، ترجمة العميد طه باشا الهاشمي. القاهرة، جامعة الدول العربية 1952.

277- كوكبورن، أندرو. وباتريك كوكبورن. صدام الخارج من تحت الرماد، ترجمة انور البغدادي 1990.

278- كول. ج. د. هـ الرواد الأول للاشتراكية، ترجمة محمد عبد الله الشفقي. القاهرة، الدار القومية ، 1965.

279- كول، مارغريت. الاشتراكية الفابية، ترجمة محمد عبد الرازق مهدي. القاهرة، الدار القومية 1962.

280- كولار، دانيال، العلاقات الدولية، ترجمة د. خضر خضر, بيروت, دار الطليعة 1995.

281- كيتيل، رايموند كارفيلد. العلوم السياسية، ترجمة د. فاضل زكي محمد. بغداد، دار النهضة 1963.

282- لاسكي، هارولد. مدخل الى علم السياسة، ترجمة عزالدين محمد حسين. القاهرة، مؤسسة سجل العرب 1965.

283- لؤي بحري. مبادئ علم السياسة، بغداد، مطبعة شفيق 1967.

284- مار، فيبمي، ووليام لويس. امتطاء النمر، تحدي الشرق الاوسط بعد الحرب الباردة، ترجمة عبد الله جمعة الحاج. ابو ظبي. مركز الامارات للدراسات والبحوث الاستراتيجية 1996.

285- مارتين، هانز بيتر، وهارلد شومان. فخ العولمة (الاعتداء على الديمقراطية والرفاهية، الكويت، عالم المعرفة 1998.

286- مازن الرمضاني. السياسة الخارجية، دراسة نظرية. بغداد، كلية العلوم السياسية، جامعة بغداد 1991.

287- ماكدونالد، رمزي. الحركة الاشتراكية، ترجمة محمود حسين العرابي. القاهرة، المطبعة العصرية 1969.

288- مكنزي، نورمان. موجز تاريخ الاشتراكية. القاهرة، دار القلم 1960.

289- ماكيفر، روبرت. م. تكوين الدولة، 3جـ ترجمة حسن صعب. بيروت، دار الملايين 1966.

290- ماوتسي تونغ. الديمقراطية الجديدة، تعريب احمد الشيباني. دمشق 1956.

291- الماوردي، ابو الحسن علي. الاحكام السلطانية والولايات الدينية. بيروت، دار الطليعة.

292- ـــــــ. قوانين الوزارة وسياسة الملك. بيروت، دار الطليعة 1979.

293- مجيد خدوري. العراق الاشتراكي. بيروت، الدار المتحدة للنشر 1985.

294- محسن خليل. القانون الدستوري والنظم السياسية. القاهرة، 1987.

295- ـــــــ. النظم السياسية والقانون الدستوري. بيروت، دار النهضة العربية.

296- محمـد انـور عبد السـلام. دراسـات في الـنظم الاتحاديـة بـين النظريـة والتطبيـق. القاهرة، مكتبة الانكلومصرية.

297- محمد توفيق. السياسة، أو مقدمة في أصول الحكم. القاهرة 1961.

298- محمد توفيل فايز ابو هنطش. سوسيولوجيا الدولة وآليات العمل السياسي. عمان، دار الحامد 1998.

299- محمـد حجـازي. دراسـة في اسـس ومفـاهيم الجغرافيـة السياسـية. القاهرة، دار الكتاب العربي .

300- محمد حسنين هيكل. مالذي جرى في سوريا ؟ القاهرة، الدار العربية 1962 .

301- محمـد رفعـة عبـد الوهـاب ود. حسـين عـثمان محمـد عـثمان. الـنظم السياسـية والقانون الدستوري. الاسكندرية، دار المطبوعات الجامعية 1997

302- محمد سامي عبد المجيد. العلاقات الدولية، مقدمة لدراسة القانون الـدولي العـام. بيروت، الدار الجامعية .

303- محمد سعيد دقاق، د. مصطفي سلامة. القانون الـدولي المعـاصر. الاسكندرية، دار المطبوعات الجامعية 1997 .

304- محمد سليمان الدجاني، ود. منذر سـليمان الـدجاني. السياسـة نظريـات ومفـاهيم. عمان، دار بالمينو برس 1986 .

305- محمـد سـيد سـليم. تحليـل السياسـة الخارجيـة. القاهرة، جامعـة القـاهرة، مركز البحوث والدراسات السياسية 1989 .

306- محمد طه بدوي. اصول علوم السياسة، ط2. الاسكندرية. المكتب المصري الحديث 1965.

307- _____ ود. ليلي امين موسى. مبـادئ العلـوم السياسـية. الاسكندرية، الـدار الجامعية 1998.

308- _____. النظرية السياسية، النظرية العامة للمعرفة السياسية. الاسكندرية، المكتب المصري الحديث 1986.

309- محمد عبد القادر ابو فارس. النظام السياسي في الاسلام. عمان، دار الفرقان 1986.

310- محمد عبد الوهاب الساكت. حول طبيعة الالعاب الاولمبية في لوس انجلوس. في مجلة السياسة الدولية، العدد (77) يوليو 1984.

311- محمد علاء عبد المنعم. مستقبل التعاون الدولي. في السياسة الدولية،العدد (141) يوليو 2000.

312- محمد علي ابو ريان. النظم الاشتراكية، مع دراسة مقارنة للاشتراكية العربية. القاهرة، دار المعارف 1967.

313- محمد علي العويني. اصول العلوم السياسية. القاهرة، عالم الكتب 1981.

314- محمد علي محمد، ود. علي عبد المعطي محمد. السياسة بين النظرية والتطبيق. بيروت، دار النهضة العربية 1985.

315- محمد فايز عبد اسعيد. قضايا علم السياسة العام. بيروت، دار الطليعة 1986.

316- محمد فتح الله الخطيب. دروس مبادئ العلوم السياسية. القاهرة، دار النهضة العربية 1968.

317- محمد فرج الزائدي. مذكرات في النظم السياسية. طرابلس، الجامعة المفتوحة 1997.

318- محمد فؤاد شبل. الفكر السياسي،2جـ القاهرة، الهيئة المصرية العامة للكتاب 1974.

319- محمد كامل ليلة. النظم السياسية. القاهرة، دار الفكر العربي.

320- محمد المجذوب، دراسات في السياسة والأحزاب، منشورات عديدات1972.

321- محمد محمود ربيع. الفوضوية. في موسوعة العلوم السياسية. الكويت 1993 - 1994.

322- ـــــــــــ. منهج المادية الجدلية عند ماركس وانغلـز. في موسوعة العلـوم السياسية الكويت 1993 - 1994.

323- ـــــــــــ. الفلسفة السياسية. في موسوعة العلوم السياسية. الكويت 1993- 1994.

324- ـــــــــــ. ود. اسماعيل صبري مقلد (محرران). في موسـوعة العلـوم السياسية. الكويت 1993 ـ 1994.

325- ـــــــــــ. الليبرالية. في موسوعة العلوم السياسية. الكويت 1993 ـ 1994.

326- محمد نصر مهنا، وعبد الرحمن الصالحي. علم السياسـة بـين النظريـة والمعـاصرة. الاسكندرية، منشأة معارف الاسكندرية 1985.

327- ـــــــــــ. النظريـة السياسية والعـالم الثالـث. الاسكندرية، المكتـب المصري الحديث 1998 .

328- محمد يوسـف علـوان.الإرهـاب. في موسـوعة العلوم السياسية. الكويت 1993- 1994 .

329- ـــــــــــ. الدولة المحمية. في "موسـوعة العلـوم السياسية " الكويـت 1993- 1994.

330- ـــــــــــ. اللجنة الدولية للحقوقيين. في " موسوعة العلوم السياسية " الكويت 1993 – 1994.

331- ـــــــــــ. منظمة الدولية الإشتراكية. في " موسوعة العلوم السياسية " الكويت 1993 – 1994.

332- ـــــــــــ. منظمة العفو الدولية. في "موسوعة العلوم السياسية". الكويت 1993 – 1994.

333- محمود اسماعيل محمد. دراسات في العلوم السياسية. القـاهرة، مكتبـة القـاهرة الحديثة.

334- _____. المدخل الى العلوم السياسية. الكويت, مكتبة الفلاح 1986.

335- محمود خلف. الدبلوماسية. النظرية الممارسة. عمان، دار زهرات 1997.

336- _____. مدخل الى علم العلاقات الدولية. عمان، دار زهران للنشر 1997.

337- محمود خيري عيسى. النظم السياسية المقارنة. القاهرة، مكتبة الأنكلو مصرية 1963.

338- مراد ابراهيم الدسوقي. عاصفة الصحراء، الدروس والنتائج. في مجلة " السياسة الدولية، العدد (104) ابريل 1991.

339- مصطفى أبو زيد فهمي. النظرية العامة للدولة. الأسكندرية، دار المطبوعات الجامعية 1997.

340- مصطفى الخشاب. النظريات والمذاهب السياسية. القاهرة، مطبعة لجنة البيان العربي 1958.

341- مصطفى سلامة. العلاقات الدولية. الأسكندرية، دار المطبوعات الجامعية 1984.

342- مصطفى علوي محمد. النظام الدولي الجديد. في موسوعة العلوم السياسية ". الكويت 1993 - 1994.

343- مصطفى غالب. ارسطو. بيروت، منشورات دار مكتبة الهلال 1985.

344- _____. افلاطون. بيروت، منشورات دار مكتبة الهلال 1979.

345- مصطفى النشار. ضد العولمة. القاهرة، دار قباء للنشر 1999.

346- مكيافلي، نيقولا. الأمير، تعريب خيري حماد. بيروت، منشورات المكتب التجاري 1962.

347- ملحم قربان. المنهجية والسياسة. بيروت، المؤسسة الجامعية 1981.

348- ممدوح عبد الكريم حافظ. القانون الدولي الخاص. بغداد، كلية القانون والسياسة 1980.

349- المنجد في اللغة والأدب. اعداد لويس معلوف، ط 17. بيروت، المطبعة الكاثوليكية 1969.

350- د. منصور ميلاد يونس. مقدمة لدراسة العلاقات الدولية. طرابلس, جامعة ناصر 1991.

351- منظمة العفو الدولية، تقرير المنظمة عام 1988، القاهرة، 1989.

352- منير الحمش. مناقشته رقم 1 لمفهوم العولمة. في كتاب (العرب والعولمة) بيروت، مركز دراسات الوحدة العربية 1998.

353- مورغانثو، هانز. السياسة بين الأمم، 3جـ ترجمة خيري حماد. القاهرة، الدار القومية 1964 .

354- موسوعة العلوم السياسية. المحرران د. محمد محمود ربيع، د. اسماعيل صبري مقلد. الكويت، جامعة الكويت 1993 - 1994.

355- مها سراج كامل. القمة العالمية للتنمية المستدامة (رؤيا تحليلية) في "السياسة الدولية " العدد (141) يوليو 2000.

356- مي قابيل. مؤتمر القمة العالمي للأغذية. في " السياسة الدولية " العدد (141) يوليو 2000.

357- مينو، جان. مدخل الى علم السياسة، ترجمة جورج يونس. بيروت، مكتبة الفكر الجامعي 1967.

358- نادية محمود مصطفى. نقابة التضامن. في "موسوعة العلوم السياسية " الكويت، 1993 - 1994.

359- ناصر محمد علي الطويل. انعكاسات العولمة على مستقبل السيادة الوطنية. في مجلة " شؤون العصر " العدد (60) يناير ـ مارس 2002.

360- نديم البيطار. من التجزئة الى الوحدة. بيروت، مركز دراسات الوحدة العربية 1983.

361– نزيرة الأفندي. الإعتماد المتبادل لمواجهة العولمة. في " السياسة الدولية " العدد (141) يوليو 2000.

362– نظام محمود بركات وآخرون. مبادئ علم السياسة. عمان، دار الكرمل 1984.

363– نظير حسان سعداوي. الإشتراكية العربية والتطور الإشتراكي. القاهرة، المكتبة التعاونية 1964.

364– نعمان أحمد الخطيب. الأحزاب السياسية ودورها في أنظمة الحكم المعاصرة. عمان،جامعة مؤته 1994.

365– نكلسون، هارولد. الدبلوماسية، ترجمة محمد مختار الزقزوقي. القاهرة، مطبعة الأنجلو المصرية 1972.

366– نور الدين حاطوم. دراسات مقارنة في القوميات الألمانية والإيطالية والأمريكية والهندية. القاهرة، معهد البحوث والدراسات العربية 1966.

367– نيفين مسعد. الدستور. في " موسوعة العلوم السياسية " الكويت 1993– 1994.

368– والاس، جراهام. الطبيعة البشرية في السياسة، ترجمة د. عبد الكريم أحمد. القاهرة، وزارةالثقافة والإرشاد 1967.

369– ودودة بدران. مناهج ومداخل البحث السياسي. في "موسوعة العلوم السياسية" الكويت 1993 – 1994.

370– وليد عبد الحي. النمذجة. في " موسوعة العلوم السياسية " الكويت 1993 - 1994.

371– هادي رشيد الجاوشلي. اللامركزية الاقليمية في نظم الادارة العامة في الدول المختلفة. بغداد، مطبعة الارشاد 1967.

372– هبة رؤوف عزة. ابن قيم الجوزية. في " موسوعة العلوم السياسية " الكويت 1993 - 1994.

373- _____ . أبو المعالي الجويني. في " موسوعة العلوم السياسية " الكويت 1993 – 1994.

374- _____ . أبو حامد الغزالي. في " موسوعة العلوم السياسية " الكويت 1993 – 1994.

375- _____ . ابن حزم. في " موسوعة العلوم السياسية " الكويت 1993 – 1994.

376- هشام آل شاوي. مقدمة في علم السياسة. الموصل، مؤسسة دار الفكر1970.

377- هشام صادق علي صادق، د. حفيظة السيد الحداد. مبادئ القانون الدولي الخاص، الأسكندرية، دار المطبوعات الجامعية 2001.

378- هنتنغتن، صاموئيل. صراع الحضارات. ترجمةمالك. عبيد الله شهيوه، ومحمود محمد خلف، طرابلس، دار الجماهيرية، 1999.

379- هواري بو مدين. خطب الرئيس 19جون 1965 – 19 جون 1970 قسنطينه، وزارة الإعلام والثقافة 1970.

380- يحي الجمل. الأنظمة السياسية المعاصرة. بيروت دار النهضة العربية1969.

ثانياً :المصادر باللغات الأجنبية

1- ADictionary of the Social Science . by the Julius Gould, and William Koid ed . New York , UNSCO .

2- Barnet , Tony . and Alan White side . Aids in the Tewenty First Cetury . London , Palgrave 2003 .

3- Brown , A . Lee Jr . Rules and Conflict . New Jersy , Prentice Hall , inc . 1981 .

4- Catlin , George . A Study of Principles of Politics . New York , Macmillan 1930.

5- Dahle , Robert . A Preface to Democratic Theory . Chicago , the University of Chicago press 1956 .

6- Dictionaire de A cademie Francaise.

7- Easton , David . A Framework for Policalical Analysis . New Jersy Englewood Cliffs , Prentice – Hall 1965.

8- _____ . The Political System . An inquiry in to State of Political Science . Colcotta , Scientific Book Agency 1953 .

9 - Frankel ,Joseph . The Making of Foreign Policy . London Oxford University Press 1968 .

10- Heager. Gerald A. The Politics of Under Development. N.Y. St. Martins Press 1974.

11- Hennessey. Bernard. Public Opinion. Massachusetts, Duxbury Press 1975.

12- Hudson. Kenneth. The Language of Modern Politics. London. The Macmillan Press Ltd. 1978 .

13- Holsti. K. J. International Politics. Afrmework for Analysis. Prentice. Hall mc. 1967 .

14- Huntington. Samuel. and Jon M. Nelson. No Easy Choice…., Political Participation in Developing Countries. Massachuselts. Harvard University press 1976.

15- Kuct. London. The Making of Foreign Policy. New York. Lippin Cott Com. 1965.

16- Laplomara. Joseph. and Myrom Weimer. The Origin and Development of Political Parties. Prinston. Prinston Universty press 1966.

17- Lasswell, Harold. Power and Society. New York. Yale Universty press 1950.

18- Lencyclopedie Methodique Dictionnaire de economieet Diplomatique Haverd Universty . LeowN. Reginal Integration. Harverd.19- Lindberg 1971.

1967. peter. Political Continuty and Change. New York.20- Markel Edward. Interdepence in World Affairs In the. Jams Rousenau .21- Morse (International Politics).

John. Key Problems of Sociological Theory. London 1968.22- Rex James. International Politics and Foreign Policy. N. The .23- Rosenue Free Press 1972.

24- Russell, Berand. A History of Western Philosophy. London.

George . A New Social Analysis. London. Bertrand. Power.25- Russell Allen and Unwin LTD 1938.

Mark. Barbarian and Civilizaition. London Barne SardNoble .26- Salter .2003

Richarad. and Others. Foreign Policy Decision Making. New .27- Snyder The Free Press of Galenco 1963..York

28- The New Colombia Encyclopedia. New York. Colombia Universty press 1975.

. Aphilosophical Analysis, Stanford. van Dyke. Political Science.29- Vero Stanford Universty Press 1980.

30- Yong. Oran K. System s Of Polical Science.New Jersy Prentice Hall Englewood Cliffs 1968.